# 探索、融合、創新
## 經濟問題多視角研究

主　編　羅富民、劉穎
副主編　張本飛、熊艷、潘樂

# 前 言

　　本書的主要內容包括宏觀經濟、區域經濟、世界經濟、金融與貿易、農業經濟、旅遊經濟、人力資本等7個專題。應用經濟學科團隊中的各位老師對這些經濟問題從不同視角，採用不同方法進行了多個維度的研究。這些研究成果，豐富、完善了經濟發展理論，具有重要的學術價值；提出了指導經濟發展的對策、建議，具有重要的現實意義。

　　在宏觀經濟專題中，劉穎博士探討了中國石油定價機制，劉軍榮教授分析了中國政府公共投資的宏觀經濟效應，張本飛博士對中國碳排放與總產出進行了Granger檢驗分析。

　　在區域經濟專題中，潘樂副教授對樂山市工業結構進行了分析，張本飛博士對四川農村城鎮化滯後發展的原因進行了分析，劉穎博士探討了樂山市經濟週期的形成原因。

　　在世界經濟專題中，劉軍榮教授探討了經濟週期波動與跨國公司投資分佈、經濟波動與跨國公司技術優勢的變化，劉穎博士分析了世界經濟週期和石油價格波動的關聯性、世界石油價格波動的影響因素。

　　在金融與貿易專題中，劉穎博士探討了人民幣的國際化路徑，王嫻教授分析了中歐貿易摩擦的原因及對策，熊豔分析了當前中國中小企業出口的障礙。

　　在農業經濟專題裡，羅富民博士研究了茶產業空間集聚對農民增收的影響，張本飛博士分析了教育投資對農業技術效率的影響、教育投資對農業全要素生產率增長的影響。

　　在旅遊經濟專題中，熊豔副教授探討了基於城鄉統籌的四川城鄉旅遊互動，劉軍榮教授分析了中國國民收入波動對四川旅遊業的影響，羅富民博士探討了區

域旅遊產業發展方式轉變的路徑及對策。

在人力資本專題中，張本飛博士探討了人力資本「均化」對農業技術進步的影響、大學生村官人力資本累積與農業技術引進擴散、農戶人力資本分佈與農業新技術的採用等。

本書由羅富民、劉穎任主編，由熊豔、張本飛、潘樂任副主編。在此感謝各位作者提供的研究成果，感謝各位編者在編寫過程中的辛勤勞動，感謝樂山師範學院科技與學科建設處的經費支持。由於能力有限、時間較短，在編寫過程中還存在許多問題，請各位讀者批評指正！

編者

2018 年 3 月

# 目　錄

**宏觀經濟專題**

中國農業基礎設施建設中的公共投資問題研究綜述　　　　　　　　　　　羅富民　3

中國碳排放與總產出的 Granger 檢驗分析　　　　　　　　　　　　　　張本飛　12

中國圖書出版產業中的資本營運風險規避探究　　　　　　　　　　　　劉　穎　17

中國政府公共投資的宏觀經濟效應分析　　　　　　　　　　　　　　　劉軍榮　22

中國石油定價機制存在的弊端淺析　　　　　　　　　　　　　　　　　劉　穎　32

**區域經濟專題**

川渝地區第三產業發展態勢分析
　　——以樂山服務業為例　　　　　　　　　　　　　　　　張本飛　葉　紅　37

峨眉現代多功能農業發展分析　　　　　　　　　　　　　　　　　　　張本飛　43

樂山市工業結構分析
　　——基於統計數據的實證　　　　　　　　　　　潘　樂　劉軍榮　龔　曉　48

樂山市經濟週期的測定與形成原因淺析　　　　　　　　　　　　　　　劉　穎　58

四川農村城鎮化滯後發展原因分析　　　　　　　　　　　　　　　　　張本飛　61

**世界經濟專題**

基於經濟波動對跨國公司優勢變遷的再探析
　　——跨國公司的規模優勢、內部化優勢和 OLI 優勢的變遷　劉軍榮　張仁萍　69

經濟波動特徵的考察與解釋：1970—2010 年
　　——基於部分 OECD 國家　　　　　　　　　　　　　　　　　　劉軍榮　79

經濟波動與跨國公司技術優勢的變遷　　　　　　　　　劉軍榮　於素君　羅富民　90

1

| | | |
|---|---|---|
| 經濟週期波動與跨國公司投資分佈 | 劉軍榮 | 97 |
| 世界經濟週期和石油價格波動的關聯性淺析 | 劉 穎 | 104 |
| 世界石油價格波動的影響因素淺析 | 劉 穎 | 113 |

## 金融與貿易專題

| | | |
|---|---|---|
| 淺析中歐貿易摩擦原因及對策 | 王 嫻 | 123 |
| 人民幣國際化路徑探討 | 劉 穎 | 127 |
| 外資銀行在華發展啟示探討 | 劉 穎 | 130 |
| 中國農產品出口彈性分析 | 張本飛 | 133 |
| 當前中國中小企業出口障礙分析 | 熊 豔 | 138 |
| 央行國外資產項目占比與人民幣匯率的相關分析 | 張本飛 | 150 |

## 農業經濟專題

| | | |
|---|---|---|
| 「一村一品」與農村個體經濟發展 | 張本飛 徐麗姍 | 157 |
| 不確定性條件下的農業新技術採用與擴散 | 張本飛 | 162 |
| 茶產業空間集聚對農民增收的影響研究<br>——基於動態面板數據模型的實證 | 羅富民 | 170 |
| 教育投資對農業技術效率影響的實證分析 | 張本飛 | 176 |
| 教育投資對農業全要素生產率增長影響的實證分析 | 張本飛 | 183 |
| 進口農產品對國內農業影響的雙面效應分析 | 劉 穎 | 189 |

## 旅遊經濟專題

| | | |
|---|---|---|
| 刍論宏觀經濟波動對國內旅遊業影響<br>——以中國四川為例 | 劉軍榮 | 197 |
| 基於產業集群理論的四川省旅遊產業發展策略研究 | 劉 穎 | 208 |
| 基於城鄉統籌的四川城鄉旅遊互動研究 | 熊 豔 王 嫻 | 214 |
| 區域旅遊產業發展方式轉變的路徑及對策研究<br>——基於比較優勢理論的視角 | 羅富民 | 222 |
| 四川文化旅遊產業集群發展的思路與對策 | 郭美斌 | 228 |
| 中國國民收入波動對四川旅遊業的影響<br>——基於實證的考察 | 劉軍榮 馮志明 | 235 |
| 鄉村文化遺產產業化發展中的小微企業合作研究<br>——以四川夾江手工造紙產業為例 | 羅富民 | 242 |

**人力資本專題**

| | | |
|---|---|---|
| 大學生村幹部人力資本報酬激勵機制分析 | 張本飛 | 253 |
| 大學生村幹部人力資本累積與農業技術引進擴散 | 張本飛 | 258 |
| 農戶人力資本分佈與農業新技術的採用 | 張本飛 | 263 |
| 人力資本、生育率與農業工業化進程的實證分析 | 張本飛　陳　熹 | 270 |
| 人力資本「均化」對農業技術進步影響分析 | 張本飛 | 276 |

# 宏觀經濟專題

# 中國農業基礎設施建設中的公共投資問題研究綜述[①]

羅富民

**摘要**：近年來，國內外學者對中國農業基礎設施建設中的公共投資規模、結構和績效問題從不同角度，運用不同方法或資料進行了深入研究。然而，其研究視角還需要進一步拓展，研究對象也需要進一步細化。在對農業基礎設施建設的公共投資相對規模判斷上存在一定的主觀性，對資金供給結構問題缺乏合理的理論解釋，對資金的使用結構也沒有結合到各個區域的特點進行闡述。許多學者還熱衷於驗證農業基礎設施建設公共投資對農業經濟增長及農村經濟社會發展的作用，而缺乏具有實踐意義的新發現。

**關鍵詞**：農業基礎設施；公共投資；規模；結構；績效

## 一、引言

農業基礎設施是指為農業生產提供基礎性服務的、進行農業生產所必需的或對農業生產發展有重大作用的基礎性物質與社會條件的總稱。它包括兩個方面的內容：一是農業生產過程中需要的但不直接參與物質產品生產的一些物質條件，即農業物質基礎設施；二是為保證農業生產過程正常運行提供服務的一些非物質條件和社會條件，即農業社會基礎設施。雖然農業物質基礎設施與社會基礎設施作為一個有機整體，互相補充，互為條件，共同促進農業生產條件的改善和農業綜合生產力的提高。然而，在農業基礎設施建設的實踐中，人們已經習慣於把「農業物質基礎設施」稱為「農業基礎設施」。因此，本文所關注和探討的主要是農業物質基礎設施。

新中國成立後特別是改革開放以來，雖然中國開展了規模空前的農業基礎設施建設，初步形成了以水利為重點的農業基礎設施體系。然而，由於受到自然條件和發展階段的制約，中國農業基礎設施建設仍然滯後，還遠遠不能滿足農業發

---

[①] 基金項目：教育部人文社會科學青年基金項目「轉型中的財政分權、地方政府競爭與區際公共服務差距」（項目編號：10YJC790066）。

展、農民增收和全面建設小康社會的需要。由於農業基礎設施的異質性和多層次性，在客觀上需要由包括政府在內的多元化主體投資建設才能更好地滿足現代農業發展的需要。而在多元化投資主體的發展趨勢中，政府對農業基礎設施建設的公共投資始終處於主導地位。因而，要破解中國農業基礎設施發展滯後的難題，首先必須從分析農業基礎設施建設中的公共投資問題入手。

本文通過對 CNKI、維普、萬方、超星電子圖書、Science direct、Springer 等數據庫檢索發現，近年來國內外學者對農業基礎設施問題非常關注，但直接以「中國（或中國）農業基礎設施建設中的公共投資」為主題的文獻較少。之所以會出現這種情況，主要是因為以下幾點：一是，許多學者並沒有嚴格區分「農業基礎設施」和「農村基礎設施」的差別，而是把前者內含於後者中進行研究；二是，許多學者將「農業基礎設施建設中的公共投資」問題內含於「農業基礎設施投資」或「農業基礎設施建設」中進行研究；三是，有些學者把「農業基礎設施建設的公共投資」也稱為「農業基本建設的財政投入」。因此，本文分析的對象實際上僅僅是與「中國（或中國）農業基礎設施建設中的公共投資問題」的相關文獻。從檢索結果看，對這一問題的研究大約有 30 篇有價值的重要文獻，主要集中在大量的中文期刊論文（約占 81%）和少量外文期刊論文（約占 9%）以及少量的中文著作與學位論文（約占 10%）。在這些文獻中，學者們主要從政府對農業基礎設施進行公共投資的理論解釋出發，進而對中國農業基礎設施建設中的公共投資規模、結構和績效問題從不同角度運用不同方法和資料進行了深入研究。本文擬在對這些研究成果進行歸納和概述的基礎上，針對研究中存在的不足提出自己的見解。

**二、中國農業基礎設施建設中的公共投資規模問題**

1. 中國農業基礎設施建設中公共投資規模問題的表現

在對中國農業基礎設施建設中的公共投資規模問題的研究上，學者們通過歷年國家財政對農業基本建設支出的統計數據分析得到如下結論：一是，改革開放以來，中國農業基礎設施建設公共投資的絕對規模總體呈上升趨勢，但發展不穩定；二是，中國農業基礎設施建設中公共投資的相對規模明顯不足。

從絕對規模上看，改革開放初期由於國家投資重點進一步轉向工業和城市，國家安排的農業基本建設支出明顯減少，由 1979 年的 62.4 億元下降到 1982 年的 28.8 億元；1985 年開始通過一系列政策調整，很快抑制了農業基本建設投入不斷下降的趨勢。1985—1997 年，農業基本建設投資由 37.7 億元增加到 159.8 億元，年均增長 13.4%；1998—2003 年，6 年農業基本建設累積總投入為 2,664.1 億元，是第一階段 20 年農業基本建設累積總投入的 1.98 倍；2004—2006 年，中央財政累計農業基本建設投資 1,559.3 億元，平均每年達 519.75 億元，比 1998—2003 年的年均水準提高了 17.1%。費振國（2007）認為中國農業基本建設的增長速度表現出較大的波動性。從 1991 年到 2003 年，增長速度超過 30% 的超過 5 年，而增長速度低於 20% 的年份也有 4 年，特別是 2003 年出現負增長，這說明中國農業基礎

設施建設中的公共投資表現出極大的不穩定性。

從相對規模上看，農業基礎設施建設投資占全社會基礎設施投資的比重較低，20世紀80年代初，中央曾要求5年內將農業基本建設投資占全國基本建設投資的比重逐年提高到18%，但至今也遠未實現。1985—2000年，農業基本建設投資與全國基本建設投資的比例最大值為2.7%；其次，占財政總支出的比重低，1985—2000年，財政支出中的農業基本建設支出與財政總支出的比例最大值為4.2%。財政農業基本建設支出占財政支出農業總支出的比重呈現出大幅度下降的態勢。從1978年的33.94%下降到2005年的20.92%，降低了13個百分點。

2. 對中國農業基礎設施建設中公共投資規模問題的解釋

中國農業基礎設施建設中公共投資絕對規模的不穩定性，主要是受國家宏觀政策、農產品供求形勢以及自然條件等因素的影響。而有關中國農業基礎設施建設中公共投資相對規模的不足問題，其產生的原因是比較複雜的，主要包括這幾個方面：一是，由於長期以來對農業基礎設施性質和作用認識不足，中國經濟發展戰略的片面工業化傾向，使得農業基礎設施沒有被放在優先發展的地位上加以統籌規劃和安排。二是，城鄉二元公共財政體制。1998年提出建立公共財政制度以後，並沒有涉及公共財政覆蓋農村的問題。直到十六大提出統籌經濟社會發展的理念，公共財政覆蓋農村的提法才浮出水面。三是，各級政府之間權責關係模糊。1994年分稅制改革劃分了中央、地方的財權，但中央與地方政府之間的事權劃分並沒有很好地與財權的劃分相匹配，不能充分調動各級政府的積極性，尚未建立農村公共產品有效供給的激勵機制。而且地方各級政府之間對農業基礎設施供給的權責劃分不明晰、交叉重疊嚴重，造成農村各級財政財權和事權倒掛、基礎設施供給主體的缺位或錯位。四是，農村稅費改革後縣鄉財政困難。鄉鎮財政的支出遠遠大於以農業稅為主的財政收入，而這個差額部分，中央轉移支付不能覆蓋到，由此便導致取消農業稅後縣鄉的總體財力低於取消農業稅之前的水準，這必將造成農村公共產品供給不足和基礎設施建設削弱。

3. 解決中國農業基礎設施建設中公共投資規模問題的建議

針對中國農業基礎設施建設中公共投資絕對規模不穩定、相對規模不足的問題，學者們從以下幾個方面提出瞭解決這些問題的建議：首先要提高對農業基礎設施重要性的認識。僅僅認識到農業基礎設施是農業生產的物質技術條件是不夠的，必須擴大基礎設施的認識範圍，不能單純著眼於農業經濟效益，要充分考慮農業基礎設施的經濟和社會性意義。其次要制定適合中國國情的農業基礎設施發展戰略。可考慮優先發展社會共享程度較大的基礎設施，盡可能地擴大基礎設施的服務範圍、服務領域和受益對象，讓農業分享工業和城市基礎設施，使之成為溝通和鞏固城鄉聯繫的重要渠道。再次，要推進基礎設施二元供給制度的改革與創新。加快推進基礎設施供給制度的改革與完善，逐步建立起適應公共財政要求、符合國際慣例，城鄉統一籌劃、統一政策、統一標準、統一待遇的新型現代基礎設施供給制度。第四，要構建穩定的財政累積投入機制。加大政府預算投資力度，

政府應通過立法的形式來確定財政支出中的支農支出，尤其是支持農業基礎設施建設的比例。國家也可通過設立農業基礎設施專項基金的方式進行農業基礎設施建設。其資金來源主要為中央財政及其銀行存款利息，該基金的資金專項用於農業基礎設施項目。第五，要理順投資關係。進一步調整和理順各級政府的財政分配關係，按事權劃分財權。根據農村基礎設施的層次性和受益範圍，在明確各級政府事權、職能的基礎上，合理劃分全國性、區域性和地方性農村基礎設施的界線，並由相應層級的政府提供。第六，加大財政轉移支付力度，增強基層財政的農業基礎設施供給能力。有必要改革過度集權的財政體制，增強縣級財政的農業基礎設施供給能力，建立以縣級財政為核心的支農資金管理體制（範傳鴻，2009）。

### 三、中國農業基礎設施建設中的公共投資結構問題

根據公共投資所需資金的來源和去向，可以把中國農業基礎設施建設中的公共投資結構劃分為資金供給結構和資金使用結構。

1. 中國農業基礎設施建設中公共投資的資金供給結構問題

一是，在農業基建投資總量中，中央政府投資比重相對較高，而地方政府的投資能力嚴重不足。目前，中國農業投資高度依賴中央政府，特別是基礎設施建設，在很大程度上是中央政府主導型。二是，在中央財政投資中，國債投資相對較多，正常預算內投資相對較少。改革開放以來，中央預算內的農業基本建設投資規模一直比較小，到「八五」末期，每年的規模為100億元以上。1997年後保持在120億元左右的水準。而1998年後，中央政府農業投資之所以大幅度增長，主要得益於國債投資。1998年以來，國債資金一直占年度間中央預算內基建投資的70%以上，正常的年度預算內基建投資不超過30%，而且已成為許多重大項目建設資金的主要來源。

2. 中國農業基礎設施建設中公共投資的資金使用結構問題

中國農業基礎設施建設中的公共投資結構呈現出向大型水利工程和林業傾斜的特徵。在中央財政預算內的農業基本建設投資中，水利最多，林業和生態建設次之，農業在農林水三大行業中所占份額最小，這與農業在整個國民經濟中的地位和作用不相適應。1990—2000年，國家財政累計安排農業基本建設支出約2,000億元，其中，用於水利基礎設施建設的投入占67.88%，用於林業生態方面的支出占11.03%（王志，武獻華，2008）。而除此之外，真正用於增強農業市場競爭力和改善農村生產生活條件的項目，如重要農產品基地建設、農田水利、節水灌溉、人畜飲水等中小型基礎設施以及退耕還林等直接促進農民增收等方面的投資只占15%~20%。2001—2005年，中央用於農業基礎設施的2,840億元的投資中，重大水利工程和生態建設工程投資占70%以上，其中直接用於農業綜合生產能力建設的僅占11%，農業投資存在被誇大的成分。

農業基礎設施建設中的公共投資結構的不合理與現行的財政體制和投資體制密切相關。中央政府投資主要搞大中型基礎設施項目，省級政府投資也主要用於

同中央投資配套搞大中型項目，農村中小型基礎設施項目建設的職責在基層的縣（市）和鄉鎮政府。但是由於基層政府的財力有限，加上部分地方對農業基礎設施建設的重視程度不夠，農村中小型基礎設施建設進程非常緩慢。公共投資結構不合理的另一重要因素是「自上而下」的農業基礎設施建設的決策機制。這種「自上而下」的行政命令式決策機制，從體制上導致農業基礎設施供給與需求的脫節，不但使農業基礎設施的供給總量和結構不可能真正滿足農民的實際生產與生活需要，導致了絕對供給不足和相對供給過剩並存的結構性矛盾（劉豔平，2009）。

3. 優化中國農業基礎設施建設中公共投資結構的政策建議

要優化農業基礎設施公共投資的資金來源結構，首先應該合理界定中央政府和地方政府的事權，進一步明確地方各級政府在農業投入方面的職責；其次，繼續堅持深化農村各項改革，削減不合理的消費性支出，增加地方各級政府用於農業的支出；再次，進一步完善地方稅制，增加地方政府可支配財力，從而增強地方財政對農業投入的能力（李香允，2006）。要調整優化農業基礎設施建設中的資金使用方向和重點：一是以提高農業綜合生產能力和市場競爭力為重點的農業基礎設施建設；二是以改善農村生產生活條件和增加農民收入為重點的農村中小型基礎設施建設（王志，武獻華，2008）。針對小型農田水利建設與管理在的突出問題，中央財政於 2005 年立了小型農田水利補助專項資金，財政部、水利部共同啓動了小型農田利「民辦公助」試點。自 2001 年以來，歷年的中央農村工作會議都將農村六小工程建設作為一項重要工作予以強調，國家對此的投入也逐年增加。幾年來中央政府主要通過投資補助的方式，帶動了地方各級政府農民和社會資金的投入，使中國農村小型基礎設施建設以前所未有的速度展開，並邁上了新的臺階。

**四、中國農業基礎設施建設中的公共投資績效問題**

績效是效益、效率和有效性的統稱，它包括行為過程和行為結果兩個方面。就行為過程來說，它包括投入是否滿足經濟性要求、過程是否合規和合理；就行為結果而言，它又包括產出與投入相比是否有效率、行為的結果是否達到預期的目標以及產生的影響，這裡的影響既包括經濟的影響，又包括社會的影響。因此，農業基礎設施建設中公共投資績效，從行為過程來看，主要指的是公共投資過程中的效率問題；而從行為結果來看，主要指的是公共投資對農業經濟增長以及農村經濟社會發展的影響。

1. 中國農業基礎設施建設公共投資過程中的效率

許多學者研究發現，中國農業基礎設施建設中的公共投資資金使用效率低下，資源浪費嚴重。以水利設施為例，林後春（1995）研究表明，在 40 多年的水利設施建設過程中，整個項目建成投產率一直未超過 50%，固定資產平均交付使用率為 67%。中國實行五級政府管理體制，財政轉移支付專項資金層劃撥中存在著項目重複設置、多頭審批、層層截留等普遍現象。特別是財政困難、資金調度無力

的縣鄉鎮基層政府通常擠占支農資金發放工資，補足公用經費。由於預算不完整和行政體制改革滯後等問題的影響，難以對農業基礎設施資金的籌措、管理及使用進行規範的監督。通常情況下，對於農業基礎設施建設缺少全盤的計劃管理，在沒有科學的可行性、基礎設施建成投入及經營管理的情況下，造成資金及設施本身使用效率低（劉豔平，2009）。

關於提高中國農業基礎設施公共投資過程中效率的建議，一是要健全相應資金績效評價指標體系和使用效益分析制度（溫思美，2009）。對項目的前期立項、中期實施和後期效果階段都進行標準評估，並根據評估結果實施激勵、約束並重的考核機制。將績效考評結果與預算掛勾，作為安排年度項目經費預算的重要參考。二是要按照統一高效、權責一致的原則，進一步明確政府各部門在農業基礎設施建設方面的職責，充分發揮投資宏觀調控部門的職能作用，對不同渠道管理的財政農業基本建設資金加強統籌協調，防止項目重複投資或投資過於分散（李香允，2006）。同時，切實加強項目管理，建立約束機制，建立健全項目法人責任制、工程招標投標制、工程監理制等管理制度，強化質量監管，加強事後監督和績效評價，確保政府農業投資決策科學化、規範化，提高資金使用效益。

2. 中國農業基礎設施公共投資對農業經濟增長及農村經濟社會發展的影響

有關農業基礎設施公共投資對農業經濟增長的影響的研究中，學者們讓認為農業基礎設施建設中的公共投資時可以促進農業經濟增長的。比如，汪小勤、姜濤（2009）通過引入農田水利灌溉面積和農村電力消費作為農業公共投資的代理變量，驗證了農業公共投資對於農業技術效率和農業增長具有促進作用。徐敏麗（2008）研究表明，農業基本建設支出的增長拉動了農業生產值的增長；農業生產值的短期波動偏離長期均衡時，基本建設支出將以一定的調整力度將非均衡狀態拉回到均衡狀態。史明霞、陸遷（2007）研究發現：經濟增長與農業基礎設施投資長期存在穩定的關係，但從短期來看，農業基礎設施投資增加對經濟增長的貢獻並不顯著。Fan、Pardey（1997），Fan、Zhang（2004）等發現，在中國農村生產函數的估計中，制度變遷對於農業發展的貢獻率在很大程度上被高估了，農村基礎設施更能夠解釋農村非農生產率和農業生產率之間的差異。

已有的研究還表明，農業基礎設施建設中的公共投資不但可以促進農業經濟增長，還可以增加農民收入、緩解農村貧困並對農民儲蓄和消費產生積極影響。比如，毛燕玲、傅春、肖教燎（2008）分析表明，農業基本建設投資與農民人均純收入之間具有長期正向的均衡關係，但農業基本建設投資短期內不會促進農民收入的增長。李燕凌、曾福生（2006）根據布朗-杰克遜的估計方法，驗證了政府在農業基本建設方面的財政支出，與農民家庭儲蓄有較強的相關性，與農民文化娛樂消費有越來越強的正相關性，但對農民教育和衛生消費支出幾乎沒有明顯的影響。樊勝根、張林秀、張曉波（2002）研究表明政府在灌溉和基礎設施領域的投入，不僅推動了農業產出的增長，也有助於緩解農村貧困。林毅夫（2000）認為，為了促進農村地區的消費，必須要解決水、電等與生活有關的基礎設施問題，

而且這類基礎設施建設的勞動力高度密集,能夠創造出許多就業和收入機會。Huang、Rozelle & Rosegrant(1999)從農村公共投資與糧食安全的角度分析了中國農村公共投資的必要性,政府對於農村基礎設施的投資將能夠防止糧食產出赤字的衝擊並減少進口糧食的支出。Jalan、Ravallion(2002)研究表明,農村基礎設施的公共投資對私人投資具有擠進效應。

**五、文獻述評與總結**

綜述所述,儘管學者們對中國農業基礎設施建設中的公共投資問題從規模、結構和績效三個方面進行了深入研究,並提出了許多針對性強的建議。但本文認為已有的研究還存在諸多瑕疵,具體表現在以下幾個方面。

首先,研究視角還需要進一步拓展。已有的研究絕大部分是從整個國家的宏觀角度研究農業基礎設施建設中的公共投資問題。然而,農業基礎設施建設與區域地理環境、自然條件密切相關,不同的區域對農業基礎設施的需求存在顯著差異,這就決定了不同區域農業基礎設施建設中公共投資的領域與重點有所不同。因此,我們需要進一步站在區域的視角,結合各個區域的特點,研究不同區域農業基礎設施建設中的公共投資問題。

其次,研究對象還需要進一步具體化。如前所述,農業基礎設施建設中的公共投資,既有中央政府層面的公共投資,又有地方各級政府的公共投資。儘管已有的研究文獻,試圖理順兩者之間的關係,但往往把中央政府與地方政府的公共投資作為一個整體研究。而事實上必須認識到中央政府與地方政府在對農業基礎設施進行公共投資的行為目標、體制環境與決策機制是有顯著區別的。顯然,我們在強調兩者關係的同時,還有必要對中央政府與地方政府各自在農業基礎設施建設中的投資行為和作用進行研究。

第三,在對中國農業基礎設施建設中公共投資相對規模問題的判斷上存在一定的主觀性。農業基礎設施作為現代農業的重要物質條件,儘管受到國家財政支出總體規模的限制,但農業基礎設施建設最終是為了滿足現代農業發展需要的。因此,在現代農業發展的不同階段,對農業基礎設施建設的公共投資規模和數量具有不同的要求。也即是說衡量農業基礎設施建設公共投資的規模是否不足應該從中國現代農業發展的客觀需要出發,而不僅僅局限於用占整個國家基本建設總支出或者財政總支出、農業財政總支出的比重來衡量。

第四,在對中國農業基礎設施建設中公共投資結構問題的研究中,對資金供給結構問題缺乏合理的理論解釋,對資金的使用結構也沒有結合到各個區域的特點進行闡述。這就導致了學者們針對優化中國農業基礎設施建設中的公共投資問題所提出的政策建議,存在「就事論事」傾向,缺乏操作的可行性和實際意義。

第五,在對農業基礎設施建設公共投資對農業經濟增長及農村經濟社會發展的影響的研究中,許多學者熱衷於對經驗假說的簡單驗證,而缺乏具有實踐意義的新發現。顯然,這種簡單驗證只不過是一種純粹的「數字遊戲」,對於通過農業

基礎設施建設、公共投資促進農業經濟增長與農村經濟社會發展是沒有實際意義的。因此，這就需要我們去發現當前農業基礎設施建設在促進農業經濟增長與農村經濟社會發展上還存在哪些障礙，並對其進行解釋，進而提出解決這些障礙的可行路徑。

**參考文獻：**

　　[1] 石愛虎．國外農業基礎設施建設的經驗及其啟示 [J]．中國軟科學，1997（6）：105-108．

　　[2] 於水，周延飛．中國農村基礎設施供給主體發展趨勢研究 [J]．南京農業大學學報（社會科學版），2009（4）：22-27．

　　[3] 孫政才．農業農村改革 30 年 [M]．北京：中國農業出版社，2008：282-285．

　　[4] 費振國．中國農業基礎設施融資研究 [D]．楊凌：西北農林科技大學，2007．

　　[5] 方芳，錢勇，柳士強．中國農業基礎設施投資的實證分析 [J]．財經研究，2004（2）：89-96．

　　[6] 王志，武獻華．農業基本建設與財政投入研究 [J]．北方經濟，2008（5）：63-66．

　　[7] 範小建．加入 WTO 以後的中國農業政策調整 [M]．北京：中國農業出版社，2002，10：231-248．

　　[8] 陳文科，林後春．農業基礎設施與可持續發展 [J]．中國農村觀察，2000（1）：9-21．

　　[9] 孫良．論農業基礎設施投資 [J]．安徽師範大學學報（社會科學版），2000（2）：176-181．

　　[10] 劉豔平．農業基礎設施建設地方政府職能的現實特徵 [J]．農機化研究，2009（10）：234-236．

　　[11] 範傳鴻．農業基礎設施建設：基於公共產品供給的分析 [J]．商業研究，2009（7）：191-193．

　　[12] 史明霞，陸遷．農業基礎設施投資促進經濟增長的有效性分析 [J]．西北農林科技大學學報（社會科學版），2007（2）：11-15．

　　[13] 林後春．農業基礎設施的供給與需求 [J]．中國社會科學，1995（4）：54-64．

　　[14] 徐敏麗．農業基礎設施對農村經濟影響的動態分析 [J]．學術交流，2008（1）：100-104．

　　[15] 杜君楠，閻建興．農業基礎設施投資主體行為分析 [J]．西北農林科技大學學報（社會科學版），2008（2）：11-14．

　　[16] 費振國，欒光旭．中國農業基礎設施投融資體制的創新研究 [J]．中國農業科技導報，2007（2）：93-96．

　　[17] 周紅梅，匡遠配．農村基礎設施建設投資問題分析 [J]．湖南農業大學學報（社會科學版），2007（6）：26-29．

　　[18] 李香允．中國財政農業基本建設投資分析 [J]．中國農墾，2006（11）：42-44．

　　[19] 韓俊．建立和完善社會主義新農村建議的投入保障機制 [J]．宏觀經濟研究，2006（3）：13-17．

　　[20] 韓俊．推進新農村建設需要把握的若干問題 [J]．宏觀經濟管理，2006（4）：10

-14.

[21] 蘇明. 國家財政「三農」支持政策的回顧與展望 [J]. 經濟研究參考, 2008 (31): 52-68.

[22] 顧斌杰, 嚴家適, 羅建華. 建立與完善小型農田水利建設新機制的若干問題 [J]. 中國水利, 2008 (1): 37-40.

[23] 杜鷹. 農村「六小工程」建設的相關情況 [J]. 小城鎮建設, 2005 (9): 11-12.

[24] 上海財經大學課題組. 公共支出評價 [M]. 北京: 經濟科學出版社, 2006.

[25] 溫恩美, 張樂柱, 許能銳. 農村基礎設施建設中的財政資金管理研究 [J]. 華南農業大學學報 (社會科學版), 2009 (1): 1-9.

[26] 汪小勤, 姜濤. 基於農業公共投資視角的中國農業技術效率分析 [J]. 中國農村經濟, 2009 (5): 79-86.

[27] 毛燕玲, 傅春, 肖教燎. 中國農業基本建設投資的協整性 [J]. 南昌大學學報 (理科版), 2008 (2): 121-125.

[28] 李燕凌, 曾福生. 農村公共支出效果的理論與實證研究 [J]. 中國農村經濟, 2006 (8): 23-32.

[29] 樊勝根, 張林秀, 張曉波. 中國農村公共投資在農村經濟增長和反貧困中的作用 [J]. 華南農業大學學報 (社會科學版), 2002 (1): 1-13.

[30] 林毅夫. 加強農村基礎設施建設, 啓動農村市場 [J]. 農業經濟問題, 2000 (7): 2-3.

[31] Huang J, Rozelle S, Rosegrant M. China's Food Economy to the Twenty-first Century: Change, Supply, Demand, and Trade [J]. Economic Development and Cultural, 1999, 47 (4): 737-766.

[32] Jalan J, Ravallion M. Geography Poverty Traps? A Micro Econometric Model of Consumption Growth in Rural China [J]. Journal of Applied Econometrics, 2002 (17): 329-346.

# 中國碳排放與總產出的 Granger 檢驗分析[①]

張本飛

**摘要：** 能源消耗中生產能源消耗與總產出直接相關，但隨著中國經濟結構轉型、高能耗行業投入的減少、創新和技術高附加值行業的發展，能源消耗不能很好地反應總產出增長。通過 Granger 檢驗分析我們認為：1985—1997 年碳排放總量的增長與總產出增長存在顯著的互為 Granger 因果關係；而 1998—2014 年碳排放總量的增長與總產出增長不存在顯著的互為 Granger 因果關係。

**關鍵詞：** 碳排放；ADF；因果關係

## 一、問題的提出

自進入 21 世紀以來，中國經濟發展一直受環境污染和碳排放問題所困擾，能源高消費所帶來的污染問題亦是一個世界性難題。國外較早用 Granger 檢驗方法分析環境問題的有 Pasini、Amzath（1982）等，其中 Amzath（1982）研究了碳排放和馬爾代夫旅遊經濟增長的格蘭杰因果關係；較近的國外文獻中使用 Granger 檢驗方法分析環境與經濟問題的有 Elbeydi（2013）、Ratnatunga、Murad（2013）、Attanasio（2012）、Ketterer、Trueck、Gronwald（2011）等，其中 Murad（2013）分析了孟加拉農業增長與二氧化碳排放的相關關係，Gronwald（2011）研究了碳排放和經濟發展之間的格蘭杰因果關係。國內用 Granger 檢驗方法分析環境污染和碳排放問題的有武紅（2015）、王怡（2012）、張鳳武（2012）、許廣月（2010）等，其中武紅（2015）分析了中國化石能源消費的碳排放問題，王怡（2012）研究了碳排放和技術進步的格蘭杰因果關係，許廣月（2010）分析了中國出口貿易與碳排放的時間序列關係。國內關於碳排放和經濟增長的格蘭杰因果關係文獻都是以確定性格蘭杰因果關係為研究的命題，本文研究中國碳排放和總產出之間的隨經濟轉型而變動的動態格蘭杰因果關係。

---

① 基金項目：引進教師啟動項目（S1268）。

## 二、碳排放與總產出的 Granger 檢驗分析

（一）模型的建立

為驗證中國碳排放 1985—2014 年的前期碳排放與總產出的 Granger 因果關係較強而後期較弱的基本命題，我們建立統一的 Grange Test 模型如下：

$$GDP_t = \sum_{i=1}^{s} \alpha_i EMI_{t-i} + \sum_{j=1}^{s} \beta_j GDP_{t-j} + \varepsilon_{1t} \qquad (1)$$

$$EMI_t = \sum_{i=1}^{s} \lambda_i EMI_{t-i} + \sum_{j=1}^{s} \delta_j GDP_{t-j} + \varepsilon_{2t} \qquad (2)$$

其中 $GDP_t$ 表示中國第 $t$ 期國內生產的最終產品的總產出（即以產出法核算的 GDP），$EMI_t$ 表示中國第 $t$ 期國內的碳排放總量（將各種能源的消耗量按各自的碳排放轉換系數換算為統一單位標準煤，然後求和得到各年份的碳排放總量，即按照能源標準計量單位計算的能源消費標準量，而非按照能源物質形態屬性計量單位計算的能源消費實物量），$\alpha$、$\beta$、$\lambda$ 和 $\delta$ 為迴歸方程中解釋變量的估計系數。假定 $\varepsilon_{1t}$、$\varepsilon_{2t}$（White Noises）之間不存在相關關係。當 $\alpha_i(i=1,2,\dots,s)$（其中 $s$ 為滯後階數），在整體上顯著不為零時，那麼我們判定碳排放總量是 GDP 的 Granger 原因；當 $\lambda_i(i=1,2,\dots,s)$（$s$ 為滯後階數）在選定的顯著水準下不為零時，那麼我們判定 GDP 是碳排放總量的 Granger 原因。

（二）數據處理

本文原始數據來源於《中國統計年鑒》（1986—2015 年），採用了 1985—2014 年年底的各類能源消費總量（萬噸標準煤）以及國內生產總值的數據。我們根據國家發改委能源研究所公布的各類能源的碳排放量轉換系數（其中煤炭的碳排放量轉換系數為 0.75、石油為 0.58、天然氣為 0.44），將各種能源的消耗量轉換為碳排放量，然後計算得到歷年的碳排放總量。由於 Granger Test 的前提是假定兩個變量，即模型（1）和（2）中的 GDP 和 EMI 都不存在單位根，因此在進行因果檢驗之前我們先進行 GDP 和 EMI 的 ADF 檢驗分析，其計算結果如表 1 所示。

表 1　　　　　　　　　　ADF 檢驗分析表

| 變量 | $t$ 統計值 | 變量平穩與否 | 變量 | $t$ 統計值 | 變量平穩與否 |
|---|---|---|---|---|---|
| $EMI_t$ | −0.129,456 | 在 10% 的水準下不平穩 | $\triangle EMI_t$ | −2.026,049 | 在 10% 的水準下平穩 |
| $GDP_t$ | 0.589,954 | 在 1% 的水準下不平穩 | $\triangle GDP_t$ | −2.569,579 | 在 5% 的水準下平穩 |

數據來源：通過 Eviews 計算得到（其中，$\triangle EMI$、$\triangle GDP$ 分別指 EMI 和 GDP 一階差分）。

由表 1 可知 $GDP_t$ 在 1% 的水準下不平穩；$EMI_t$ 在 10% 的水準下不平穩；$\triangle EMI_t$ 在 10% 的水準下平穩；$\triangle GDP_t$ 在 5% 的水準下是平穩的。由此我們對原始模型（1）和（2）進行差分後再進行 Granger 分析：

$$\Delta GDP_t = \sum_{i=1}^{s} \alpha_i \Delta EMI_{t-i} + \sum_{j=1}^{s} \beta_j \Delta GDP_{t-j} + \varepsilon_{1t} \qquad (3)$$

$$\Delta EMI_t = \sum_{i=1}^{s} \lambda_i \Delta EMI_{t-i} + \sum_{j=1}^{s} \delta_j \Delta GDP_{t-j} + \Delta \varepsilon_{2t} \qquad (4)$$

下面我們對以上差分模型進行 Granger 因果關係檢驗。

（三）Grange Test 分析

我們在 Eviews6.0 軟件中使用 Group Statistics 中的 Granger Causality Test 分別進行 1985—2014 年和 1998—2014 年碳排放與總產出 Granger 因果關係檢驗分析，得到滯後期分別為 1—4 期的 Granger Test 判定結論，計算結果如表 2。

表 2　　1985—2014 碳排放與總產出 Granger 因果關係檢驗分析表

| 原假設 | 滯後年數（年） | F 統計值 | 決定 |
| --- | --- | --- | --- |
| △EMI 不是 △GDP 的原因 | 1 | 27.377,4 | 在 1%的水準拒絕 |
| △GDP 不是 △EMI 的原因 | 1 | 8.741,16 | 在 1%的水準拒絕 |
| △EMI 不是 △GDP 的原因 | 2 | 8.740,72 | 在 1%的水準拒絕 |
| △GDP 不是 △EMI 的原因 | 2 | 2.702,97 | 在 10%的水準拒絕 |
| △EMI 不是 △GDP 的原因 | 3 | 12.373,0 | 在 1%的水準拒絕 |
| △GDP 不是 △EMI 的原因 | 3 | 2.991,22 | 在 10%的水準拒絕 |
| △EMI 不是 △GDP 的原因 | 4 | 8.743,04 | 在 1%的水準拒絕 |
| △GDP 不是 △EMI 的原因 | 4 | 2.714,88 | 在 10%的水準拒絕 |

數據來源：通過 Eviews 計算得到。

如表 2 所示，在不同的滯後期選擇條件下，1985—2014 年的碳排放與總產出 Granger 因果關係檢驗結論為：在 1%的顯著水準下拒絕 △EMI 不是 △GDP 的原因，即從統計學上我們認為 1985—2014 年總體而言，碳排放總量的增長是總產出增長的 Granger 原因，但前期 Granger 因果關係較強。表 2 的統計結果還表明：當滯後期為 1 期時，在 1%的顯著水準下拒絕 △GDP 不是 △EMI 的原因；當滯後期為 2 至 4 期時，在 10%的顯著水準拒絕 △GDP 不是 △EMI 的原因，即 1985—2014 年總體而言，總產出增長是碳排放總量增長的 Granger 原因，但前期 Granger 因果關係較強，後期 Granger 因果關係較弱。

由於 1997 年亞洲金融危機後，中國開始改革低附加值生產模式和積極推進產業結構調整，因而高能耗、高產出的模式開始發生改變。如表 3 所示，在不同的滯後期選擇條件下，1998—2014 年碳排放與總產出 Granger 因果關係檢驗結論為：當滯後期為 2 或 3 期時，在 1%顯著水準不拒絕 △EMI 不是 △GDP 的原因；當滯後期為 4 期時，在 10%的顯著水準不拒絕 △EMI 不是 △GDP 的原因；當滯後期為 1 期時，在 1%的顯著水準不拒絕 △GDP 不是 △EMI 的原因；當滯後期為 2 至 4 期時，在 10%的顯著水準不拒絕 △GDP 不是 △EMI 的原因，即 1998—2014 年總產出增長與碳排放總量的增長之間不存在統計學上顯著的互為 Granger 因果關係。

表 3　　1998—2014 年碳排放與總產出 Granger 因果關係檢驗分析表

| 原假設 | 滯後年數（年） | F 統計值 | 決定 |
| --- | --- | --- | --- |
| △EMI 不是 △GDP 的原因 | 1 | 13.883,8 | 在 1%的水準拒絕 |
| △GDP 不是 △EMI 的原因 | 1 | 2.610,48 | 在 1%的水準不拒絕 |
| △EMI 不是 △GDP 的原因 | 2 | 2.487,60 | 在 1%的水準不拒絕 |
| △GDP 不是 △EMI 的原因 | 2 | 1.089,22 | 在 10%的水準不拒絕 |
| △EMI 不是 △GDP 的原因 | 3 | 2.532,82 | 在 1%的水準不拒絕 |
| △GDP 不是 △EMI 的原因 | 3 | 0.608,73 | 在 10%的水準不拒絕 |
| △EMI 不是 △GDP 的原因 | 4 | 1.364,30 | 在 10%的水準不拒絕 |
| △GDP 不是 △EMI 的原因 | 4 | 0.741,80 | 在 10%的水準不拒絕 |

數據來源：通過 Eviews 計算得到。

## 三、結語

能源消耗中生產能源消耗與總產出直接相關，但隨著中國經濟結構轉型、高能耗行業投入的減少、創新和技術高附加值行業的發展，能源消耗不能很好地反應總產出增長。根據本文第二部分的 Granger 檢驗分析結果我們得出這些基本結論：1985—1997 年碳排放總量的增長與總產出增長存在統計學上顯著的互為 Granger 因果關係；而 1998—2014 年總產出增長與碳排放總量的增長不存在顯著的互為 Granger 因果關係。

**參考文獻：**

[1] 李德荃. 計量經濟學 [M]. 北京：對外經濟貿易大學出版社，2014.

[2] Amzath A. Exploring the correlation and the causality between carbon emission and inbound tourism growth in maldives [J]. European Journal of Operational Research，1982，10（2）：809-816.

[3] Attanasio A. Testing for linear Granger causality from natural anthropogenic forcings to global temperature anomalies [J]. Theoretical & Applied Climatology，2012，110（110）：281-289.

[4] Murad M W. Carbonomics of the bangladesh agricultural output: causality and long-run equilibrium [J]. Management of Environmental Quality An International Journal，2013，24（2）：256-271（16）.

[5] 武紅. 中國化石能源消費碳排放與經濟增長關係研究 [J]. 自然資源學報，2015（3）：381-390.

[6] 王怡. 中國環境規制、技術創新與碳排放量的實證研究 [J]. 工業技術經濟，2012（6）：137-144.

[7] 張鳳武. 黑龍江省碳排放與經濟增長——基於協整分析和格蘭杰因果檢驗 [J]. 生

態經濟,2012(1):79-82.

[8] 許廣月,宋德勇. 中國出口貿易、經濟增長與碳排放關係的實證研究[J]. 國際貿易問題,2010(1):74-79.

[9] 張本飛. 中國教育投入與農業增長的格蘭杰因果關係分析[J]. 中國人口·資源與環境,2010,20(12):117-121.

# 中國圖書出版產業中的資本營運風險規避探究

劉　穎

**摘要**：隨著經濟的不斷發展，資本全球化不斷深入，資本營運的重要性也在不斷增強。資本營運是圖書出版產業迅速發展的機遇和挑戰。中國圖書出版具有很強的國有壟斷性，自身的競爭力不強。然而，中國圖書出版行業在此背景下要想脫穎而出，獲得競爭實力，就需要進行資本營運。但是，風險與資本營運相互伴隨，資本營運受到內部自身經營過程中的風險和外部政策、市場轉變的風險等多方面的影響。為了使得中國圖書出版產業中的資本營運風險降低，本文試著對中國資本營運風險進行分析，並且摸索一些規避風險的方式方法，以降低和防範資本營運風險。

**關鍵詞**：圖書出版產業；資本營運；風險規避

## 一、圖書出版產業和資本營運的概述

### （一）圖書出版產業的概述

圖書出版產業具有廣義和狹義之分。圖書出版產業的廣義含義是指與圖書出版活動相關的所有組織、機構的統稱，包括與圖書出版相關的服務企業和政府相關的管理部門。即只要是與圖書出版產業有相關聯繫的企業法人或機關都應被視為圖書出版產業。圖書出版產業的狹義含義是指除政府相關管理部門以外的圖書出版單位以及為圖書出版提供相應產品或服務的組織、機構。

在現代社會，圖書出版產業比較特殊，同時具有政治教化和文化傳承的效果，受到國家越來越多的重視。此外，圖書出版在維護國家統一、反應國家意志、影響社會大眾的輿論方面具有重要的作用，促使圖書出版的競爭力和水準成為國家綜合實力的重要組成部分。

### （二）資本營運的概述

資本營運是具有中國特色的概念，在西方國家的經濟學理論中根本就沒有資本營運之說。資本營運概念在中國的出現也是迫於發展市場經濟的需要，按照經濟規律進行發展而提出的。在中國，資本營運具有廣義含義和狹義含義之說。狹義的資本營運是指以資本的增值和對市場控制擴大為目標，將資本營運作為一種

手段，以產權買賣和以少控多的策略，通過兼併、收購或者重組，上市或者非上市等一些營運活動，迅速擴展企業的規模。廣義的資本營運是指以企業盈利為目的，企業主體一方面加大對企業內部資產價值的管理，優化企業內部的生產、流通和投資。另一方面，企業主體注重將企業可利用的資本或者資源參與外部交易，以實現閒散資本或者資源的最大化利用，增加企業利潤並使得資本增值。

資本的原則主要是增值原則、利潤原則和經濟效益原則。資本營運具有增值性、運動性、競爭性、時間性以及風險性。企業在市場競爭中，將資本運動於具有風險的投資中，搶占時間先機，獲取營利。經濟學認為，風險越大，收益越大。且資本的生命在於運動，資本的運動一旦停止，資本就不是資本，而僅僅是作為貨幣的存在。因此，資本營運的一個重要內容就是以謀求最大限度的利潤為目標，使資本在市場上不斷地運動和週轉。包括不間斷的變換存在的形式以及使資本在部門之間運作。這是資本競爭最為主要的形式。任何投資或多或少都具有一定的風險。資本獲取高收益，在於資本的流通，能夠挑戰風險市場，並在此中獲益。從而，中國圖書產業的進一步發展，不能夠還僅僅停留於靜態的擴大生產，而應該將資本盤活，積極投身於具有風險的資本市場中。使其能夠在高壓的競爭環境下，能夠更快速的成長。

（三）圖書出版產業資本營運的概述

圖書出版產業資本營運是資本營運在圖書出版業的具體運用，主要指圖書出版單位，將擁有的各種生產要素和資本形態，通過兼併、收購、上市等多種途徑，進行優化配置，或者是將其擁有的各種有形和無形資產視為資本，通過資本營運的方式，實現最大限度的增值。

**二、中國圖書出版產業資本營運的風險種類**

圖書出版產業的資本營運是一項資本的經濟運行行為，這一行為將給企業帶來利益，同時也將帶來風險。結果可以為兩個：第一，企業盈利，增強自身實力與競爭力。第二，企業虧損，減少經濟收益，損失市場競爭優勢和機遇。根據中國的現狀分析，中國圖書出版產業的資本營運風險主要表現為外部性風險和內部性風險兩個方面。

（一）內部風險

中國圖書出版產業資本營運的內部風險，也即企業主觀方面的不足而引起的風險。主要是指由於企業內部問題而增加的風險。其主要表現為對資本營運的認識程度、市場信息掌握的程度、管理風險、財務風險、人力資源風險等。本文主要對資本營運的認識和信息風險進行分析。

1. 對資本營運認識的局限性

資本營運對於圖書出版行業是一個全新的概念，圖書出版主體對於資本營運的理解還不是非常的透澈，並且在認識方面存在誤區。即片面的從產權和證券角度將資本營運理解為併購、重組和炒股票。此與資本營運真正的含義相差勝遠。

資本營運是企業對資本運動全部過程的發動、操作、監督和管理（包括對投資對象的選擇、分析、調查、投資以及市場運作過程），以獲得資本的增值。也包括企業對資本價值或資本增值的價值形式之間的優化、轉換和運籌，以獲得更高的收益。（在此的資本增值價值形式主要為：貨幣資本、產權、債權、股票以及其他形式的資本附屬形式，投資者在市場經濟不斷變換的情況下，不斷地轉換價值形式，以期獲得更高的收益）。此外，圖書出版主體迷信於資本營運的作用，認為資本營運是今後圖書出版產業唯一的發展途徑。認為發展圖書出版資本營運可以解決一切圖書出版的現存問題。並且錯誤地認為，資本營運可以脫離生產經營而存在，圖書出版可以只重視資本營運即可。從而使得圖書出版通過資本營運獲利後，沒有進行再生產，導致資本營運不能夠持續下去。

2. 信息風險

信息風險是指營運的企業主體在營運資本的前期，在沒能全面掌握關鍵信息，或者沒能掌握到真實信息的時候，就做出了資本營運的決策，最終使得資本營運的結果沒能達到預期的效果，甚至是出現虧本的情況。

市場經濟是一個信息不對稱的市場，對市場信息的知曉程度將在一定程度上決定決策的成功機率。圖書出版主體在沒有對市場信息進行收集與分析，就貿然地做出抉擇，將增加資本營運的風險。

(二) 外部風險

外部風險是指企業無法控制也無法預測的風險，具有突然性。其主要表現在政策風險和市場風險上。

1. 政策風險

政策風險是指在中國大的出版政策背景下，國家其他部門政策變化的不確定性、不定時性、無法預測性等一系列不確定因素，給企業資本營運所帶來的風險。具體而言，政策風險主要是因政府的指令、政策和國家法律、法規等改變而使得企業依據之前被淘汰的政策法律或法規的規定而做出的經營決策，因不符合現實政策的導向，而引發的資本營運風險。然而，資本的回報率與風險的大小成正比例關係，即風險越大，回報率就越高，反之亦然。這是有理由的，因為資本營運的設計面越廣泛的時候，其要通過的環節也就越多，在各個環節上，政策的不確定性也就越複雜，從而導致風險也就越高。從而，政策調整得越為頻繁，企業資本營運的風險也就越大。再者，隨著中國加入WTO，市場經濟的國際化不斷增強，市場經濟全球化越來越普遍。中國圖書出版產業中的資本營運不僅僅只是受到中國政策變化影響。同時，也受到國際政治變化的影響。

2. 市場風險

市場風險是指因市場本身的複雜性和波動的不確定性，使得圖書出版產業中的資本營運達不到預期的收益目標或者運行行為失敗。中國圖書市場的空間不斷地擴大，圖書出版產業競爭激烈，風險隨著市場經濟的變化而變化。2009年3月，中國新聞出版總署制定並印發了《關於進一步推進新聞出版體制改革的指導意見》

（以下簡稱《意見》），明確要求圖書產業進行改制，使得中國圖書出版產業的生產主體不限於國家，這將進一步吸收民間融資和境外資本。這也加劇了中國圖書市場的競爭，使得圖書市場國際化，增加了圖書市場的風險。

### 三、規避中國圖書出版產業中資本營運風險的方式

企業資本經營比產品和商品經營複雜很多，企業在進行投資、控股擴張的同時，企業風險也在不斷增加。當中國圖書出版產業中資本營運面臨內外部風險的時候，應該採取什麼措施來規避或者降低風險，使得圖書出版產業中的資本營運能夠順利地進行，並且獲得良好的社會和經濟效益，必須採取一些措施對圖書資本經營中可能出現的風險進行規避。下文將對此進行分析。

（一）加強企業的人才招募以及培養

企業的經營需要人才去實施，人才是企業經營好壞的核心。圖書出版資本經營作為一項新的課題，其成功與否跟企業的操作者的素質和教育相關。企業的核心領導人在懂得資本經營的時候，能夠加快中國圖書出版產業涉足資本營運模式的同時，減少風險成本，增加企業收益。可見，引進人才以及對員工的培養，是規避企業資本營運風險最根本且最有效的方式。因此，中國圖書出版企業應該加快對員工的政治素質和業務素養的培訓。

對於人才的引進，圖書出版企業可以利用福利待遇或者職業發展平臺予以吸引。在對於員工素質的培養方面，需要將個人利益與圖書出版的利益捆綁。激起員工對工作負責的心態，努力提升自己在圖書資本營運中的知識。此外，要注重對熟知資本營運的人才或員工的利用。目前，中國圖書出版產業中缺少這樣的人才，應重視他們，使之成為圖書出版企業的脊梁，將會帶領企業圖書出版在資本營運中能夠順利地獲利。

再者，對人才的培養和對員工進行資本營運相關知識的培訓，可以加強企業自身對資本營運的認識，改變對資本營運偏激的認識。能夠促使其做出正確的決策。

（二）對信息風險以及市場風險的規避

信息風險和市場風險都需要決策者在做出決策之前，對市場進行深入的調查分析，對將要投資的對象（企業）的財務、資產情況等相關信息進行調查與瞭解。切記盲目地輕信營運對象提供的資料。

對於規避市場風險方面，還需要決策者不斷地對資本營運進行監督，對市場經濟的變化不斷地深入研究，以便在發現市場經濟有變化的初期，就轉變資本營運的方式。從而要規避因市場變化而帶來的風險，確保營運資本的安全。

（三）對政策風險的規避

政策風險是圖書出版產業中資本營運風險中首先應該避免的風險之一。國家的政策引導經濟的發展方向。中國圖書出版產業也需要遵循國家政策的指引。這就要求圖書出版的資本營運在做決策時，必須提高自身對國家政策環境的認知能

力，對現有的已經形成明文規定的政策、法律法規之類的要熟悉，對於一些還沒有形成明文規定的，也要大膽地猜測，要審時奪勢，順應當時國家的政策發展大局。此外，由於資本營運風險同時受到國內外經濟政策的綜合影響，因此，企業在做出資本營運決策時也應該關注國際經濟、政策的變化。這樣，才能夠使得圖書出版的資本營運能夠規避政策上的風險。

四、結論

隨著經濟全球化的發展、市場競爭的加劇，對企業自身的綜合實力要求也在不斷地增強。面對市場的優勝劣汰，中國圖書出版產業也需要改革，需求新的發展道路，不能再一味地遵循計劃經濟時代的觀念，並且要擺脫政府的壟斷，實現向企業化的轉型。在競爭中不斷地增強自身的實力。

然而，由於中國圖書出版產業處於轉型的初期，在圖書產業中採取的資本營運也處於初期階段，還不成熟。從而面臨著來自內外部的風險壓力。對此，中國圖書出版產業要在市場經濟中快速、健康地發展，需要在加強內部風險控制的基礎上，提高預防外部風險的能力。本文分析了中國圖書出版產業現階段主要面臨的風險，並提出了相應的建議，有利於中國圖書出版產業中的資本營運的良好發展。

參考文獻：

[1] 徐建華. 現代出版業資本營運 [M]. 北京：中國傳媒大學出版社，2006.

# 中國政府公共投資的宏觀經濟效應分析[①]

劉軍榮

**內容摘要**：本文基於 IS-LM 模型，從理論和實證上分析了政府投資對中國經濟週期的影響。研究結果表明政府投資與 GDP 波動不相關，中央政府和地方政府投資對第一、第三產業均沒有影響，對第二產業產生微弱影響；比較而言，地方政府投資比中央政府投資對第二產業產生的影響要大些。分析還發現，政府投資（地方政府投資和中央政府投資）對第二產業隨著時間的推移逐漸弱化。

**關鍵詞**：政府投資；經濟週期；影響

## 一、文獻綜述

2008 年，美國次貸危機導致全球金融危機出現，各國紛紛拋出一系列政府投資計劃，以應對當時罕見的經濟震盪和跌落。中國在此間也提出了 3 年累計 4 萬億元的政府投資安排，旨在希望國民經濟從衰退中振作起來，重樹經濟信心。實際上，自第二次世界大戰以來，政府投資被當作各國應對經濟危機的重要手段。一般說來，政府投資可以彌補市場失靈，協調全社會的重大投資比例關係，進而推動經濟發展和結構優化，當時由於各國的經濟水準、市場化水準以及體制因素各有差異，政府投資的經濟效應不同。本文旨在通過理論分析和實證檢驗探討中國政府投資的經濟效益以及對國民經濟的長期影響。

關於政府投資的經濟效應，學者們已做了大量的研究。Miyazaki（2009）通過實證研究了日本公共投資對經濟週期的影響，研究發現中央政府的公共投資對宏觀經濟（特別是工業產出）有持久的影響，而地方政府的公共投資對宏觀經濟不產生影響。Ratner（1983）通過利用美國 1949—1973 年的數據實證發現公共投資對宏觀經濟產生影響，並估計出公共投資的產出彈性為 0.06。Ford 和 Poret 利用美國 1957—1989 年的數據估測出的美國公共投資的產出彈性為 0.39~0.54。中國學者於長革（2006）通過理論分析和基於中國 1978—1998 年數據的實證分析指出中國公共投資與產出呈正相關，並在此基礎上估算出公共投資占財政總支出的最優

---

① 課題項目：本文是四川省教育廳科研項目（08SA078）的階段性研究成果。

比例。許保利（1994）認為政府投資對宏觀經濟的影響主要表現在三方面：首先，政府投資的增減直接影響國民經濟總量平衡；其次，政府投資可以很快消除產業瓶頸，迅速增加供給，實現產業結構的合理化；最後，政府投資可以改善投資環境，引導社會資金流向，促進生產力合理佈局。劉士寧（2007）通過方差分解發現投資是中國經濟波動的主要來源。除此之外，他還發現，財政支出對經濟增長只有短期穩定作用，公共投資對經濟增長存在負相關。盧洪友（2010）等借助主成分分析法實證研究了政府與週期波動之間的動態關聯效應。研究結果表明政府投資對經濟波動的影響在前期具有有效性，但會隨時間不斷衰減，而經濟波動的自身衝擊遠大於政府投資激勵。其他相關研究也為本研究提供重要的參考，如馬拴友（2001）基於 IS-LM 模型測算了中國 IS 曲線的斜率（為-0.54）以及財政政策乘數（為 2.0），表明中國財政政策對經濟增長的有效性；吳建軍（2008）研究了中國現行利率的形成機制，分析中國投資主體的特殊性，並認為這種特殊性是中國投資缺乏利率彈性的重要原因。

**二、理解框架**

按照新古典主義經濟要義，政府投資作為財政政策的一部分，對經濟週期會有或長或短的衝擊，從而成為政府宏觀經濟反週期調控的有效手段。基於 IS-LM 模型，政府財政支出增加會讓 IS 曲線向右平移，從而導致產出增加和利率提高，而利率提高會導致投資減少，造成對私人投資的擠出效應。理論上講，政府財政支出的經濟效率是 IS 和 LM 曲線的斜率共同決定的。除此之外，政府投資結構、經濟模式、市場結構、產業結構等因素也發揮著重要作用。本文將基於 IS-LM 模型分析中國政府投資對經濟週期的影響，並利用中國相關數據進行檢驗以證明。

1. 產品市場

在經典三部門經濟中，總需求等於總供給（Y=AD），即

$$Y = C + I + G + = C + S + T \qquad (1)$$

$Y$ 是國民產出，$AD$ 為總支出，$C$ 是消費，$I$ 為投資，$G$ 為政府購買，$S$ 為儲蓄，$T$ 為稅收。由於政府稅收支出不僅包括政府購買 $G$，實際上還應該包括政府投資（廣義的公共投資）$Z$，轉移支付 $W$，因此有如下表達式：$T = G + Z + W$。由於政府投資包括中央政府投資 $Z_c$ 和地方政府投資 $Z_l$，故 $Z = Z_c + Z_l$。在國民經濟均衡方程中：

$$C = \bar{c} + c_y(Y^d) = \bar{c} + c_y(Y - T + W), 0 < c_y < 1 \qquad (2)$$

$$I = \bar{i} + i_{r,y}(Y, r), i_r < 0, i_y > 0 \qquad (3)$$

$\bar{c}$、$\bar{i}$ 分別為自主消費和自主投資，$Y^d$ 為居民可支配收入。

我們假定政府購買和轉移支付來自政府稅收收入，而政府投資部分來源於稅

收,部分來源於政府借款,即發行政府債券 $z_\lambda(Y)$;地方政府不能發行政府債券[①],但是他們可以利用政府融資平臺或銀行進行融資 $f(r)$,假定這些融資具有同質性,並且只與利率有關。中央政府和地方政府的投資分別為 $Z_c$ 和 $Z_l$:

$$Z_c = z_\gamma(T_c) + z_\lambda(Y), 0 < z_\gamma, z_\lambda < 1$$

$$Z_l = z_\varepsilon(T_l) + f(r)$$

由於 $z_\lambda(Y)$ 和 $f(r)$ 存在,原均衡方程被打破,因為 $z_\lambda(Y)$ 和 $f(r)$ 是原系統之外的增量。實際上,由於政府債券的存在,人們在儲蓄之外多了一項選擇,人們將會減少儲蓄而購買政府債券。儘管債券收益一般高於銀行儲蓄,但其流動性略低一些。對於中國家庭而言,為保證各種日常支付,中短期儲蓄被普遍接受,而購買債券是在必要儲蓄之外的收入中支付。由此可見,中國家庭在選擇儲蓄和政府債券時,一般會根據收入 $Y$ 來確定。一般情況下,收入越高,用於保證支付的中短期儲蓄之外的剩餘就多,家庭對債券的需求就愈大。從這個意義上來講,家庭減少的儲蓄等於政府債券的發行額。地方政府方面,他們的融資工具對於家庭而言相當於地方政府債券,與中央政府債券不同的是地方政府融資平臺與銀行有相似之處,因此家庭在向政府地方政府提供資金時更多地關注利息。由此可見,地方政府融資的規模和需求也是由利率決定的。相比一般家庭銀行儲蓄,地方政府融資主要用於政府公共投資,這是 $f(r)$ 與家庭銀行存款之間最大的差別。假定 $f(r) = \mu S (1 < \mu < 0)$,假定政府所有的債券和融資所得全部用於投資,可得:

$$Z = Z_l + Z_c = z_\gamma(T_c) + z_\lambda(Y) + z_\varepsilon(T_l) + f(r) \tag{4}$$

其中:

$$z_\lambda(Y) = \eta S_y(Y) = \eta[\bar{i} + i_y(Y)], 1 < \eta < 0 \tag{5}$$

其中 $\eta$ 為家庭用於購買國家債券占原均衡方程中儲蓄 $S$ 的比例。

把式(2)~(5)代入式(1),可得到新的均衡國民收入方程:

$$Y = \bar{c} + c_y(Y - T + W) + (1 - \eta - \mu)[\bar{i} + i_y(Y)] + \bar{g} + g_y(T) + z_\varepsilon(T_l) + \eta[\bar{i} + i_y(Y)] + f(r) \tag{6}$$

假定 $c_y$、$g_y$ 和 $z_\varepsilon$ 外生給定,$\bar{c}$、$\bar{i}$ 和 $\bar{g}$ 均為常數,上式化簡可得(7)式,從而得到 IS 曲線,它表達了在產品市場均衡下真實產出與利率的函數關係:

$$Y = Q - + ? E(Y, r, T, W) \tag{7}$$

(其中,$\bar{Q} = \bar{c} + \bar{g} + \bar{i}$)

$E(Y, r, T, W) = c_y(Y - T + W) + i_y(Y)$

需要強調的是,$\eta$ 實際上是隱含在 $Y$ 中的重要參數;$\mu$ 是隱含在 $r$ 中的重要參數,$\eta$ 和 $\mu$ 分別為家庭用於購買國家債券和地方政府融資占原均衡方程(1)中儲蓄 $S$ 的比例。

---

① 2010 年 6 月 18 日,中國首批地方政府債券由財政部代理公開招標並順利發行,在此之前地方政府沒有發行債券。

我們進一步假定政府債券供給是由政府確定的；從需求角度來看，債券是由收入 Y 決定的；除此之外我們還假設政府債券供給等於需求①。將（7）式轉化為：

$$i(r) = y - c(y) + b(y) - t(y) + f(r)$$

這裡 $c(y)$，$b(y)$，$t(y)$ 分別為消費函數，政府債券需求函數，和稅收函數，$t = \tau y$，稅率 $\tau < 1$ 外生給定。

以 y 為自變量對該式求全微分，則得：

$$\frac{di}{dr} \cdot \frac{dr}{dy} = \frac{dy}{dy} - \frac{dc}{dy} \cdot \frac{dy}{dy} + \frac{db}{dy} \frac{dy}{dy} - \tau + \frac{df}{dr} \frac{dr}{df} \tag{8}$$

（8）式經變形可得：

$$\frac{dy}{dr} = \frac{\frac{di}{dr} - \frac{df}{dr}}{1 - \beta + \theta - \tau} \tag{9}$$

其中，$\beta$、$\theta$ 分別為邊際消費和對政府債券的邊際需求，$0 < \beta < 1$，$0 < \theta < 1$），（9）式是三部門的 IS 的斜率表達式。在利率變動對投資影響給定的情況下，利率對國民收入的影響決定於 $\beta$、$\theta$ 和 $\frac{df}{dr}$。由於 $\frac{di}{dr} < 0$，因此由於 $\frac{df}{dr} < 0$，$\frac{di}{dr} - \frac{df}{dr}$ 的絕對值相比 $\frac{di}{dr}$ 絕對值小。假定 $\beta$ 是個常數，$\theta$ 越大，IS 的斜率的絕對值越小，反之則相反。實際上，由於收入的提高，邊際消費 $\beta$ 長期呈下降趨勢，而 $\theta$ 逐漸提高，因此 $-\beta + \theta$ 將逐漸增大，$\tau$ 政府外生給定。

就中國投資利率彈性 $\frac{di}{dr}$ 而言，有許多學者做了研究和估測。楊潤霖（1988）認為投資對利率的調動反應遲鈍，投資利率彈性不足，影響著國民經濟發展中經濟調節手段的有效性；吳建軍（2008）研究發現，中國現行的利率形成機制以及由此所導致的投資主體特殊性使中國的投資缺乏利率彈性。趙天榮等（2008）通過實證發現，實際利率的投資規模效應幾乎可以忽略；曾令華和王朝軍（2003）利用中國 1980—2000 年的有關數據實證檢驗發現中國的利率（名義或實際）變動與投資變動的相關性很小。吳丕（2010）利用中國 1978—2002 年的有關數據的兩個彈性進行了實證檢驗，發現中國投資的儲蓄彈性遠大於其利率彈性，說明中國投資的變動主要是由於儲蓄的變動引起的，而投資利率彈性很小。究其原因主要是由於中國企業和私人融資渠道不暢，非利率和非市場因素對融資和投資活動的發揮著巨大作用②。這些學者的研究表明 $\frac{di}{dr}$ 的絕對值比較小。基於研究可得出 $\frac{dy}{dr}$ 的絕對值較小，從而推導出中國 IS 曲線走勢平緩。

---

① 政府債券供給是由政府確定的，政府債券供給等於需求，此假設是很符合中國實際。
② 參見：吳建軍. 中國 M2/GDP 過高：基於投資利率彈性的分析 [J]. 投資研究，2007（3）.

2. 貨幣市場：LM 曲線

在經典模型中，貨幣市場均衡的貨幣供應 $k = \varepsilon Y - hr$，變形可得：

$$r = \frac{\varepsilon}{h}Y - \frac{k}{h}$$

其中 $h$ 是貨幣需求對利率的敏感度，體現在貨幣投機需求曲線的斜率上，$\varepsilon$ 是貨幣需求對收入的敏感度，體現在交易需求曲線的斜率上。

凱恩斯主義理論認為，貨幣需求分為交易動機的貨幣需求、謹慎動機需求和投機動機的貨幣需求，從中國經濟運行的情況來看，貨幣的謹慎需求和投機需求是不斷增加的[①]。投機需求增加，推動利率上升。然而中國金融市場和資本市場不健全，利率機制發揮的作用不顯著，致使投機需求對利率變動缺乏彈性，導致 $h$ 變小，即貨幣投機需求曲線斜率 $\frac{\varepsilon}{h}$ 較大。就貨幣交易需求而言，隨交易和支付的方式發生轉變，存在大量的、便捷的交易手段和支付手段電子平臺，使得貨幣交易性需求對國民收入反應敏感度愈來愈低，貨幣交易性需求對國民收入的依賴也越來越小，使得貨幣市場均衡方程中的 $k$ 減小。綜上所述，中國 LM 曲線的斜率較大，呈陡峭走勢。

3. IS – LM 的均衡

政府投資相當於在 IS – LM 模型中 IS 曲線向右上方平移，形成的新的均衡收入和均衡利率由 IS 和 LM 斜率決定。通過上面的論述，我們已知中國 IS 曲線的斜率總體較小，走勢平緩；LM 曲線的斜率較大，走勢陡峭。我們用 IS – LM 均衡過程（圖 1）來分析政府投資對宏觀經濟的影響。

由於 IS 曲線的斜率總體較小，LM 曲線的斜率較大。在政府投資後，IS 向右移動到 IS´（與 LM 交與 C 點）。由於 IS 曲線平緩，因此在利率 $r$ 水準上形成了巨大的國民收入增量 $\Delta y = y´ - y$。但是，隨著 IS 曲線的右移，利率也大大提高 $\Delta r = r´ - r$。由於利率大大提高使得政府投資形成的真正產出增量僅為 $\Delta y_a = y″ - y$，非常小；政府投資對私人投資形成顯著擠出效應，形成的擠出產值為 $\Delta y_c = y´ - y″$。

上述分析表明政府投資對國民經濟增長的影響不顯著，接下來將利用中國相應宏觀數據來驗證政府投資對中國宏觀經濟的影響。

三、實證分析

1. 數據描述

為了更清晰地說明政府投資對宏觀經濟的影響，我們擬利用 1978—2008 年的數據進行實證分析。但是，由於政府投資（中央政府和地方政府）數據在 2003 年

---

[①] 參見：王來星，戰慶欣. 貨幣需求結構變動對物價影響的實證分析 [J]. 上海金融，2002 (7).

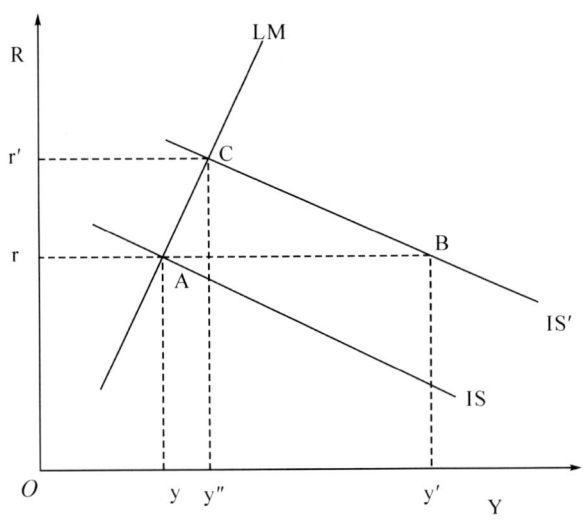

图 1　政府投資 IS-LM 的均衡過程

後有很大變異①。從圖 2 我們可以看出，2004 年之前，中央政府投資增長率、地方政府投資增長率和三次產業年增長率相互的偏差較大，而在 2004 年調整後的這些指標出現較明顯的非一致性。為了保證數據分析的有效性，我們僅選擇 1978—2003 年為考察期。我們選擇中國的 GDP 指數為被解釋變量，選擇中央政府投資年增長率（CGI）和地方政府投資年增長率（LGI）作為解釋指標。為了進一步清晰地瞭解中國政府投資對產業的影響，本實證把 GDP 分解為第一產業增加值指數（FIP）、第二產業增加值指數（SIP）、第三產業增加值指數（TIP）。所有這些數據來自 1985—2004 年的《中國統計年鑒》。

2. 實證結果

（1）單位根檢驗。

首先對上述數據進行平穩性檢驗，本文採用 ADF 對時間序列進行平穩性檢驗。從檢驗結果可以看出，因為上述所有序列的 ADF 統計量均位於 5% 顯著水準臨界值的左邊，所以我們確定上述時間序列在 5% 顯著水準是平穩序列。相關變量的平穩性檢驗如表 1 所示。

---

① 自 1997 年起，除房地產開發投資、農村集體投資、個人投資及城鎮和工礦區私人建房投資外，基本建設、更新改造和其他固定資產投資的統計起點由 5 萬元提高到 50 萬元。就 1996—2003 年的固定投資數據，2004 年《中國統計年鑒》與其後的各年統計年鑒不一致，而且出入極大，因此我們只能使用 1978—2003 年的數據。

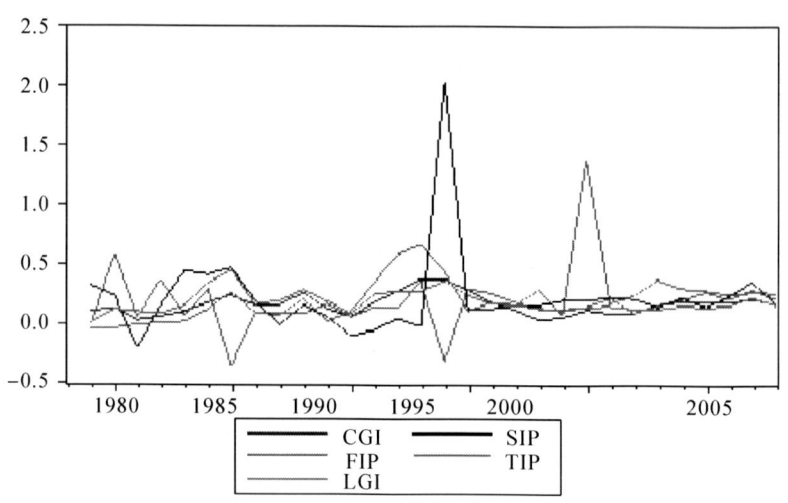

圖2　宏觀經濟指標的增長率長期趨勢

表1　　　　　　　相關變量的平穩性檢驗（ADF 單位根檢驗）

| 變量 | ADF 統計量 | 5%臨界值 | 1%臨界值 | 滯後項 | 結論（5%顯著水準） |
|---|---|---|---|---|---|
| CGI | -3.284,407 | -2.981,038 | -3.711,457 | 7 | 平穩序列 |
| FIP | -5.387,980 | -2.967,767 | -3.679,322 | 7 | 平穩序列 |
| IGV | -5.238,280 | -2.967,767 | -3.679,322 | 7 | 平穩序列 |
| LGI | -5.675,236 | -2.967,767 | -3.679,322 | 7 | 平穩序列 |
| TIP | -3.583,578 | -2.967,767 | -3.679,322 | 7 | 平穩序列 |
| GDP | -3.935,155 | -2.976,263 | -3.699,871 | 7 | 平穩序列 |

（2）Granger 因果檢驗。

政府投資與經濟產出的 GRANGER 因果關係檢驗如表2所示。從 Granger 因果檢驗結果來看，中央政府投資 CGI 和地方政府投資 LGI 僅對第二產業在5%的顯著水準上存在因果關係，對第一產業、第三產業和整體 GDP 不存在 GRANGER 因果關係。相關性檢驗顯示，中央政府投資與第二產業增加值相關係數為0.80以上，地方政府投資與第二產業增加值相關係數在0.84以上。關於政府投資對宏觀經濟的動態衝擊，我們將運用脈衝回應函數和方差分解做進一步分析。

表 2　　　　　　　政府投資與經濟產出的 GRANGER 因果關係檢驗

| 投資<br>（A） | 宏觀經濟指標<br>（B） | 原假設：A not to B |  | 滯後項數 | 相關系數 | 結論 |
|---|---|---|---|---|---|---|
| | | F-Statistic | Probability | | | |
| 中央政府投資（CGI） | GDP 增長率 | 1.249,86 | 0.305,29 | 2 | / | 接受原假設 |
| | 第二產業 | 3.823,97 | 0.036,83 | 2 | 0.805,855 | 拒絕原假設 |
| | 第一產業 | 1.924,69 | 0.168,70 | 2 | / | 接受原假設 |
| | 第三產業 | 0.976,99 | 0.391,53 | 2 | / | 接受原假設 |
| 地方政府投資（LGI） | GDP 指數 | 0.961,63 | 0.397,11 | 2 | / | 接受原假設 |
| | 第二產業 | 4.442,96 | 0.023,36 | 2 | 0.846,21 | 拒絕原假設 |
| | 第一產業 | 0.205,13 | 0.816,01 | 2 | / | 接受原假設 |
| | 第三產業 | 0.021,31 | 0.978,94 | 2 | / | 接受原假設 |

（3）脈衝回應檢驗和方差分解。

通過脈衝回應分析可以考察變量對其他不同變量脈衝擾動的短期和長期反應，進而發現變量之間的動態關係。我們給政府投資一個衝擊信號，來考察政府投資對第二產業增加值的動態影響。

根據檢驗可見，中央政府投資在第 1 期到第 4 期對第二產業具有顯著的正向衝擊，但是該影響從第 1 期逐漸減弱，第 4 期到第 5 期衝擊弱化為負，且負向衝擊很不顯著；同時地方政府投資對第二產業的衝擊表現出大體類似的動態過程。該檢驗同時也表明，經濟狀態對其自身同樣具有 5~6 期的中期影響，但正向衝擊僅在 1~2 期表現，在第 2~5 期表現出較明顯的負向衝擊，第 6 期為正向衝擊，並在第 7 期衝擊影響減弱至零。

為了比較中央政府和地方政府對第二產業波動的貢獻度，進一步評價不同結構衝擊的重要性，我們將對第二產業波動的總方差進行分解，方差分解結果整理如表 3。

表 3　　　　　　　第二產業波動的總方差進行分解

| 時期 | 中央投資 | 第二產業波動 | 地方投資 | 第二產業波動 |
|---|---|---|---|---|
| 1 | 0.000,000 | 100.000,0 | 0.000,000 | 100.000,0 |
| 2 | 0.836,262 | 99.163,74 | 0.920,640 | 99.079,36 |
| 3 | 2.750,357 | 97.249,64 | 3.462,919 | 96.537,08 |
| 4 | 3.306,125 | 96.693,88 | 4.577,554 | 95.422,45 |
| 5 | 3.308,415 | 96.691,58 | 4.627,448 | 95.372,55 |
| 6 | 3.423,541 | 96.576,46 | 4.653,403 | 95.346,60 |
| 7 | 3.457,220 | 96.542,78 | 4.674,391 | 95.325,61 |

表3(續)

| 時期 | 中央投資 | 第二產業波動 | 地方投資 | 第二產業波動 |
|---|---|---|---|---|
| 8 | 3.455,800 | 96.544,20 | 4.673,750 | 95.326,25 |
| 9 | 3.456,824 | 96.543,18 | 4.673,048 | 95.326,95 |
| 10 | 3.456,799 | 96.543,20 | 4.673,439 | 95.326,56 |

## 四、主要結論

**1. 政府投資與宏觀經濟波動不相關**

本研究結果與一些學者，如 Ratner（1983）、Duffy-Deon 和 Eberts（1989）等對國外研究的同類問題結果大體一致。通常情況下，政府通過在公開市場上出售政府債券來為其支出籌資。由於貨幣供給量沒有增加，政府債券出售使債券價格下降，利率上升。同時，由於貨幣的投機性需求對利率很敏感，當利率上升幅度很小時，投機性需求會大幅下降，從而使私人投資下降幅度也很大，從而對私人投資形成巨大的擠出效應。基於中國 IS 和 LM 曲線的特徵，中國政府投資會引起利率大幅提高，對私人投資形成巨大的「擠出效應」，繼而顯示出中國政府投資作為財政政策的無效性或低效性[①]。總而言之，由於中國政府發行國債，而國債發行會擠占國民儲蓄，國民儲蓄減少會降低私人投資資金來源，會直接提高利息，進一步提高私人投資成本。尤其是銀行存款利息降低和收入提高時，持有政府債券的傾向更大。

實際上，中國高儲蓄是中國高投資的重要保證，隨著中國市場經濟深化和金融市場漸漸成形了，人們理財意識和財產資產化傾向越來越明顯。然而中國金融市場為投資者提供的可投資品極有限，且缺乏大量專門人士（代理）的指導，政府債券成了機構、銀行和民眾首選之品，從而形成了政府與私人爭奪資金的狀況，致使政府投資對經濟推動不顯著。這才是最根本的原因。

**2. 中央政府和地方政府投資對第二產業產生影響**

中央政府和地方政府投資對第一、第三產業均沒有影響。中國政府投資按主要行業分的全社會固定資產投資比例來看，製造業占 25%～30%，電、氣和水等供應占 8%～10%，房地產業固定投資占 20% 左右，這三項加總占總固定投資的 53%～60%，這些更為基礎的投入主要是政府投入。電、氣和水主要滿足工業生產的要素需求，房地產主要帶動建築業的發展，這顯然有利於第二產業的發展。假定中國的 LM 曲線稍微再平坦些，政府投資對第二產業的影響更為顯著。同時，經驗分析顯示，地方政府投資和中央政府投資均對第二產業前期的影響較大，在中期內影響不明顯，在長期內沒有影響，這與中國政府投資結構、經濟模式、市場結構、

---

[①] Duffy-Deon 和 Eberts（1989）利用 28 個標準都市統計區 1980—1984 年的數據，使用兩階段最小二乘法估計，發現公共資本的產出彈性僅為 0.08。

產業結構等因素複雜關聯，這是一個值得研究的課題。

3. 地方政府投資比中央政府投資對第二產業產生的影響更顯著

2003年前，中國不存在地方政府債券，所有的政府債券全部屬中央政府發行的債券。因此，中央政府債券對中國儲蓄有著較大的影響，也是中國貨幣市場貨幣供應和需求發生不均衡的主要原因，從而導致利率提高，對私人投資產生很大影響。而中國地方政府沒有發行債券，從而對私人投資的擠占相對較少，使得地方政府投資比中央政府投資對第二產業產生的影響要大些。從投資力度來看，從1978—2003年，地方政府投資遠遠大於中央政府投資，就投資總量來看，中央政府57,610億元遠小於地方政府投資160,553億元。這也能部分解釋地方政府投資比中央政府投資對第二產業產生影響較大的現象。

**參考文獻：**

[1] 何曉星. 論中國地方政府主導型市場經濟 [J]. 社會科學研究，2003（5）.

[2] 何曉星. 再論中國地方政府主導型市場經濟 [J]. 中國工業經濟，2005（1）.

[3] 安福仁. 稅收是宏觀經濟調控的重要經濟變量 [J]. 財經問題研究，2003（5）.

[4] 於長革. 政府公共投資的經濟效益分析 [J]. 財經研究，2006（2）.

[5] 許保利. 論政府投資的宏觀經濟影響 [J]. 稅務與經濟，1994（1）.

[6] 馬拴友. 財政政策與經濟增長的實證分析——中國的財政政策乘數和效應測算 [J]. 山西財經大學學報，2001（4）.

[7] 吳建軍. 中國 M2/GDP 過高：基於投資利率彈性的分析 [J]. 投資研究，2007（3）.

# 中國石油定價機制存在的弊端淺析

劉 穎

**摘要：** 中國現行的石油定價機制在初期運作良好，促進了國內石油市場的健康、有序發展，但隨著中國經濟的發展、社會的進步和國際經濟形勢的改變，它已經不再能適應國內石油市場的需求，其不完善的地方越發凸顯。因此，我們應積極完善現行的定價機制，改革方向應該集中在石油戰略儲備體系的建立、石油價格形成機制的完善、石油期貨市場的建設、開發節能產品和應用替代資源以及協調好周邊地緣關係等方面，從而緩衝國際石油價格劇烈波動對中國經濟造成的衝擊，為國民經濟的平穩健康發展奠定堅實的基礎。

**關鍵詞：** 石油價格；定價機制；弊端

1998年以前，中國的石油價格一直處於政府計劃價格體制的控制下。新的原油、成品油價格改革方案規定國內原油與國際原油價格接軌，國內成品油與國際成品油價聯動，這使得石油生產企業和消費者的權益都得到了保障。在定價機制改革後的一段時間內，機制運行得很不錯，兼顧了各方的利益，對於促進中國石油企業改善經營管理、降低成本和提高效益起到了積極的作用。

與此同時我們也要看到，目前國內成品油價格還沒有和國際成品油市場接軌，距離市場化還有一段距離，國內油價與國際油價之間的聯動反應滯後，市場化程度不夠，不能及時反應國際成品油價格的變動情況。國內石油價格波動的滯後性還帶來了一系列的問題，主要表現在以下幾個方面：

一、缺乏合理、有力的原油價格穩定機制

隨著經濟發展對石油需求的增長，加之供給不足的存在，供需偏緊的局面成為目前國際石油市場的新特點。油價的波動程度與以往相比，更為劇烈。在這種情況下，中國的石油定價機制也開始暴露出一定的問題。根據現行的石油定價機制，國內原油價格應與國際市場接軌。但由於國內的原油價格由以國際原油價格為基礎的基準價和國內自身的貼水兩部分組成，因此導致的實際情況是：國際原油價格的變動肯定會帶動國內原油價格相應地發生改變；但當國際原油價格保持穩定時，由於國內的供求狀況、運費雜費等各種費用和政府的介入等因素，國內

的原油價格還是會變動。因此，中國的原油市場缺乏穩定的定價機制，國內原油價格由於多方面的因素不斷波動，這不符合中國原油價格基本穩定的宏觀目標。此外，中國作為世界第二大石油消費國和進口國，由於石油期貨市場建立較晚，石油期貨市場發展極不完善，導致中國石油企業難以利用套期保值來規避石油風險，更不能制定大宗石油交易規則進而左右國際石油價格。中國影響國際石油定價的權重還不到0.1%，這一權重甚至落後於印尼、韓國等國家。

## 二、對於油價波動反應滯後

雖然在經歷了石油定價機制的改革後，中國實行的石油定價機制明確了國內原油價格，需與國際原油價格接軌，但實際操作過程中，中國原油價格的組成部分之一的基準價的確立是由國家發改委根據上一個月國際市場相近品質原油的離岸價格加上關稅予以確定。該項規定導致國內油價波動與國際市場相比，滯後大約一個月，因此不能及時反應國際油價的變動情況。同時，國內成品油價格是參照紐約、新加坡、鹿特丹三地成品油加權平均價確定的，實際出廠價、批發價和零售價又由中石油和中石化兩大集團自主決定，造成國內成品油價格也滯後於國際市場。這種滯後性又帶來一系列弊端。由於國內原油價格和成品油價格均存在比國際市場波動滯後一個月左右的特性，在現在網絡通信，信息傳播速度快速的形勢下，對國內油價的預測就變得非常容易，導致了很多影響社會安定團結的問題出現。例如當國際石油價格發生上漲以後，各加油站就囤積自己的庫存，等待後期國內油價的上漲；消費者也搶購油卡、油票，投機者更是伺機而動，對石油期貨市場造成相當大的衝擊，使得本來供需平衡的國內石油市場波動不已。滯後的石油定價機制不僅不能反應真實的市場需求，反而造成了市場資源配置扭曲，由此嚴重阻礙了國家經濟的穩定發展。

## 三、不利於石油企業之間平等競爭

目前，中國的石油生產、石油消費和石油進口主要由中石油、中石化和中海油三家大型石油公司壟斷。在組建時，由於當時複雜的歷史原因和政府確定的經營範圍不同，造成了各大公司的發展並不均衡。特別是在原油產量和進口原油數量方面，比例失調現象嚴重。例如從油源方面看，中國石油以原油自產為主，而中國石化主要通過進口原油，進行加工後再銷售，進口原油占全國加工原油總量的70%。這導致了在各石油公司之間會出現利潤的巨大差距，中石油以國產原油多的優勢獲得較大利潤，中石化由於進口原油多而導致相對利潤減少，不利於石油企業之間的平等競爭。現行石油定價機制還造成了石油產業鏈中各企業的利潤分配不均。對於處於產業鏈上游的原油開採企業而言，由於國內原油價格已經和國際原油價格接軌，保持著持續上漲的局面，因此其利潤是不斷增長的，有些企業甚至從中獲得了暴利；對於處於產業鏈下游的煉油企業和石油產品生產企業而言，由於國內成品油價格依然由政府制定，且制定的價格一直低於國際成品油價

格,在上游原油價格提高的情況下,下游企業的生產虧損嚴重,甚至發生巨額虧損。

### 四、難以真實反應國內石油市場的供求關係

中國現行的石油定價機制存在滯後性調整的問題,致使國內油價與國際油價的走勢不能保持一致,各種投機行為紛紛出現。與此同時,目前中國的石油市場主要被中國石油和中國石化兩大石油集團壟斷,它們往往根據國際油價波動的情況,人為干擾國內石油市場的供需狀況,以增加企業收益,這加劇了中國石油市場供需偏緊的現象,增大了國內國際市場的石油價格差。同時,國外石油消費結構、消費習慣以及供需等影響因素和中國石油消費結構、消費習慣等影響因素有一定差異,很多因素在中國並不存在。如果只是機械生硬地與國際市場石油價格接軌,國內石油市場的供求關係將難以得到真實反應。此外,由於金融市場發展還不夠成熟和完善,中國至今沒有沒有一個成熟的大規模的石油期貨市場,而且還缺乏熟悉國際期貨規則的經驗豐富的機構投資者。

總體看來,1998年中國的石油定價機制改革基本上是成功的,它的實質是在國際油價為成本的基礎上加提成的定價模式。該機制在很長一段時間內由於國內石油市場的不完善,發揮了較好的作用。它降低了國內油價制定的社會成本,並能夠在國際市場石油價格劇烈波動時起到一定的緩衝作用。但進入21世紀後,國際經濟形勢發生了翻天覆地的改變,石油的產量增長緩慢而需求保持旺盛的態勢,這使得國際油價進入高價位時期。這種變化使得中國在世界石油市場上油價較低,波動平穩時期形成的石油定價機制由於調節的滯後性、市場化程度較低和缺乏套期保值手段等,不能滿足現行經濟發展的需要,資源難以得到優化配置,其弊端凸顯,體現出其不夠全面性。因此,逐步推動中國石油價格的市場化改革成為我們的必然選擇。

**參考文獻:**

[1] 李少民,吳韌強. 中國石油定價機制探討 [J]. 價格月刊,2008 (1).
[2] 袁寧. 中國成品油定價機制的弊端及對策分析 [J]. 中國經濟信息,2007 (3).

# 區域經濟專題

經濟問題多視角研究

# 川渝地區第三產業發展態勢分析
## ——以樂山服務業為例[①]

張本飛　葉　紅

**摘要**：近年來，川渝第三產業增加值占地區 GDP 的比重發生連續下滑。從西方產業結構變動規律看，在仍處於工業化早期階段的地區，此種情況較為少見。川渝地區第三產業相似度較高，對於四川服務業存在的問題，重慶亦不同程度地存在。本文首先討論川渝第三產業的相似系數，然後以樂山為例分析西部欠發達地區第三產業發展中存在的問題並提出了相應的政策建議。

**關鍵詞**：第三產業；相似系數；產業結構

根據《四川統計年鑒2012》和《重慶統計年鑒2012》數據，2011年四川和重慶第三產業增加值分別為 7,014.04 億元和 3,623.81 億元，占地區 GDP 比重分別為 33.4% 和 36.2%。雖然從絕對數上判斷，近3年來川渝第三產業產業規模同比均有擴大，但是從相對數上判斷，川渝第三產業增加值占地區 GDP 比重卻發生連續下滑。從西方產業結構變動規律看，在仍處於工業化早期階段的地區，此種情況較為少見。川渝地區第三產業相似度較高，對於四川服務業存在的問題，重慶亦不同程度地存在。下面，我們首先討論川渝第三產業的相似系數，然後以樂山為例，分析西部欠發達地區第三產業的發展態勢。

### 一、川渝第三產業相似度分析

根據聯合國工發組織國際工業研究中心提出的度量產業相似度方法，我們應用如下公式計算川渝第三產業相似系數：

$$T_{sc} = \left(\sum_{i=1}^{n} X_{si} X_{ci} - \sum_{i=1}^{n} X_{si} \sum_{i=1}^{n} X_{ci}/n\right) \left[\sum_{i=1}^{n} X_{si}^2 - \left(\sum_{i=1}^{n} X_{si}\right)^2/n\right]^{-0.5}$$

$$\left[\sum_{i=1}^{n} X_{ci}^2 - \left(\sum_{i=1}^{n} X_{ci}\right)^2/n\right]^{-0.5}$$

其中 $T_{sc}$ 表示第三產業相似系數，$X_{si}$ 和 $X_{ci}$ 分別表示部門 $i$ 的增加值在四川和重慶第三產業增加值中的比重。第三產業相似系數的取值範圍為 [0，1]；如果第三

---

[①] 基金項目：引進教師啟動項目（S1268）。

產業相似系數為零,則兩個地區的第三產業結構完全異質;如果相似系數為1,則兩個地區的第三產業完全同構。

根據四川和重慶統計年鑒中第三產業中各部門增加值的分類數據,並應用產業相似系數公式,我們可以計算川渝第三產業相似系數,如表1所示。

表1　　　　　　2000—2011年川渝地區第三產業的相似度

|  | 四川GDP（億元） | 第三產業增加值（億元） | 第三產業比重（%） | 重慶GDP（億元） | 第三產業增加值（億元） | 第三產業比重（%） | 相似系數（%） |
|---|---|---|---|---|---|---|---|
| 2000 | 3,928.20 | 1,549.51 | 39.4 | 1,791.00 | 746.10 | 41.7 | 93.71 |
| 2001 | 4,293.49 | 1,739.81 | 40.5 | 1,976.86 | 840.01 | 42.5 | 94.44 |
| 2002 | 4,725.01 | 1,943.68 | 41.1 | 2,232.86 | 956.12 | 42.9 | 95.41 |
| 2003 | 5,333.09 | 2,189.68 | 41.0 | 2,555.72 | 1,081.35 | 42.3 | 96.05 |
| 2004 | 6,379.63 | 2,510.30 | 39.3 | 3,034.58 | 1,229.62 | 40.5 | 96.18 |
| 2005 | 7,385.10 | 2,836.73 | 38.4 | 3,467.72 | 1,440.32 | 41.5 | 97.24 |
| 2006 | 8,690.24 | 3,319.62 | 38.2 | 3,907.23 | 1,649.20 | 42.2 | 96.86 |
| 2007 | 10,562.39 | 3,881.60 | 36.8 | 4,676.13 | 1,825.21 | 39.0 | 95.80 |
| 2008 | 12,601.23 | 4,561.69 | 36.2 | 5,793.66 | 2,160.48 | 37.3 | 95.10 |
| 2009 | 14,151.28 | 5,198.80 | 36.8 | 6,530.01 | 2,474.44 | 37.9 | 92.37 |
| 2010 | 17,185.48 | 6,030.41 | 35.1 | 7,925.58 | 2,881.08 | 36.4 | 90.46 |
| 2011 | 21,026.68 | 7,014.04 | 33.4 | 10,011.37 | 3,623.81 | 36.2 | 88.81 |

數據來源:根據歷年的《四川統計年鑒》和《重慶統計年鑒》數據計算整理得到。

近十二年來,川渝第三產業相似系數均值高達94.36%,其離散程度非常小,標準差僅為0.026,據此我們可以判斷川渝地區第三產業的結構高度相似,川渝服務業的發展有共同之處。樂山近年來的服務業面臨的困境在四川境內較有代表性,下面,我們以樂山為例進行第三產業的態勢分析。

二、樂山服務業發展現狀

2011年樂山服務業名義上的規模為2,361,100萬元,經平減指數平減後的實際規模為1,972,281萬元（以2005年為基期計算）。名義規模同比增長17.24%,實際規模同比增長12.55%。近三年來,樂山服務業名義規模加速擴張,但服務業實際規模增長速度一度出現下滑,2009年和2010年的實際規模增長速度均同比下降,直至2011年,實際規模增長速度仍然沒有回覆到2008年的水準。

三、樂山服務業省內排名分析

根據《樂山統計年鑒2012》統計數據,2011年樂山人均GDP為28,339元,

省內排名第五；第三產業增加值236.11億元，省內排名第八（此排名與按GDP絕對數排名相同）；第三產業占GDP比重為26%，省內排名第13，比按人均GDP排名的名次低8位，如表2所示。

表2　　　　　　　　　2011年樂山在省內的排名情況

| | GDP（億元） | 排序 | 人均GDP（元） | 排序 | 第三產業增加值 | 排序 | 第三產業比重（%） | 排序 |
|---|---|---|---|---|---|---|---|---|
| 全省 | 21,026.68 | | 26,133 | | 7,015.29 | | 33.36 | |
| 成都 | 6,854.58 | 1 | 48,755 | 2 | 3,383.42 | 1 | 49.36 | 1 |
| 自貢 | 780.36 | 12 | 29,102 | 4 | 222.74 | 10 | 28.54 | 8 |
| 攀枝花 | 645.66 | 15 | 53,054 | 1 | 133.67 | 17 | 20.70 | 21 |
| 瀘州 | 900.87 | 9 | 21,339 | 13 | 231.88 | 9 | 25.74 | 12 |
| 德陽 | 1,137.45 | 3 | 31,562 | 3 | 277.32 | 4 | 24.38 | 17 |
| 綿陽 | 1,189.11 | 2 | 25,755 | 6 | 373.32 | 2 | 31.39 | 6 |
| 廣元 | 403.54 | 17 | 16,225 | 19 | 139.58 | 16 | 34.59 | 4 |
| 遂寧 | 603.36 | 16 | 18,528 | 16 | 152.98 | 15 | 25.35 | 15 |
| 內江 | 854.68 | 10 | 23,062 | 9 | 180.92 | 13 | 21.17 | 20 |
| 樂山 | 918.06 | 8 | 28,339 | 5 | 236.11 | 8 | 25.72 | 13 |
| 南充 | 1,029.48 | 5 | 16,388 | 18 | 265.61 | 5 | 25.80 | 11 |
| 眉山 | 673.34 | 13 | 22,791 | 11 | 172.33 | 14 | 25.59 | 14 |
| 宜賓 | 1,091.18 | 4 | 24,433 | 7 | 252.22 | 6 | 23.11 | 18 |
| 廣安 | 659.90 | 14 | 20,572 | 14 | 195.57 | 11 | 29.64 | 7 |
| 達州 | 1,011.83 | 6 | 18,474 | 17 | 246.75 | 7 | 24.39 | 16 |
| 雅安 | 350.13 | 18 | 23,153 | 8 | 92.88 | 19 | 26.53 | 10 |
| 巴中 | 343.39 | 19 | 10,437 | 21 | 118.09 | 18 | 34.39 | 5 |
| 資陽 | 836.44 | 11 | 22,931 | 10 | 191.23 | 12 | 22.86 | 19 |
| 阿壩 | 168.48 | 20 | 18,710 | 15 | 60.95 | 20 | 36.18 | 3 |
| 甘孜 | 152.22 | 21 | 13,889 | 20 | 57.08 | 21 | 37.50 | 2 |
| 涼山 | 1,000.13 | 7 | 22,044 | 12 | 282.00 | 3 | 28.20 | 9 |

數據來源：根據歷年《樂山統計年鑒》和《四川統計年鑒》數據計算整理得到。

2008—2011年，樂山第三產業占GDP的比重及按比重的省內排名情況如表3所示，2009年第三產業占GDP的比重同比增長3.36%，排名較之上一年度提高5個名次，2010年第三產業比重同比下降1.01%，但排名仍較之上一年度提高2個名次，2011年第三產業比重同比下降1.35%，排名與上一年度相同，仍是第

13 名。

表 3　　2008—2011 年樂山第三產業比重及省內排名情況

| | 2008 年第三產業比重（%） | 排序 | 2009 年第三產業比重（%） | 排序 | 2010 年第三產業比重（%） | 排序 | 2011 年第三產業比重（%） | 排序 |
|---|---|---|---|---|---|---|---|---|
| 全省 | 34.78 | | 36.74 | | 34.62 | | 33.36 | |
| 成都 | 46.51 | 1 | 49.59 | 1 | 49.97 | 1 | 49.36 | 1 |
| 自貢 | 32.21 | 8 | 31.23 | 10 | 29.67 | 9 | 28.54 | 8 |
| 攀枝花 | 22.16 | 21 | 24.45 | 21 | 22.11 | 21 | 20.70 | 21 |
| 瀘州 | 30.57 | 9 | 31.28 | 9 | 28.30 | 10 | 25.74 | 12 |
| 德陽 | 26.21 | 16 | 26.50 | 18 | 25.63 | 17 | 24.38 | 17 |
| 綿陽 | 34.11 | 7 | 35.09 | 6 | 33.89 | 6 | 31.39 | 6 |
| 廣元 | 35.66 | 4 | 39.37 | 4 | 37.18 | 3 | 34.59 | 4 |
| 遂寧 | 26.29 | 15 | 27.89 | 16 | 26.48 | 14 | 25.35 | 15 |
| 內江 | 26.30 | 14 | 25.53 | 19 | 22.94 | 20 | 21.17 | 20 |
| 樂山 | 24.72 | 20 | 28.08 | 15 | 27.07 | 13 | 25.72 | 13 |
| 南充 | 29.00 | 10 | 29.00 | 12 | 27.14 | 12 | 25.80 | 11 |
| 眉山 | 24.86 | 19 | 28.16 | 14 | 26.28 | 15 | 25.59 | 14 |
| 宜賓 | 25.51 | 18 | 27.08 | 17 | 25.01 | 18 | 23.11 | 18 |
| 廣安 | 34.68 | 5 | 33.06 | 8 | 31.28 | 7 | 29.64 | 7 |
| 達州 | 28.69 | 11 | 28.64 | 13 | 26.20 | 16 | 24.39 | 16 |
| 雅安 | 28.20 | 12 | 29.34 | 11 | 27.48 | 11 | 26.53 | 10 |
| 巴中 | 34.37 | 6 | 38.99 | 5 | 37.13 | 4 | 34.39 | 5 |
| 資陽 | 25.66 | 17 | 25.35 | 20 | 23.97 | 19 | 22.86 | 19 |
| 阿壩 | 43.03 | 2 | 39.61 | 3 | 36.98 | 5 | 36.18 | 3 |
| 甘孜 | 37.99 | 3 | 41.44 | 2 | 40.01 | 2 | 37.50 | 2 |
| 涼山 | 28.04 | 13 | 34.06 | 7 | 30.74 | 8 | 28.20 | 9 |

數據來源：根據歷年《樂山統計年鑒》和《四川統計年鑒》數據計算整理得到。

### 四、樂山服務業產業結構分析

根據發展經濟學的理論，產業結構變動具有如下規律：隨著經濟的發展、人均國民收入的提高，勞動力首先由第一次產業向第二次產業轉移；當人均國民收入水準進一步提高時，勞動力便向服務業轉移。日本學者飯盛信男進一步將之總

結為產業結構變動的三階段：階段一，第一產業占絕對優勢的「農業社會」；階段二，第二產業持續提高的「工業化社會」；階段三，第二產業的發展達到頂點，服務業地位直線上升，亦即進入「服務經濟化」階段。

根據產業結構判斷，樂山服務業的發展不容樂觀。樂山 2011 年的 GDP 為 918.06 億元，其中第一產業增加值為 114.58 億元，第二產業增加值為 567.37 億元，第三產業增加值為 236.11 億元，在 GDP 中的比重僅為 26%，第一、三產業增加值之和的比重為 38%，遠遠低於第二產業的比重。如表 4 所示，2002—2004 年樂山第三產業增加值的比重連續下滑，2005 年同比上漲一個百分點，2006—2011 年又恢復為下滑趨勢（除 2009 年同比上漲半個百分點之外，2006—2008 年、2010—2011 年各年份均同比下滑）。而第二產業增加值的比重則穩步提高。根據產業發展理論，樂山服務業發展所處階段為產業發展第二階段早期。

表 4　　　　　　　　　　2002—2011 年樂山產業結構

| 年份 | GDP（萬元） | 第一產業（萬元） | 第二產業（萬元） | 第三產業（萬元） | 第一產業比重（%） | 第二產業比重（%） | 第三產業比重（%） |
|---|---|---|---|---|---|---|---|
| 2002 | 1,865,349 | 377,727 | 873,780 | 613,842 | 20.25 | 46.84 | 32.91 |
| 2003 | 2,155,705 | 412,841 | 1,051,596 | 691,268 | 19.15 | 48.78 | 32.07 |
| 2004 | 2,636,900 | 518,500 | 1,310,100 | 808,300 | 19.66 | 49.68 | 30.65 |
| 2005 | 3,067,168 | 561,626 | 1,534,613 | 970,929 | 18.31 | 50.03 | 31.66 |
| 2006 | 3,644,027 | 617,722 | 1,906,873 | 1,119,432 | 16.95 | 52.33 | 30.72 |
| 2007 | 4,499,923 | 801,020 | 2,392,158 | 1,306,745 | 17.80 | 53.16 | 29.04 |
| 2008 | 5,576,982 | 905,700 | 3,137,729 | 1,533,553 | 16.24 | 56.26 | 27.50 |
| 2009 | 6,190,171 | 913,781 | 3,538,482 | 1,737,908 | 14.76 | 57.16 | 28.08 |
| 2010 | 7,439,150 | 1,000,784 | 4,424,483 | 2,013,883 | 13.45 | 59.48 | 27.07 |
| 2011 | 9,180,596 | 1,145,753 | 5,673,743 | 2,361,100 | 12.48 | 61.80 | 25.72 |

數據來源：根據歷年《樂山統計年鑒》數據計算整理得到。

### 五、樂山服務業內部構成分析

從經濟學中服務業內部構成變動規律看，第三產業還經歷了一個由總量或比重的上升到內部結構優化的過程。西方發達國家（或地區）在注重服務業規模或比重增長的同時，更為注重服務業內部結構的優化，提升服務業內部各細分產業的現代化水準。下面我們根據西方國家第三產業內部構成的變動規律分析樂山服務業。

2011 年，樂山生產性服務業增加值為 1,074,206 萬元，占服務業增加值的比重為 46%；生活性服務業增加值為 600,457 萬元，占比為 25%；公益性服務業增加值為 686,437 萬元，占服務業增加值的 29%。2007—2011 年樂山服務業內部構

成情況如表5所示，5年來，樂山生產性服務業、生活性服務業和公益性服務業絕對數均年年攀升，其中生產性服務業規模由2007年的519,507萬元上升到2011年的1,074,206萬元，絕對數增加近一倍。生產性服務業比重一直居於高位，占整個服務業規模的近5成，且由於生產性服務業增加值較之生活性服務業增長更快，生產性服務業比重保持上行趨勢（除2009年、2010年分別同比下降0.39和0.26個百分點之外，其他年份均同比上漲），生活性服務業比重持續下降（除2009年同比上升0.85個百分點之外，其他年份均同比下降），公益性服務業比重前兩年略有下降，後三年則穩步提高，其比重與生活性服務業大致相當。據此我們可以判斷樂山服務業遠沒有達到內部結構的優化。

表5　　　　　　　　2007—2011年樂山服務業的內部構成

| | 2007 | 2008 | 2009 | 2010 | 2011 |
|---|---|---|---|---|---|
| 生產性服務業絕對數（萬元） | 519,507 | 700,092 | 786,586 | 906,188 | 1,074,206 |
| 生產性服務業比重（%） | 43.87 | 45.65 | 45.26 | 45.00 | 45.50 |
| 生活性服務業絕對數（萬元） | 313,116 | 390,561 | 457,416 | 528,740 | 600,457 |
| 生活性服務業比重（%） | 26.44 | 25.47 | 26.32 | 26.25 | 25.43 |
| 公益性服務業絕對數（萬元） | 351,524 | 442,900 | 493,906 | 578,955 | 686,437 |
| 公益性服務業比重（%） | 29.69 | 28.88 | 28.42 | 28.75 | 29.07 |

數據來源：根據歷年《樂山統計年鑒》數據計算整理得到。

## 六、結論

要優化樂山服務業產業結構，使得服務業進入良性發展階段，就應優先推進現代服務業的發展，如電子、信息、技術服務、諮詢廣告、旅遊等，從而降低傳統服務業的比重，為服務業整體的現代化提供強大的引擎；同時應用新技術、新能源和新知識改造傳統服務業，如交通運輸、商業、郵電和能源等，使得部分傳統服務業不斷升級，從而最終進入現代服務業行列。

**參考文獻：**

[1] 胡榮濤. 產業結構與地區利益分析 [M]. 北京：經濟管理出版社，2010.

[2] 王文森. 產業結構相似系數在統計分析中的應用 [J]. 中國統計，2009 (10): 47-48.

[3] 張建華. 發展經濟學 [M]. 北京：北京大學出版社，2009.

[4] Seifoddini H，Wolfe P M. Application of the similarity coefficient method in group technology [J]. IIE transactions, 1986, 18 (3): 271-277.

[5] Gower J C. A general coefficient of similarity and some of its properties [J]. Biometrics, 1971, 27 (12): 857-871.

# 峨眉現代多功能農業發展分析[①]

張本飛

**摘要**：近 10 年來，峨眉山市農地資源迅速減少，單一功能的傳統農業發展模式已不能適應新形勢下的峨眉農業工業化進程，我們需要統一規劃和系統發展旅遊、休閒、觀光和生態等多功能農業，防止惡性競爭、過度開發、污染和破壞自然與文化資源；根據不同分區的特點重點發展不同的細分農業產業；加強峨眉產業鏈的完整性，提高峨眉多功能農業的市場導向，增強農業社會服務組織的系統性。

**關鍵詞**：多功能農業；產業鏈；市場導向

## 一、引言

近 10 年來，峨眉山市農地資源迅速減少，根據《峨眉山市統計年鑒 2012》，可知峨眉山市人均耕地資源較之 10 年前下降 13.9%，如表 1 所示，單一功能的傳統農業發展模式已不能適應新形勢下的峨眉農業工業化進程，我們需要用現代多功能農業發展觀重新整合傳統農業資源。

表 1　　　　峨眉山市歷年耕地資源情況統計表

| 年份 | 人口（人） | 耕地（公頃） | 人均耕地（畝/人）（1 畝≈666.67 平方米） | 人均耕地變化（畝/人）（1 畝≈666.67 平方米） |
|---|---|---|---|---|
| 2002 | 429,605 | 15,826 | 0.552,6 | |
| 2003 | 430,736 | 14,554 | 0.506,8 | -0.045,7 |
| 2004 | 432,228 | 14,460 | 0.501,8 | -0.005,0 |
| 2005 | 431,233 | 14,367 | 0.499,7 | -0.002,1 |
| 2006 | 432,854 | 14,382 | 0.498,4 | -0.001,4 |
| 2007 | 434,990 | 14,415 | 0.497,1 | -0.001,3 |

---

① 基金項目：四川省泰國研究中心科研項目（13SPRITS07）。

表1(續)

| 年份 | 人口（人） | 耕地（公頃） | 人均耕地（畝/人）（1畝≈666.67平方米） | 人均耕地變化（畝/人）（1畝≈666.67平方米） |
|---|---|---|---|---|
| 2008 | 436,403 | 14,330 | 0.492,5 | -0.004,5 |
| 2009 | 434,854 | 14,160 | 0.488,4 | -0.004,1 |
| 2010 | 434,211 | 13,886 | 0.479,7 | -0.008,7 |
| 2011 | 434,495 | 13,780 | 0.475,7 | -0.004,0 |

## 二、多功能農業的概念及相關文獻

### 1. 多功能農業的概念

根據OECD（Organization for Economic Co-operation and Development）的定義，多功能農業（Multifunctional Agriculture）指的是具有為社會提供食物和植物纖維之外其他功能的農業，這些功能包括保護土壤、改善環境、清新空氣、涵養水源、食品安全、生態保護、物種保存、景觀形成、文化遺產保護以及傳承等。本文所討論的峨眉多功能農業正是基於以上定義，同時強調農業的觀光旅遊、文化教育、農副產品集約生產、生態和諧、多產業融合發展等綜合功能。

### 2. 相關文獻

20世紀40年代，在大多數西方經濟學家還沒有認識到農業對於發展的重要性之時，張培剛先生在其英文版的博士論文中首次提出「農業四大貢獻」（包括產品貢獻、要素貢獻、市場貢獻和外匯貢獻），然而直至20世紀60年代初期，這一發展經濟學的重要思想一直處於沉寂狀態。如羅斯托經濟起飛理論中將經濟起飛的首要條件定位為社會儲蓄率由5%提高到10%，在該理論中，完全沒有農業發展重要性的論述；又如在劉易斯人口流動模型中農業進步無足輕重，農業的作用被定義為消極地為工業擴張無限供給廉價勞動力。20世紀50年代末，Hirschman（1958）指出農業是工業化進程中的受害者，較之製造業農業缺少強大的前向和後向聯繫，因而農業發展動力不足。20世紀60年代，Kuznets（1961）、Johnston（1962）和Mellor（1962）等經濟學家開始重新論述「農業四大貢獻」，然而這些論述重點在於強調轉變經濟結構，最大限度地從農業抽取生產要素和資源以擴張第二、第三產業。20世紀60年代中期，Schultz（1964）提出通過人力資本累積將傳統農業改造為現代農業，然而其改造的目的仍然只是經濟增長，而不是關注農業和農村發展本身。20世紀70年代，Schumacher（1977）論述了農業除了提供食物和纖維等基本功能之外，還有為人類提供人性化的自然環境等功能，這一人本主義反思直接引發了多功能農業概念的提出。21世紀初期，日本經濟學家祖田修（2000）吸取了農業區位論和多功能農業的核心理念，進一步提出「空間農學」論：中小城市應與農村結合成一個整體從而使得農業實現生產價值、生活價值與

生態環境價值一體化的綜合目標。此綜合目標的實現亦即多功能農業實現整體價值。多功能農業具有正的外部性的特徵，公共產品理論為多功能農業的發展提供了成熟的分析範式，而聯合生產理論則為多功能農業低成本運作提供了理論依據。

**三、發展現代多功能農業優劣分析**

1. 優勢分析

（1）峨眉多功能農業發展的自然條件。

峨眉位於四川盆地西南邊緣，東北與川西平原接壤，西南連接大小涼山，屬盆地到高山的過渡地帶，是「華西雨屏」的一部分，降雨量充沛，適合於發展多功能農業。

峨眉夏季降雨量占全年的60%以上，在1,000毫米左右，雨熱同季對農作物生長十分有利。峨眉年均降雨量為1,554毫米，最高可達2,200毫米，是全國均值的3至4倍。峨眉宜農的氣候不僅為峨眉基礎農業功能的開發創造了比較優勢，而且為峨眉「茶、藥」兩大特色農業在全國成為農業發展示範基地創造了有利條件。

峨眉自然資源豐富。全市森林總面積7萬公頃（1公頃＝10,000平方米），現已知擁有高等植物3,200種、240科，約占川內植物物種總數的30%和國內植物物種總數的10%。森林覆蓋率達55%以上。峨眉較之川內其他地區具有比較優勢，有利於實現保護土壤、改善環境、涵養水源、保護生態、保存物種和形成景觀等現代農業的綜合功能。

（2）峨眉多功能農業發展的經濟基礎。

多功能農業立足於農業經濟，同時依賴於鄉村-城市發展模式，只有當城鄉生活水準高於生存水準時，多功能農業才有大的發展空間。近年來，峨眉城鄉生活水準不斷提高，經濟實力排名西部百強縣第52位，投資潛力排名西部百強縣前50名。根據《峨眉統計年鑒2013》，峨眉地區生產總值已達160億元，同比增長13.6%，人均地區生產總值為36,700元；固定資產投資達到80億元，同比增長3%；出口創匯7,700萬美元，增長30%；基本養老保險實現98%以上覆蓋，城鄉低保的覆蓋面分別擴大6%和12%；社會消費品零售總額達60億元以上，同比增長16%；城鎮居民人均可支配收入近2萬元，農民人均純收入為9,000元。高於生存水準的城鄉居民生活水準使得峨眉農業無須僅專注於發揮其基礎農業功能，而應積極開發除提供糧食和纖維之外的其他綜合功能。

峨眉中藥材產業和茶業的發展具有十分良好的經濟基礎。峨眉建成了國家級無公害茶葉示範基地和省級黃連無公害基地，其中茶業基地成為國內最大的茶葉集散基地，峨眉「茶、藥」兩大特色農業享譽全國。藥材種植總面積達3萬多畝（1畝≈666.67平方米），產量為900噸，產值達4,000萬元以上；茶園種植面積達20萬畝（1畝≈666.67平方米），鮮茶葉總產量為6萬噸，產值為20億元，其中峨眉雙福前端茶葉基地面積為1.1萬畝（1畝≈666.67平方米），無公害茶葉基地為0.6萬畝（1畝≈666.67平方米），覆蓋了雙福鎮80%的村落。峨眉大西南茶葉

市場年加工銷售茶葉120萬千克,銷往安徽、浙江、上海等地,年銷售收入達2.5億元。峨眉中藥材種植園和茶園不僅為社會提供了健康的藥品和飲品,而且還承載著保護土壤、淨化空氣、涵養水源、保護和傳承文化遺產等多項功能。

(3) 峨眉多功能農業發展的文化資源。

千百年來,釋儒道等多種文化在峨眉不斷的融合、碰撞和演變,形成特有的集佛禪、武術和茶為一體的峨眉文化。峨眉境內現有省級非物質文化遺產19項、省級文化遺產項目傳承人7名、市級非物質文化遺產13項、市級文化遺產項目傳承人25名、全國重點文物保護單位2處,其中峨眉山是世界自然與文化雙遺產、國家5A級風景名勝區和中國四大佛教名山之一。我們可以有效地整合獨特的峨眉文化資源與農業資源,大力發展觀光農業、旅遊農業、休閒農業和生態農業,從而使得峨眉農業實現生產價值、生活休閒旅遊價值、生態環境保護價值、文化傳承價值一體化的綜合目標。

2. 劣勢分析

(1) 峨眉產業鏈的不完整。

峨眉缺少完整的產業鏈,無法有效地將傳統的基礎功能農業轉為現代多功能農業。完整的現代農業產業鏈包括生產前端的農業信息傳播、市場調查、技術擴散和生產後端的深加工、銷售等環節。這些農業生產前端的各環節引導農戶以市場的消費需求為導向,農業生產後端的各環節則是實現農產品增值功能,從而將第一產業的傳統農業轉換為第二和第三產業的現代多功能農業。根據《峨眉統計年鑒2013》,峨眉農業服務業產值不足500萬元,而種植業產值為10億元,兩者之比不足百分之一;峨眉農業服務業增加值絕對規模偏小,而且其增長亦停滯不前,近5年來,其平均增速為-0.72%。峨眉產業鏈的不完整使得峨眉傳統農業無法有效轉化為增值較強的第二和第三產業的現代多功能農業,亦無法降低傳統農業生產的高風險。

(2) 峨眉水資源污染加重。

由於工業排放、城市生活污染以及旅遊業開發造成峨眉水資源污染不斷加重從而損害峨眉多功能農業健康平衡的發展。根據《峨眉統計年鑒2012》,峨眉工業廢氣排放總量已達9,629,055萬標立方米,同比增長17.4%;菸塵排放量為5,132.6噸,同比增長32.9%;城市生活污水氨氮產生系數為8.7克每人每日,同比增長24.3%;生活污水氨氮產生量為666.8噸,同比增長53.5%;生活污水氨氮排放量為315.6噸,同比增長15.4%;廢氣治理設施處理能力為1,219.1萬標立方米每小時,同比下降38.3%。與此同時,峨眉七里坪和張溝等地的農家樂缺乏系統的規劃和引導,導致污水任意排放,生活垃圾沒有統一收集、清運和處理,從而導致峨眉水資源破壞日趨嚴重,峨眉河和臨江河等水系色度、揮發性酚和化學需氧量超標,其中峨眉河部分河段的污徑比高於0.008。峨眉水資源的破壞嚴重阻礙了峨眉可持續地開發多功能農業,同時亦損害了峨眉多功能農業的市場需求。

**四、政策建議**

根據上文對峨眉發展現代多功能農業的優劣分析，我們可以得知如下的政策含義：

第一，統一規劃和系統發展旅遊、休閒、觀光和生態農業，防止惡性競爭、過度開發、污染和破壞自然與文化資源；整合茶園、中藥材種植園、果園以及蔬菜種植園等資源，帶動休閒觀光農業的成片發展。

第二，加強峨眉產業鏈的完整性，提高峨眉農業的市場導向，增強農業社會服務組織的系統性，增強農業生產、加工和銷售的後續環節，提高農產品的附加值。

第三，根據不同分區的地形和氣候差異，重點發展不同的細分農業產業。對於光熱水資源相對較好的低山丘陵地區，可根據其土壤條件選擇與之相適應的生態經濟農作物。對於黃壤性水稻土類，應興修水利工程，完善區域排灌，降低地下水位從而降低土壤濕度，將冬水田改造為水旱輪作田，如此可讓水稻土在干濕交替作用下其土壤結構由分散結構向棱塊狀結和棱柱狀結構轉變，從而既能增強表層土的土壤肥力又能保護下層土壤的潛育生產力不被破壞；對於光熱水資源相對較好的低山丘陵地區，可根據其土壤條件選擇與之相適應的高產生態農作物等；對於平壩區可以根據各片平地規模選擇適宜於不同集約化生產程度的農作物，同時加強該區的交通運輸基礎設施建設，發揮平壩區的資源優勢和區位優勢。

**參考文獻：**

[1] 陳文科. 張培剛發展經濟學思想的兩次飛躍 [J]. 江漢論壇, 2012 (2)：23-27.

[2] 郭熙保. 張培剛對發展經濟學的開創性貢獻 [J]. 經濟學動態, 2012 (12)：131-135.

[3] 宗義湘. 發展經濟學 [M]. 北京：清華大學出版社, 2012.

[4] 林毅夫. 新結構經濟學——重構發展經濟學的框架 [J]. 經濟學, 2010 (10)：23-35.

[5] 許崇正. 人的發展經濟學概論 [M]. 北京：人民出版社, 2010.

[6] 張玉林. 現代化冶之後的東亞農業和農村社會 [J]. 南京農業大學學報, 2011 (3)：11-16.

[7] 涂妍. 古典區位論到新古典區位論：一個綜述 [J]. 河南師範大學學報, 2013 (5)：38-42.

[8] 黃堅. 西部地理 [M]. 浙江：浙江大學出版社, 2006.

[9] Schumacher E F. Small is beautiful: A study of economics as if people mattered [M]. New York: Random House, 1993.

# 樂山市工業結構分析
## ——基於統計數據的實證

潘　樂　劉軍榮　龔　曉

**摘要**：本文基於宏觀統計數據對樂山工業內部和工業空間結構進行實證分析。分析結果顯示工業結構不協調、工業產業層次低、增長性弱、政策吻合度低，傳統產業集中度高於新興產業，新興產業相對集中但缺乏空間整合，工業主體區較明顯。

**關鍵詞**：樂山；產業結構；工業結構

## 一、引言

近 20 年，樂山工業獲得了長足發展，但是發展過程中累積了許多工業結構方面的問題，亟待研究和發現。目前，產業結構調整已成為全國各級政府工作的主要任務，調整產業結構，必須瞭解產業結構現狀。曾有部分學者對樂山產業結構做了研究（段聲策，2009；李宗澤，2001；鄭元同，1999；陳興中，1999）。這些學者的研究分別對樂山「九五」、「十五」和「十一五」期間的產業結構進行了分析。但是鮮有學者對樂山的工業結構進行分析，本文旨在基於統計數據對樂山工業結構進行分析。時至「十三五」，全國產業將結構發生了深刻變化，因此對樂山工業結構的實證刻畫顯得尤為重要。

本文主要是以四川省、樂山市歷年統計年鑒和調研數據為基礎，實證分析樂山工業的內部空間結構。由於統計中出現奇異數據，本報告對其做了平滑性調整。本文的研究目的旨在分析樂山產業結構，對工業結構做了系統分析，並得出相關結論。

## 二、工業內部結構

產業間結構體現區域經濟宏觀產業匹配效能，產業內部結構是單個產業內部的匹配效能，為區域經濟中觀範疇。由於樂山第二產業絕大部是工業，因此本部分將對樂山市工業內部結構進行分析。

（一）樂山市工業行業的變遷

樂山市產業門類齊全，許多行業曾在全省佔據重要地位。根據 2006—2013 年

樂山市工業規模以上企業占全省同規模以上企業產值10%以上的行業（表1）來看，2006年樂山燃氣生產和供應業（占全省45.25%）、木材加工及木、竹、藤、棕、草製品業（占全省44.71%）、非金屬礦物製品業（占全省36.83%）、造紙及紙製品業（占全省34.16%）、儀器儀表及文化、辦公用機械製造業（占全省28.22%）、皮革、毛皮、羽毛（絨）及其製品業（占全省27.66%）在全省舉足輕重。樂山紡織業（占全省16.18%）、農副食品加工業（占全省10.68%）、石油加工、煉焦及核燃料加工業（占全省10.62%）、食品製造業（占全省10.58%）、電氣機械及器材製造業（占全省10.50%）等行業在全省占比為10%以上。這些產業奠定了樂山作為四川工業重鎮的地位。

2009年，樂山紡織服裝、鞋、帽製造業（占全省47.86%）、木材加工及木、竹、藤、棕、草製品業（占全省36.06%）、造紙及紙製品業（占全省35.72%）、非金屬礦物製品業（30.76%）、工藝品及其他製造業（占全省25.50%）、有色金屬冶煉及壓延加工業（占全省25.20%）、文教體育用品製造業（占全省19.66%）等產業平均占全省的20%。

但是，到2012年，樂山占全省10%以上的行業僅為有色金屬冶煉和壓延加工業（占全省15.4%）、造紙和紙製品業（占全省11.9%）、黑色金屬冶煉和壓延加工業（占全省11.7%）、非金屬礦採選業（占全省10%）、非金屬礦物製品業（占全省10%）。除了產業占全省比大幅下降，且在占比全省10%以上規模的產業數量驟然下降。這表明全省其他地市的產業發展已迅速趕超樂山，樂山在產業成長和培育方面嚴重落後。

從樂山市工業規模以上企業占全省同行業企業產值10%以上的層次來看，絕大部分為附加值低、技術含量低或「三高」的行業。除此之外，2006—2009年，主要是農產品加工、輕工、礦業、冶金等。而2012年，樂山市工業規模以上的企業占全省同規模以上企業產值10%以上的行業（如表1所示）除了造紙和紙製品業，其他全部為冶金產業。而這些產業總體上不符合國家當前的產業政策導向，大部分為產能過剩產業。

表1　工業規模以上企業占全省同規上行業企業產值10%以上的行業

| 時間（年） | 行業及占全省同行業產值比重（%） |
| --- | --- |
| 2006 | 燃氣生產和供應業（45.25）、木材加工及木、竹、藤、棕、草製品業（44.71）、非金屬礦物製品業（36.83）、造紙及紙製品業（34.16）、儀器儀表及文化、辦公用機械製造業（28.22）、皮革、毛皮、羽毛（絨）及其製品業（27.66）、有色金屬冶煉及壓延加工業（21.47）、紡織業（16.18）、農副食品加工業（10.68）、石油加工、煉焦及核燃料加工業（10.62）、食品製造業（10.58）、電氣機械及器材製造業（10.50） |

表1(續)

| 時間（年） | 行業及占全省同行業產值比重（%） |
|---|---|
| 2009 | 紡織服裝、鞋、帽製造業（47.86）、木材加工及木、竹、藤、棕、草製品業（36.06）、造紙及紙製品業（35.72）、非金屬礦物製品業（30.76）、工藝品及其他製造業（25.50）、有色金屬冶煉及壓延加工業（25.20）、文教體育用品製造業（19.66）、煤炭開採和洗選業（19.49）、化學原料及化學製品製造業（17.34）、黑色金屬冶煉及壓延加工業（16.69）、紡織業（12.01）、電氣機械及器材製造業（11.58） |
| 2012 | 有色金屬冶煉和壓延加工業（15.4）、造紙和紙製品業（11.9）、黑色金屬冶煉和壓延加工業（11.7）、非金屬礦採選業（≈10.0）、非金屬礦物製品業（≈10.0） |

數據來源：據歷年《四川統計年鑑》和《樂山市統計年鑑》估算。

（二）工業內行業增長性分析

調查組為了進一步分析樂山各行業的增長能力，對工業內行業的增長性進行分析，分析方法採用偏離-份額分析法，該方法在區域經濟分析和產業結構分析廣泛的運用。偏離-份額分析法把區域經濟的變化看作一個動態過程，以其所處上級區域的經濟發展為參照系，將區域自身在某一時期經濟總的增長量分解為3個分量，即份額分量、結構偏離分量和競爭力偏離分量，以此說明區域經濟發展和衰退的原因，評價區域經濟結構優劣和自身競爭力的強弱，找出區域具有相對競爭優勢的產業部門，進而確定區域未來經濟發展的合理方向和產業結構調整的原則。

依據四川省和樂山市統計年鑑對工業行業進行分類，結合樂山市實際把樂山市工業行業整合為29個（如表2），以四川省作為其上級區域，以同期同行業產值的價格為基準。

表2　　　　　　　　樂山市工業行業名稱及其代表序號

| 序號 | 工業部門 | 序號 | 工業部門 |
|---|---|---|---|
| 1 | 紡織服裝、服飾業 | 16 | 鐵路、船舶、航空航天等運輸設備製造業 |
| 2 | 印刷和記錄媒介複製業 | 17 | 橡膠和塑料製品業 |
| 3 | 紡織業 | 18 | 家具製造業 |
| 4 | 有色金屬冶煉和壓延加工業 | 19 | 專用設備製造業 |
| 5 | 酒、飲料和精製茶製造業 | 20 | 皮革、毛皮、羽毛及其製品和制鞋業 |
| 6 | 計算機、通信和其他電子設備製造業 | 21 | 金屬製品業 |
| 7 | 造紙和紙製品業 | 22 | 電力、熱力生產和供應業 |
| 8 | 黑色金屬冶煉和壓延加工業 | 23 | 電氣機械和器材製造業 |
| 9 | 非金屬礦採選業 | 24 | 食品製造業 |

表2(續)

| 序號 | 工業部門 | 序號 | 工業部門 |
|---|---|---|---|
| 10 | 非金屬礦物製品業 | 25 | 其他製造業 |
| 11 | 煤炭開採和洗選業 | 26 | 通用設備製造業 |
| 12 | 燃氣生產和供應業 | 27 | 石油加工、煉焦和核燃料加工業 |
| 13 | 化學原料和化學製品製造業 | 28 | 醫藥製造業 |
| 14 | 木材加工和木、竹、藤、棕、草製品業 | 29 | 農副食品加工業 |
| 15 | 水的生產和供應業 | | |

從表3可以看出，在考察期（2001—2013年）內的29個樣本，偏離-份額符號分析結果均為正，說明29個工業部門均為增長型部門、無衰退型部門。在四川增長性行業中，樂山第4、7、8、9、10、11、12、13、14、16、19、20、21、22行業有所盈餘；在四川增長性行業中，樂山第1、2、3、5、6、15、17、18、23、24、25、26、27、28、29行業有所虧空。在樂山區域內，第1、3、4、5、6、7、11、12、14、15、16、20、21、27、28、29為相對增長性行業；第2、8、9、10、13、17、18、19、11、23、24、25、26行業為下降性行業。

表3　　樂山市工業偏離-份額符號分析結果

| 變量符號關係 | 樣本數 | 樣本編號 | 結論 |
|---|---|---|---|
| +, +, + | 29 | 1~29 | 為全省增長性行業 |
| --, +, -- | 0 | ------ | 為全省衰退性行業 |
| +, +, + | 14 | 4、7、8、9、10、11、12、13、14、16、19、20、21、22 | 在四川增長性行業中，樂山該行業有所盈餘 |
| --, +, -- | 0 | ------ | 在四川衰退性行業中，樂山該行業有所盈餘 |
| --, --, + | 15 | 1、2、3、5、6、15、17、18、23、24、25、26、27、28、29 | 在四川增長性行業中，樂山該行業有所虧空 |
| +, --, -- | 0 | ------ | 在四川衰退性行業中，樂山該行業有所虧空 |
| +, +, + | 16 | 1、3、4、5、6、7、11、12、14、15、16、20、21、27、28、29 | 在樂山該行業相對增長 |
| --, +, -- | 13 | 2、8、9、10、13、17、18、19、11、23、24、25、26 | 在樂山該行業相對下降 |

### （三）工業內結構總效果分析

由偏離-份額分析法的數學模型可知，若 $G_i$ 愈大，L>1，則區域增長快於四川省；若 $P_i$ 愈大，W>1，說明區域經濟中朝陽性的、增長快的產業部門比重大，區域總體經濟結構比較好，結構對於經濟增長的貢獻大；倘若 $D_i$ 較大，D>1，則說明區域各產業部門總的增長勢頭大，具有很強的競爭能力。根據總體效果分析可知，樂山市的工業經濟增長快於全省的工業經濟增長，但是工業競爭力相對較差（$D_i$<0，u<1）。樂山市工業結構 SSM 總全效果分析如表 4 所示。

表 4　　　　　　　　　　樂山市工業結構 SSM 總全效果分析

| 項目 | 數值 |
| --- | --- |
| 總增量 $G_i$/億元 | 1,175.08 |
| 份額增量 $N_i$/億元 | 1,012.50 |
| 結構偏離分量 $P_i$/億元 | 178.29 |
| 競爭力偏離分量 $D_i$/億元 | -101.24 |
| 總偏離分量 $PD_i$/億元 | 45.1 |
| 對全省相對增長率（$L$） | 1.24 |
| 結構效果指數（$W$） | 0.72 |
| 競爭力效果指數（$u$） | 0.91 |

### （四）工業內行業區位商分析

從上述分析可以看出，在考察期內，樂山市工業較全國工業同期而言競爭力偏低。為進一步分析說明造成的原因，課題組通過區位商的計算，以衡量樂山市 29 個工業部門區位競爭的優勢。計算結果顯示（見表 5），2013 年樂山區位商大於 1.0，為黑色金屬冶煉和壓延加工業、造紙和紙製品業、黑色金屬冶煉和壓延加工業等 11 個部門，這些工業部門較全省同行業而言，具有競爭優勢；而區位商小於 1.0 的則有 18 個部門，這些部門在省同行業中不具有競爭優勢。從部門數量上，29 個部門中，競爭力占優勢的僅有 11 個部門，而弱勢部門的區位商則非常低，如紡織服裝、服飾業區位商僅為 0.13，紡織業、印刷和記錄媒介複製業均為 0.19 區位商，而汽車業僅為 0.05（已省略）。從產業類別上看，區位商大於 1 的行業絕大部分技術和附加值較低。這顯示了樂山工業在四川的整體地位偏低，且新興產業和高端技術產業尚未培育或未取得突破。

表 5　　　　　　　　　樂山市工業內行業區位商測算及排位

| 排名 | 工業部門 | 區位商 | 排名 | 工業部門 | 區位商 |
| --- | --- | --- | --- | --- | --- |
| 1 | 有色金屬冶煉和壓延加工業 | 3.35 | 16 | 醫藥製造業 | 0.77 |

表5(續)

| 排名 | 工業部門 | 區位商 | 排名 | 工業部門 | 區位商 |
|---|---|---|---|---|---|
| 2 | 造紙和紙製品業 | 2.59 | 17 | 石油加工、煉焦和核燃料加工業 | 0.54 |
| 3 | 黑色金屬冶煉和壓延加工業 | 2.54 | 18 | 通用設備製造業 | 0.51 |
| 4 | 非金屬礦採選業 | 2.08 | 19 | 其他製造業 | 0.46 |
| 5 | 非金屬礦物製品業 | 1.99 | 20 | 食品製造業 | 0.41 |
| 6 | 煤炭開採和洗選業 | 1.70 | 21 | 電氣機械和器材製造業 | 0.38 |
| 7 | 燃氣生產和供應業 | 1.64 | 22 | 家具製造業 | 0.35 |
| 8 | 化學原料和化學製品製造業 | 1.55 | 23 | 橡膠和塑料製品業 | 0.28 |
| 9 | 木材加工和木、竹、藤、棕、草製品業 | 1.31 | 24 | 水的生產和供應業 | 0.24 |
| 10 | 鐵路、船舶、航空航天和其他運輸設備製造業 | 1.15 | 25 | 計算機、通信和其他電子設備製造業 | 0.23 |
| 11 | 專用設備製造業 | 1.14 | 26 | 酒、飲料和精製茶製造業 | 0.19 |
| 12 | 皮革、毛皮、羽毛及其製品和制鞋業 | 0.90 | 27 | 紡織業 | 0.19 |
| 13 | 金屬製品業 | 0.82 | 28 | 印刷和記錄媒介複製業 | 0.19 |
| 14 | 電力、熱力生產和供應業 | 0.82 | 29 | 紡織服裝、服飾業 | 0.13 |
| 15 | 農副食品加工業 | 0.80 | | | |

（五）產業對政策吻合度的分析

為了進一步對樂山產業結構做準確的定性判斷，課題組把近兩年國家、部委和省關於產業發展指導意見和政策的精神與樂山地區現有的產業分佈進行對比。課題組預設高端成長型和戰略新興產業政策吻合度為2.0、鼓勵類為1.5、未禁止類為1.0、產能過剩產業為0.5、禁止類為-1.0。對照國家產業政策、上級相關產業政策以及文件精神，我們估算出樂山工業的政策吻合度（見表6）。

通過分析發現，樂山除了專用設備製造業和少數受鼓勵的規上行業外，其他均為未禁止類行業和產能過剩產業。樂山產業與國家及省產業政策的總體吻合度為：1.17<1.50。這表明樂山產業政策吻合度很低，現有工業基礎與國家產業鼓勵方向不一致。

表6　　　　　　　　　　樂山市工業行業政策吻合度

| 排名 | 工業部門 | 吻合度 | 對應政策依據 |
|---|---|---|---|
| 1 | 有色金屬冶煉和壓延加工業 | 1.0 | ①《國務院關於化解產能嚴重過剩矛盾的指導意見》（國發〔2013〕41號）<br>②《西部地區鼓勵類產業目錄（2014）》（中華人民共和國國家發展和改革委員會令第15號）<br>③《工業和信息化部關於下達2014年工業行業淘汰落後和過剩產能目標任務的通知》（工信部產業〔2014〕148號）<br>④《產業結構調整指導目錄》（2011年版）（2013修正）（國家發改委21號令）<br>⑤《產業結構調整指導目錄》（2011年版）（淘汰類項目）<br>⑥《戰略性新興產業（產品）發展指導目錄（2014年）》（川經信辦新興〔2014〕43號）<br>⑦《國家發改委關於十三五市縣規劃改革創新的指導意見》（發改規劃〔2014〕24770）<br>⑧《四川省工業「7+3」產業發展規劃綱要》（2010—2020年）<br>⑨《關於建立五大高端成長型產業和56個重大產業項目協調推進機制的通知》<br>⑩《四川省人民政府關於化解產能過剩矛盾促進產業結構調整的實施意見》（川府發〔2014〕10號） |
| 2 | 造紙和紙製品業 | 1.0 | |
| 3 | 黑色金屬冶煉和壓延加工業 | 1.0 | |
| 4 | 非金屬礦採選業 | 1.0 | |
| 5 | 非金屬礦物製品業 | 1.0 | |
| 6 | 煤炭開採和洗選業 | 1.0 | |
| 7 | 燃氣生產和供應業 | 1.0 | |
| 8 | 化學原料和化學製品製造業 | 1.0 | |
| 9 | 木材加工和木、竹、藤、棕、草製品業 | 1.5 | |
| 10 | 鐵路、船舶、航空航天和其他運輸設備製造業 | 1.5 | |
| 11 | 專用設備製造業 | 2.0 | |
| 12 | 皮革、毛皮、羽毛及其製品和制鞋業 | 1.5 | |
| 13 | 金屬製品業 | 1.5 | |
| 14 | 電力、熱力生產和供應業 | 1.5 | |
| 15 | 農副食品加工業 | 1.5 | |
| 16 | 醫藥製造業 | 1.5 | |
| 17 | 石油加工、煉焦和核燃料加工業 | 1.0 | |
| 18 | 通用設備製造業 | 1.0 | |
| 19 | 其他製造業 | 1.0 | |
| 20 | 食品製造業 | 1.0 | |
| 21 | 電氣機械和器材製造業 | 1.5 | |
| 22 | 家具製造業 | 1.0 | |
| 23 | 橡膠和塑料製品業 | 1.0 | |
| 24 | 水的生產和供應業 | 1.0 | |
| 25 | 計算機、通信和其他電子設備製造業 | 1.5 | |
| 26 | 酒、飲料和精製茶製造業 | 1.0 | |
| 27 | 紡織業 | 0.5 | |
| 28 | 印刷和記錄媒介複製業 | 1.0 | |
| 29 | 紡織服裝、服飾業 | 1.0 | |

把上述各個產業的政策融合度乘以該產業的區位商，再進行簡單平均，得到樂山產業與國家及省產業政策的總體吻合度為：1.17<1.50。如果地方產業為國家鼓勵類行業，我們稱該地區產業符合產業政策導向。

## 三、工業空間結構分析

### （一）工業內行業的熵指數

根據行業專業化的含義，專業化程度越高，某行業部門在各地區的發展越不

均衡；反之，越均衡。這與信息熵原理不謀而合。因此，我們將信息熵原理運用到樂山工業集聚研究中去，構造測度集聚度的熵指數（見表7）。

七個工業行業的熵指數由大到小依次是：鹽磷化工、冶金建材、農產品加工、電子信息、新能源新材、裝備製造、生物製藥。從總體上來看，樂山上述行業的集中度、行業熵指數總體上提高了。鹽磷化工、冶金建材兩個行業的集中趨勢明顯。

表7　　　　　　　　2003—2013年各行業熵指數變化值

| 年份（年） | 鹽磷化工 | 冶金建材 | 農產品加工 | 電子信息 | 新能源新材 | 裝備製造 | 生物製藥 |
|---|---|---|---|---|---|---|---|
| 2003 | 0.731 | 0.508 | 0.354 | 0.471 | 0.465 | 0.490 | 0.314 |
| 2006 | 0.950 | 0.820 | 0.540 | 0.510 | 0.521 | 0.481 | 0.320 |
| 2009 | 1.020 | 1.120 | 0.614 | 0.511 | 0.501 | 0.432 | 0.312 |
| 2012 | 1.130 | 1.257 | 0.687 | 0.542 | 0.797 | 0.441 | 0.317 |
| 2013 | 1.310 | 1.355 | 0.658 | 0.524 | 0.720 | 0.459 | 0.322 |

來源：根據歷年《樂山統計年鑒》統計並計算所得。

（二）行業集中度

為了證明樂山工業內行業熵指數的結果，我們計算出1995—2013年樂山市的產業集中度（表8），計算結果顯示，各產業集中度逐漸加強，樂山傳統產業的集中度高於新興產業。從數據上看，樂山新興產業在2005年或早期的集中度較高，這是因為當時該行業內企業少，多為一兩家企業，而且空間分佈集中。

表8　　　　　　　　1995—2013年樂山市產業集中度

| 年份（年） | 鹽磷化工 | 冶金建材 | 農產品加工 | 電子信息 | 新能源新材 | 裝備製造 | 生物製藥 |
|---|---|---|---|---|---|---|---|
| 1995 | 0.623 | 0.451 | 0.356 |  |  | 0.524 | 0.215 |
| 2000 | 0.578 | 0.514 | 0.372 |  |  | 0.412 | 0.237 |
| 2005 | 0.627 | 0.615 | 0.455 | 0.317 | 0.356 | 0.407 | 0.232 |
| 2010 | 0.667 | 0.638 | 0.478 | 0.426 | 0.324 | 0.352 | 0.252 |
| 2012 | 0.667 | 0.624 | 0.503 | 0.425 | 0.368 | 0.365 | 0.262 |
| 2013 | 0.653 | 0.624 | 0.503 | 0.429 | 0.456 | 0.344 | 0.262 |

來源：根據歷年《樂山統計年鑒》和市經信委提供的統計數據計算所得。

（三）工業空間分佈

依據2014年各縣（市）區的產業主營業務收入統計，筆者對縣（市）區的產業進行排位。統計顯示市中區主體產業為的電子信息業（28億元）、紡織業（21億元）等；高新區的主體工業為裝備製造業（13.2億元）和生物製藥業（7.3億

元）；沙灣主體產業是冶金業（主營業務收入228.9億元）、能源業（電力主營業務收入33.9億元）等；五通橋區主體產業是鹽磷化工業（131.1億元）、機電加工業（383億元）；峨眉山工業主體為新型建材業（55億元）、鋁材業（47億元）等；犍為縣的工業主體是機械製造業（42.8億萬元）和造紙業（32.3億元）等；井研縣主體產業是農產品加工業（74.6億元）和紡織業（40億元）；夾江的主體工業為陶瓷業（85億元）、新材料和新能源業（12.1億）；沐川的主體工業為造紙業（13.3億元）和煤炭業（9.8億元）等；峨邊和金口河的主體工業為鐵合金、工業硅和採礦業等。

根據樂山市「3+3」產業分類以及四川省新興產業分類，經整理，樂山規上工業空間分佈如表9所示。

表9　　　　　　　　　　樂山規上工業按產業空間分佈

| 產業排序 | | 市中區 | 高新區 | 沙灣 | 五通橋 | 峨眉山 | 犍為 | 井研 | 夾江 | 沐川 | 峨邊 | 金口河 |
|---|---|---|---|---|---|---|---|---|---|---|---|---|
| 新興產業 | | 電子信息 | 電子信息 | － | 稀土 | 生物制藥 | － | 新興產業 | 新材料產業 | － | 稀土 | － |
| | | 新材料 | 新能源 | － | 硅材料 | － | － | － | 新能源產業 | － | － | － |
| | | 生物醫藥 | 生物醫藥 | － | － | － | － | － | － | － | － | － |
| | | － | 裝備製造 | － | － | － | － | － | － | － | － | － |
| 傳統產業 | | 紡織 | － | 冶金 | 鹽磷化工 | 新型建材 | 機械製造 | 農產品加工 | 陶瓷產業 | 造紙業 | 鐵合金 | 鐵合金 |
| | | 樂電\燃氣\混凝土 | － | 能源 | 機電加工 | 鋁材 | 造紙 | 紡織 | － | 煤炭 | 工業硅 | 採礦 |
| | | 機械製造（含鑄造） | － | 製品加工 | 其他 | 機械加工 | 煤炭 | 機械 | － | 電力 | 電石 | 工業硅 |
| | | 農副產品加工 | － | 建材 | 畜產品加工業 | 食品飲料 | 水泥 | 其他產業 | － | 化工業 | － | 紡織 |
| | | | | 機械鑄造 | － | － | 制鹽 | 鹽磷化工 | － | 農產品加工 | | |
| | | | | 輕工 | | | | | | 非煤礦山 | | |

來源：根據歷年《樂山統計年鑑》統計並計算所得。

從表9看來，樂山市新興產業主要分佈在市中區和高新區。雖然五通橋、峨眉山市、夾江和井研也有新興產業，但是這些縣（市、區）新興產業鏈條短、附加值低且所涉企業較少。調查統計顯示，高新區基本上為新興產業，但實際上高新區內食品加工和農產品加工等企業較多，且這些非新興產業在高新區內占比不低。

統計還顯示，樂山的縣（市、區）規上工業的主營業務收入規模200億級以上的區縣有沙灣、井研、五通橋、峨眉山市；100億級或100億級以上的區縣有犍

56

為、夾江和市中區（見附表2），這些縣（市）區是樂山工業的主體支撐區域。

## 四、結論

（一）工業產業層次低、增長性弱、政策吻合度低

樂山工業在全省的地位下降很快，在產業成長和培育方面嚴重不足，占全省規模以上企業產值10%以上的行業除了造紙和紙製品業，其他全部為冶金產業，產業層次低。產業增長性分析顯示，工業內行業整體盈利性不強，增長性偏低，競爭力相對較差。從產業類別上看，區位商大於1.0的行業絕大部分技術落後、附加值較低，說明樂山工業素質和集成性很低，新興產業和高端技術產業尚未培育或未取得突破，發展後勁弱。樂山工業與國家及省產業政策的總體吻合度為：1.17<1.50，產業政策吻合度很低，現有工業基礎與國家、省產業鼓勵方向錯位。

（二）傳統產業集中度高於新興產業，新興產業相對集中但缺乏空間整合，工業主體區明顯

樂山傳統產業集中度高於新興產業，工業集中度由大到小依次是鹽磷化工、冶金建材、農產品加工、電子信息、新能源新材、裝備製造和生物製藥。傳統產業集中度高於新興產業，新興產業主要分佈在市中區和高新區，其他區縣有新興產業，但產業鏈條短、附加值低且相關企業較少。冶金建材、鹽磷化工、製藥、紡織等產業廣泛地分佈於各縣（市）區，在空間上缺乏整合。樂山縣（市、區）規上工業主營業務收入規模200億級以上的區縣包括沙灣、井研、五通橋、峨眉山市；100億級或100億級以上的區縣有犍為、夾江和市中區。這些縣（市）區是樂山工業的主體支撐。

**參考文獻：**

［1］段聲策，張明強，胡翔.樂山產業結構優化研究［J］.決策諮詢通訊，2009.

［2］李澤宗.「十五」時期樂山產業結構調整之我見［J］.中共樂山市委黨校學報，2001.

［3］鄭元同.樂山可持續發展與國土開發的產業結構現狀綜述［J］.樂山師範高等專科學校學報，2000.

［4］陳興中.論樂山旅遊業的產業化和產業結構優化調整［J］.樂山師範高等專科學校學報，1999.

［5］袁曉玲，張寶山，楊萬平.動態偏離-份額分析法在區域經濟中的應用［J］.經濟經緯，2008.

［6］吳繼英，趙喜倉.偏離-份額分析法空間模型及其應用［J］.統計研究，2009.

［7］藍英，李平，徐鄧耀，等.基於偏離份額分析法的四川省工業結構調整實證分析［J］.西部經濟管理論壇，2011.

［8］王綺，王利，高志遠.基於偏離份額分析法的產業結構分析研究［J］.資源開發與市場，2010.

# 樂山市經濟週期的測定與形成原因淺析[①]

## 劉 穎

**摘要**：2008年，全球金融危機爆發，由此帶來的世界範圍的經濟不景氣和蕭條局面不斷衝擊著各國各地區的經濟。為了避免樂山市經濟的劇烈波動，確保經濟、快速、健康的發展，必須對樂山市經濟所處的週期進行判定，並分析其形成的原因和世界經濟週期對其的影響。只有在對此有清醒認識的基礎上，我們才能更好地採用各種財政或金融政策去削弱甚至抵消金融危機對樂山市經濟造成的負面影響。

**關鍵詞**：經濟週期；樂山經濟；形成原因

### 一、樂山市經濟週期的判定

目前，樂山經濟增長處在快速穩定增長的階段。2010年，樂山市GDP達到743.92億元，增速較快，保持了連續11年超過10%的勢頭。在這個快速增長階段，經濟形勢向好，但同時也要注意到在這種高增長的局面下，累積的風險也在不斷地增長。在這種情況下，我們有必要對樂山經濟所處的週期進行判定，這樣才能制定出相應的對策措施，讓經濟能夠保持平穩和持續的增長。

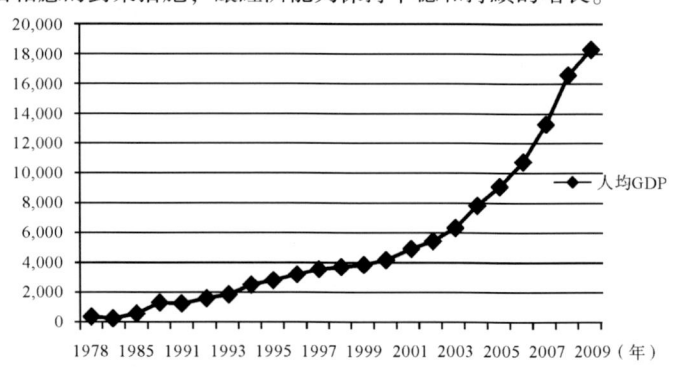

圖1 1978—2010年樂山市人均GDP增長線性圖 單位：元

---

① 課題項目：該論文為樂山市社會科學規劃資助項目「世界經濟週期波動對樂山經濟的影響及對策」（課題編號 SKL201125）的階段性研究成果。

根據圖 1 可以看出，在 1978—2010 年，樂山市經濟的發展大致經歷了 3 個完整的經濟週期和一個半週期。其中 1978—1990 年、1991—1998 年和 1999—2006 年為 3 個完整週期，而 2007 年至今為半個週期。總體來看，樂山市經濟的上升期與下降期的時間相當，上升期大約為 5 年而下降期大約為 4 年。而每個週期從擴張到收縮的時間間隔則呈現出縮短的形勢，這表明樂山市經濟週期呈現出縮短的特徵，按照前面的特徵推斷，樂山市經濟現在應處於波峰向波谷發展的階段。

## 二、樂山市經濟週期特徵的產生原因

（一）從三次產業的結構分析

2010 年，樂山市第一、二、三產業增加值分別為 100.08 億元、442.45 億元和 201.39 億元，同比增速分別為 4.1%、20.7% 和 12.2%，其產業增加值占 GDP 的比重則分別為 13.4%、59.5% 和 27.1%，對經濟增長的貢獻率分別為 3.1%、74.8% 和 22.1%。

自從 1990 年以來，第二產業的年均增速均高於 GDP 的增長率，這說明第二產業的波動是導致樂山市經濟週期波動的最主要的因素，其對經濟週期的變化有著很強的帶動作用。這從第二產業在 GDP 構成中所占的比重從 1999 年到 2010 年由 42.26% 上漲至 59.5% 也可見一斑。

從比重來看，第三產業占 GDP 的比重從 1978 年的 21% 小幅上揚至 2010 年的 27.1%，應該說，這個增速是比較緩慢的。近幾年來，第三產業趨於平穩發展，隨著未來對旅遊產業的投入增長、成綿樂鐵路和若干條高速公路的修建與貫通和第三產業結構的優化升級，可以預計，第三產業對樂山市經濟的影響作用將會不斷上升。

（二）從財政支出分析

2010 年，樂山市全年國稅稅收收入為 38.52 億元，比上年增長 6.9%。地稅稅收收入 46.48 億元，增長 39.4%。從財政支出角度觀察，1997 年到 2010 年，樂山市財政支出與 GDP 增長的走勢在 2000 年前大致相同，從 2001 年開始，則呈現出相反的態勢。

（三）從固定資產投資分析

樂山市全社會固定資產投資的週期波動與經濟週期波動更為頻繁。在 1999 年以前，樂山市固定資產投資的增速並不快，保持著一種小幅攀升的態勢。2000 年以後，固定資產投資出現飛躍性發展，其增速遠遠大於經濟的增長速度。眾所周知，一個國家或者是地區經濟的啟動和發展與固定資產投資密切相關，同時，固定資產投資的影響將會持續若干年的時間。從圖 2 我們可以看出，樂山市固定資產投資的增幅加快不僅對現在，更將對未來經濟的發展起到支撐和保障性的作用。

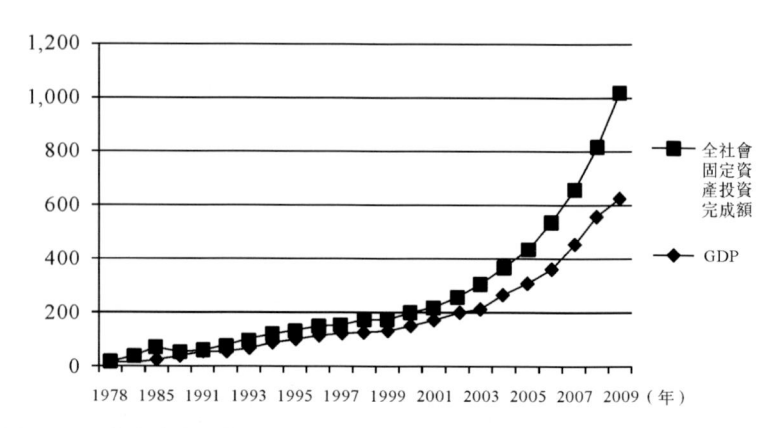

圖 2　1978 年以來全社會固定資產投資完成額與經濟週期波動示意圖　單位：億元

（四）從消費狀況分析

樂山市地方社會消費品零售總額增長率的升降幅度自 1990 年至今都呈現出緩慢增長的趨勢。從社會消費品零售總額 GDP 的關係圖中可知，當 GDP 的增長處於下滑階段的時候，社會消費品零售總額的增長率加快；而當 GDP 的增長處於平穩上升階段甚至是高速增長期的時候，社會消費品零售總額增長率反而下降。

## 三、小結

總體來講，從樂山市新的經濟週期形成看，三大產業中主要是第二產業對樂山市的經濟週期起到決定性的作用，而消費和投資也會影響經濟增速的波動。政府在經歷了幾次經濟週期後，現在已經吸取了經驗，在制定反週期的政策措施和手段方面也日漸成熟。

可以預見，在「十二五」期間，樂山市的經濟發展將步入新一輪的擴張和增長期，經濟穩步發展，增速漸升的趨勢將日趨明顯。在這種背景下，吸取樂山市在前三次經濟週期中的發展經驗，根據目前經濟運行的態勢和市場環境的變化，制定出相應的宏觀調控政策進行適時適度的調節，對避免未來經濟發展的「大起大落」、保持經濟持續快速健康發展具有十分重要的意義。

**參考文獻：**

[1] 段聲策，張明強，胡翔.樂山產業結構優化研究 [J]. 決策諮詢通訊，2009.

[2] 李澤宗.「十五」時期樂山產業結構調整之我見 [J]. 中共樂山市委黨校學報，2001.

# 四川農村城鎮化滯後發展的原因分析[①]

張本飛

**摘要**：「一鎮一品」運動的廣泛開展推動了川內縣域經濟的發展，然而四川城鎮化發展水準仍處於低級階段，且相對於工業化城鎮化發展滯後。本文對四川城鎮化滯後發展的原因進行分析，並從生產要素供求兩方面提出擴大城鎮化的政策建議：一方面，應加強農村基礎教育和剩餘勞動力的職業技能培訓，使剩餘勞動力轉移到城市就業，防止其盲目進城導致的城市病；另一方面，要逐步放開小城鎮的戶籍管制，加強城鎮基礎設施和公共服務體系，防止地區間同質化競爭，提高城市吸納勞動力的能力。

**關鍵詞**：城鎮化；一鎮一品；外部性

## 一、引言

近年來，四川「一鎮一品」運動（「One Town One Product」Program）的廣泛開展推動了縣域經濟的發展，然而四川城鎮化發展水準仍處於低級階段，其城鎮化率僅為44%，與全國平均水準差距較大；且相對於工業化，四川城鎮化發展滯後（川內21個市州中共有19個市州城鎮化滯後於工業化，城鎮化率平均滯後近十個百分點）。下文我們對四川農村城鎮化滯後發展的現狀及原因進行分析，並提出相應的政策建議。

## 二、城鎮化的概念及相關文獻

### 1. 城鎮化的概念

中國的城鎮化概念源於西方「城市化」（Urbanization）這一術語，西方的「城市化」指的是伴隨工業化進程，人口向城市集聚的過程。西方城市的概念與中國城市的概念並不完全一致。中國的城市建制極為嚴格，而西方國家只要人口集聚達到一定規模就被定義為城市；許多西方國家沒有鎮的建制，中國較大的鎮與西方的小城市的概念相當。中國的城鎮化的內涵除了有鄉村人口向城市和鄉鎮集聚

---

[①] 基金項目：「四川省區域和國別重點研究基地四川省泰國研究中心資助項目」（13SPRITS07）。

的含義之外還有限制大城市規模、發展中小城市和小城鎮的含義。

2. 相關文獻

我們可以從多角度探討城鎮化的進程與動因。從產業發展的角度看，城鎮化是與工業化相伴隨但並不同步的產業演變的過程，根據 Clark 定理，在國民人均收入水準（可以用人均 GDP 度量）逐步提高的過程中，勞動力依次由第一產業向第二產業和第三產業轉移，在此兩個進程中，前者主要由工業化推動，後者主要由城鎮化推動；根據 Myrdal 的理論，城市中一種新產業的發展會引發上下游相關產業的發展，城鎮發展動力在循環過程中不斷增強，相關產業相互推動，從而城鎮規模不斷擴大；根據乘數理論，城市發展的初始投資會引發數倍的消費支出，從而拉動城市經濟的數倍擴張；從集聚效應理論看，由於工商企業向城市集聚會形成正的外部性，從而有利於城市形成市場、降低交易費用、刺激技術創新擴散，進而推動城市擴張；根據增長級理論，作為區域增長極的城市會對整個地區形成極化效應和擴散效應從而引發城市群或城市帶的形成。下面我們結合上述相關理論分析四川農村城鎮化滯後發展的現狀及原因。四川城鎮化率與工業化率比較分析如表1所示。

表1　　　　　　　　四川城鎮化率與工業化率比較分析表　　　　　（單位:%）

| | 城鎮化率 | 工業化率 | 城鎮化率 －工業化率 | 城鎮化 年均增速 | 工業化 年均增速 | 兩化年均 增速差異 |
|---|---|---|---|---|---|---|
| 全省 | 43.53 | 46.37 | -2.84 | 0.041 | 0.037 | 0.004 |
| 成都市 | 68.44 | 38.43 | 30.02 | 0.018 | 0.017 | 0.001 |
| 自貢市 | 44.44 | 55.20 | -10.76 | 0.031 | 0.048 | -0.018 |
| 攀枝花市 | 63.01 | 72.03 | -9.02 | 0.015 | 0.015 | 0.000 |
| 瀘州市 | 41.73 | 57.08 | -15.35 | 0.028 | 0.074 | -0.046 |
| 德陽市 | 44.79 | 56.12 | -11.33 | 0.032 | 0.017 | 0.015 |
| 綿陽市 | 43.64 | 45.11 | -1.47 | 0.028 | 0.028 | 0.000 |
| 廣元市 | 36.42 | 40.52 | -4.10 | 0.039 | 0.088 | -0.049 |
| 遂寧市 | 41.71 | 44.74 | -3.03 | 0.035 | 0.053 | -0.018 |
| 內江市 | 41.84 | 58.34 | -16.50 | 0.025 | 0.055 | -0.030 |
| 樂山市 | 42.97 | 57.97 | -15.01 | 0.030 | 0.023 | 0.007 |
| 南充市 | 39.34 | 42.19 | -2.85 | 0.042 | 0.051 | -0.009 |
| 眉山市 | 37.57 | 50.38 | -12.81 | 0.051 | 0.041 | 0.010 |
| 宜賓市 | 41.08 | 57.31 | -16.22 | 0.051 | 0.043 | 0.008 |
| 廣安市 | 32.91 | 41.32 | -8.41 | 0.074 | 0.073 | 0.002 |
| 達州市 | 36.10 | 47.93 | -11.83 | 0.046 | 0.093 | -0.046 |

表1(續)

| | 城鎮化率 | 工業化率 | 城鎮化率-工業化率 | 城鎮化年均增速 | 工業化年均增速 | 兩化年均增速差異 |
|---|---|---|---|---|---|---|
| 雅安市 | 38.30 | 50.94 | -12.63 | 0.034 | 0.053 | -0.019 |
| 巴中市 | 33.22 | 26.15 | 7.07 | 0.056 | 0.154 | -0.098 |
| 資陽市 | 36.15 | 50.39 | -14.24 | 0.060 | 0.050 | 0.010 |
| 阿壩 | 33.37 | 39.84 | -6.47 | 0.022 | 0.055 | -0.034 |
| 甘孜 | 24.41 | 26.91 | -2.49 | 0.058 | 0.023 | 0.035 |
| 涼山 | 29.57 | 40.38 | -10.81 | 0.031 | 0.042 | -0.011 |

數據來源：《四川統計年鑒2013》。

### 三、四川城鎮化滯後發展的現狀及原因分析

1. 城鎮化滯後發展的現狀分析

相對於工業化進程，四川城鎮化發展滯後十分突出。如表1所示，全省21個市、州，除成都市和巴中市之外，其他19個市州城鎮化都滯後於工業化，該19個市州城鎮化率滯後均值為9.27%；從城鎮化發展速度看，全省共有13個市州城鎮化發展速度低於工業化速度，攀枝花市和綿陽市的「兩化」速度持平，其他6個市州的城鎮化發展速度高於工業化速度。根據納瑟姆城市化理論（Northam Urbanization Model），城鎮化與工業化互動發展會經歷由弱到強再到弱的三階段：第一階段，工業化對城市化的推動較弱，城市化率與工業化率大致持平；第二階段，工業化與城市化互助互動，城市化率加速提高，以至高於工業化率二十個百分點；第三階段，工業化對城市化的推動逐漸減弱，第三產業對城市化的推動增強，城市化率進一步提高。從以上城鎮化發展情況分析，四川城鎮化發展滯後，城鎮化率未達到第二和第三階段的發展水準，而且大部分市州城鎮化率低於第一階段的發展水準。

四川中小城市城鎮化嚴重不足。如表2所示，四川20個中小城市城鎮化率均值不足40%，且差異巨大，城鎮化率最大的攀枝花市達到63%以上，城鎮化率最小的甘孜州不到25%，四川20個中小城市城鎮化率的方差為60%，極差為38.6%。

表2　　　　　　四川20個中小城市城鎮化率分析表　　　　（單位:%）

| 平均 | 中位數 | 標準差 | 方差 | 峰度 | 偏度 | 最小值 | 最大值 | 極差 |
|---|---|---|---|---|---|---|---|---|
| 39.13 | 38.82 | 7.37 | 59.66 | 4.32 | 1.19 | 24.41 | 63.01 | 38.60 |

數據來源：《四川統計年鑒2013》。

2. 城鎮化滯後發展的原因分析

對於四川城鎮化滯後發展的原因，我們可以從如下4個方面展開分析：

第一，四川工業結構不合理。由於歷史原因，地處西部的四川在改革開放前是中國重要的重工業基地的省份，「三線」建設時期，國家在四川興建和內遷了許多大型骨幹企業，改革開放後，這種重工業畸重輕工業發展不足的狀況並未改觀。由於四川自然資源豐富，客觀上造成四川原材料和能源等資本密集型產業過重，從而工業對勞動力的吸納能力有限，城鄉差距加大，消費需求不足，招商引資亦為艱難。

第二，戶口管制制度抑制了四川城鎮化率的提高。四川是農民工供給大省，但是由於長期以來形成的戶籍管理制度使得農民工離土不離鄉。四川農村的部分剩餘勞動力在城鄉間流動卻難以遷移到城鎮定居，即使農民工能夠獲得長期穩定的收入，舉家遷移到城鎮生活仍然難以實現，從而割裂了四川城鎮化與工業化互動的內在聯繫。由於戶籍制度限制了勞動力自由流動，使得四川各城市不能有效地發揮集聚經濟和規模經濟效應，無法吸收生產要素向城市集中，從而難以創造出更多的市場需求，最終削弱了工業化對城鎮化的推動，使得四川城鎮化率不能加速提高。同時，由於城鄉戶口統籌管理難以實現，城鄉二元經濟難以從制度上根本扭轉。根據《四川統計年鑑2013》，四川城鎮人均可支配收入已達20,307元，如表3所示，農村居民人均純收入為7,001元，城鄉居民人均收入比為2.9∶1，城鄉居民人均儲蓄差異更大，其人均儲蓄比為3.2∶1，川內的巴中市城鄉居民人均儲蓄比甚至達到9∶1以上。城鄉二元結構固化成為四川城鎮化發展的瓶頸。

表3　　　　四川城鄉居民人均收入、人均儲蓄比較分析表

| 地區 | 農村居民人均純收入（元） | 農村居民人均儲蓄（元） | 城鎮人均可支配收入（元） | 城鎮人均儲蓄（元） | 城鄉居民人均收入比 | 城鄉居民人均儲蓄比 |
|---|---|---|---|---|---|---|
| 全省 | 7,001 | 1,635 | 20,307 | 5,257 | 2.900 | 3.216 |
| 成都市 | 11,301 | 3,311 | 26,590 | 7,776 | 2.353 | 2.349 |
| 自貢市 | 7,955 | 2,291 | 19,447 | 5,799 | 2.445 | 2.532 |
| 攀枝花市 | 8,728 | 1,613 | 22,808 | 7,522 | 2.613 | 4.662 |
| 瀘州市 | 7,463 | 2,017 | 20,746 | 5,718 | 2.780 | 2.834 |
| 德陽市 | 8,953 | 3,161 | 22,374 | 6,346 | 2.499 | 2.007 |
| 綿陽市 | 8,213 | 2,441 | 20,755 | 5,038 | 2.527 | 2.064 |
| 廣元市 | 5,649 | 1,244 | 17,012 | 5,101 | 3.011 | 4.101 |
| 遂寧市 | 7,488 | 3,130 | 18,716 | 3,833 | 2.499 | 1.224 |
| 內江市 | 7,602 | 2,490 | 19,142 | 5,740 | 2.518 | 2.305 |
| 樂山市 | 7,746 | 2,829 | 20,397 | 6,476 | 2.633 | 2.289 |
| 南充市 | 6,726 | 2,326 | 17,225 | 5,409 | 2.561 | 2.325 |

表3(續)

| 地區 | 農村居民人均純收入（元） | 農村居民人均儲蓄（元） | 城鎮人均可支配收入（元） | 城鎮人均儲蓄（元） | 城鄉居民人均收入比 | 城鄉居民人均儲蓄比 |
|---|---|---|---|---|---|---|
| 眉山市 | 8,236 | 3,300 | 19,766 | 6,339 | 2.400 | 1.921 |
| 宜賓市 | 7,771 | 2,368 | 20,522 | 5,674 | 2.641 | 2.397 |
| 廣安市 | 7,474 | 3,057 | 19,973 | 7,829 | 2.673 | 2.561 |
| 達州市 | 7,047 | 2,354 | 16,949 | 4,439 | 2.405 | 1.886 |
| 雅安市 | 7,187 | 1,480 | 20,049 | 7,199 | 2.790 | 4.864 |
| 巴中市 | 5,387 | 453 | 16,999 | 4,106 | 3.156 | 9.056 |
| 資陽市 | 7,708 | 3,216 | 20,751 | 5,558 | 2.692 | 1.728 |
| 阿壩 | 5,770 | 2,157 | 21,168 | 7,735 | 3.668 | 3.587 |
| 甘孜 | 4,610 | 1,343 | 19,560 | 6,187 | 4.243 | 4.608 |
| 涼山 | 6,419 | 2,273 | 19,835 | 5,910 | 3.090 | 2.600 |

數據來源：《四川統計年鑒2013》。

第三，現有的土地制度限制了四川的城鎮化發展。城鎮化發展要求合理調整產業結構，推動分工協作和生產經營規模化發展，促進土地流轉，但四川農地自由流轉障礙重重。雖然十七屆三中全會通過決定，允許農民以互換、出租、股份合作、轉包、轉讓等多種形式流轉土地承包經營權以發展適度農地規模經營，但是由於國家《憲法》《民法通則》《土地管理法》都規定農地屬於農村集體所有，從而導致農地產權模糊。農業稅取消後，由於農村社保制度發展滯後，農民不願輕易流轉農地承包經營權。同時，由於城鄉信息流通和資金融通障礙重重，地處中國西南的四川，比中國東部地區更難建立土地流轉機制，從而制約了四川的城鎮化進程。

第四，四川城鎮基礎設施建設和公共服務體系較弱，第三產業發展動力不足，吸納農業人口能力有限。根據《四川統計年鑒2013》，四川省地區生產總值為24,948.46億元，其中第一產業增加值3,209.55億元，第二產業增加值13,322.79億元，第三產業增加值8,416.12億元。第三產業增加值在GDP中的比重僅為33.7%。

### 四、政策建議

根據上文對四川農村城鎮化滯後發展的現狀及原因分析，我們可以得出如下的政策建議：

第一，探索四川城鄉一體化的新辦法，促進生產要素的自由流動，逐步放開小城鎮的戶籍管制，同時加強建設城鎮基礎設施和公共服務體系建設，增強城市

吸納勞動力的能力。

　　第二，統一規劃四川產業佈局，防止地區間同質化競爭，促進四川第二、三產業的發展。第二、三產業吸納農村剩餘勞動力的能力最強，如果能有效規劃四川產業佈局以防止重複建設，就能不斷增強四川的城鎮化動力。

　　第三，加強四川農村基礎教育和農村剩餘勞動力的職業技能培訓，使剩餘勞動力轉移到城市就業，防止其盲目進城導致的城市病。

**參考文獻：**

　　[1] 宗義湘. 發展經濟學 [M]. 北京：清華大學出版社，2012.

　　[2] Liu D P. The Research of New Urbanization Model in Hohhot-Baotou-Ordos Region [J]. Applied Mechanics and Materials，2013，357：1807-1810.

　　[3] 許崇正. 人的發展經濟學概論 [M]. 北京：人民出版社，2010.

　　[4] 張建華. 發展經濟學 [M]. 北京：北京大學出版社，2009.

　　[5] Mulligan G F. Reprint of：Revisiting the urbanization curve [J]. Cities，2013，32：58-67.

# 世界經濟專題

經濟問題多視角研究

# 基於經濟波動對跨國公司優勢變遷的再探析
## ——跨國公司的規模優勢、內部化優勢和 OLI 優勢的變遷[①]

劉軍榮　張仁萍

**內容摘要**：經濟波動不斷改變跨國公司的經營環境及其市場、技術、生產要素和經營模式及其競爭場景，這些變化衝擊著跨國公司的生產方式、規模市場和競爭能力，最終導致大型跨國企業失去傳統意義的規模優勢、內部化優勢和鄧寧 OLI 優勢。

**關鍵詞**：經濟波動；跨國企業；傳統優勢變遷

筆者（2015）曾發拙文《經濟波動與跨國公司技術優勢的變遷》，分析了經濟波動會促進跨國公司技術優勢變化，討論前者對後者的影響媒介、機制和結果。實際上，經濟波動同樣會作用於跨國公司的傳統規模優勢、內部化優勢以及綜合 OLI 整體優勢，並導致這些優勢逐漸發生變化或「飄移」。本文將進一步探索基於經濟波動對跨國公司規模優勢、內部化優勢和 OLI 優勢的變遷。

### 一、經濟波動與跨國公司規模的優勢變遷

1. 傳統的跨國公司規模優勢

依據我們傳統認知，傳統跨國公司理論上強調規模經濟優勢，依靠強大的規模獲取競爭優勢（郭玉華，2009）。最具典型的是對跨國公司的定義上，如雷蒙德·弗農（Raymond Vernon，1966）對跨國公司的定義是：「一個跨國公司就是一個控制著一大群在不同國家設立公司的母公司，不同國家的各個子公司之間的人力和財力實行統籌使用，並且有共同的經營戰略；它們的共同點是規模巨大，一般年銷售額應在 10 億美元以上。」跨國公司依靠大規模的生產可以獲得規模經濟利益，在環境不斷變化中，跨國企業更是占盡先機，一是擁有強大的資金保障和技術保障，在經濟頻繁的經濟危機而造成的市場「洗牌」中能堅持並能迅速恢復，使得跨國公司成為「堅強企業」的榜樣，並能成為市場重新「分割」的主導者和技術創新的「拓荒者」。

---

[①] 基金項目：國家社科基金項目「世界經濟波動下中國對外直接投資的風險管理研究」（14XJL007）。

（1）規模生產和規模管理。

傳統的跨國公司理論假設規模經濟是遞增的，因此，規模大就意味著規模經濟，就能獲取巨大利潤，就具有競爭優勢。規模跨國公司的經營提供了強有力的保證，西方大型跨國公司的發展，確實依靠其巨大的規模優勢。大型跨國公司資產額大、銷售額多、雇員人數眾，是一個獨立運行的龐大經濟體。同樣，跨國公司堅持在某生產規模上獲得更低的邊際成本，這種邊際成本的變化主要依賴於生產規模的變化，包括生產規模、銷售規模和資金規模。隨著 ICT 技術的廣泛應用，跨國公司對規模管理更加得心應手。同時跨國公司在全球投資的資源網絡、生產網絡、研發網絡和銷售網絡同樣形成「規模」，使得跨國企業規模控制優勢以及規模的內部市場。這些規模在不同的方面發揮著規模效益，這些規模是跨國企業的利潤源泉。

（2）規模優勢形成壟斷優勢。

規模優勢是跨國公司擁有的一項獨特優勢，能夠派生出一系列壟斷優勢。這些壟斷優勢主要包括：第一，強化市場不完全性。跨國公司通過對外直接投資來規避市場的不完全性，同時跨國公司的跨國 FDI 使得個別行業出現寡頭壟斷現象，形成行業進入障礙，進一步使得行業寡頭企業通過串謀、瓜分市場和操縱價格進一步強化行業壟斷，獲得壟斷利潤。第二，形成進入行業壁壘。規模效應是跨國公司傳統優勢，規模效應使得新企業進入行業的成本過高，市場開拓難度極大。一般而言，跨國公司生產規模巨大，生產分支機構和銷售網絡遍布全球各地，在全球內進行資源配置，特定區域和國家對其生產規模限制和影響較小，很容易形成規模化生產，獲得規模經濟。

據統計[①]，全球包括國家和跨國公司在內的 100 個最大經濟體中，跨國公司占 51 個，它們的銷售額大於全球 140 個經濟體 GNP 的總和。以美國通用電氣公司為例，其資產額和銷售額分別達 3,559 億美元（其中國外資產為 1,286 億美元）、1,005 億美元（其中國外銷售額為 287 億美元）。這遠遠高於全球中小型國家的經濟規模。

2. 經濟波動下的規模跨國公司

二戰之後和 20 世紀 80 年代的新的「慢週期」（週期長度變長）、「扁週期」（經濟波動幅度變小）和「偏週期」（經濟繁榮期拉長，衰退期縮短）的經濟環境使跨國企業獲得穩定的發展環境，但是經濟穩定卻孕育著更為激烈的市場競爭，主要是來自「決策長期化」導致的行業內競爭主導演變成為行業之間企業的競爭。在這種情況下，跨國大企業的規模優勢可能被同行、進入者甚至小企業的騰飛所擠壓。此時，單純的資金優勢和規模優勢已經失去了傳統上的決定性（Determinacy）。

---

① 來源：2012 年 UNCTAD 的報告。

(1) 對跨國公司的標準化規模生產影響。

經濟週期「長期化」「扁平化」和「偏態化」導致市場需求的多樣化，這要求對市場進行更為深入的細分。細分的市場難以接納規模化生產，這與跨國公司生產規模化形成矛盾。規模化生產使跨國公司跨國經營的優勢所在，如果滿足細分的個性化市場勢必還會使跨國公司失去生產的規模收益，同時失去市場規模收益。如果大型跨國公司滿足細分市場，這需要龐大的生產線建設投入和市場行銷投入，而且基於個性消費的小市場同樣導致規模效益損失。而且成本將大量吞噬相應利潤。相反，目標市場的本地中小企業或者中小跨國企業更為靈活地滿足這些細分的市場。實際上，隨著行銷和銷售網絡與ICT技術的深度融合，消費者對產品的認識度越高，個性化需求的衝動越強烈。個性化的消費傾向使得產品市場越來越細化，這種細化市場更符合中小企業的生產形式，而跨國公司（尤其是大型跨國公司）的規模化則使其顯得更為「笨拙」，陷入降低規模化損失規模收益或維持規模而損失市場的兩難環境。這是目前大型跨國公司普遍面臨的困境。

(2) 對跨國公司的市場壟斷規模的影響。

跨國公司由於其大規模標準化生產使得其與市場產品需求的多樣性相矛盾，那麼隨著對標準化產品需求的減少，跨國公司曾經擁有的大市場將會被細化而變得「破碎」。基於對成本的考慮，跨國公司只能滿足這些市場「碎片」中較大的市場，將放棄很多小市場，這樣跨國公司的壟斷市場將被打破，失去市場規模優勢。大規模標準化產品已經不能滿足顧客需要，在消費者追求新異和個性化需求的情況下，跨國公司大規模生產的優勢顯得不再吻合與市場需求，這使得基於規模經濟獲得競爭優勢的大型跨國公司的業務增長緩慢，或出現了負增長。

(3) 對跨國公司的「利潤」規模影響。

「長期化」「扁平化」「偏態化」的經濟波動特徵使得跨國公司的規模市場破碎，同時新技術高密度出現，產品「時尚化」（滿足潮流）「個性化」（滿足個性需求）和「加速化」（生命週期縮短）。由於成本、產品款式和個性滿意度的問題，跨國公司的產品的競爭力逐漸減弱，而中小企業或者中小跨國企業的產品更受到消費者的青睞，形成中小企業與規模跨國企業的市場競爭，競爭的結果是跨國公司失去壟斷定價權，價格下降，從而利潤變薄。如福特公司2008年全球業務虧損127億美元，花旗銀行2008年虧損200億美元，松下公司2008年虧損3,000億日元。具柔軟性和靈活性的行業已取代穩定性的行業，規模巨大的跨國公司不一定比小的公司更具有優勢（郭玉華，2009）。

(4) 跨國公司的「微小型化」。

經濟波動直接改變了企業的經營環境，對於任何大型跨國企業而言均存在「調頭難」的問題，巨大經營規模在不斷變化的經營環境下不再體現為優勢而是劣勢。經濟波動對跨國企業規模效益的影響主要體現為如下幾點：第一，外部經營環境的變化對規模跨國公司的市場形成衝擊，無法靈活應對客戶的需求變化和市場的個性需求；第二，外部經營環境變化導致技術競爭，使得規模跨國公司身臨

國際技術競爭的主戰場，在當前中小跨國企業顛覆性技術不斷湧現的情況下，大型跨國企業面臨「巨頭」之間的較量和中小跨國企業的「偷襲」，使大型企業頻頻失去技術優勢；第三，小型跨國企業在經濟波動下很容易找到滿足其發展的市場空隙，極具成長的小型跨國企業往往成為大型跨國公司專業產品的合作者，蘋果公司和合作者除了 IBM、Adobe、三星等大型跨國公司外，還有大量小型跨國科技企業；第四，小型跨國公司在經濟波動中擁有相對更為廣闊的活動空間。小型跨國公司為避免經營環境變化的市場和金融困境，能夠擁有海外多個投資地和投資項目選擇，甚至會在同一國家的不同地區或不同行業進行轉向、合作或投資。大型跨國公司在空間上已經佈局，在全球形成的經營範圍、產品品牌和經營行業已成「定勢」，活動空間顯得相對「局促」。

20世紀80年代以來，一批中小型跨國公司湧現出來，中小型跨國公司靈活性和市場回應性很高，很好地結合當前世界經濟的新趨勢和市場需求，迅速進入許多新興領域，逐步成為跨國直接投資的重要力量。現有數據表明，2006年，引起跨境生產增長的跨國公司總共至少有大約78,000家母公司和至少780,000家外國子公司。同時，新興經濟體和部分發展中國家的企業參與國際化行列中。如，大約20,000家為發展中國家的企業和轉型經濟體（發展中國家有18,500家，轉型經濟體有1,650家）。1992—2006年，源於發展中國家和轉型經濟體的跨國公司數量增加的比發達國家多：1992年前者為4,000家，後者為31,000家（郭玉華，2009）。中小型跨國公司的出現和快速成長，說明跨國公司利用規模經濟的形式發生了變化，規模經濟優勢發生了變遷，規模經濟優勢已不再是跨國公司競爭優勢的決定性和必備性優勢，靈活多樣的中小型跨國公司有了生存和發展的空間。在新的競爭環境中，跨國公司必須尋找新的競爭優勢，才能獲得更好的生存和發展。

**二、經濟波動與跨國公司內部化優勢變遷**

1. 跨國公司傳統上的內部化優勢

二戰後世界跨國公司如雨後春筍般蓬勃發展，內部一體化是跨國公司實現全球戰略目標的主要途徑。所謂內部一體化是指根據全球戰略目標，將跨國公司設立在世界各地的分支機構的經營活動納入跨國公司體系中，並由公司總部加以全面控制和協調，並形成跨國公司的內部化優勢，這是跨國公司區別於一般國內企業的基本特徵。

按照內部優勢理論，跨國公司通過企業內部網絡形成並保持企業所有權優勢。內部化優勢（Dunning，1977）（Internalization Incentive Advantage）是指企業為了避免市場不完善（Market Failure）而把所擁有的所有權優勢保持為企業內部所獲得的優勢。基於跨國公司內部化優勢的綜合者 Dunning（1993）的跨國公司的優勢理論，通過內部化可以減少交易成本、違約糾紛和市場風險，避免政府隨市場的干預影響，通過轉移定價、掠奪性定價、交叉補貼形成企業內部網絡，利用歧視性定價獲得壟斷利潤和規模經濟效益。

除此之外，跨國公司通過內部化提高其「核心資產」（尤其是知識資產）的收益（劉海雲，2001）。另外，跨國企業利用其內部化優勢建立擁有絕對控制權的海外子機構，在全球範圍內形成垂直或水準一體化的內部經營和管理網絡結構，形成了體系森嚴、規模龐大、組織和層次眾多、結構剛性的組織體系。

2. 經濟波動導致跨國公司內部優勢的變遷

（1）經濟波動導致外部一體化，內部化優勢弱化。

20世紀70年代末之後，隨著各國經濟政策環境、技術環境和產業生態的變化，以經濟週期波動的扁平化導致市場競爭的強化，新的技術產業和服務業對實體經濟的支撐被世界各國政府所接受並作為支柱產業，同時技術更新的週期變短。在此情況下，跨國企業的業務所涉產業戰線過寬者將面臨技術競爭的壓力，產業戰線過窄者容易受到整體宏觀經濟波動的衝擊，一次企業內部一體化體系不能確保企業的發展和壟斷優勢的發揮，那麼企業間橫向聯合——外部一體化聯盟成為一種必需。

20世紀70年代末之後，西方國家的大型跨國公司之間出現了一種全新的合作形式即外部一體化，現已發展成為跨國公司實現全球戰略目標的重要途徑。經濟波動特徵所至的經濟競爭日趨激烈、國際分工不斷加深和技術進步日新月異的國際大背景下，對於公司國際網絡的集中控制的組織，正在被強調合作以及與其他企業之間通過合同安排而取得協調的新範式所取代，即兩個相互獨立而又交錯的網絡體系的不斷拓展和延伸：一是通過內部一體化建立的內部網絡體系的拓展和延伸；二是通過外部一體化建立的外部網絡體系的拓展和延伸。跨國公司的內外兩大網絡體系相互補充、相互滲透和相互促進，構成其實施全球競爭戰略的物質基礎。

（2）經濟波動促進跨國公司的聯盟，弱化內部優勢。

正如馬克思所說，銀行資本與工業資本相融合，而且後者依附前者，使得銀行資本成為社會生產的統治者。二戰以後，尤其是20世紀70年代以來，跨國公司的投資者財團導致跨國公司之間聯盟（資金聯盟）、跨國公司與大投資銀行的聯盟、兩合資本對跨國企業的實際控制等。這樣，投資聯盟的投資範圍覆蓋多行業的大型企業，在這些企業結構中，單個企業的內部市場必須服從投資者對跨企業和跨行業的市場交易的需要。實際上，財團企業內部既成的合作與財團之間的合作網絡成為控制各行業跨國公司的主導者，單個企業局部的利益必須服從投資聯盟對跨行業眾多企業中投資安全和投資收益的總戰略，企業內部化市場逐漸被資本聯盟網絡下的外部市場所取代。

20世紀90年代後期，大量出現的企業聯盟和企業網絡標志著聯盟資本主義的出現。經典折衷範式適用於完全獨立的企業，有自身累積、能獨立處理內部交易的企業，內部化優勢則是基於企業面對的大多數失靈的中間產品市場而存在，但是聯盟資本主義者認為，最終可以改善結構性市場失靈。企業聯盟形成的網絡可以替代並擴展單個企業內部的市場，而且能解決外部市場失靈的問題。

儘管經濟波動的扁平化已成為二戰後典型的新特徵，但是二戰後突發性的經濟波動的威力卻愈來愈大。非週期波動被能源變化、未知疾病、自然災害和新的

創新（特別是突發性創新突破）等因素所激發（李天德，2009）。特別是1997年東亞金融風暴、2001年美國恐怖襲擊、2003年非典（SARS）和2007年由於美國次貸危機引發的全球金融危機等歷次非週期波動（見表1）對全球跨國公司的影響很大，包括許多百年跨國大企業破產。這些突發危機的跨國公司的經營環境突變，任何單個企業無法應對市場寒冬和紛繁複雜的外部環境，橫向聯合成了「抱團過冬」和「抱團控市」的必要手段，這些聯合逐漸成為企業長期合作以及聯盟的基礎。從而單個企業內部化不符合這種合作和聯盟的要求。

表1　　　　　　　　　　　　非週期波動的出現頻次表

| 年代（年） | 1980 | 1981 | 1982 | 1983 | 1984 | 1985 | 1986 | 1987 | 1988 | 1989 | 1990 | 1991 | 1992 | 1993 |
|---|---|---|---|---|---|---|---|---|---|---|---|---|---|---|
| 頻次（次） | 1 | 0 | 0 | 0 | 0 | 0 | 0 | 0 | 0 | 0 | 0 | 0 | 0 | 0 |
| 年代（年） | 1994 | 1995 | 1996 | 1997 | 1998 | 1999 | 2000 | 2001 | 2002 | 2003 | 2004 | 2005 | 2006 | 2007 |
| 頻次（次） | 0 | 0 | 0 | 1 | 1 | 0 | 0 | 1 | 0 | 1 | 1 | 0 | 0 | 1 |

註：0表示沒有出現非週期波動；1表示出現非週期波動。
數據來源：李天德，等．世界經濟非週期性波動影響因素分析［J］．財經科學，2009．

（3）經濟繁榮期拉長形成技術週期和產品週期出現長尾現象。這導致產品同質增加，企業動態聯盟需求提高，企業內部化優勢被企業間動態聯盟進一步削弱。經濟繁榮期拉長形成技術週期和產品週期出現長尾現象[1]，長尾現象是指技術在成熟階段到淘汰階段被拉長，同類技術在此階段疊加和累積，導致同類產品累積，競爭大幅提高（見圖1）。在產品週期「延尾」階段，可替代產品包括新技術產品、成熟產品和衰退產品。雖然新技術產品的性能優越，但由於研發成本的推動，產品價格一般較高。成熟產品和衰退產品相對而言價格較低，反應在性價比上，新產品並不具有明顯優勢，價格競爭在此時成為重要競爭手段。從而新技術產品並不能獲得壟斷優勢帶來的壟斷利潤，進而使得新技術研發面臨市場風險。對於單個企業而言，新產品研發的市場風險很大，良好的業務能力能控制這種風險。對於某類產品的研發風險和產品市場控制要求跨國公司締約動態聯盟。這樣，跨國公司動態聯盟締約所形成的外部市場同盟削弱了傳統的內部優勢。

由於技術週期和產品週期出現「延尾」現象，市場和技術競爭激烈，動態聯盟成為必然。第一，經濟繁榮期拉長，市場需求活躍，導致產品供給增強，市場競爭走高；第二，國際經濟波動的同步性導致國際市場的同質化提高，在經濟衰退期和蕭條期時的國際市場競爭尤其激烈；第三，異代產品競爭增強。當代，技

---

[1] 技術延尾和產品延尾並不是指技術或產品在市場上存在的時間延長，而是由於技術更新週期縮短和新技術爆發密度高，導致舊的技術範式或產品在新技術範式和新產品已經進入成長期或成熟期後仍然存在。而在傳統的新舊技術範式或產品更新週期中，舊技術和老產品不會超過新技術範式和新產品的導入期。

術革新快，很容易形成不同代際產品在同一時空中的高密度累積；第四，經濟波動延長導致技術競爭加劇，技術週期和產品週期延長，導致新技術、新產品與舊技術、舊產品的存續相對拉長，進一步加劇產品市場的競爭。而動態聯盟的優勢在於聯盟定價獲得壟斷利潤，保持相對技術壟斷，同時便於圍攻舊技術產品的市場，獲得新技術產品和更多市場空間。最重要的是，動態聯盟通過技術交換或共同研發，可保證相對的技術壟斷性。這些新優勢是企業傳統優勢不能替代的。

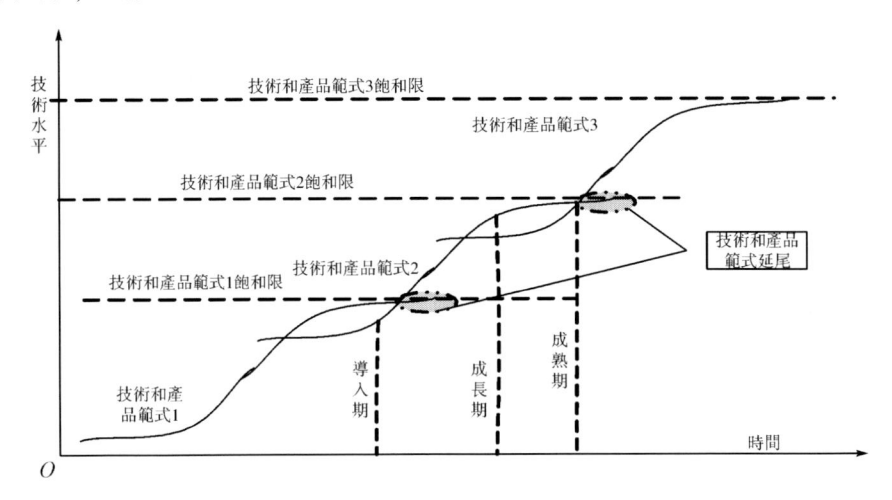

圖 1　經濟波動下的技術生命週期和產品生命週期長尾

來源：基於李正衛（2005）和筆者研究觀點繪製。①

## 三、經濟波動與跨國企業的 OLI 優勢整體變遷

正如上文所述，20 世紀 70 年代後期，跨國公司逐漸建設內部一體化網絡和外部一體化。外部一體化是跨國企業以構建企業聯盟為實質以保障企業優勢的策略。二戰以後全球化趨勢和新的技術革命導致跨國企業許多優勢被弱化甚至喪失，如 ICT 技術的廣泛應用和愈來愈先進的交通和物流技術設備導致區位優勢弱化，企業間應對新變化而形成的各層次聯盟以及跨國公司與財團的融合導致企業內部化優勢減弱。隨著人類經濟發展和新產業的出現，產業經濟技術已從勞動密集型變為資本密集型，而當前這種資本密集型正在向智慧密集型轉型（包括高智力投入和高精技術的應用），智慧密集型的產業經濟已經不是指企業資金的累積和技術存量的多少，而是更多地依賴技術流量和技術質量，尤其是顛覆性技術（Subversive）的發明和應用。

如果說需求更新、技術創新和管理創新是全球經濟波動的宏觀原因，那這些產業技術的更新同樣是經濟波動微觀結果的累積，二者均是跨國公司優勢發生變

---

① 李正衛. 技術動態性組織學習與技術追趕 [J]. 科技進步與對策，2005.

異的本質原因。

上述這些變化早已被經濟學家睿智地觀察到,作為跨國公司「OLI 理論」的經典學者對其理論的內容進行了修改,對「OLI 理論」要素變量內容作了擴充。總體上來看,修改後的 OLI 變量變化基於如下原則:第一,企業間互動和交易成本減少是企業所有權優勢的重要內容,企業聯盟和網絡同樣會給跨國企業帶來明顯的競爭優勢;第二,排他性的和不可移動性資產是區位優勢的重點;第三,企業網絡治理結構會影響內部化優勢。

為了表述方便,筆者結合關濤(2004)[①]跨國公司優勢變遷的研究結論和本文的研究主題,把跨國公司傳統優勢、經濟波動衝擊、優勢新變化通過列表的方式總結,更清晰地表明傳統優勢在經濟波動及其新特徵衝擊下發生的變遷(詳見表 2、表 3、表 4)。

表 2　　　　　　　　　　經濟波動和所有權優勢的變遷

| 傳統所有權優勢 | 經濟波動的衝擊 | 所有權優勢的變遷 |
| --- | --- | --- |
| 1. 企業資產優勢<br>生產管理、產品創新、行銷系統、技術革新、內化經驗和非編碼知識<br>2. 企業內部協同優勢:協調資產利用互補<br>▶ 子單位可獲得企業內部系統優勢:<br>◇ 範圍和規模經濟效益<br>◇ 投入品可得性優勢<br>◇ 母子公司協調能力和溢出效益<br>◇ 母公司資源獲取能力<br>◇ 市場進入優先權<br>◇ 除此之外的綜合經濟效益<br>▶ 跨國優勢賦予 TNCs 獲得轉移生產、套匯和全球投入品獲取等優勢<br>◇ 享受經營空間的靈活性<br>◇ 享有國際市場的最新情報<br>◇ 享有國際性差異的便利<br>◇ 享有跨國性風險規避空間的便利<br>◇ 享有跨國區位選擇的便利<br>◇ 享有國家特性和優勢的可選擇性 | 1. 經濟波動導致 TNCs 資本優勢和技術<br>▶ 存量優勢的弱化<br>▶ 競爭推動技術增量加速<br>▶ 競爭推動技術水準提升<br>▶ 競爭導致突發、顛覆性技術突破<br>▶ 技術研發更依賴於協同創新<br>▶ 導致技術創新聯盟產生<br>2. 經濟波動週期拉長,促進橫向合作<br>▶ 市場壟斷者容易被新技術者顛覆<br>▶ 壟斷對個性化滿足而非技術控制<br>▶ 長週期導致市場競爭激烈化<br>▶ 繁榮期拉長導致規模經濟顯著<br>▶ ICT 和應用技術群使邊際成本下降<br>▶ 內部一體化逐步導致外部一體化<br>3. 國際經濟波動的協動性和協同性<br>▶ 市場出現國際同步性波動<br>◇ 多國經營優勢弱化<br>◇ 多國經營市場風險增加<br>▶ 跨國性風險規避活動空間減小<br>◇ 分散市場風險功能弱化<br>◇ 分散生產風險功能弱化<br>◇ 分散投資風險功能弱化 | 1. 經濟波動-技術聯盟<br>▶ 技術優勢聯盟企業共享<br>▶ 技術優勢市場溢價按貢獻共享<br>▶ 技術壟斷優勢聯盟共享<br>2. 經濟波動-企業間的協作和合作網絡<br>▶ 聯盟享知識外溢和協作所致的低交易費用和協調成本效益<br>▶ 聯盟企業獲得業內最新商業諮詢<br>▶ 獲得革新和進入新市場的優先權<br>▶ 享有企業的集成和「標準化」優勢<br>▶ 企業集群與商業區成本降低 |

---

① 關濤. 企業聯盟時代跨國公司競爭優勢的變遷 [J]. 當代財經,2004.

表 3　　　　　　　　　　　經濟波動和內部化優勢的變遷

| 傳統內部化優勢 | 經濟波動的衝擊 | 內部化優勢的變遷 |
| --- | --- | --- |
| 1. 成本優勢<br>➤ 信息搜尋和交易成本降低<br>➤ 減少生產和交易違約和訴訟成本<br>➤ 減少買賣方不確定性的交易成本<br>2. 便利性和效益<br>➤ 享有跨國補貼、轉移定價便利<br>➤ 獲得企業組織內部經濟性<br>➤ 享有中間產品銷售的控制權<br>3. 減低風險<br>➤ 避免外部市場風險<br>➤ 降低交易客體–產品質量風險<br>➤ 減少外界知情權的風險<br>➤ 避免或利用政府交易的干預風險 | 1. 經濟波動導致外部一體化<br>➤ 產業面寬面臨技術競爭的壓力<br>➤ 交錯網絡市場體系成為必須<br>➤ 外部一體化要求市場共享<br>➤ 內部化優勢增強企業靈活性<br>2. 經濟波動導致投資主體的財團化<br>➤ 單個企業內部化、市場外部化<br>➤ 放大內部化市場<br>➤ 投資者戰略外化內部優勢<br>3. 經濟波動導致聯盟網絡化，弱化內部市場<br>➤ 網絡化市場可替代內部市場<br>➤ 網絡化市場信息暢通化<br>➤ 網絡化市場可控化 | 1. 企業聯盟（網絡）代替部分國際化<br>2. R&D 內部化轉化為技術聯盟內部化<br>3. 聯盟內部化談判成本高於企業內部化<br>4. 聯盟內部化防範違約成本較高<br>5. 聯盟內部化優勢取決於內部市場規模<br>6. 聯盟「網絡」內資產整合提升優勢<br>7. 聯盟市場內部化弱化企業市場內部化<br>➤ 內部轉移定價功能弱化<br>➤ 內部定價和交易減稅功能弱化<br>➤ 套利功能弱化<br>套匯功能弱化 |

表 4　　　　　　　　　　　經濟波動和區位優勢的變遷

| 傳統區位優勢 | 經濟波動的衝擊 | 區位優勢的變遷 |
| --- | --- | --- |
| 1. 自然資源、創造性次產及市場的地理分佈<br>2. 投入品價格、質量和數量的保證<br>3. 國際運輸和通訊成本<br>4. 投資激勵和反激勵（如效績要求）<br>5. 人為的貿易壁壘（進口限制）<br>6. 基本公共設施<br>7. 跨國語言、價值觀、商業、政治的差異<br>8. 集中 R&D、生產和行銷的經濟性<br>9. 經濟系統和政策；資源配置制度框架 | 1. 國際同步性波動導致：<br>①價格差異消失<br>②經濟政策差異減弱<br>③國際認可壁壘強化<br>④跨國性活動空間減小<br>⑤技術突破時間集中<br>⑥跨國技術合作<br>2. 市場競爭導致產業集聚競爭<br>①要求產業園區和商業質量提高<br>②要求應用技術人才的集中<br>3. 導致 ICT 技術的充分利用減少信息盲區<br>4. 促進交通工具和基礎設施網絡的優化 | 1. 通過合作對當地不可移動的互補資產加以組合利用<br>2. 有利於產生激勵性的、有效率的產業氛圍<br>3. 集中商業區、產業園區及其外部經濟性提升企業快速利用有競爭力的技術和東道國組織優勢的能力<br>4. 減少不完善市場中信息不對稱與機會主義的危害<br>5. 便於創造人才和情報集中區，嵌入當地社會，誘使政府給予制度優惠 |

註：表2、表3、表4基於關濤（2004）和作者研究觀點整合而成。

　　表 3 至表 5 每表各三欄，第一欄為跨國公司傳統優勢，第二欄為經濟波動產生的技術或市場方面的衝擊，第三欄是跨國公司的新優勢。傳統科層資本主義下的跨國公司科層管理到當前聯盟資本主義下的跨國公司網絡聯盟化的轉化與經濟波動導致跨國公司轉變的路線相重合。核心部分是傳統上的單個跨國公司的所有權優勢、區位優勢和內部化優勢逐漸被企業聯盟和企業合作網絡所產生的功能部分或全部地取代。本研究認為，經濟波動風險需要企業合作來應對，進而內部市場變為聯盟市場或外部一體化市場，市場競爭和技術競爭從企業級變為企業聯盟級，

從而派生出跨國公司優勢變遷。

## 四、結語

弗農（Vernon，1966）、鄧寧（Dunning，1977）等經典跨國公司理論的經濟學家從跨國公司所有權優勢、規模優勢和區位優勢等方面論述了跨國公司之所以「跨國」和發展壯大的原因。然而，世界經濟不斷演化的發展模式和技術進步的背景下，任何經典理論在傳承的同時需要發展。經濟波動是客觀存在的，它不斷改變著跨國公司的經營環境及其市場、技術、生產要素和經營模式，跨國公司的傳統優勢受到挑戰，逐步出現遷移和弱化現象。尤其是二戰之後，日益明顯的經濟波動新特徵正在改變著跨國企業的競爭場景，這些變化衝擊著跨國公司的傳統標準化規模生產方式，搗碎了跨國公司的規模市場。為微型化高新技術企業提供了成長空間和挑戰規模跨國企業的能力。經濟波動推動了新技術高密度和高頻率出現，導致產品的「時尚化」「個性化」和「加速化」，這導致大型跨國企業失去傳統意義的技術優勢。同時，經濟波動逐漸促成了跨國企業外部「一體化」，形成外部聯盟市場，弱化了跨國公司傳統優勢。總之，經濟波動與跨國公司傳統優勢的遷移存在直接和間接的關係，這個遷移過程不是突發的而是漸進的。隨著世界產業結構、技術水準和消費偏好的變化，尤其是ICT技術的升級和深度運用，經濟將不斷更新其特徵和波動模式，跨國企業的傳統優勢將加速喪失，並被新的優勢替代。

**參考文獻：**

[1] 劉軍榮，於素君，羅富民. 經濟波動與跨國公司技術優勢的變遷 [J]. 樂山師範學院學報，2015.

[2] 郭玉華. 跨國公司競爭優勢研究 [D]. 成都：四川大學，2009.

[3] 郭玉華. 跨國公司競爭優勢研究 [D]. 四川大學，2009.

[4] 劉海雲. 跨國公司組織理論研究的新進展 [J]. 對外經貿大學學報，2001.

[5] 李東陽. 試論跨國公司的外部一體化 [J]. 經濟社會體制比較，2003.

[6] 李天德，王悅，陳偉明. 世界經濟非週期性波動影響因素分析 [J]. 財經科學，2009.

[7] 關濤. 企業聯盟時代跨國公司競爭優勢的變遷 [J]. 當代財經，2004.

[8] 劉軍榮. 經濟波動特徵的考察與解釋 [J]. 中國社會科學院研究生院學報，2013.

[9] Raymond Barney Vernon. International investment and international trade in product cycle [J]. Quarterly Journal of Economics，1966.

# 經濟波動特徵的考察與解釋：1970—2010 年
## ——基於部分 OECD 國家[①]

劉軍榮

**內容摘要**：本文以部分 OECD 國家為例，通過實證分析發現，近四十年經濟波動幅度變小、經濟週期跨度拉長、各國總體協動性逐漸加強、非週期性波動漸弱和漸強交替，並長期表現為週期性。本研究認為，經濟波動的這些特徵形成的主要因素有宏觀經濟政策、技術進步和新技術產業、金融自由化、國際直接投資與貿易和資本存量產出彈性波動。

**關鍵詞**：經濟波動；特徵分析；解釋

20 世紀 70 年代至今，全球化趨勢加強，區域經濟集團化，信息技術發展與應用，金融經濟主導世界經濟，跨國公司促進了世界經濟主體以及轉型國家的崛起，各國宏觀經濟調控加強。這些變化使得世界經濟增長和經濟波動具有一些新特徵（羅伯特·蒙代爾，2005）[②]。本研究將以部分 OECD 國家為例，研究 1970—2010 年經濟波動的特徵並做相應解釋。

## 一、文獻綜述

國外學者對經濟波動新變化的研究最早於 20 世紀 80 年代，中國學者孫剛（1991）較早地在國內對此進行該主題的研究。學者從不同角度、不同方法和不同區域得出各種結論和共識。關於國內外研究經濟波動特徵考察的主要學者、觀點和文獻整理於表 1。

---

[①] 課題項目：本研究是四川省社科聯項目（編號：SC12XK005）的階段性成果。
[②] 李旻晶，施維，張娟，等. 世界經濟的新特徵與中國經濟競爭性衝擊的相互作用——諾貝爾經濟學獎獲得者羅伯特·蒙代爾教授在武漢理工大學的演講 [J]. 武漢理工大學學報（社會科學版），2005.

表 1　　　　　　　　　　　經濟週期新特徵前期研究

| 主要觀點 | 主要學者及文獻 |
| --- | --- |
| 1. 經濟週期拉長 | Backus and Kehoe（1992），*International evidence of the historical properties of business cycles*<br>Diebold and Rudebusch（1992），*Have Postwar economic fluctuations been stabilized*<br>孫剛（1991），論二次大戰後美國經濟週期的變化 |
| 2. 擴張期拉長，衰退期縮短 | Diebold and Rudebusch（1992），*Have Postwar economic fluctuations been stabilized*<br>Victor Zarnowitz（1986），*Major Changes in Cyclical Behavior*<br>Robert J Gordon（2005），*What Caused the Decline in US Business Cycle Volatility?*<br>孫剛（1991），論二戰後美國經濟週期的變化<br>曹永福（2010），美國經濟週期「大緩和」研究的反思<br>陳樂一（2000），經濟週期幾個問題的認識 |
| 3. 經濟波動波幅減小 | James H（2005），*Understanding Changes in International Business Cycle Dynamics*<br>Thomas Dalsgaard（2002），*Ongoing Changes in the Business Cycle-Evidence and Causes*<br>Victor Zarnowitz（1986），*Major Changes in Cyclical Behavior*<br>Robert J Gordon（2005），*What Caused the Decline in US Business Cycle Volatility?* |
| 4. 國際經濟波動協動性提高 | M. Ayhan Kose（2012），*Global Business Cycles：Convergence or Decoupling?*<br>宋玉華、徐前春（2004），世界經濟週期理論的文獻述評<br>程惠芳（2010），FDI、產業結構與國際經濟週期波動性研究<br>彭斯達、陳繼勇（2009），中美經濟週期的協動性研究：基於多宏觀經濟指標的綜合考察 |
| 5. 長、短週期相融合 | 陳繼勇和彭斯達（2003），新經濟條件下美國經濟週期的演變趨勢 |
| 6. 經濟波動的協動性沒變 | James H（2005），*Understanding Changes in International Business Cycle Dynamics*<br>Thomas Dalsgaard（2002），*Ongoing Changes in the Business Cycle-Evidence and Causes* |
| 7. 經濟週期長度變化不明顯 | Thomas Dalsgaard（2002），*Ongoing Changes in the Business Cycle-Evidence and Causes* |

## 二、方法與數據說明

本研究將測算出各國產出缺口和產出缺口比例、週期長度變化、國際經濟波動的協同性和非週期性波動的趨勢變動。就產出缺口和比例而言，本研究將使用 HP 濾波法，基於各國真實 GDP 計算出潛在 GDP（趨勢），繼而得到產出缺口和產出缺口比例。[①] 為了測出各國經濟週期長度的變化，本研究用產出缺口的持久性來反應經濟週期長度變動的大體情況，即以出缺口十年平移平均系數趨勢表示。本文將使用估計

---

[①] Dalsgaard（2002）等學者和 OECD Economic Outlook（2002）使用該方法測算產出缺口。

經濟波動特徵的考察與解釋：1970—2010 年——基於部分 OECD 國家

產出缺口比例的交叉標準差來表示國際經濟波動的同步水準，交叉標準差越低，各國經濟波動的協同性越高，反之則相反。需要特別指出的是，本文將對經濟非週期波動趨勢進行一個初步探索。到目前為止，尚無學者對經濟波動中的非週期成分進行分析。筆者將通過譜分析法確定各國的經濟週期（T），通過逼近法迴歸出各國經濟週期的波動函數（產出缺口波動），然後將帶入變量剝離各國產出週期部分，繼而得到產出缺口非週期成分，進而觀測非週期成分的長期變動趨勢。

本文主要以將以澳大利亞、奧地利、比利時、加拿大、芬蘭、法國、義大利和荷蘭八個 OECD 國家為例，研究經濟波動特徵。除特殊說明外，本文中涉及的數據均來自 OECD 官網數據，外貿數據來自 UNCTAD 官網數據，這些數據是以 1995 年不變價的美元計價的。

### 三、經濟波動特徵考察

1. 國內經濟波動幅度變小

計量經濟波動幅度有兩個指標，一是經濟增長率（通常使用 GDP 的年增長率），二是產出缺口比例。本文使用後者，通過 HP 濾波法計算產出缺口。圖 1 顯示了 OECD 中的澳大利亞（AUST）、奧地利（AUS）、比利時（BEL）、加拿大（CAN）、芬蘭（FIN）、法國（FRA）、義大利（ITA）和荷蘭（NET）產出缺口比例的變動趨勢（1970—2011 年），從圖 1（a）可以看出從 1970—1992 年各國經濟波幅相對較大，1992—2006 年各國經濟波幅普遍較小；而在 2007 年至今，經濟波幅增大。從各國平均產出缺口及趨勢來看（見圖 1b），1970—2006 年產出波動逐漸減弱。從國別來看，根據比較各國產出缺口不同階段的標準差（見圖 2），澳大利亞、奧地利、比利時、芬蘭、法國和義大利近十年的產出缺口下降，加拿大和荷蘭的產出缺口比例增加，經濟波幅增大。對於近 10 年（特別是 2007 年後）各國產出缺口比例提高的原因，筆者認為主要是全球經濟融危機對各國產生巨大產出缺口，使得近十年的平均產出缺口比例增大。從以上八國的總體情況來看，經濟波動程度逐漸減弱。

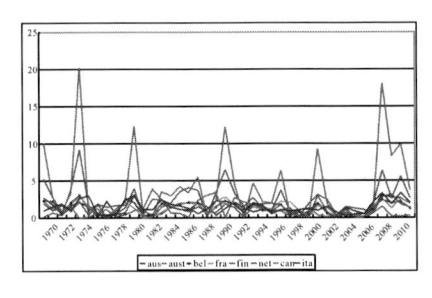

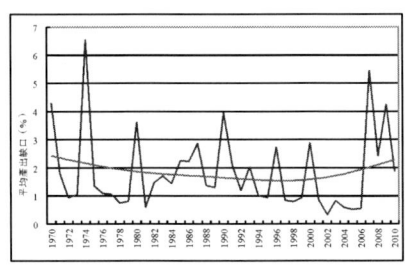

(a)　　　　　　　　　　　(b)

圖 1　各國產出缺口比例（a）和平均產出缺口比例（b）（1970—2011 年）

註：平均產出缺口比例（右圖）趨勢由 HP600 濾波器計算所得。

數據來源：原始數據來源於 OECD。

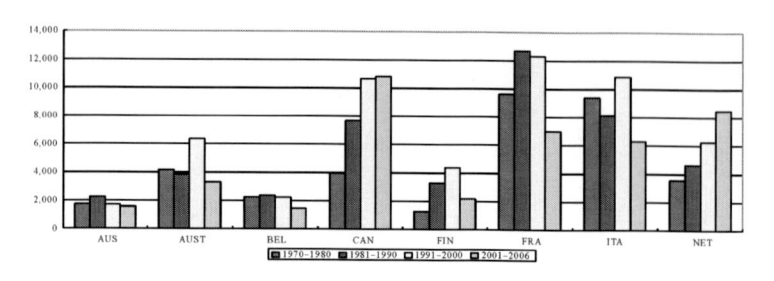

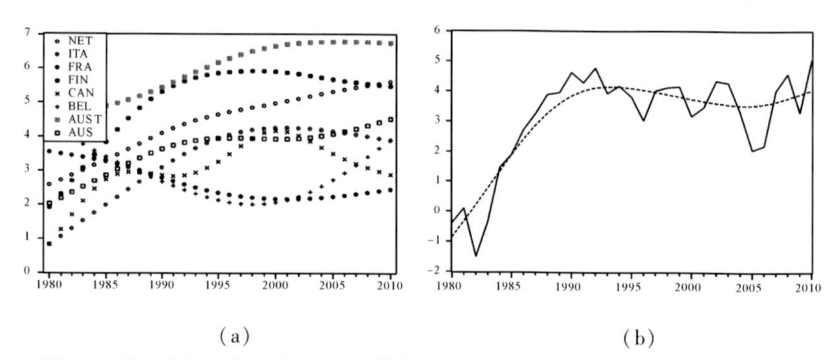

图2　各国产出缺口标准差分阶段比较（1970—2006年）

数据来源：原始数据来源于OECD。

## 2. 国内经济周期延长

从1970年以后至今，没有足够完整的经济周期研究经济周期长度，但是经济周期长度的变化可以用产出缺口的持久性来反应经济周期长度变动的大体趋势。产出缺口的持久性使用十年窗口平移一阶自相关的系数波动来表示（见图3）。检验结果显示，各国经济周期的长度有或多或少的变化，但存在国别差异。总体看来，澳大利亚、奥地利、比加拿大、芬兰、义大利和荷兰经济周期长度延长，比利时和法国存在缩短的趋势（见图3a）。从各国产出缺口的持久性来看，各国经济周期长度从1980年开始迅速变长，到1990年，经济周期的长度逐渐稳定下来，并在1995年出现微微变短的现象，而在2005年后略呈拉长趋势（见图3b）。从总趋势来看，1980年后，经济周期长度明显拉长，并在1992年后稳定下来。

图3　各国产出缺口持久性（a）和总体产出缺口的持久性（b）（1970—2010年）

註：由产出缺口一阶自相关来测算产出缺口自相关持续性。本图使用10年窗口平移拟合获得系数，各国平均系数趋势由HP1600滤波器计算获得。

数据来源：原始数据来自OECD。

## 3. 国际经济波动的协动性提高

世界经济一体化过程不断加深，据此，我们认为各国经济周期在强度、长度和时间节点上的分佈趋於相似。各国间的协方差和相关系数矩阵（见表2）显示，除澳大利亚外，各国之间的协方差为正，表明各国经济波动趋势存在协动性。但是各国间的协动水準有较大差异，加拿大、法国和义大利三国与他国协动性较强，

經濟波動特徵的考察與解釋：1970—2010 年——基於部分 OECD 國家

而荷蘭和澳大利亞在整體上與其他國家的協動性較弱。從相關係數來看，顯示出與協方差相類似的情況。

表 2　　　　　　　　　各國間協方差和相關係數矩陣

| 協方差相關係數 | AUST | AUS | BEL | FIN | CAN | FRA | ITA | NET |
|---|---|---|---|---|---|---|---|---|
| AUST | 1.007,141<br>1.000,000 | | | | | | | |
| AUS | -0.112,949<br>-0.139,450 | 0.651,379<br>1.000,000 | | | | | | |
| BEL | -0.026,533<br>-0.031,991 | 0.334,223<br>0.501,079 | 0.683,009<br>1.000,000 | | | | | |
| FIN | -0.269,865<br>-0.126,976 | 0.983,628<br>0.575,483 | 1.516,152<br>0.866,260 | 4.485,001<br>1.000,000 | | | | |
| CAN | -0.843,070<br>-0.172,834 | 2.445,207<br>0.623,318 | 3.248,833<br>0.808,770 | 9.309,010<br>0.904,343 | 23.625,35<br>1.000,000 | | | |
| FRA | -0.158,112<br>-0.198,886 | 0.339,019<br>0.530,261 | 0.418,387<br>0.639,070 | 1.423,876<br>0.848,738 | 2.631,859<br>0.683,528 | 0.627,529<br>1.000,000 | | |
| ITA | -0.011,324<br>-0.013,264 | 0.281,933<br>0.410,633 | 0.363,474<br>0.516,993 | 1.012,808<br>0.562,174 | 2.360,874<br>0.570,964 | 0.367,041<br>0.544,656 | 0.723,686<br>1.000,000 | |
| NET | -0.036,274<br>-0.045,138 | 0.237,663<br>0.367,742 | 0.261,671<br>0.395,405 | 0.509,192<br>0.300,261 | 2.259,644<br>0.580,563 | 0.079,444<br>0.125,240 | 0.190,290<br>0.279,344 | 0.641,213<br>1.000,000 |

數據來源：基於 OECD 數據計算。

為了顯示國際經濟波動協動性的變化趨勢，本文採用產出缺口比例的國際交叉標準差來測度各國經濟波動的同步性，如果所有國家的經濟週期和絕對值一樣，國際產出缺口比例的交叉標準差為零，即標準差越小，各國經濟波動差異越小；反之則相反。基於此，圖 4（a）反應出各國從 1970 年到 2000 年經濟波動的同步性不斷增強的趨勢，這與 Dalsgaard（2002）的研究結果一致。但是從 2001 年之後，各國經濟差異有逐漸擴大的趨勢，主要年份集中在 2007—2009 年。本段時間剛好與國際金融危機（2007—2009 年）相重合。分析結果還顯示，樣本內的歐洲國家產出缺口比例的交叉標準差一致變小，這表明歐洲國家經濟的協同性逐漸增強。特別是在 1992—2007 年，這與歐元區的形成有密切聯繫（圖 4b）。

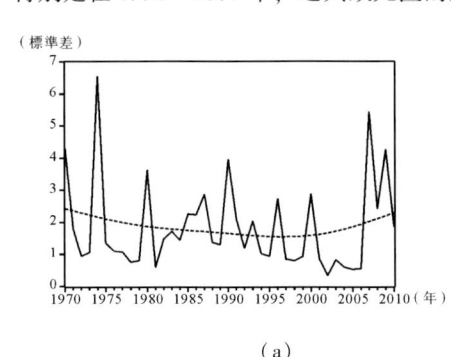

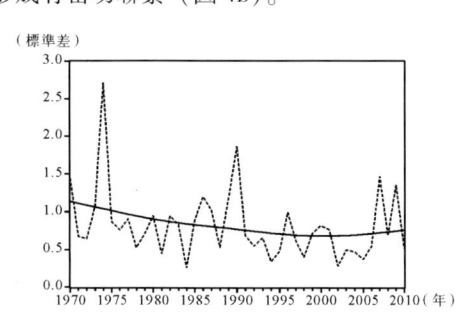

(a)　　　　　　　　　　(b)

圖 4　各國產出缺口比例的交叉標準差（HP1600）

註：左圖經濟波動同步性用八國產出缺口比例的交叉標準差來計量；右圖六國（不含澳大利亞和加拿大）產出缺口比例的交叉標準差來計量。趨勢由 HP1600 濾波器計算獲得。

數據來源：原始數據 OECD。

4. 非週期性呈階段性變動

除了內生變量所引起的週期性經濟波動外，突發事件可能引起經濟非週期波動，這些事件包括能源危機、大規模瘟疫、戰爭、重大技術創新以及突發性經濟事件等。經濟非週期性波動成分很難以量化，有學者把上述突發事件作為影響經濟波動的外在虛擬變量與 GDP 時間序列進行迴歸，發現各國 GDP 總量與外在虛擬變量滯後一期的時間序列呈正向關係，表明非週期因素對經濟波動產生影響。[①] 但是該研究不能顯示經濟非週期波動的長期變動趨勢。

筆者通過譜分析法確定各國的經濟週期，通過逼近法得出各國經濟週期波動函數，然後代入變量剝離出經濟波動的非週期成分。通過分析發現，各國非週期經濟趨勢均呈逐漸減弱（1970—2000 年），而後逐漸增強（2001—2010 年）的趨勢。通過分析各國的平均趨勢發現，非週期經濟波動存在漸弱（1970—1980 年）、漸強（1980—1990 年）、漸弱（1990—2000 年）和漸強（2000—2010 年）的長期趨勢（見圖 5）。這說明，經濟週期波動與非週期波動相互作用，使經濟非週期波動具有一定的週期性趨勢。

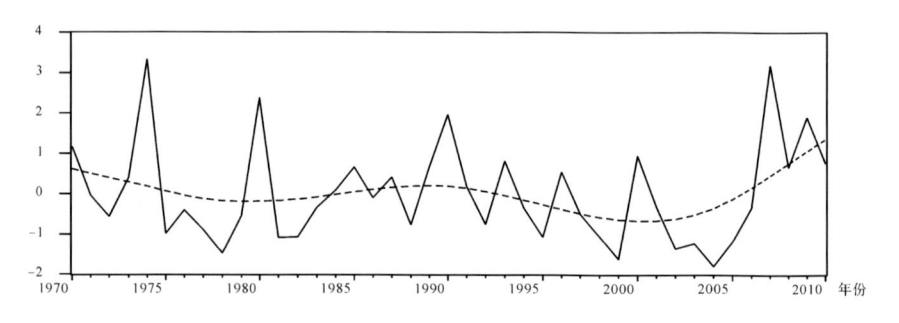

圖 5　各國非週期波動的平均趨勢（1970—2010 年）

註：由 8 國非週期成分平均來計量平均趨勢。趨勢由 HP1600 濾波器計算獲得。
數據來源：筆者計算所得，原始 GDP 數據來自 OECD。

另外，分析結果還顯示各國非週期波動具有較高的同步性。從同步時點的分佈來看，密集地分佈在 1970—1990 年和 2000—2010 年兩個時段，特別是在 2000—2010 年，10 年的非週期同步性很高。比較而言，歐元區國家經濟非週期波動的同步性較高，特別是在 1986—2004 年，各國非週期波動的平均交叉標準差為 1.1，但在 2005 年之後，同步性逐漸減弱（見圖 6a）。歐元區內部的同步性也存在差異，法國、澳大利亞、荷蘭和比利時的平均交叉標準差為 0.5，而且同步性不斷增強（見圖 6b）。

---

[①] 李天德，王悅，程明偉. 世界經濟非週期性波動影響因素分析 [J]. 財經科學，2009.

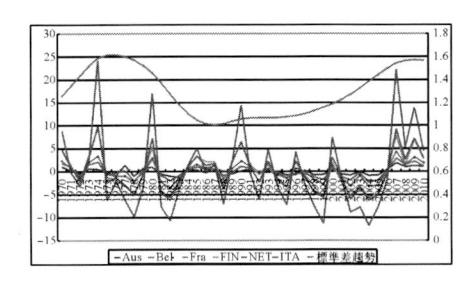

(a) 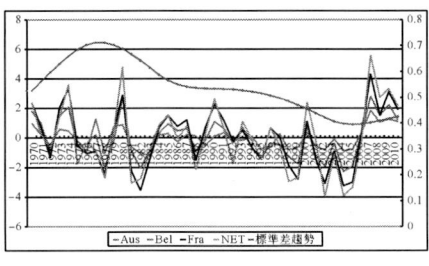 (b)

图 6 各国非週期波动的同步性比较

註：趨勢由 HP1600 濾波器計算獲得。

數據來源：筆者計算所得，原始 GDP 數據來自 OECD。

## 四、經濟波動特徵構成因素

二戰以來，各國在穩定經濟宏觀調控中充分運用了貨幣政策和財政政策，經濟全球化背景下，各國逐漸啟動金融自由化。同時，以國際直接投資和國際貿易為紐帶，國際經濟相互依存度不斷提高，信息通信技術（ICT）產業的發展和 ICT 的不斷推廣和運用以及資本產出率的波動等，這些均是導致經濟波動變化的重要原因。

1. 宏觀經濟政策變化

1960 年，各國紛紛運用財政貨幣政策對經濟波動進行反週期調控，旨在穩定經濟發展。20 世紀 80 年代和 20 世紀 90 年代初期，各國政策的主要目的是促進低通脹以及減少政府日益飆升的債務。儘管這些政策對產出有所削減，但是會帶來經濟穩定的長期效應（正如 20 世紀 90 年代早期到 2000 年那樣）。[①] 通常來說，宏觀政策對通貨膨脹的成功遏制和控制能夠較好地瞄準通貨預期，從而降低供給不足而導致的工資和價格過度上漲的風險。由於低通脹率使得國際相對價格更加透明，對生產者而言，「成本推動」型要素價格的控制變得更重要，並在一定程度上減小通脹壓力，引導經濟環境逐漸朝著較低和穩定的方向轉化，一旦轉化完成，它將對經濟波動有抑製作用。只要私有部門通脹預期超過經濟週期，在經濟波動達到峰值後發生突發的價格和工資陡降的風險將下降。[②] 實際上 Heston（2006）、Marshall（2004）和世界銀行（World Bank, 2007）統計測算了宏觀政策對經濟的影響（見圖 7），研究顯示，1980 年後的貨幣政策重在為經濟升溫（特別是發達國家），而財政政策總體上顯示為給經濟降溫，財政政策與貨幣政策的協調配套運用對經濟具有較強的穩定作用。除此之外，Dalsgaard（2002）和 Vanden Noord

---

[①] Dave Turner, Elena Seghezza. *Testing for a Common OECD Phillips Curve*, OECD Economics Department Working Papers, No. 219, 1999, OECD Publishing.

[②] 這種陡降可能是由貨幣政策和財政政策產生的綜合影響所致。

(2000)已研究證實了宏觀政策對經濟波動穩定（Anti-fluctuation）的作用愈來愈明顯。同樣，Romer（2008）曾對政策對經濟波動的影響進行量化研究，分析結果顯示政府宏觀經濟政策對經濟波動有平滑作用。

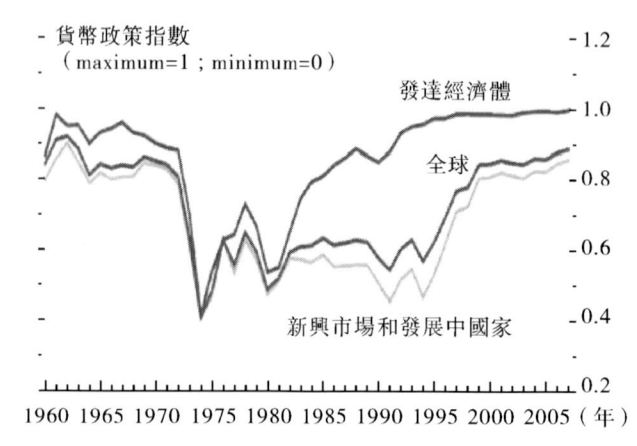

(a)

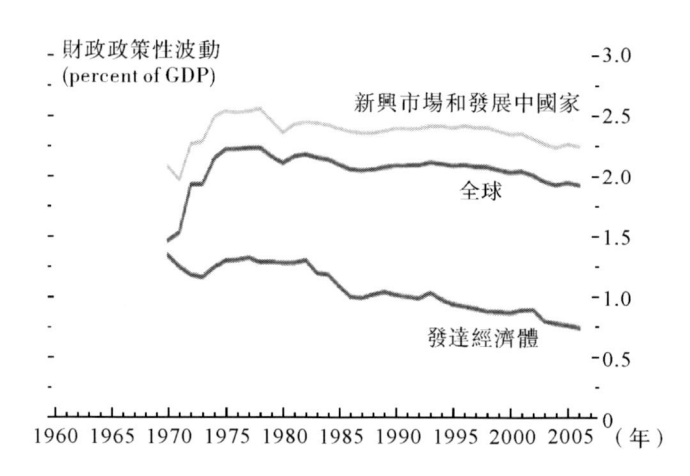

(b)

图 7　貨幣政策（a）和財政政策（b）對經濟的影響（1960—2007 年）

轉自：Heston, Summers and Aten (2006); Marshall, Jaggers and Gurr (2004); World Bank, World Development Indicators database (2007); and IMF staff calculations。

對許多 OECD 國家而言，貨幣政策使得匯率和進口價格變動對最終消費價格的影響已經大大降低（Taylor, 2000; Hampton, 2002），從而產生了穩定經濟波動的效能。對於財政政策而言，由於 OECD 國家在過去 50 年裡的政府稅收和政府轉移支付巨幅增加，稅收和轉移支付對經濟的穩定作用很強勁。

## 2. 信息與通信技術（ICT）的發展與運用

信息與通信技術（ICT）的重大進步對世界經濟有深遠影響，其廣泛運用對經濟波動的影響表現在四個方面：第一，成為經濟發展的動力之一，對經濟波動具有緩衝作用（Cushioning Effect）；第二，從信息傳播和市場貫通方面完善了經濟波動在行業間和國際的傳播路徑，增強了經濟波動的協動性；第三，吸引了對ICT產業的投資，包括ICT製造行業和服務業。ICT服務業發展迅猛，對經濟波動的緩衝很明顯，這在2008年世界金融危機中已經得到證實。第四，ICT具有很強的輻射性、滲透性和帶動性，它能夠很快地被其他部門和行業所利用，並帶動其他產業發展，具有抑制經濟波動的作用。

具體而言，首先ICT廣泛運用提高對存貨的控制能力，從而進一步減小存貨週期。其次就總投資流動而言，日益下降的信息技術產品價格將會提高投資率，投資波動引起GDP波動。但是，隨著ICT產品價格的下降，投資收益逐漸提高將會使得這種波動效應減小。1995—2007年，奧地利、法國、比利時、奧地利、澳大利亞和荷蘭七國平均ICT投資貢獻率為0.742%，遠高於其他行業投資的貢獻度；經濟增長貢獻率為0.7%（OECD Studies，2008），超出非ICT行業0.1%（參見圖8和表3）。這表明ICT對經濟波動具有很明顯的緩衝作用（Buffering Effect）。

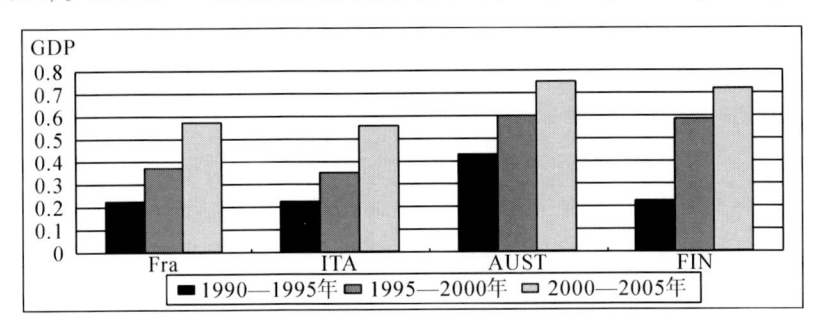

圖8　ICT資本對年度GDP增長的貢獻度

表3　ICT產業對全要素生產率（TFP）的貢獻度（1995—2007年）

| 國家 | 全要素生產率（TFP） | ICT行業 | ICT貢獻度 |
|---|---|---|---|
| 澳大利亞 | 0.02 | 0.01 | 40 |
| 奧地利 | 0.58 | 0.13 | 23 |
| 比利時 | −0.37 | 0.15 | >100 |
| 芬蘭 | 1.44 | 0.50 | 35 |
| 法國 | 0.43 | 0.21 | 49 |
| 義大利 | −0.48 | 0.12 | >100 |
| 荷蘭 | 0.40 | 0.19 | 48 |

數據來源：OECD。

### 3. 國際直接投資和國際貿易

國際直接投資和國際貿易使得各國的經濟聯繫不斷增強。這二者使各國資金互補盈缺，促進生產資料市場供求調整和資產價格的調整，具有調節資產價格、生產投入和市場供給的功能。國內市場的不足被國際市場所補充，產品市場的出清率和價格在長期內得以保持穩定。在 OECD 和歐盟範圍內，資金和商品服務的自由流動表現得更加明顯。1980—2000 年是金融管制弱化和世界經濟一體化進程最快的時期，各國絕大部分表現出產出缺口縮小、經濟週期跨度拉長、各國經濟波動同步性增強的態勢。這與該期間活躍的國際直接投資和自由貿易有密切聯繫（見圖 9）。實際上，有學者（Thomas Dalsgaard, 2002）和機構（OECD, 2002）統計研究表明，貿易淨出口和直接投資流入具有抑制經濟波動的作用。該研究顯示，1960—2000 年，歐洲國家的貿易對經濟波動的緩衝效應持續增加。

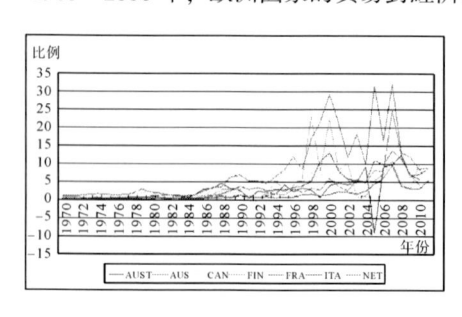

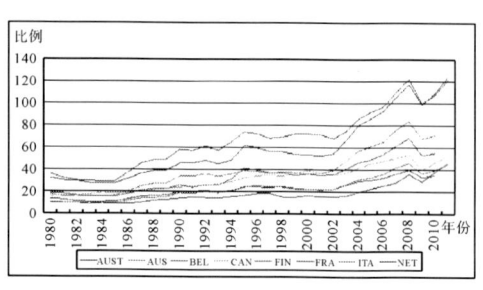

(a)　　　　　　　　　　　(b)

圖 9　FDI 流量（a）和外貿（b）占 GDP 的比例（%）

數據來源：原始數據來源於 UNCTAD，通過筆者計算而得。

### 4. 資本存量產出彈性波動

基於道格拉斯-科布生產函數，淨資本存量的變化會直接影響產出。從資本存量變化與產出波動趨勢（見圖 10a）來看，1970—1982 年和 1990—1998 年的 GDP 與資本存量之間存在很高的關聯性。筆者通過十年平移迴歸系數得到各國平均產出波動對平均資本存量的彈性（見圖 10b）。分析顯示，1982 年前、1989—1998 年和 2007 年至今這三段時間的資本存量產出彈性（$E_1$）大於 0，小於 1，即 $1>E>0$，這表明投資產生的資本累積對產出的貢獻較低；1982—1989 年和 1989—2007 年的產出彈性（$E_2$）小於 0，即 $E_2<0$，這顯示資本存量的變動對產出的貢獻度為負。

從圖 10（b 圖）可以看出資本存量對產出的正影響發生在經濟蕭條與衰退時期，而在經濟高速發展的時期，資本存量對經濟的作用很弱，甚至出現邊際產出遞減的現象。從理論上講，經濟衰退時，市場和企業對資本的需求最大，且此時資本是生產啟動核心和產出增加的核心要素，政府也往往在此時投入大量資金。在經濟繁榮期，產出提高的源泉不是資本存量而是強大的市場需求。比較本國 1970—2010 年的產出波動與各國平均資本存量產出彈性波動的分佈可以看出，在經濟衰退期，資本存量產出彈性波為正；在經濟繁榮期，資本存量產出彈性波為正。二者協方差為負（-0.213）。

(a) (b)

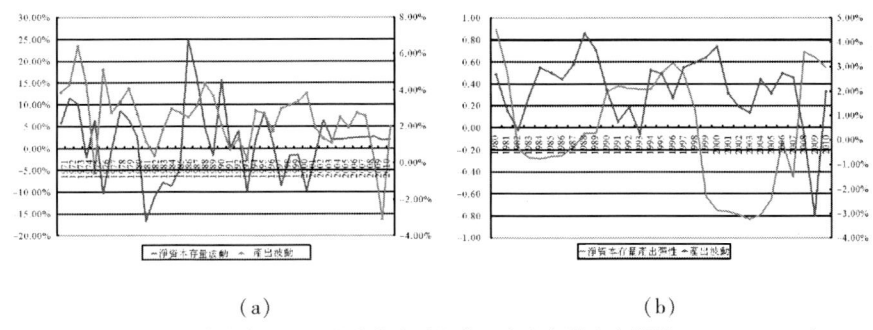

**圖 10　各國平均資本存量、平均產出波動趨勢和資本存量產出彈性（1971—2010 年）**

註：圖（a）中左軸為資本存量變動，右軸為產出變動；右圖左軸為產出波動率，右軸為資本存量產出彈性。

數據來源：各國 GDP 來自 OECD，淨資本存量 1970—2002 年來自 Christophe Kamps、Kiel Institute for World Economics（April 2004）對這些國家淨資本存量的估計。2003—2011 年根據 OECD 網站各國該指標的年度增長率或指標指數計算而得。以 1995 年為基期價格。

## 六、結論

本文分析顯示，OECD 國家在 20 世紀 80 年代到 2007 年的經濟波動幅度整體減弱，1980—2010 年的經濟週期跨度明顯拉長，並在 1992 年後穩定下來。各國經濟波動同步性在整體上逐漸加強，但是在 2007 年之後，國際經濟的協動性有所減弱，這與近年的國際金融危機對各國產生的衝擊差異和國別反危機政策有極大關係。分析還顯示，歐元區國家的協動性不斷增強，部分原因是歐元區內高度協調的經濟政策和共同市場。OECD 國家非週期性波動漸弱和漸強有交替過程，並在長期表現為週期性。這表明經濟週期波動與非週期事件有一定關聯性，從而使經濟非週期波動具有一定週期趨勢。同時，從各國非週期波動的同步性來看，各國之間顯示出較高的同步性，其中歐洲各國經濟非週期波動的同步性尤為顯著。本文認為 1970—2010 年的經濟波動特徵形成的主要因素有宏觀經濟政策、技術進步和新技術產業、國際直接投資與貿易、資本存量產出呈彈性波動。

**參考文獻：**

[1] 劉軍榮，於素君，羅富民. 經濟波動與跨國公司技術優勢的變遷 [J]. 樂山師範學院學報，2015.

[2] 郭玉華. 跨國公司競爭優勢研究 [D]. 成都：四川大學，2009.

# 經濟波動與跨國公司技術優勢的變遷[①]

劉軍榮　於素君　羅富民

**內容摘要**：經濟波動改變著跨國公司的經營環境，隨著世界經濟的波動，跨國公司傳統技術優勢逐漸發生變化或遷移。本文旨在表明經濟波動及其新特徵會導致跨國公司技術壟斷優勢和技術競爭優勢的變化，並從不同角度分析經濟波動對跨國公司技術優勢影響的因素、機制和結果。

**關鍵詞**：經濟波動；跨國公司技術優勢；變化與演化

跨國公司的技術優勢是其參與國際競爭的重要法寶，新的經濟環境致使國際市場長期處於穩定和繁榮的狀態，直接後果是產品的更新換代成為市場佔有和市場開發的重要手段，因此提高技術含量並保持較高的市場性價比對所有企業至關重要。跨國企業作為技術開發與擁有的主導者，必將面臨這些挑戰並修正其技術優勢。

## 一、經濟波動促進跨國公司技術優勢變化

技術競爭優勢是傳統優勢，尤其是當跨國公司早期發展時，技術壟斷性優勢基本上決定了跨國公司的壟斷競爭地位。這是因為擁有先進技術優勢有利跨國企業對外直接投資，在區域獲得技術壟斷從而獲得壟斷利潤。當今，世界宏觀經濟環境使得跨國公司外部經營環境發生了巨大變化，包括經濟全球化、各國經濟協動性加強、經濟週期平緩化、世界經濟格局變化和產業特徵變化，這使得原來跨國公司既有的靜態技術優勢所具有的功能不斷喪失，要求跨國企業持續的技術創新能力來保證跨國公司的優勢。

隨著週期性經濟波動和無規則的非週期波動，跨國公司在無數繁榮與蕭條、「危險」與「機遇」的交替過程中，技術更新和技術競爭成為克敵制勝的終極和可持續發展的法寶。同時，隨著技術的累積和經濟波動的市場衝擊，對技術更新的速度要求更快，技術水準要求更高。這表現為當前企業技術（特別是跨國企業）

---

[①] 課題項目：本文受國家社科基金項目「世界經濟波動下中國對外直接投資的風險管理研究」（14XJL007）資助。

的平均技術更新時間比 20 世紀 80 年代快 50% 以上。從新技術觀點的出現，到技術路線的設定到最終產品的生產週期也比以前大大縮短，以信息產品的技術更新最為典型，平均更新週期只有 18 個月或更短，更新後的技術水準也逐漸提高。基於目前人類已經具有的技術群，出現了一批具有顛覆性的技術更新，如三栖汽車、環保汽車、混合動力機械、信息移動終端、信息處理雲計算和大數據處理等，將帶來世界產業結構的變化、新生產方式和新生活方式的出現。

跨國技術更新的動力如果全部來自經濟波動，這必然有些言過其實。但是，技術更新的根源是企業獲得優勢的重要途徑，這種動力一方面來自對高利潤的渴求，另一方面來自市場競爭的壓力。從歷史的角度來看，革命性技術的突破帶來人類經濟的繁榮和和平發展，而技術枯竭往往導致經濟衰退和物質性資源的爭奪甚至戰爭，從而形成人類經濟史上的中長週期。重要技術群的出現恰好在經濟衰退或者競爭殘酷的時候，帶動經濟從蕭條到復甦，或從殘酷競爭到合作共贏發展，並在歷史上形成熊皮特式的經濟波動週期。從微觀上來講，企業處於市場利差和競爭被壓制的狀態下，產品競爭力的提升一般會成為獲勝的選擇手段。對經濟週期演化的繁榮、衰退、蕭條和復甦四個階段而言，企業對高利潤的渴求貫穿始終。但是在經濟繁榮期，企業更多地運用行銷技巧而非技術更新，或者此時企業正在銷售上輪衰退期中技術更新的成果。就企業生存而言，企業技術更新主要在衰退期和蕭條期，技術轉化和產品化在復甦期，而利潤和競爭力體現在繁榮期。總之，對於所有生產性企業（自然包括跨國公司）而言，經濟波動與企業技術研發有重要關係。具體而言，有如下幾點：

（1）基於經濟全球化的國際經濟波動的協動性和非協動性，要求跨國公司具有適應市場、靈敏反應的技術創新能力以適應市場需要；

（2）經濟週期延長和市場主導國多元化要求技術創新的速度加快，要求跨國公司具有強大的技術研發能力以應對激烈的技術競爭；

（3）應對經濟全球化，跨國公司的全球化戰略要求提高跨國公司的技術開發水準。

由此可見，世界經濟波動新特點的形成因素和特點本身使得跨國公司面臨更大的技術創新挑戰。包括基於 ICT 技術的市場擴張與疊加、市場競爭激化所致的技術競爭、產品生命週期縮短、全球化進程中的跨國公司的跨國性優勢弱化以及跨國企業的持續創新能力逐漸替代靜態的技術優勢。總之，全球經濟聯繫密切，技術進步速度加快，跨國公司的經營戰略相應地發生了改變。這種外部環境和經營戰略的變化引起了跨國公司技術優勢的變遷。經濟波動導致外部市場環境變化，而環境的變化導致跨國公司經營戰略的變化，這需要跨國公司具有強大的技術創新能力，要求跨國公司能有效地利用外部資源增強技術優勢。這使得跨國公司技術優勢的重心從技術壟斷優勢向技術競爭優勢轉移，追求和增強技術競爭優勢成為跨國公司進行研究開發、組織管理、對外投資的重要目標。

## 二、經濟波動對跨國企業技術壟斷優勢和技術競爭優勢的影響

傳統跨國公司的技術壟斷優勢更多地具有靜態性質，隨著經濟波動要求跨國企業的技術壟斷優勢和技術競爭優勢基於動態環境的變化進行變化，否則跨國公司的技術優勢將減弱。在國際市場上競爭的跨國公司的經濟當量和技術當量均很大，如果跨國企業長期固守對長期的核心技術壟斷，在市場變動很大，足夠使技術偏移市場需求時或出現革命型技術（Disruptive Innovation），會使跨國公司面臨滅頂之災。經濟週期扁平化以及國際經濟波動的協同性使得國際市場可能處於長期穩定的狀態，這種狀態的結果導致國際產品市場的價格競爭和產品性能競爭白熾化，技術模仿和二次開發成為技術壟斷最薄弱的地方。因此，不斷的技術更新，不斷自主的技術研發才是企業守住技術壟斷和主導地位的最佳策略。

實際上，技術壟斷優勢和技術競爭優勢受到不同因素的影響，所以二者的獲取方式也不相同。但是，二者均受到經濟波動的影響。技術壟斷優勢來源於跨國公司對技術及技術轉移的壟斷控制活動，這種控制受到技術領先、技術投入和技術控制因素思維的影響，他們同樣受到經濟波動所形成的市場競爭壓力、政府政策和客戶消費偏好的影響。

1. 經濟波動形成的技術格局不斷地變化

按照鄧寧等經典跨國企業優勢理論學者的思路，跨國公司本身具有強大的技術基礎，通過技術保密，實現某種技術的長期獨占和獨享，從而獲得技術壟斷優勢。事實上，正是基於企業早期國際化時的技術累積和後期的新技術累積，這種技術優勢體現了大跨國企業的底蘊累積和非物質性的傳承。當然，這種累積和傳承更多地集中在早期企業發跡或企業發展壯大倚仗的行業上。這些行業既是跨國企業發展的基礎，也是它們發展的風險所在。主要表現為：第一，隨著經濟週期性波動或非週期性波動，出於競爭壓力，跨國公司群體內部發生激烈的技術競爭，同時非跨國型公司參與技術的競爭。第二，人類知識的更新在生產上的大規模應用形成了30~50年的經濟週期，這些大知識平臺和大技術平臺所支撐的產業呈多樣化發展，技術分支更加細化，形成的技術網絡以及產品系列遠遠超出跨國公司所能覆蓋的範圍。因此，一項新技術可能另立山頭，在行業局部和區域市場上對跨國公司形成巨大壓力。第三，經濟波動或「危機」可能催生擁有新技術的小企業，並在技術上和產品上擁有與大型跨國公司媲美的技術創新能力，並且生產對跨國企業產品替代性很高的產品，削弱跨國公司的技術優勢和市場優勢。

從更宏觀上來講，革命性知識來自於人類生產和生存的困難和障礙，本質上來自於人類需求和供給不足之間形成的不可調和的衝突。這種矛盾表現為技術供給不足或生產供給不足，形成市場產品不足、產品多樣性不足和產品功能不足等問題，在整個社會經濟上形成歷史性窪地，這給創新性企業留下廣闊的競爭空間，從而形成技術研發的原動力。而在重大新技術面世之後，形成歷史上的經濟高地。

2. 經濟週期推動科學技術的重大創新以及顛覆性技術的出現

隨著經濟冷暖、市場競爭張弛的變更，技術更新成了企業興盛之道的必要選擇，其中顛覆性技術是當前跨國企業趨之若鶩或「忌憚」的概念。上文已提到過革命性應用知識的突破，這種突破可能不會直接表現為技術，但是它卻為重大技術或技術群創造了可能或提供了條件。另一個重要的結果是將導致行業或許多行業通用的核心技術，它在許多方面改變了生產組織形式、生產過程和工藝，並且使成本大大降低。以「3D」打印技術為例，它可能改變產品設計到產品生產的流程，包括機械加工業、建築業和快速製造等方面將會取代傳統的生產線，而且打通標準生產與定制生產的障礙。這種顛覆性新技術的出現，直接對跨國企業的傳統技術優勢形成磅礡的破壞之力，並改變國際、區域和行業的技術分部格局。

3. 經濟波動弱化經濟技術研發對原有企業優勢的依賴

跨國公司所有權優勢中的技術優勢與其資源優勢（資金優勢和人才優勢）有極大的關係。傳統意義上的技術優勢必須依附於科技人才和科研資金的投入。在跨國企業之間及跨國公司與一般企業之間的技術競爭中，跨國公司長期處於顯著的壟斷地位。經濟波動形成的市場空當和新的市場傾向使得企業間的技術競爭已不限於技術投入的優勢，而是更加注重技術研發組織形式和研發路線上的創新，以改變企業資金、科研人才和技術基礎差異上的技術競爭缺陷，從而打破了跨國公司原有的技術競爭優勢環境和優勢狀態。具體表現如下：

（1）跨國公司資金優勢已經被社會資金的便利性所代替。由於當前社會資金對於技術優勢的追捧，技術研發較容易獲得財團的支持，從而減弱跨國企業內部的資金優勢。

（2）網絡化使得科研團隊虛擬化，減弱了跨國公司科技人才的優勢。跨國公司為組建了龐大的科研人才隊伍和科研網絡，這些自有科研隊伍和自建技術研發網絡，既確保技術的領先，又防止技術外溢。目前企業之間的技術聯盟和科研團隊虛擬化，減弱了跨國公司的人才優勢。

（3）一般的技術創新已無法獲得持久的技術優勢，因此企業需要大型的技術創新或新技術群，而這種技術是單個企業在財力、人才和研發風險上無力承擔的，這就需要企業間合作或企業與專業研究機構的合作。從而在技術壟斷控制上突破了傳統技術的壟斷壁壘，導致跨國企業技術壟斷優勢的減弱。

（4）經濟波動導致產業變化，提高了投資的技術需求，降低了跨國企業的技術優勢

經濟波動導致經濟國別差異，東道國的產業發展需求和市場需求對跨國公司投資的技術數量和質量提出了新要求。當前全球經濟週期出現扁平化特徵，即經濟週期拉長、繁榮期延長、衰退期縮短，波幅變小。這些新特徵導致各國市場的持續繁榮和需求放大，但同時市場競爭變得更為激烈。另外，全球正處於產業調整時期，產業的高級化成為當前各國的發展核心。因此，各國對國際技術的需求遠遠超越對資金的需求。出於對發達國家之間的相互投資並非全部追求資金流入，

而技術與市場的交換變得愈來愈重要，特別是新興經濟體更是如此。因此，跨國公司對其專利、專有技術和內部化行為進行的控制將變得更為困難。而研究開發的戰略聯盟和兼併收購活動則是通過利用跨國公司體系外部的資源來獲得所需的技術和技術資源，不斷提高技術開發效率和技術開發速度，提高產品性價比，適應市場競爭，同時使得技術獨享逐漸變成若干企業的共享。在這種情況下，技術保密已不再是單個企業的活動，而是企業聯盟以及研發團隊的活動。

基於上述分析，我們把經濟波動對技術壟斷優勢和技術競爭優勢的影響總結如表 1 所示。

表 1　　　　　　　經濟波動對技術壟斷優勢和技術競爭優勢的影響

| 技術壟斷優勢 ||| 技術競爭優勢 |||
|---|---|---|---|---|---|
| 項目 | 靜態經濟環境的優勢變動 | 動態經濟環境的優勢變動 | 項目 | 靜態經濟環境的優勢變動 | 動態經濟環境的優勢變動 |
| 對技術佔有的控制能力 | 上升/保持 | 下降 | 獲取新技術的能力 | 上升/保持 | 下降 |
| 技術資源優勢 | 上升/保持 | 下降 | 潛在技術發展能力 | 上升/保持 | 下降 |
| 維持現有的技術水準 | 上升/保持 | 下降 | 未來擁有的技術 | 上升/保持 | 下降 |
| 技術壟斷的控制力量 | 上升/保持 | 下降 | 研發組織優勢 | 上升/保持 | 下降 |
| 外部資源的控制能力 | 上升/保持 | 下降 | 研發外部資源獲取 | 上升/保持 | 下降 |
| 綜合技術優勢 | 上升/保持 | 下降 | 綜合技術競爭優勢 | 上升/保持 | 下降 |

### 三、經濟波動扁平化下的技術競爭加劇

1. 經濟週期扁平化導致技術密度增強

自 20 世紀 80 年代後，世界經濟週期使扁平化趨勢加強，經濟波動帶來的影響是低害化和市場穩定化，企業行為決策趨於長期化。但是這種穩定環境下的市場競爭更為激烈，尤其是長週期形成的累積性市場競爭結果對企業的影響極為深遠。技術創新作為獲得優勢的基本手段被廣泛接受，新技術密度大大提高。從新技術專利出現的情況來看，發達國家新發明和專利逐漸增多，同時欠發達國家的新技術專利也大幅提高（參見圖 1）。

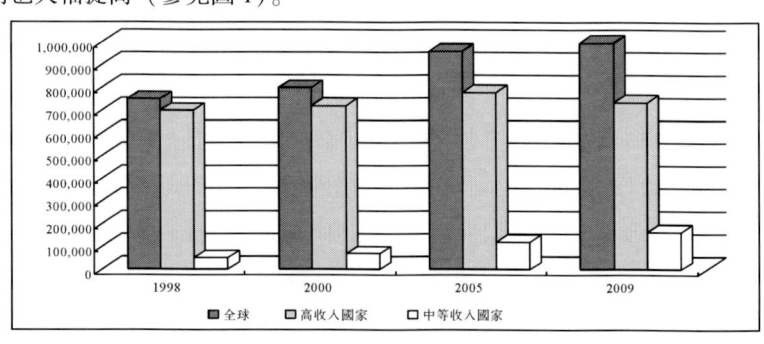

圖 1　世界居民專利申請數量

數據來源：《世界投資年鑒 2002》和《世界投資年鑒 2010》。

根據《世界投資年鑒2010》統計，1998—2009年，全球、高收入國家和中等收入國家的居民專利申請增幅較大。通過筆者的對比統計，1998—2009年的全球、高收入國家和中等收入國家的居民專利申請數比在增長率上分別高出45%、53%和37%。從國別來看，中國、韓國、美國、以色列、荷蘭、澳大利亞、新加坡、捷克和墨西哥等國在專利登記上有長足發展，特別是在2009年出現大幅增長。其中中國、墨西哥、新加坡和捷克等新興經濟體的專利登記增長最為明顯。這些數據表明，新的經濟環境下，新技術的密度大大增加。

2. 經濟波動扁平化導致技術週期縮短

技術更新速度似乎與經濟波動的關係不大，主要源於整個人類技術水準和社會創新意識的提升。但是從長期來講，經濟波動對人類技術的技術基礎的提升和技術研發的衝動有很大的影響。從微觀上來看，經濟波動製造了技術創新的需求，市場供求和競爭的緊迫性為技術更新提速提供了必要性。一方面，應用基礎性知識的累積和突破為新技術的快速出現提供了有利條件，正如前文所講，形成企業技術快速發展的應用基礎知識與人類經濟波動有很大關係；另一方面，市場潛力和市場盈利預期以及競爭的緊迫性使得企業的研發力度加大，技術研發的日程縮短。

3. 經濟波動扁平化的產品的生命週期縮短，跨國公司的研發風險提高

扁平化的經濟週期意味著較長期穩定的市場。據筆者研究，扁平經濟波動週期同時包含著愈來愈長的經濟繁榮期和愈來愈短的經濟蕭條期，這些因素使得消費投資和生產投資持續性穩定，面臨繁榮的市場，消費的總量持續增加，同時消費偏好的多樣性逐漸提高，消費品生命週期和生產機械產品的生命週期逐漸變短，產品生命週期的縮短既是技術週期縮短的結果，更是技術週期縮短的動力。另外，企業高密度的新技術群和技術週期縮短，市場上的新產品數量和產品之間的可替代性大大增強，進一步惡化市場競爭，產品生命週期進一步縮短。

產品生命週期至少能在幾方面提高跨國企業的研發投資風險：第一，跨國企業的規模大，研發投入大，需要較長時間來回收成本並獲得利潤，而產品週期的縮短可能使企業來不及收回成本和獲取利潤就已經被市場所淘汰；第二，由於企業高密度的新技術群和技術週期縮短，新舊技術產品和同級技術產品的可替代性大大提高，這使研發企業對新產品的壟斷性定價直接降低，從而無法在新產品上獲得壟斷利潤，從而無法保證研發投資收益；第三，20世紀80年代以來，隨著經濟波動新特徵的出現，跨國公司的經營環境出現經營環境較穩定、市場個性化消費（生產消費和生活消費）需求逐漸提高的現象，對於大型跨國企業（特別是大型生產型企業），很難在技術研發上滿足這種個性化需求，而中小企業更能出色地完成並滿足市場需求，這樣，跨國公司將逐漸失去部分市場。如果這種趨勢長期持續，跨國企業甚至面臨生存威脅。

4. 經濟波動與跨國公司既有技術優勢的變遷

經濟波動不斷改變跨國企業的經營環境，這要求企業持續不斷地進行技術創新。然而由於跨國公司的經營規模和市場規模失去部分靈活性，同時存在既有技術優勢依賴，隨著世界經濟結構以及競爭格局的演變，跨國公司的技術優勢呈現出明顯的演變，即傳統技術優勢已無法滿足和保證跨國企業持續的技術領先和市場競爭的需求。按照傳統觀念，人們認為源於實力雄厚和一體化效應，跨國公司享有有效的技術創新通道而獲得新技術領先地位。實際上，基於美國國家科學委員會的調查報告顯示，美國重大技術創新有34%出自大型企業（雇員人數在1萬以上），而微型企業在創新方面的研發投入產出效率是中型公司的4倍，為最大型公司的24倍。除此之外，在信息經濟時代，企業核心技術存在很大的外溢性且極容易被模仿，以技術形成差異化的發展途徑很困難。美國國家科學委員會的該報告顯示出大型跨國公司的創新能力呈下降趨勢。

四、結論與結語

作為對外直接投資的理論基礎，經典跨國公司優勢理論對跨國公司技術的壟斷優勢做了系統的研究和闡述。然而這跨國公司的技術優勢不是一成不變的，它隨著全球經濟環境的變化而變化。由於經濟波動改變了全球和區域技術格局，弱化了經濟技術研發對原有企業的優勢依賴。同時經濟波動導致了產業遷移，強化了投資的技術需求，進而弱化了跨國企業技術優勢。可見，經濟波動對跨國企業技術壟斷優勢和技術競爭優勢具有顯著的影響。同時，經濟波動的扁平化被理論界和實踐界所接受，它導致技術密度增強、技術週期和產品生命週期縮短，加劇了跨國公司的技術競爭，提高了跨國公司的研發風險。同時，經濟波動使得傳統技術優勢已無法滿足和保證跨國企業持續保持技術領先和滿足市場競爭需求。

**參考文獻：**

[1] 徐佳賓，趙進. 跨國公司技術優勢變遷 [J]. 經濟理論與經濟管理，2004.

[2] 劉軍榮. 經濟週期與企業技術研發及轉移 [J]. 宜賓學院學報，2009.

[3] 劉軍榮. 經濟週期特徵再考察 [J]. 財經理論與實踐，2013.

[4] 羅承熙. 美國經濟週期將縮短 [J]. 世界經濟，1984.

[5] 劉樹成. 新一輪經濟週期的背景特點 [J]. 經濟研究，2004（3）.

[6] 王學鴻. 跨國公司國際技術轉移對經濟發展的效益新論 [J]. 雲南財貿學院學報，2002（3）.

[7] 張譯允，朱程，跨國公司技術轉移雙方的合作博弈分析 [J]. 西北工業大學學報，2002.

# 經濟週期波動與跨國公司投資分佈

劉軍榮

**摘要**：本文通過對發達國家、發展中國家、高收入國家、中等收入國家、低收入國家、主要石油輸出國和非洲貧窮國家等按不同標準劃分的組群 FDI 流量與世界 GDP 增長率波動之間的關係來反應跨國公司對不同類別國家在不同經濟景氣階段的投資態度。

**關鍵詞**：經濟週期；直接投資；分佈

世界已經歷了 1882—1890 年、1891—1900 年、1901—1907 年、1908—1913 年、1920—1929 年、1930—1939 年、1957—1964 年、1965—1973 年、1974—1980 年、1981—1990 年、1991—2000 年等 11 輪週期。在不同的週期階段，跨國公司對發達國家的直接投資與對發展中國家的直接投資肯定是有差別的。這些區別具體表現為：第一，跨國公司對發達國家的直接投資的流量變化與對發展中國家的直接投資的流量變化存在差別；第二，隨著時間的推移，跨國公司對它們的投資存在不同偏好和態度。本節基於 1971—2004 年的數據分析跨國公司對發達國家和發展中國家投資流量的趨勢和分佈趨勢。為了更清楚地說明跨國公司投資分佈的變化趨勢，我們把這兩類經濟體進一步劃分為高收入國家、中等收入的國家、低收入國家以及石油輸出國、非洲發展中國，進一步研究跨國公司的投資策略。

## 一、樣本和指標選擇及數據說明

本節選取的時間段為 1971—2004 年，時間跨度 34 年，包含 5 個週期（實際上包含 3 個完整的週期和兩個半個週期，分別為 1971—1973 年和 2001—2004 年）；研究對象是世界直接投資在世界發達國家、發展中國家、高收入國家、中等收入國家、低收入國家、主要石油輸出國和非洲貧窮國家的分佈狀況，重點研究的議題是：隨著時間推移和世界經濟週期的波動，跨國公司直接投資在各集團間的分佈將發生變化。因為相比於 GDP，FDI 目前是最能反應經濟基本面的指標，鑒於此，本課題選取了各個國家集團的 GDP 和 FDI。

需要說明的是，上述集團的劃分並不能概括全球所有的經濟體，而且該劃分還存在重複。我們之所以堅持這種劃分主要出於以下考慮：跨國公司直接投資的

動機主要有二——獲得資源和佔有市場；同時他們在進行投資決策時不得不考慮資金的安全和收益的穩定；另外，跨國公司的投資意願必須反應其對「東道國」或地區的經濟潛力和綜合經濟實力的評價。

本節選取了 1971—2004 年的世界直接投資流入量及增長率、世界 GDP 增長率、上述各國家集團的直接投資流入量及增長率，且均為年度數據。本節所有國家的宏觀經濟指標採自聯合國貿發會議 Online 數據庫。[①] 源數據庫為我們提供了上述各國家集團的年度 GDP 總量和 FDI 總流入量，以 1990 年為基期，剔除了各國匯率和通貨膨脹變動的影響。同時，我們利用 Eviews5.1 分別計算出各集團 1970 年至 2004 年的 GDP 總量和 FDI 總流入量的年度增長率，從而排除數據標準化問題。

### 二、分析方法

（1）為了清楚地說明跨國公司對不同國家集團投資的長期傾向，我們利用濾波技術來比較各集團在五個經濟波動週期的直接投資流入和增長的長期趨勢變化。這些變化實際上反應了跨國公司投資方向偏好和態度的轉變。

（2）利用 Eviews5.1 軟件分析世界經濟週期波動對各集團直接投資流入變化的影響，進而說明經濟週期波動對跨國公司直接投資地域傾向的影響。具體而言，我們運用了 ADF 單位根檢驗、相關性檢驗和 Granger 因果檢驗等方法。

### 三、各集團直接投資之比較

從 1971—2004 年世界直接投資流入量的分佈（見圖 1）我們可以看出，在 34 年中，世界直接投資的規模迅速擴大。從世界總規模來看，從 1971 年到 1992 年近兩個半週期內，世界直接投資一直處於低水準，年平均在 200 億美元以下。自 1992 年到 2002 年，世界直接投資規模迅速擴大。實際上，1990—2000 年週期的世界直接投資的水準處於近 5 個週期的最高水準。世界直接投資在我們現在所處的週期（自 2001 年起）裡呈下降趨勢。

就不同集團而言，發達國家占世界直接投資的絕大部分（約 80%以上）。就直接投資的流量而言，從長期來看，流入發達國家的直接投資流量變化反應了世界直接投資流入量的變化趨勢。而就發展中國家而言，除了在 1990—2000 年世界直接投資整體驟然提高時稍有升高，總體水準一般很低。但從近三年的趨勢來看，發展中國家 FDI 的流入量與發達國家 FDI 的流入量呈相反的趨勢，即當流入發達國家的直接投資繼續下降時，對發展中國家的直接投資呈上升趨勢。就不同收入的國家集團而言，高收入國家比中等收入國家所獲的直接投資要多，而且長期趨勢與發達國家和世界總體趨勢類似。中等收入國家、低收入國家和非洲發展中國家所占比例極低。

就各類國家的直接投資的增長率而言，如圖 1 所示，依次分別是世界 GDP

---

[①] 各國宏觀經濟指標和 FDI 流量數據來自聯合國貿發會議在線數據庫。

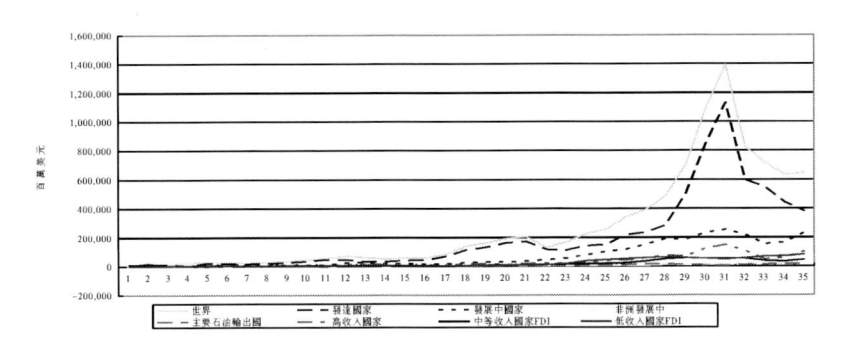

圖 1　世界直接投資（流入）分佈（1970—2004年）

數據來源：http://stats.unctad.org

（WGDPR）和 FDI（WFDIR）、發達國家 FDI（DCFDI）、發展中國家（LDCFDI）、非洲發展中國家（AFFDIR）、高收入國家（HFDI）、中等收入國家（MFDI）、低收入國家（LFDI）流入量增長率的 HP 波，世界直接投資流入量的年增長率與世界經濟呈同步週期性波動。發達國家 34 年的直接投資增長率與世界 GDP 增長率的波動具有相似性。這表明發達國家的直接投資與世界經濟週期的波動具有密切的相關性。發展中國家、非洲貧窮國家、低收入國家直接投資流入量 34 年的年增長率圖譜具有相似性，大體表現為前 14 至 15 年波動頻繁，2013 年小幅調整，最後又較為劇烈地波動。這些特點使我們可以得出一個基本判斷：發達國家和高收入國家直接投資的流入量增長率與世界 FDI 的增長率及世界 GDP 的增長率具有較明顯的同步性。據此我們至少可以得出這樣一個粗略的結論：世界經濟週期的波動影響跨國公司在全球直接投資的分佈。

為了更清楚地表明各集團直接投資的長期走勢，我們對上述數據進行 HP 濾波處理（如圖 2）。從該圖我們可以看出，世界 GDP 增長率在長期內表現為下降然後略有上揚的趨勢，而世界直接投資增長則顯示出一個 20 年的穩定期及後期略為下降的趨勢。這表明，世界經濟增長趨勢與世界直接投資的流入量之間存在的關係較微弱；發達國家 FDI 的增長率表現為一個連續 20 年的緩慢增長，然後在 20 世紀 90 年代初達到一個較高水準，即在我們當前所在的經濟週期內（自 2000 年起）迅速下降；發展中國家 FDI 流入量的增長率經過了兩個大階段：1970—1985 年包含迅速的增長和迅速下降的過程，1986—2004 年包含了一個緩慢增長和緩慢下降的過程，整個階段呈一個不對稱的「M」形狀。非洲發展中國家直接投資的增長率的變化則呈一扁平的「N」，從 1970—1990 年直接投資增長率的變化由升到降，而在 1990 年到 2004 年則表現為由降到增，整個過程顯得較為平緩。就高收入國家而言，濾波後的 FDI 流入量增長率的趨勢線在 1971—1981 年較快地提高，1982—2004 年呈微微下降的長期趨勢。低收入國家直接投資流入量的增長率從 1971—1994 年顯示為長期、緩慢的增長，在 1995 年之後，則顯示出較迅速的下降趨勢。在所考察的樣本國家類別中，中等收入國家顯得較為特別，其直接投資流入量的

增長率從 1971 年到 1982 年一路迅速下降，從 1983 年起逐漸保持在較平穩和微微下降的趨勢。

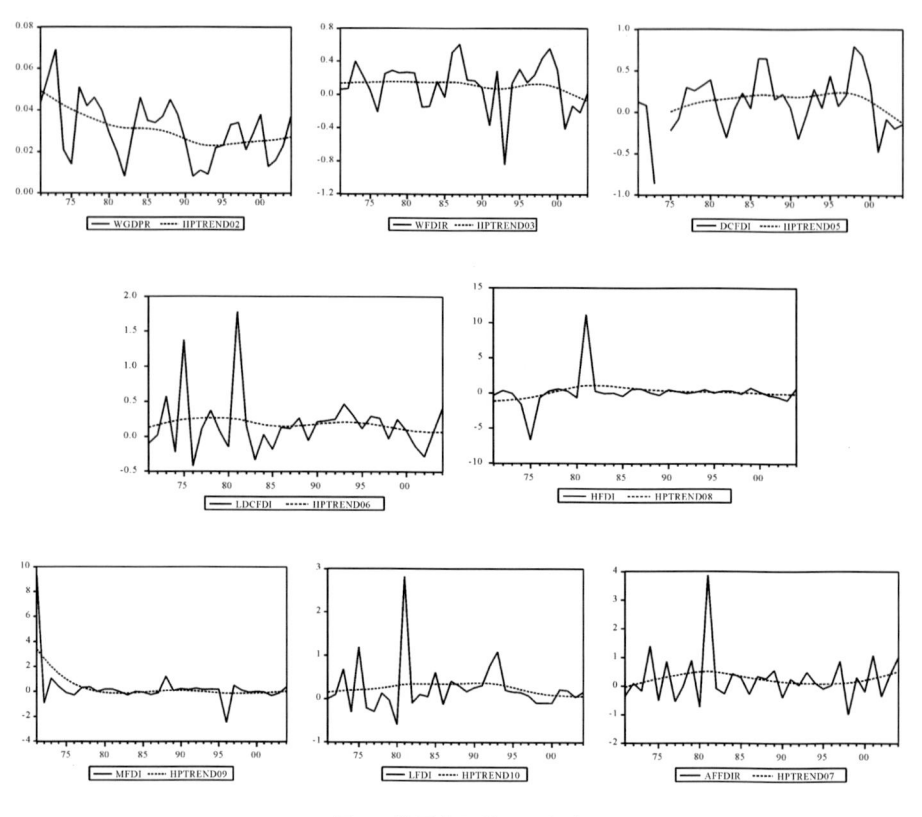

圖 2　增長率及其 HP 濾波

數據來源：http://stats.unctad.org.

根據如上分析我們不難發現，從濾波處理之前的各國家集團的直接投資流入量增長率的變化趨勢來看，世界與發達國家具有相似的走勢，發展中國家、非洲發展中國家和低收入國家相似，高收入國家與中等收入國家具有相似性。在 HP 濾波處理之後，世界 FDI 流入量增長率、世界 FDI 流入量、發達國家 FDI、高收入國家 FDI 的長期增長趨勢相似，發展中國家（整個發展中世界和非洲發展中國家）的 FDI 趨勢相似，只有中等收入國家較特殊，但所有的國家類別都有共同的特點：20 世紀 80 年代中期與 20 世紀 90 年代的直接投資的增長率基本處於平穩狀態。

但上述國家族群的直接投資與世界經濟週期波動是否相關、相關程度及因果關係仍不明晰。鑒於此，我們利用上述數據和 Eviews5.0 軟件進行相關檢驗。

**四、相關檢驗**

為了說明跨國公司在不同國家的直接投資流量變化與世界經濟波動的關係，

我們將對世界GDP增長率與發達國家（DC）FDI增長率、欠發達國家（LDC）的FDI增長率、非洲欠發達國家LDC的FDI增長率、高收入國家FDI增長率、中收入國家FDI增長率、低收入國家FDI增長率進行相關性分析，然後檢驗他們之間的Granger因果關係。

1. 世界GDP增長率與各組群FDI流量變化的相關性分析

在進行進一步檢驗之前，我們必須對所有參與檢驗的數據進行單位根檢驗，由於這些數據的原序列屬非平穩，為了保證能進一步檢驗，我們對所有的數列進行一階差分。差分序列的單位根檢驗結果見表1。

表1　　　　　　　　　　一階差分序列單位根檢驗

| 變量 | ADF統計量 | 5%臨界值 | 1%臨界值 | 滯後項 | 結論 |
|---|---|---|---|---|---|
| 世界GDP增長率 | −6.467,698 | −2.959,1 | −3.657,6 | 2 | 平穩 |
| 發達國家FDI增長率 | −5.013,304 | −2.975,0 | −3.695,9 | 2 | 平穩 |
| LDC的FDI增長率 | −7.749,487 | −2.959,1 | −3.657,6 | 2 | 平穩 |
| 非洲LDC的FDI增長率 | −7.665,177 | −2.959,1 | −3.657,6 | 2 | 平穩 |
| 高收入國家FDI增長率 | −6.313,050 | −2.959,1 | −3.657,6 | 2 | 平穩 |
| 中收入國家FDI增長率 | −7.500,915 | −2.959,1 | −3.657,6 | 2 | 平穩 |
| 低收入國家FDI增長率 | −7.462,476 | −2.959,1 | −3.657,6 | 2 | 平穩 |

單位根檢驗結果顯示，所有時間序列的一階差分序列是水準平穩的。在此基礎上，我們對世界GDP增長率與發達國家FDI增長率、LDC的FDI增長率、非洲LDC的FDI增長率、高收入國家FDI增長率、中收入國家FDI增長率、低收入國家FDI增長率進行相關性分析（見表2）。從分析結果我們可以看出，中等收入國家和高收入國家的FDI流入量的增長率的變化與世界GDP的增長率呈正相關，但是其他組群的FDI流入量的增長率均與世界GDP的增長率呈負相關。就相關係數而言，所有的組群FDI流入量的增長率與世界GDP增長率的相關係數的絕對值基本上小於0.2（除低收入國家外），相關係數的絕對值最大的是低收入國家，其次是中等收入股價，其後依次是發展中國家、發達國家、非洲欠發達國家，最低的是高收入國家。

表2　　　各組群FDI增長率與世界GDP增長率的相關係數

| | DCFDI | LDCFDI | AFFDIR | HFDI | MFDI | LFDI |
|---|---|---|---|---|---|---|
| WGDPR | −0.112,677 | −0.159,468 | −0.075,980 | 0.018,682 | 0.174,17 | −0.232,88 |

該檢驗表明，各國家集團的直接投資流入量的年變化率與世界經濟變化的相關性較弱。分析結果還顯示，比較而言，低收入國家和低收入國家的FDI流入量的增長率與世界GDP增長率的相關度較高，而非洲欠發達國家和高收入國家FDI

流入量的增長率與世界 GDP 增長率的相關度最低。

2. Granger 因果關係檢驗

單純的相關性檢驗並不能說明各對具有相關性的序列具有實際上的相互影響，因此需要進一步釐清它們之間的因果關係。檢驗結果顯示於表 3。

表 3　　　　　　　　相關序列一階差分序列的 Granger 因果檢驗

| A | B | B not to A 顯著水準 | A not to B 顯著水準 | 滯後項數 |
|---|---|---|---|---|
| 世界GDP增長率 | 發達國家 FDI 增長率 | 0.069, 01 | 0.024, 05 | 2 |
| | LDC 的 FDI 增長率 | 0.743, 03 | 0.116, 66 | 2 |
| | 非洲 LDC 的 FDI 增長率 | 0.336, 45 | 0.981, 40 | 2 |
| | 高收入國家 FDI 增長率 | 0.094, 32 | 0.615, 72 | 2 |
| | 中收入國家 FDI 增長率 | 0.018, 99 | 0.256, 22 | 2 |
| | 低收入國家 FDI 增長率 | 0.588, 29 | 0.158, 13 | 2 |

表 3 表明世界 GDP 增長率與發達國家組群的 FDI 流入量的年增長率在 5%和 10%的顯著水準上分別存在正向和反向的因果關係；LDC 的 FDI 增長率的變化與世界 GDP 增長率的變化在 10%的顯著水準上接受原假設，即不存在相互因果關係；世界 GDP 增長率與非洲 LDC 的 FDI 增長率兩序列間不存在相互因果關係；高收入國家 FDI 增長率的時間序列和中收入國家 FDI 增長率的時間序列在 10%的顯著水準上與世界 GDP 增長率序列拒絕原假設，即存在單項因果關係：前者影響後者；低收入國家 FDI 增長率序列與世界 GDP 增長率序列不存在因果關係。

五、解釋與結論

跨國公司對外直接投資的分佈表明，發達國家所占的比例很高。從圖 1 我們可以看出，發達國家 FDI 流入的流量與世界總 FDI 年流量的變動趨勢一致，這說明世界 FDI 主要成分是對發達國家的投資，世界直接投資的趨勢是實際上發達國家直接投資的變動趨勢，正因為如此，跨國公司對發達國家直接投資的年增長率的變化趨勢與世界 GDP 增長率變化的路徑具有相似性。上文的因果檢驗給出它們相似性的原因：它們存在著雙向因果關係，即對發達國家的直接投資的年增長率影響世界 GDP 增長率變化，反過來後者也影響前者。從經濟現實運行機制來看，這反應跨國公司對發達國家具有較強的投資意願，同時跨國公司對發達國家的直接投資的意願隨經濟波動狀況的變化而變化。

跨國公司對發展中國家、非洲欠發達國家、低收入國家的直接投資的態度不積極。這不僅表現為總流量所占比例較小，而且從圖 2 很容易觀察到各國家集團直接投資的流入量增長率的變動趨勢與世界 FDI 流入量的年變化率的長期趨勢的比較是不同步的，也體現了跨國公司對欠發達國家直接投資的傾向：不積極、不穩定。由圖 2 可知，發展中國家、非洲欠發達國家、低收入國家直接投資流入量的增

長率變動曲線波動極為頻繁，這表明跨國公司對這些國家的直接投資的決策極易受到其他因素的影響。我們認為這些因素包括：東道國的宏觀經濟、政治、政策、匯率、能源、勞動力狀況等。除此之外，母國與東道國的雙邊政治和貿易關係也起著重要作用。諸多因素的共同作用使得整個發展中國家集團的經濟波動對FDI的影響不顯著。因此，在Granger因果關係檢驗中，它們FDI的流入量增長率的變化對世界GDP的增長變化影響不明顯。當然，欠發達國家的經濟總量對全球GDP增長的影響更小。另外，由於發展中國家的市場有限，許多國家缺乏發展潛力且市場的連續性差，這將會讓跨國企業的直接投資面臨很大的風險和機會成本。另外，發展中國家抵抗外部風險和危機的能力弱，一旦危機來臨，可能整個國家或幾個國家的生產、消費、貨幣和財稅政策狀況和相關政策就會產生巨大變化，這樣，跨國企業投入巨額資金建立的企業、市場渠道、品牌等會在一夜之間化為烏有。因此就我們看來，跨國企業對整個發展中國家集團和窮國的投資，其短期資金所占比例甚高，而長期資金主要投入在獨特資源和東道國重要產業或具有壟斷優勢的行業上，這些行業的利潤很高，此時的跨國企業具有掠奪性。

我們情不自禁地會問：發達國家同樣有經濟波動，會遭遇各種危機，為什麼跨國公司樂於向其投入資金呢？這是因為發達國家不僅具有強大的經濟實力，更重要的是這些國家已經具有完備的市場體系和危機控制及防禦能力，經濟的週期性波動和突發事件引起的經濟危機一般不會影響經濟基礎和市場機制與結構，經濟波動和突發的危機只能使經濟個別指標有所波動。「東道國」強大的經濟實力（影響力、控制力和宏觀調控力）在經濟波動與危機中實際上是跨國企業的一層保護膜，為企業提供了緩衝地帶。這就是跨國企業偏好對發達國家投資的基本原因。在這種情況下，「東道國」的經濟波動狀況基本不影響跨國企業對其投資的偏好，這就使得對高收入國家集團（除石油輸出國）、中等收入國家和發達國家FDI流入量增長率的變動軌跡相對平穩，並非頻繁劇烈波動（見圖2），這也對應了上述因果檢驗的結果：世界GDP的增長率的變化不影響高收入國家和中等收入國家FDI流入量的增長率。我們根據上述實證檢驗發現，跨國公司對發展中國家、欠發達國家甚至高收入的石油國家的投資表現出明顯的短期傾向和週期性。這是因為這些國家的市場有限性、經濟對外依賴性和政府對經濟的可控性差等因素對跨國公司綜合影響的結果。

**參考文獻：**

[1] 徐佳賓，趙進. 跨國公司技術優勢變遷 [J]. 經濟理論與經濟管理，2004.

[2] 劉軍榮. 經濟週期與企業技術研發及轉移 [J]. 宜賓學院學報，2009.

[3] 劉軍榮. 經濟週期特徵再考察 [J]. 財經理論與實踐，2013.

# 世界經濟週期和石油價格波動的關聯性淺析[①]

劉 穎

**摘要**：針對目前世界石油價格波動劇烈的態勢，本文對石油價格波動與經濟週期之間的具體關係進行了理論和實證的研究，以期在後期研究中能對世界石油價格未來的走勢進行比較準確的預測。這不僅能對國家經濟的穩定發展和石油戰略儲備的建立起到重要的作用，而且能對增強各行業抵抗石油價格波動風險的能力有著特別重要的意義。

**關鍵詞**：世界經濟週期；石油價格；波動；影響

在經濟學的研究中，價格是永恆的主題之一。而作為重要國家戰略物資的石油，其價格也無疑成為了人們關注的問題。世界石油價格波動發展的近100年的歷史表明，油價與全球經濟的發展息息相關，它是世界經濟發展過程中一個極其敏感的問題，並像股市一樣，成為國際經濟風雲變幻的「晴雨表」。因此，對石油價格波動是否符合經濟週期波動的規律、其與世界經濟週期波動是否有關聯這些問題進行探討，有著非常重要的意義。

## 一、經濟週期概述

國民經濟在運行過程中會呈現出一起一落、擴張與收縮不斷交替的波浪式運動。從絕對的角度說，這種波動是不規則的，在不同的經濟背景條件下表現出不同的幅度、高度、深度和時間長度，沒有兩次波動完全一樣。但從相對的角度說，經濟的波動往往表現出一定的週期性。

（一）經濟週期的概念

經濟週期（Business cycle）：也稱商業週期、商業循環、景氣循環。它是指經濟運行中週期性出現的經濟擴張與經濟緊縮交替更迭、循環往復的一種現象，是國民總產出、總收入和總就業的波動，是國民經濟或總體經濟活動擴張與緊縮的交替或週期性波動的變化。

---

[①] 基金項目：本文系四川石油天然氣發展研究中心項目「經濟週期對世界石油價格波動的影響研究（課題編號川油氣科SKB12-12）」的階段性研究成果。

四階段經濟週期模式是指一個完整的經濟週期，包括繁榮、衰退、蕭條和復甦四個階段（如圖1）。其中繁榮與蕭條是兩個主要階段；衰退與復甦是兩個過渡階段。

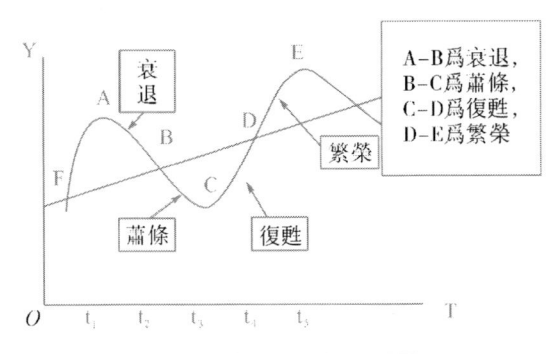

圖 1　經濟週期四階段示意圖

(二) 經濟週期的類型

經濟週期一般按照時間長度來進行劃分，通常可將其分為四種類型。第一，經濟高漲階段間隔平均時間大約為 50 年，這種週期由於間隔時間較長，被稱為長週期或者長波，也稱康德拉季耶夫週期（Kondratieff Cycle）；第二，經濟高漲時期間隔的平均時間大約為 18~20 年，這種週期被稱為中長週期或者建築週期，也稱庫茲涅茨週期（Kuznets Cycle）；第三，經濟繁榮或者衰退階段間隔平均時間大約為 10 年，這種週期被稱為主週期或者設備投資週期，也稱尤格拉週期（Juglar Cycle）；第四，經濟繁榮或者衰退階段間隔平均為 3~4 年的週期，這種週期被稱為短週期或者庫存週期，也稱基欽週期（Kitchin Cycle）。

這四種週期的經濟增長率呈現出不同的特點，其中前兩種週期表現為經濟增長率高低交替，經濟週期也相應地由高增長和低增長兩個階段組成；後兩種週期表現為經濟增長率正負交替，經濟週期也就相應地由高漲和衰退兩個階段構成。每個經濟週期在以其自身獨有的規律性和特點進行波動的同時，不同的經濟週期還相互交織、彼此影響。

(三) 世界經濟週期概念的界定

世界經濟週期是指在世界經濟發展運行的過程中，由於受到多種因素尤其是一些特定因素的影響，世界主要經濟發達國家的經濟活動會呈現出一種同步的類似於週期的波動形態，這種運行態勢一般包括四個階段：經濟的擴張、衰退、蕭條和復甦。從工業化到現在，世界經濟呈現出具有規律性的週期變動已經歷了五個長週期，即分別以「早期機械化」技術革命、「蒸汽動力和鐵路」技術革命、「電力和重型工程」技術革命、「福特製和大生產」技術革命以及「信息和通訊」技術革命為主導的世界經濟週期。每個經濟長週期推動經濟增長的技術革命從產生到消亡的時間一般約為 50 年（其中前 25 年為週期的繁榮期，後 25 年為週期衰退期）。

值得注意的是，經濟週期的擴張期越來越長。特別是國際貨幣體系處於布雷頓森林體系期間和進入牙買加體系以來，擴張期的平均持續時間為10年左右，有些週期甚至持續20年，而且日本、前聯邦德國等國家在經濟發展過程中一直沒有出現過負增長的局面。衰退期相對而言，持續時間越來越短，整個世界經濟週期呈現出明顯的非對稱性的特徵。

## 二、世界石油價格波動的短週期判定

隨著經濟的發展和對石油需求量的不斷增長，中國的原油對外依存度[①]也不斷上升，2009年突破50%的警戒線大關，2011年達到56.5%，據國家發改委預測，明年將會突破60%的大關。在此背景下，國際油價近年來的持續快速上漲使得國內石油產業及與之相關的上下游產業的生產成本均有所增加，經濟增速不得不放緩，中國的能源安全和經濟建設受到嚴重威脅。因此，有必要對石油價格波動的數據進行分析，探尋其中存在的週期性波動規律，這對國家制定石油貿易策略和企業進行科學決策都有著很強的現實意義。

（一）世界石油價格波動的短週期定性評析

第二次世界大戰以後，隨著世界各國的重心逐漸轉向戰後重建和經濟恢復，國際石油價格經歷了不同的發展週期。考察20世紀70年代以來世界石油價格的演變過程，從圖2世界石油價格的波動形態圖中可以發現，石油價格的波動是符合經濟週期的波動規律的，世界石油價格波動的短週期性是非常顯著的。

從1973年第一次石油危機至今，世界石油價格大多數時候為20美元/桶~30美元/桶。因此如果以20美元/桶和30美元/桶作為臨界點，對20世紀70年代至今共40年的石油價格波動進行劃分，可以把這一時期的油價波動劃分為三個週期，每個週期都表現出自身獨有的波動特點。

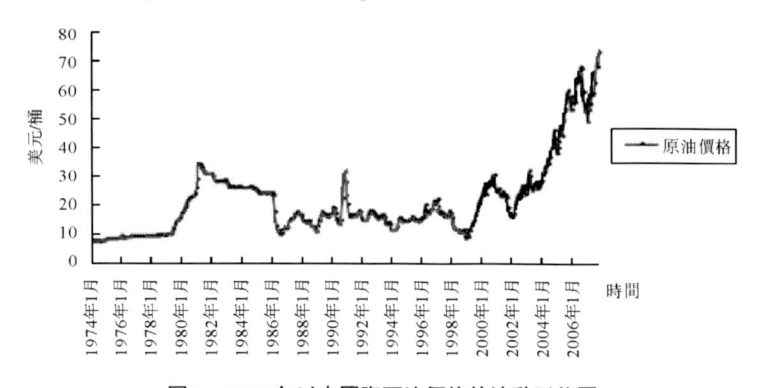

圖2　1970年以來國際石油價格的波動形態圖

第一次波動週期：1973—1986年。油價最初為3.56美元/桶，到1974年第四

---

[①] 國際上通常將一個國家或地區的石油淨進口量與石油表觀消費量之比稱為石油對外依存度。

次中東引發第一次石油危機時，首次突破 10 美元/桶；在保持了 5 年的平穩後，1979 年伊朗革命和兩伊戰爭引發第二次石油危機爆發時，油價又再度發力，一路上漲，到 1981 年漲至 39 美元/桶的高位，隨後大部分時間都維持在 30 美元/桶，導致西方發達資本主義國家的經濟進入全面衰退的局面。1985 年年底，世界經濟衰退和 OPEC 採取多產保市政策，導致油價驟然下降，一年之間下降到 12 美元/桶以下。國際石油價格在該階段的波動表現為：平穩—逐步攀升—高臺—急速滑落。

第二次波動週期：1987—1999 年上半年，油價在該階段經歷了長達將近 20 年的穩定期，油價基本穩定在 10 美元/桶～20 美元/桶。雖然在 1990 年 9 至 10 月，油價出現了瞬間暴漲的局面，但持續時間很短，很快又滑落到 20 美元/桶之下。1998 年年底，油價甚至跌破 10 美元/桶的關口。

第三次波動週期：1999 年下半年至今。OPEC 連續減產、「9.11」恐怖襲擊、委內瑞拉石油工人罷工、伊朗重啟核濃縮計劃等事件的相繼發生加上美國次貸危機引發的美元貶值，世界油價步入長時間上行的通道，原油價格不斷震盪走高。2000 年，油價重回 30 美元/桶的高位，2004 年接連邁入 40 美元/桶和 50 美元/桶的階段，2005 年連破 60 美元/桶和 70 美元/桶大關，並加速前行，一路上漲至 2008 年，突破 100 美元關口，最高達到 147 美元/桶。此後，油價一路走低，目前維持在 80 美元/桶的價位，但油價的總體趨勢仍將是持續上揚的。[①]

(二) 世界石油價格波動的短週期定量分析

世界石油市場是世界經濟大系統中一個極其重要的組成部分，油價的高啟會滯緩經濟增長的速度；反過來，經濟的增長又會通過擴大對石油的需求從而推動油價的上漲。兩者之間存在著相互影響、相互推動的關係。但是直到目前，學術界仍然沒有明確提出「石油價格波動週期」這個概念。在此背景下，探索油價的運行規律就顯得尤為重要，這既能對油價進行更加科學和準確的預測，又能對世界石油市場有一個更加清晰完整的認識，從而保證世界經濟健康有序的發展。

雖然石油資源是有限的，而且對於目前的世界能源市場而言其重要性不言而喻，但是它依然是一種商品，因此它必然具有商品的一般屬性：價值和使用價值。根據政治經濟學的價值規律——商品的價值取決於生產它耗費的社會必要勞動時間，商品按照價值相等的原則進行交換，石油產品的交易也應該遵循價值規律，從而其價格的波動也應該表現出一定的週期性。上文已對世界石油價格波動的週期性進行了比較直觀和粗略的分析，得出了世界石油價格的波動的短週期性非常明顯的結論，下面試圖利用定量的方法對油價波動的短週期性問題進行數理分析。

由於在 1973 年以前，石油價格一直處於超低價平穩的階段，價格不是由供求關係決定，真正意義上的國際石油市場也沒有形成，因此我們主要考察 1973—2009 年的世界石油價格變化。從圖 2 可以看出，油價波動在 20 年多中是否存在週期性波動這一特徵並不是很明顯，其原因是在於石油作為重要的一次性能源，對

---

① 本段部分數據來自 IMF: International financial statistics yearbook。

世界經濟發展的推動作用顯而易見，油價的波動會明顯地影響世界通脹的程度，但反過來，通貨膨脹對石油價格波動的影響並不大。

當前對石油價格的研究主要包括：對石油價格波動序列的擬合；研究石油價格序列與其他經濟金融序列的關係；分析影響石油價格波動的因素，而對石油價格波動週期性問題的研究還不多。筆者嘗試採用譜分解的方法來探尋石油價格序列中是否存在週期。在對於某個經濟變量在時間序列中是否存在週期性變化，特別是在不同頻率的週期對經濟變量的時間序列變化是否產生影響這些問題的探析過程中，譜分解是一種較優的方法，它的核心思想是通過對時間序列進行有限的傅里葉變化，將序列分解為不同振幅和波長的正弦和餘弦波的函數。筆者採用此方法，使用 SAS9.0 中的 Proc Spectra 軟件，對 1973 年 1 月至 2009 年 1 月的石油價格序列進行譜分析，發現石油價格波動包含了 3 個週期，分別為 11 年（見圖 3）、4 年和 16 年（見圖 4），其中 11 年為油價存在的強烈的循環週期。因此可以將 4 年看成油價的超短週期波動，11 年為油價的短週期波動，而 16 年被視為油價的中週期波動。可見，油價波動不是一個簡單的週期運動，而是多個運動週期的複合。

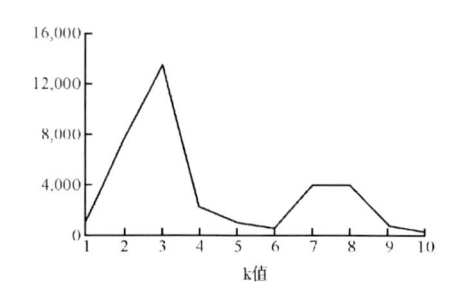

圖 3 世界石油價格：頻率–樣本週期圖

註：圖中橫軸 k 值對應頻率 $w_k = 2k\pi/n$；縱軸是各頻率所對應的樣本週期。

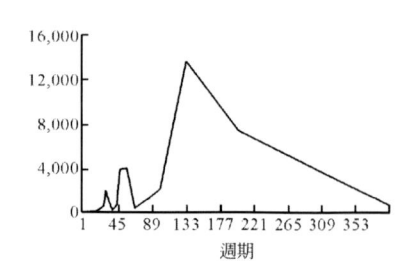

圖 4 世界石油價格：週期–樣本週期圖

註：圖中縱軸是各週期對應的樣本週期。

### 三、世界石油價格波動的長週期現象探討

（一）世界油價變動歷史中的長週期波動

在世界油價長達 145 年的波動歷史中，存在著高油價均衡和低油價均衡相互更迭的現象。根據從 1859 年石油工業誕生至 2004 年世界石油價格的走勢，筆者將世界油價波動的長週期定義為一個長期高油價均衡與其後的低油價均衡交織的時期，並發現在 145 年間的國際油價波動可以被劃分為五個波動的長週期，分別為 1859—1890 年、1891—1914 年、1915—1945 年、1946—1970 年、1971—1999 年；而從 2000 年至今，則是國際油價的第六次長週期波動時期[①]。

---

① 本小節參考李天德教授 2005 年國家社科基金重大委託項目（05&ZD006）《世界經濟週期與非週期波動與中國經濟預警機制建設》。

國際油價長週期波動具有若干特點。第一，油價的高低與波動的幅度之間存在一定的正向關係：在高油價時期，油價短期波動的幅度較大；在低油價時期，油價短期波動幅度較小。第二，各個油價長週期波動的持續時間大致相等，依次為：32年、23年、31年、26年和28年。第三，前四個長週期的高油價/低油價比值逐年縮小。這是因為在石油工業的起步時期，勘探技術的落後和開採技術的有限性導致現有的油田迅速耗盡，引發對石油的供給不足；而隨著世界經濟的增長，對石油的需求也在迅速增長，供需之間的缺口不斷擴大，使得早期油價波動的幅度較大。隨著經濟和科技的進步，石油勘探和開採在世界各地廣泛開展，石油的供給得到了補給，並日益穩定，逐漸超過了由經濟發展帶來的對需求的增長。這導致油價下跌，因此高油價與低油價的比值逐年縮小。

(二) 影響世界石油價格長週期波動的因素

1. 影響世界石油價格長週期波動的決定因素

商品價格的決定性因素是需求和供給，價格就是供給曲線和需求曲線相交時的均衡點在價格軸上的投影，這是所有商品價格決定和變動的一般規律。同理，供需因素是國際石油價格長週期波動的決定性因素，是油價形成的最主要原因。目前，影響油價波動的決定性力量主要包括：石油的勘探成本、開發成本和生產維護成本、OPEC和非OPEC組織的生產能力、現實生活中對石油的需求量、對未來供給能力和需求狀況的預期和科技水準的發展程度等。隨著油價的波動，世界經濟的發展速度也會受到不同程度的影響。

在國際石油市場上，油價圍繞價值這個軸心，隨供求關係的變化而不斷波動。供求關係之所以會發生變化，是因為經濟因素和經濟結構自身發生了內在變化，影響了石油的長期供給和需求，從而導致油價波動形態發生根本性的變化。比如油價1979—1986年長期在高位徘徊，1986—2000年在低價位震盪，2002年以後一路飆升，都與當時所處的經濟發展階段的特點密不可分。

需要注意的是，由於石油作為不可再生的重要能源，供求關係對油價波動的影響具有特殊性。在經濟態勢繁榮，需求量增加的時候，相應的增加供給對於油價的平抑作用有限，而減少供給則會明顯地推動油價加速上漲；反之，在經濟態勢衰退、需求量減少時，增加供給會加速油價的下跌，而減少供給也很難迅速抑制油價的下跌。

2. 其他因素的影響

在現實的國際石油市場上，除了供求關係外，其他諸多因素對國際石油價格也會產生影響，有時甚至是巨大的衝擊，如人們的心理因素、國際期貨市場的炒作等。油價由此發生波動，從而影響世界經濟的發展速度甚至左右其發展方向。但是，這些因素對油價的波動影響作用都不會持久，都不是造成油價長週期波動的因素，只是對供需起到一定的影響作用。

政治因素會加劇世界石油價格的波動。影響油價變動的政治因素也就是突發性的政治事件，包括戰爭、革命及為政府達到某種政治經濟目的而採取的措施與

政策，例如石油禁運、限產保價或減產提價等。無論是20世紀70年代初由埃及、敘利亞和以色列參與的第四次中東戰爭，還是20世紀90年代初由於伊拉克導致的海灣戰爭，都能從中發現政治因素的身影。政治因素在這幾次事件中都扮演了主導性的角色，導致石油危機的爆發，推動石油價格一路飆升。可以說，政治因素是導致油價漲落的最主要因素之一，甚至是引起短期內油價大幅度攀升或者滑落的直接的、唯一的原因，但它並不能左右世界石油價格的長期波動。

OPEC組織國家之間的博弈同樣影響著石油價格的波動。目前OPEC組織在世界石油市場上依然處於寡頭壟斷的地位，由於它力圖將油價控制在一個有利於石油輸出國利益的價位上，這種策略往往使得石油價格偏離自由競爭市場上單純依靠供需關係形成的均衡價格，造成短時期內油價的漲跌。世界環境保護對碳排放的限制也將引起短期內石油價格的上漲。但從長期來看，石油替代能源的出現將使石油價格的波動在長期趨於平穩[1]。

（三）結論及推論

綜上所述，世界石油市場上存在著長期高油價均衡與低油價均衡及其週期性轉換的現象，建立在國際石油市場長期供求規律之上的油價波動長週期現象確實存在。目前，世界正處於第六個長週期波動的上升階段。從目前世界經濟發展的形勢來看，經濟的基本面向好將會導致對石油需求的持續上漲；從供給角度看，基於OPEC意圖收入最大化的政策策略、石油從投資到產出的週期較長以及主要產油區－中東地區的政治形勢嚴峻等原因，石油供給的增長速度將不及需求；這將導致現在的油價高位還將持續數年，甚至會長期處於高價位。當然，不排除未來的油價會走出高位的可能，這取決於石油替代產業的發展、石油勘探技術的進步及開採量的增長程度。但是，由於石油資源的稀缺性和不可再生性，即使未來油價進入低油價均衡期，油價的水準也會相對較高。

### 四、世界石油價格波動與世界經濟週期的協動性研究

一般認為，可以從兩個方面來判斷油價波動如何影響世界經濟波動週期及兩者是否存在同步關係。一方面是對油價波動產生重要影響的因素在發生時間的合理時滯範圍內，是否伴隨世界經濟週期性波動的出現；另一方面是該因素或者其導致的油價波動與本次世界經濟的週期性波動有無因果關係。在1971—2005年，石油價格發生過三次較大的週期性波動，而世界經濟在該時期發生過六次明顯的週期性波動。因此，筆者採用比較分析的辦法，將世界石油價格的三次週期性波動同與之對應的三輪世界經濟週期性波動進行對比，以期判定油價是否對世界經濟的週期性波動具有影響作用及兩者之間究竟存在何種關係。

從圖5我們可以看出，1971—2005年世界經濟的增長顯示出六輪週期性波動，它們分別是：1971—1976年、1976—1984年、1984—1988年、1988—1994年、

---

[1] 戴維·古德斯坦.石油危機[M].王乃粒,譯.長沙：湖南科學技術出版社,2006.

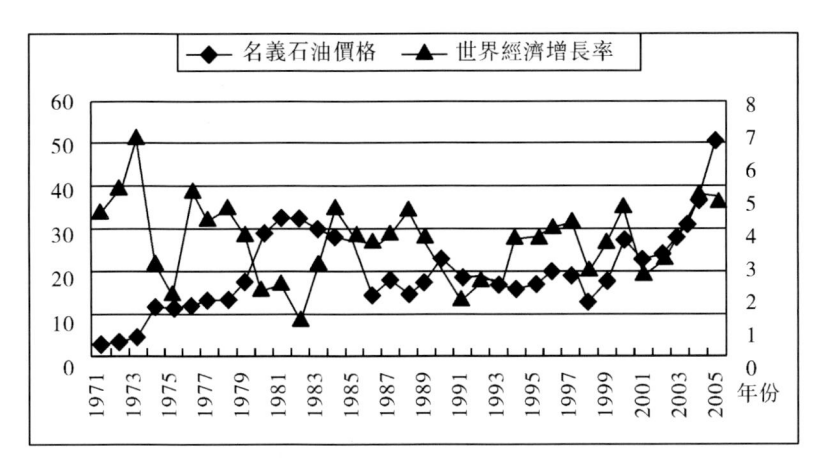

图 5　1971—2005 年世界经济增长率和石油价格

1994—2000 年以及 2000—2004 年的週期波動，而其中有三輪經濟的週期性波動和世界石油價格劇烈波動導致的三次石油危機相關。在第一輪世界經濟週期性波動（1971—1976 年）的過程中，第四次中東戰爭導致的第一次石油危機也在同期發生，且這次石油危機發生在世界經濟週期性波動的衰退階段（1973—1975 年）；兩伊戰爭觸發的第二次石油危機發生在 1979—1980 年，恰好這時第二輪世界經濟的週期性波動（1976—1982 年）也進入到衰退階段；海灣戰爭於 1990 年爆發，由此導致的第三次石油危機也發生在第四次世界經濟週期（1988—1991 年）波動的衰退階段。由此可見，石油價格劇烈波動到石油危機形成的累積效應與世界經濟週期性波動的衰退階段正好吻合，因此我們可以初步判定：世界經濟的週期性波動與石油價格的劇烈波動或者是石油危機的發生存在同步性。

關於石油危機的發生是否是造成世界經濟週期性波動進入衰退階段的原因這個問題，其答案是顯而易見的。石油危機對世界經濟週期性波動的影響不僅是存在的，而且是深刻的。在第一次石油危機中，原油價格猛漲三倍多，從而觸發了第二次世界大戰之後最嚴重的全球經濟危機。持續三年的石油危機嚴重衝擊了發達國家的經濟，所有的工業化國家的經濟增長都明顯放慢甚至退步。1974 年，世界主要發達資本主義國家的經濟增長率英國為 -0.5%、美國為 -1.75%、日本為 -3.25%，世界經濟陷入了整體衰退期。第二次石油危機同樣通過油價暴漲，誘發了 20 世紀 70 年代末西方資本主義世界經濟的全面衰退。即使是持續時間僅為幾個月的第三次石油危機，也導致美國經濟在 1990 年第三季度加速陷入衰退，拖累全球 GDP 增長率在 1991 年降到 2% 以下[1]。

以上分析證實了石油價格的波動與世界經濟週期性的波動之間存在著協動性

---

[1] 李成，王彬，馬文濤. 國際石油價格與通貨膨脹的週期波動關係 [J]. 統計研究，2010（4）：18-21.

關係。石油危機會引起世界經濟增長率發生變動，最終表現為世界經濟的週期性波動進入衰退階段。如美國戰後的幾次經濟危機，多數是和石油價格劇烈波動導致的石油危機相關。將受到油價影響的三輪世界經濟週期性波動與餘下的世界經濟週期性波動進行對比，我們還可以發現，石油危機和世界經濟的週期性波動之間存在這樣幾個特點：首先，石油危機加大了世界經濟週期性波動的幅度：世界經濟增長率的降幅在這三次石油危機中都超過了 3%，依次為 4.5%、4.1% 和 3.1%，而剩餘三次經濟週期中經濟增長率的降幅均不超過 2.3%；其次，石油價格的劇烈波動拉長了世界經濟週期性波動的週期：受油價影響的第一、二和四輪世界經濟的波動週期分別為 5 年、8 年和 6 年，而其他三輪波動的週期則為 4 年、6 年和 4 年；最後，石油價格的變動和世界經濟增長率之間的反向變動關係正在向同向關係轉變（如圖 5 所示）：在 1994 年前，兩者主要呈現出異向變動，石油價格的上升和世界經濟增長率的下降以及經濟週期進入衰退階段的現象並存；但自 1994 年之後，油價的波動和世界經濟增長率的變動開始表現為同步性，在波動軌跡上幾乎趨於一致。

## 五、小結

對世界經濟週期和石油價格波動的關聯性問題進行研究還是一個比較新的領域。需要注意的是，對該問題的研究不應局限在微觀層面的油價日常波動，而應該從宏觀的角度研究油價一個長期的、時間跨度一般為幾年甚至幾十年的變化過程。通過上文的分析，我們發現世界石油價格波動同時存在著長週期、中週期和短週期波動。在 1946 年至 2010 年的世界石油價格波動態勢大致可以分為三個短週期。同樣，在對 1861—2004 年國際油價的走勢情況進行定性分析後，我們發覺在 144 年的國際油價變動中存在著五個完整的油價波動長週期，而 2000 年至今正處於第六次長週期波動的上升階段或高油價階段。

**參考文獻：**

［1］宗建亮，李天德，熊豪. 世界經濟週期性波動與石油危機［J］. 經濟經緯，2008（1）：36-38.

［2］孫澤生，管清友. 投機與國際石油價格波動［J］. 國際經濟評論，2009（3）：57-59.

［3］張斌. 油價上漲對世界經濟的影響［J］. 國際問題研究，2005（4）：69-71.

［4］成霄霞. 中國經濟週期波動影響因素的實證分析［J］. 安徽農業大學學報（社會科學版），2011（3）.

［5］馬瑞永. 國際石油價格變動影響宏觀經濟的傳導機制分析［J］. 中國市場，2010（31）.

# 世界石油價格波動的影響因素淺析①

劉 穎

**摘要**：眾所周知，石油作為一種不可再生的基礎能源和化工材料，是現代工業生產最基本的原材料和經濟發展的生命線，其生產和供應直接關係到國民經濟的正常運行和人民群眾的生活質量。目前，在國際石油市場上，石油價格正在呈現出總體不斷攀升的趨勢，但走勢極不穩定，暴漲暴跌的局面經常出現。在此背景下，分析影響石油價格的各種因素，以期對未來的國際油價進行科學的預測，這對於國家制定石油貿易策略、參與石油期貨交易和企業科學決策都有著重要的理論指導意義。

**關鍵詞**：石油價格；影響因素；週期性；波動

## 一、世界石油價格影響因素概述

自第一次石油危機爆發以來，世界各國紛紛對能源市場放鬆管制，寬鬆的國際國內管制環境導致世界石油價格發生了多次劇烈波動。近年來，國際油價更是頻繁起伏、暴漲暴跌，整體呈現出不斷震盪上行的格局。這不僅影響到微觀層面的投資決策與消費信心，還影響到宏觀層面上各國的經濟發展。在微觀經濟學中，最基本的規律之一就是供求關係決定價格。因此，石油價格的波動同樣是供求關係變化的結果。從供給角度看，由於石油的開發和開採屬於資本密集型行業，生產週期較長，退出壁壘較高，短期內的產量難以有大幅的提升，因此石油的短期供給彈性較小；從需求角度看，石油是必需性的不可再生能源，可能的節約有限，同時進行節能需要時日，替代能源開發的週期也較長，因此石油的短期需求彈性也較小。當市場需求變動特別是需求增加時，市場更多是通過價格變化而不是產量變化來達到均衡，結果就造成了石油價格的波動。

但是，石油價格的波動與供求關係的變化又不是完全的對應關係，這是因為影響石油價格的因素眾多，除了供需因素外，還有其他多種因素。各因素相互交

---

① 本文系樂山師範學院青年教師科研啓動項目「經濟週期對世界石油價格波動的影響研究（課題編號S1059）」階段性研究成果。

織，共同作用，對石油價格的波動產生綜合的影響，使得石油價格波動經常偏離供求關係的約束，表現出一定的無規律性和不可預測性。

基於上述觀點，本研究試圖從影響世界石油價格長期走勢的因素——需求因素和對油價造成衝擊的眾多短期因素兩個方面入手，對影響石油價格的各因素進行初步的分析探討。在對各因素及其子因素之間的關係進行簡化及抽象後，筆者繪製出影響油價波動的因素關係結構圖（如圖1所示）。

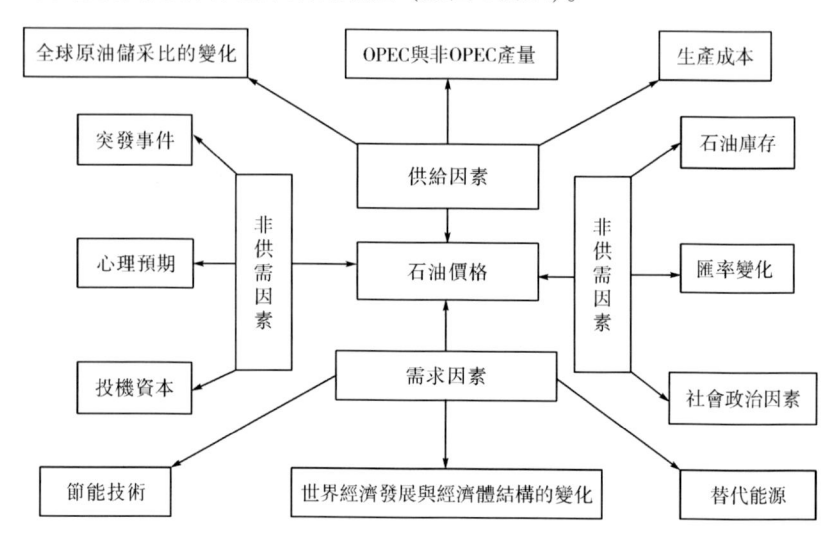

圖1 影響石油價格的因素關係結構圖

## 二、石油價格與其主要影響因素的關聯性分析

本節從對油價波動起長期的決定性作用的供求因素和對油價正常走勢產生衝擊的眾多短期因素兩個方面入手，對油價主要影響因素進行分析與判定，試圖說明這些因素對油價的影響方式和方向①。

（一）供求因素的作用

1. OPEC生產能力與油價的關係

截至2007年年末，OPEC占世界已探明石油儲量的69%，占全球產量的43%，並且提供了全球50%的石油出口量，由此可見，其在全球石油的供給方面占據了最為重要的地位，在油價的制定方面也有著舉足輕重的影響力。OPEC組織一直實行人為控制成員國產量的策略，希望通過減少石油產量的供給來提高油價，這一策略在20世紀90年代也確實獲得了成功，為OPEC組織的成員國賺得了更多的利潤。

同時我們也要看到，OPEC對世界石油市場上價格的波動影響是有限的（見圖

---

① 杜光年. 石油價格的波動分析與預測方法研究［J］. 統計與決策，2006（1）：24-27.

2)。這是因為石油的產量和儲量之間的關係是密不可分的。世界原油資源探明儲量近年來一直呈現出持續增長的態勢，1985—2005 年，其可採儲量增長了 55.8%，中東地區、俄羅斯、非洲和中南美洲地區均有較大幅度的增長。由於原油資源儲量巨大，分佈地區較廣，因此 OPEC 想要僅僅依靠限制其成員國的產量來控制世界油價顯得困難重重[①]。

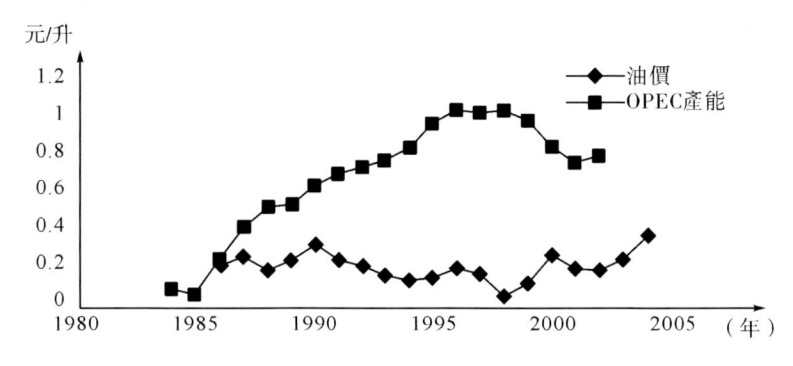

圖 2　OPEC 產能與油價的關係圖

2. 生產成本與油價的關係

石油的生產成本通常由三部分組成，主要包括勘探成本、開發成本和生產維護成本。但是石油的價格卻不是由生產成本決定，這是因為石油產品是壟斷產品，價格不能起到主導性作用。因此，石油生產成本的變動和油價的波動並不是同向、同時進行。只有當生產成本的變動較大，導致世界石油市場上的供應數量發生顯著變化時，油價才有可能發生相應的波動。歸根究柢，石油生產成本主要對石油數量的總供給產生影響。

筆者認為，生產成本和油價有如下關係：隨著成本的增加，石油供給量減少，油價出現上漲；當油價上浮到一定程度後，由於供需規律作用，需求又反來過被抑制，致使需求量減少，油價上升速度相應也放慢甚至發生下跌。從 1978—1990 年石油成本和石油價格波動的曲線圖（圖 3）可以看出，兩者雖然在個別年份走勢不完全同步，但是基本上呈現出同方向變化的特徵。這是因為，隨著石油勘探和開發技術的進步，勘探成本和開發成本不斷降低，致使石油生產總成本也不斷下降。

3. 需求量和經濟結構與油價的關係

當世界經濟週期處於繁榮時期的時候，全球經濟都將呈現出欣欣向榮的增長局面，這必將引發對石油需求量的快速增長，導致石油價格不斷攀升；如果油價長期處於高位運行的態勢，又會反過來阻礙世界經濟的進一步發展，全球經濟的增長速度被遏制，各消費者對石油的需求量又將減少。例如在 2001 年，由於美國

---

① 數據來源：2007—2008 年世界石油行業研究年度報告。

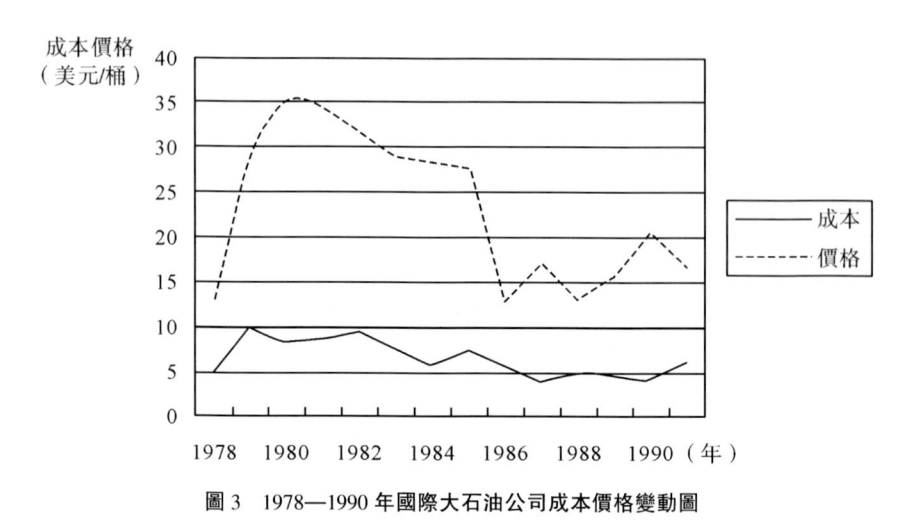

圖 3　1978—1990 年國際大石油公司成本價格變動圖

「9/11」恐怖襲擊事件的影響，全球經濟低迷，國際市場石油價格受需求不振的影響跌至 15 美元/桶，創 29 個月來的歷史新低；而從 2002 年 1 月開始，由於全球經濟的復甦和美國打擊薩達姆政權的行為，國際市場油價開始穩步上升，9 月油價與年初相比，上漲幅度就超過了 40%。[①]

進入 21 世紀以來，國際石油價格節節攀升，從 2004 年初的大約 30 美元/桶一路上漲至 2008 年 7 月的 147 美元/桶的歷史最高點，目前在 80 美元/桶的高位波動運行。在油價長期高啓的背景下，世界各國紛紛採取措施來降低本國對石油的需求量。但是經濟結構的不同導致措施的施行效果不盡相同。對於發達國家而言，在遭受了三次石油危機的打擊後，它們吸取了經驗和教訓，對自身的經濟結構進行了調整和優化，從過去的高耗能為主的機器大工業時代進入到目前低耗能的以服務業和信息業等第三產業為主導的後工業時代。由於對石油的依賴程度相對較小，其措施的施行效果比較明顯。而發展中國家由於大多數依然是以製造業和運輸業等高耗能的產業為主，其對石油的依存度較大，導致措施的施行效果不能盡如人意。

4. GDP 與油價的關係

世界經濟的發展週期左右著石油消費國的石油進口量。當國家經濟不景氣時，主要石油消費國減少石油進口量，包括美國、歐洲或日本這些石油消費大國；當國家經濟進入快速發展階段時，石油進口量也隨之大幅增加（見圖 4）。

但是 GDP 與油價之間的關係與需求量和油價之間的關係不同，這兩者並不總是呈正向變動關係。例如 1980—1982 年，世界經濟 GDP 呈現出不斷下滑的態勢，但是石油價格卻在不斷上漲。這說明，一般觀念中石油價格和國內生產總值的彈性系數並不符合現實生活的具體情況。1997 年以前，GDP 與油價之間既有正向變

---

① 周喜安，曲永冠. 國際石油價格飆升的原因、影響和對策 [J]. 宏觀經濟研究，2004，(7)：3-7.

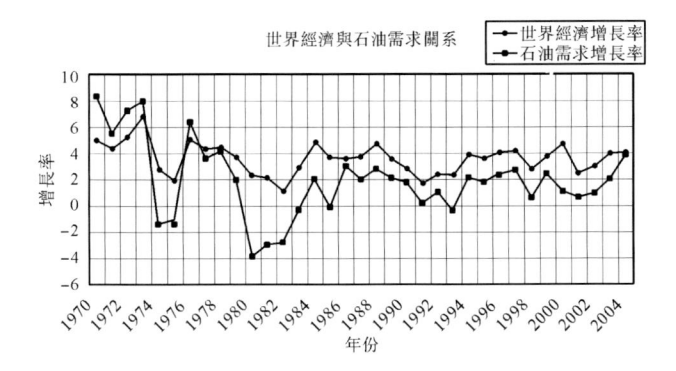

圖4 世界經濟增長率與石油需求增長關係

動，又有反向變動，且反向變動的年數多過正向變動的年份；1997年之後，兩者趨勢基本一致，兩者之間的偏相關係數值約為0.5。

5. 替代資源和節能技術與油價的關係

替代能源的成本決定石油價格的上限。早期的石油產業中石油價格極低，因此不存在替代能源的競爭。20世紀70年代後，世界石油市場連續發生了兩次石油危機，供不應求的局面導致石油價格快速上漲，生產成本不斷提高，這導致以石油為主要生產原料的部門不得不利用其它燃料來進行替代，例如美國大量用糧食制成乙醇來替代石油。目前，發展石油替代能源已經成為各個國家的共識。短期內天然氣和煤將是石油的主要替代能源，而核能的影響力將隨著技術的成熟逐漸增大。目前世界市場上的天然氣價格是以石油價格為基礎來確定的，因此兩者之間存在著明顯的正向線性關係；而煤與石油價格之間則存在著反向關係。

節能的直接作用是通過減少能源消費量，使得供求關係發生變化，從而對石油價格發生作用。另一方面，油價的波動也對節能產生反作用，它的變化會反過來推動或者制約節能活動的進展：油價的飆升必然加快節能活動的發展，對石油消費量的需求減少會導致油價不斷下跌；而長期的低油價局面則將減弱節能活動，石油消費量穩步上升，需求量的增長又將刺激石油價格的上漲。

(二) 非供求因素的作用

1. 美元匯率與油價的關係

在世界石油的定價機制中，國際原油價格是用美元來進行標價和結算的。因此，油價必然會由於美元匯率的變動而波動。美元匯率對油價的影響是直接而明顯的，美元升值會導致油價下跌，而其貶值則會引發油價上漲，這是世界經濟本身存在的一種內在平衡機制。例如，把2002—2004年油價和美元匯率的變動繪製成線圖，可以很明顯地看到，兩者呈現出完全相反的波動態勢[1]。

美國對外貿易的逆差長期存在，隨著2007年次貸危機的爆發和由此導致的全

---

[1] 祝寶彩，張愛國. 美元貶值對石油行業的影響分析 [J]. 中國商界，2009 (3)：41-43.

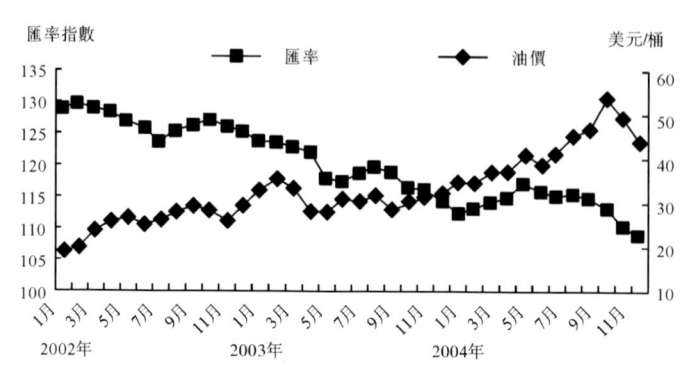

圖5 2004年1月—2007年10月石油價格與美元匯率關係圖

球性經濟危機，逆差情況愈發嚴重，特別是在經常項目方面的逆差更是屢創新高。目前世界經濟發展速度放緩，美元匯率在近期的走勢頹靡不堪。美元的貶值意味著以美元標價的石油產品的實際收入下降，以石油出口為主要收入的各石油輸出國的實際購買力也由此受到嚴重的影響，這導致OPEC組織只能以維持石油高價作為應對措施，推動國際市場原油定價水準不斷提高。

2. 突發政治事件與油價的關係[1]

隨著世界經濟全球化、區域經濟一體化和全球政治多極化步伐的加快，世界石油資源的消耗大國特別是美和中東、西非等產油大國及地區紛紛開始爭奪石油資源和力爭控制石油市場，這一局面造成了石油市場的動盪和油價的飆升。突發性的政治事件包括戰爭、動亂和政治行為等，這些事件主要影響石油產量的供給，從而打破原油市場的供需平衡，導致油價的波動。以2004年為例，該年度中爆發的突發性政治事件眾多，包括伊拉克的管道爆炸，沙特的恐怖襲擊，尼日利亞、挪威和巴西等國的石油工人罷工，巴勒斯坦和以色列的暴力衝突，以及俄羅斯的尤克斯公司的稅務醜聞事件等。這些事件導致世界石油價格連破40美元/桶、50美元/桶的關口，一路攀升。

3. 其他影響因素與油價的關係

其他諸多因素，如國際期貨市場的炒作、突變因素、稅收政策以及季節性氣候變化等，主要通過影響國際石油市場的供需關係或者是改變人們對供需關係的短期預期，從而推動石油價格的波動或者是擴寬油價的波動幅度。

（1）投機因素。期貨是重要的金融衍生工具之一，石油期貨的產生是基於20世紀70年代爆發的兩次石油危機。危機的爆發導致石油供給銳減，給世界石油市場帶來了巨大的衝擊。為了解決油價劇烈變動的問題，石油期貨應運而生。初期石油期貨對平緩油價波動起到了積極明顯的作用，但發展至今，國際原油期貨市場的投機行為反而成為了油價大幅波動的原因之一。美元匯率的持續低迷、世界

---

[1] 菲利普・賽比耶-洛佩茲. 石油地緣政治 [M]. 潘革平，譯. 北京：社會科學文獻出版社，2008.

各國金融監管力度的加強，導致大量國際遊資炒作牟利的機會減少，其紛紛湧入國際原油期貨市場，通過炒作牟取暴利。投機色彩濃厚的資金的流入和流出在不斷炒高油價的同時，也造成油價的劇烈波動。

（2）突變因素。

突發因素指的是各種突發事件，比如自然災害、氣候異常以及經濟危機等。這些因素主要在短期影響油價的波動，改變油價的短期運行方向，或者對油價的現行趨勢起到推波助瀾的作用。例如2008年，美國次貸危機爆發，繼而轉變為全球性的經濟危機。世界範圍內經濟的低迷和不景氣使得國際油價在2008年上升到最高峰147美元/桶的歷史最高峰後大幅下跌，一度暴跌至40美元/桶。又如很多歐美國家在冬天都利用石油作為取暖的燃料，因此當氣候出現極端嚴寒時，對石油的需求就會在短期內大幅增加，從而引發石油價格的上漲。

（3）政府干預和利率變動。

在標準的不可再生資源模型中，政府的干預和稅收政策的頒布會導致未來的開採和使用價值相對現在價值減少，因此會導致市場開採和消耗曲線凸向現在而遠離未來。與不徵稅相比，稅收政策會減少任意時間點上的開採收益，也就降低了未來開採的積極性，稅收還會降低新發現儲量的投資回報率。另一方面，高利率會減少資本投資和縮小初始開採的規模，同時還會提高替代技術的資本成本，最終導致開採速度的放緩。

## 三、小結

石油作為「工業血液」的戰略地位，其價格影響因素之複雜遠非一般商品所能相提並論。對油價波動發揮影響力的諸多因素遍布整個社會經濟活動中，各種因素往往相互作用、互為交織，形成複雜的系統。在國際石油市場上，油價除了圍繞價值這個軸心，隨著供求關係的變化而不斷波動外，還由於其不可再生、稀缺以及對世界經濟的發展影響巨大等特殊性，受到其他諸多因素的影響，如突發事件、庫存變化、OPEC和IEA的市場干預、國際資本市場資金的短期流動、利率匯率的變動和稅收政策的影響等，從而使得在某些時候會出現石油價格背離價值的現象。

通過對世界石油價格波動的影響因素進行淺析，可得出如下結論：決定世界石油價格最根本、最重要的因素是供需關係，它決定了油價的長期走勢和運行區間，是影響世界石油價格週期性波動的因素；OPEC組織、非OPEC組織、各產油大國和壟斷性的大型石油公司等都不可能長期操縱世界石油的價格運行。而各突發因素，如美元匯率、突發政治事件、國際期貨市場的炒作、季節性氣候變化等主要影響油價的短期波動，持續時間一般不會超過一年，屬於非週期性的因素。目前比較明確的是，石油庫存的增長就降低油價的波動性，而世界經濟發展的程度和匯率的變化等將推動國際油價的波動。但就短期因素而言，各種影響因素通常是同時起作用，具體其影響結果是使得油價上漲還是下跌，需要根據具體情況

進行綜合分析。

**參考文獻：**

  [1] 童曉光, 趙林, 汪如朗. 對中國石油對外依存度問題的思考 [J]. 經濟與管理研究, 2010 (2)：44-45.

  [2] 佚名. 俄羅斯2009年石油產量創蘇聯解體後新高 [N]. 莫斯科時報, 2010-03-05.

  [3] 黃書君. 世界主要石油生產地區石油生產成本統計 [J]. 中國石油企業, 2009 (7)：53-56.

  [4] 劉導波. 油價波動亟待發展與完善中國石油期貨市場 [J]. 全國商情（經濟理論研究）, 2006 (2)：26-28.

  [5] Adi Karev. 地緣政治新風險對油價的影響及其應對 [J]. 國際石油經濟, 2011 (5)：87-89.

  [6] 岳樹梅. 石油價格的影響因素及對策研究——基於國際能源合作法律制度框架的分析 [J]. 價格理論與實踐, 2007 (5)：45-48.

  [7] 林敏. 社會政治因素對石油價格影響的定量化描述方法 [J]. 中國石油大學學報（社會科學版）, 2007 (2)：56-58.

# 金融與貿易專題

經濟問題多視角研究

# 淺析中歐貿易摩擦原因及對策

## 王　嫺

**摘要**：通過對中歐貿易現狀的分析，提出了中歐貿易摩擦特點，闡述了貿易摩擦對中國經貿的影響，並指出中歐貿易的不平衡是中歐貿易摩擦的根本原因。在此基礎上，本研究結合實際，分別從政府、協會及企業三個層面提出了應對貿易摩擦的措施。

**關鍵詞**：中歐貿易；貿易摩擦；對策

## 一、中歐貿易摩擦的現狀

經過30多年的發展，中歐貿易關係日益密切，雙邊貿易額持續增長。然而，中歐貿易發展並非一帆風順，貿易摩擦頻頻發生。尤其是近年來歐洲債務危機爆發，歐洲經濟發展面臨巨大的挑戰，為了保護本國產業，歐盟貿易保護主義抬頭，作為歐盟第二大出口國，中國對歐出口受到了歐盟貿易保護主義的衝擊，中歐貿易摩擦數量激增。

在2010年，歐盟對中國糠醇、鋼絲繩、鋼纜等產品做出反傾銷終裁，涉案金額高達126億美元。2011年5月14日，歐盟宣布對中國的進口銅版紙採取雙反措施，這是歐盟首次對中國採取反補貼措施，也是歐盟首次對中國採取雙反措施。2012年歐盟又相繼對中國輸歐自行車、玻纖網格布和不銹鋼緊固件等5類產品發起貿易救濟調查。2013年6月4日，歐盟宣布自6月6日起對產自中國的太陽能電池板及關鍵器件徵收11.8%的臨時反傾銷稅。如果中歐雙方未能在8月6日前拿出解決方案，屆時反傾銷稅率將升至47.6%。

## 二、中歐貿易摩擦的原因

### （一）中歐貿易失衡嚴重，貿易差額巨大

從中歐貿易開展以來，中歐貿易就面臨著失衡的問題，這個問題在中國入世後顯得尤為突出。國家統計局數據顯示，2003年中國對歐貿易順差為190億美元，而到2008年中國對歐貿易順差高達1,601億美元。伴隨著巨額貿易差的快速增長，歐盟的擔憂情緒日益嚴重。歐盟與中國貿易在數據統計上存在差異，將中國經由

香港或者第三國轉口的貿易額也計入其中，無形中擴大了雙方的貿易差。由此，為了緩解巨大的貿易差，保護自身經濟，作為貿易逆差方的歐盟便頻繁地採取貿易保護措施，製造貿易摩擦。

(二) 國內需求不足，對歐洲市場的依存度過大

中國自改革開放以來，經濟飛速發展，國民收入得到了極大的提升，但由於國家保障機制不健全和傳統思想的影響，民眾喜歡將財產存入銀行而不進行消費，國內需求沒有得到應有的提升。伴隨著國家經濟的發展，中國居民消費占 GDP 的比重逐年下降，而中國居民的儲蓄率卻呈逐年上升趨勢。居高不下的儲蓄率導致高額投資，由此引發國內產能過剩，只能尋求對外出口。歐盟作為中國主要的外貿市場，中國十分依賴。而歐盟的主要貿易對象則是美國、日本及其原殖民地國家，中國處於次要地位。雙方的依賴程度不對等。

(三) 由於政治制度及文化環境不同

中國是社會主義國家，而歐盟的政治制度為資本主義，加上中西方文化的不同，在這種政治制度和文化的差異的影響下，中國與歐盟的貿易發展並不是那麼一帆風順，歐盟對中國採取了出口管制政策和武器禁運政策，歐盟的出口管制政策和武器禁運政策進一步導致了中歐貿易的失衡。在中國加入世界貿易組織後，中國利用自身勞動密集的優勢向歐盟出口勞動密集型產品，而歐盟卻對其具有比較優勢的高科技產品及相關技術進行嚴格的出口限制，這在一定程度上加大了雙方的貿易不平衡。

### 三、中歐貿易摩擦對中國的影響

(一) 正面影響

從中歐建立貿易關係以來，中國利用自身優勢向歐盟大量出口勞動密集型產品，使得中國對歐貿易淨出口保持持續增長，帶動了中國經濟的持續發展。但這些對歐出口的產品多為粗加工產品，對資源消耗大，產品附加值低。隨著近年來，人們環保意識的提高及歐盟越來越多的利用技術性貿易壁壘，中國對歐出口受阻，中國對歐出口產品亟待創新。

中歐貿易摩擦對國內的產業結構優化升級有不可忽視的巨大作用。從現階段中歐貿易結構來看，中國對歐盟仍是出口勞動密集型產品，進口技術和資金密集型產品。但近年來，隨著中歐貿易的發展，歐盟的貿易救濟措施不再只是影響單一的產品和企業，更多地影響到了中國的整個產業的生存。如在 2013 年 6 月 4 日，歐盟對中國的光伏產品徵收反傾銷稅，直接影響到了中國上千家企業的生存，對中國的光伏產業造成了嚴重的影響。中國光伏產業雖然在當時占據了歐洲 70%的市場，但中國出口歐洲的光伏產品以光伏電池及其組件為主，在整個光伏產業鏈中處於中游，而技術和資金密集的上游和下游市場，都掌握在歐、美、日手中。歐盟此次貿易救濟，讓中國光伏企業幡然醒悟，以低價產品搶占市場的策略只能取得短期的繁榮，只有以科學技術促進產業結構升級優化，才能在風起雲湧的國

際市場占據一席之地。

(二) 負面影響

在中歐貿易摩擦中中國一直處於弱勢，歐盟利用自身技術資金優勢，在與中國的貿易中，對中國產品設置重重壁壘，直接導致中國對歐產品出口規模萎縮、失業人數增多，致使中國外貿收益縮減，國民福利縮減。中國因自身產業結構原因，向歐盟出口產品多以價格低廉的勞動密集型產品，歐盟卻以此頻頻對中國發起反傾銷調查。從產品附加值極低的農礦產品到科技含量較高的光伏產品，歐盟對中國的反傾銷調查波及各行各業，涉案金額也不斷攀升。據不完全統計，中國對歐出口產品有10%以上在不同程度上受到了歐盟反傾銷措施的影響。這些產品在受到歐盟的反傾銷調查後，不得不提高其價格，並因此失去了競爭優勢，致使其出口量下降，甚至可導致其退出歐洲市場。同時，因歐盟對中國產品檢驗時間過長，且歐盟的反傾銷調查從立案到裁決一般會歷經幾個月，歐盟肆無忌憚的反傾銷調查，導致部分出口有時限的產品（如農產品）出口受阻。不僅如此，中國大多數對歐出口產品還會受到歐盟愈來愈嚴格的技術性貿易壁壘的威脅。為應對歐盟的技術性貿易壁壘，中國對歐出口企業不得不對此投入大量資金，但可惜的是，即使企業投入大量的資金，在短期內也未必能達到歐盟嚴格的技術標準，由此導致這些企業的產品始終被歐盟拒與門外，致使企業受到巨大損失。總而言之，歐盟與中國之間的貿易摩擦不僅阻礙了中國對歐產品的出口，還嚴重影響到了中國經濟的良性發展。

**四、中歐貿易摩擦的對策研究**

中歐貿易摩擦在近年來日趨嚴重，已經嚴重影響到中國對外貿易的發展，就如何應對目前的中歐貿易摩擦的危機，我認為政府、出口行業協會及出口企業都應採取措施，共同面對危局，將危機轉變成機遇，使中國經濟實現新的飛躍。

*(一) 政府措施*

美國哈佛大學商業管理學院教授邁克爾·波特在其著作《國家競爭優勢》中指出，國內需求對於國家競爭優勢具有不可忽視的巨大作用。這對中國這個擁有14億人口的巨大潛在市場的發展中國家來說極為重要。中國是一個巨大的市場，擴大內需，不僅能減少中國對歐出口企業在面臨歐盟貿易救濟時的損失，還能促進企業的發展。

中國在與歐盟的貿易摩擦中常常處於不利地位，究其原因，正是因中國的市場經濟地位不被歐盟認可。歐盟基於此點，肆無忌憚地對中國發起反傾銷調查，又將美日等發達國家作為中國在反傾銷調查中的替代國，使中國在與歐盟的貿易中受到巨大損失。

中國的市場經濟地位一天不被認可，在歐盟進行的反傾銷調查中就要一直處於被動地位，在與歐盟的貿易中就不可避免地會蒙受不白之冤，受到損失。所以，在當前形勢下，中國應當把向歐盟爭取中國的市場經濟地位作為首要任務。

（二）行業協會措施

行業協會是非營利性的民間組織，它由經濟組織、行業組織及部分相關單位自願組成，以發展增進行業利益為宗旨，實行行業服務的經濟類社會團體。行業協會作為一個自發組織的民間組織，對促進行業發展有著重要作用。行業協會作為行業代表，應積極與中國政府部門溝通，發揮行業協會的橋樑作用，將政府部門的相關政策即時地傳達給企業，也將企業的意見、建議傳達給相關的政府部門。

行業協會應該把對企業的諮詢服務放在首位。行業協會應及時對國內企業的貿易摩擦應訴提供相關的信息諮詢，把歐盟相關政策的最新發展動向及時傳達給企業，這對企業積極應訴減少貿易摩擦造成的損失有著重要作用。同時，行業協會的諮詢服務能為國內企業進入歐盟市場投資，建設分支機構提供更全、更新的信息，有利於企業取得全方位的服務。

（三）企業措施

企業在中歐摩擦越來越嚴峻的形勢下應加強法律意識、知識產權意識，積極應對貿易摩擦，並學會利用世貿組織的爭端解決機制解決問題。企業應通過各種平臺及時瞭解歐盟及世貿組織的與本企業出口產品的相關政策和法律法規，以此調節生產，這樣才能化被動為主動，適應歐盟市場，降低受到歐盟貿易摩擦的可能性，促進對歐貿易的順利進行。同時，面對歐盟頻頻利用中國的非市場經濟地位而發起的反傾銷調查，企業應積極向世貿組織申請企業的市場經濟地位，避免歐盟惡意的反傾銷調查對自身造成不可挽回的損失。另外，企業也可利用世貿組織的貿易規則，對歐盟向中國出口的疑似傾銷或存在補貼等違背公平貿易的產品向世貿組織發出調查申請，這對企業爭取自身合法利益具有重大意義。

**參考文獻：**

[1] 周茂榮，楊繼梅：「歐豬五國」主權債務危機及歐元發展前景 [J]. 世界經濟研究，2012（11）：20-25

[2] 蘇麗萍. 對外直接投資：理論、時間和中國的戰略選擇 [D]. 廈門：廈門大學，2013.

[3] 李春頂，尹翔碩. 國際貿易摩擦的成因及化解途徑 [M]. 上海：復旦大學出版社，2012.

# 人民幣國際化路徑探討

劉　穎

**摘要**：2007年的美國次貸危機使世界各國均遭受了不同程度的損失。在重振經濟的同時，它們也提出了改革國際貨幣體系的建議。中國近年來經濟一直保持了高速的增長，成為世界第二大經濟體，人民幣國際化的呼聲也越來越高。本文分析了人民幣國際化的機遇和挑戰，提出了人民幣國際化的路徑建議。

**關鍵詞**：人民幣國際化；機遇與挑戰；路徑探討

貨幣國際化指貨幣的部分或者全部職能（交換媒介、價值尺度、儲藏手段和延期支付功能），突破一國範圍向周邊國家不斷擴展，最終發展成為一種世界各國通用貨幣的動態過程。人民幣國際化，也就意味著人民幣走出國門邁向全球，在國際市場上流通，最終成為國際貨幣的過程。

## 一、人民幣國際化的機遇和挑戰

### （一）人民幣國際化的機遇

2007年爆發的次貸危機，對世界經濟的負面影直至今日也還未完全消散。美國經濟受到能源和服務等行業價格走高的影響，通膨率持續攀升；大選後特朗普的上臺，也將有很大可能降低美國經濟增長的速度。歐洲經濟在經歷了歐債危機後持續低迷，高通縮風險與高失業率長期存在；日本經濟受到消費稅上調和日元持續升值的影響，面臨多重下行壓力；各大新興市場受制於各自結構、政策和世界經濟大環境的影響，增速持續放緩。在現有世界貨幣中，美元的霸主地位一去不復返，日元表現不夠強勁，英鎊受到脫歐影響，貶值嚴重。

相比之下，中國在次貸危機及其之後的表現都相當耀眼。中國經濟長期保持了年均兩位數的增長，即使近兩年來面臨經濟轉型的新常態陣痛期，增速依然名列世界各國的前列。2014年，中國GDP創造了歷史新高達10萬億美元，總量躍升至世界第二，中國成為僅次於美國的全球第二大經濟體。與此同時，人民幣不斷升值，被越來越多的國家和地區接受和使用，人民幣顯示出越來越強的吸引力。國內金融市場的發展也日益成熟，一個層次清晰、分工明確、法規健全的金融市場體系已經構成，這對人民幣國際化也起到了極大的推動作用。

(二) 人民幣國際化的挑戰

人民幣國際化，意味著人民幣會在多個區域乃至全球範圍內行使貨幣的職能。這意味著人民幣與世界經濟的聯繫也將更加密切。這就要求政府在制定貨幣政策的時候不僅要考慮國內經濟的運行現狀，還要將世界經濟發展的總體情況納入考慮的範疇。同時在人民幣國際化的過程中，國外的經濟、金融危機都會通過傳導機制影響到中國自身的經濟，特別是中國現在的金融市場還存在著大量熱錢和投機行為，稍不注意就會對國內金融穩定造成巨大的衝擊。這些因素綜合起來，加大了中國政府宏觀調控的難度。

雖然受到次貸危機的重創，美元依然是世界上最為強勢和所占比重最大的儲備貨幣。歐元、日元和英鎊也作為國際貨幣，在國際金融市場上發揮著各自的作用。如果人民幣成功實現國際化，就必將造成國際貨幣占領市場的重新分配，削弱已有的國際貨幣地位，傷害他們既有的利益。因此，人民幣在國際化過程中，必將受到諸多國際貨幣的阻撓和反對，困難重重。

## 二、人民幣國際化路徑分析

(一) 三大貨幣國際化的路徑借鑑

美元國際化的路徑主要依靠於特定的歷史條件。兩次世界大戰使世界各國的經濟都受到了重創，但是美國卻從中獲利，還通過戰爭獲得了大量黃金儲備。這導致在二戰後新的國際貨幣體系——布雷頓森林體系下，美元獲得霸主領導地位，直接與黃金掛鈎，而其他國家的貨幣與美元掛鈎。

歐元國際化的路徑則是依靠區域貨幣合作。隨著20世紀60—70年代布雷頓森林體系的逐步解體和西歐各國經濟實力的恢復與壯大，西歐國家迫切希望擺脫美國對歐洲國家的經濟控制。由此，歐洲各國決定進行聯合，歐洲經濟共同體、歐洲貨幣聯盟相繼成立，並推出了貨幣——歐元來作為區域內唯一合法的貨幣。

日元的國際化則具有階段性特點，經歷了一個從被動走向主動的過程。最初日本是由於在20世紀70年代受到美國的壓力，被動進行資本項目下的可自由兌換。1997年，東南亞金融危機的爆發和之後歐元的啟動，使得日本政府重新看待日元的國際化，變被動為主動，開始積極推進東南亞地區的貨幣合作，尋求日元國際化的新路徑。

(二) 人民幣國際化的新思路

從三大貨幣的國際化路徑，可以看出人民幣要實現國際化，也需要走出一條具有自身特色的道路。目前，人民幣國際化的發展已經進入縱深發展期，在這個階段，可以考慮充分利用中國巨額的外匯儲備，將這部分儲備借出，前提條件是還貸時需要用人民幣進行償還。這樣一方面中國減少美元外匯的儲備量，另一方面債務國會主動出讓資源、技術和開放市場等，以獲得人民幣償還債務。人民幣自然可以順勢成為國際貨幣。

與此同時，要加快國內金融體制改革的步伐，使其能夠與人民幣國際化的步

伐相適應。改革應該圍繞金融服務，切實以需求為導向，創新適合社會公眾和企業需要的金融產品，達到將儲備有效轉化為投資的目的。在完善風險監控機制的同時，投資者也應該主動學習，不斷提高自身風險意識，防範於未然。

(三) 結論與展望

通過對人民幣國際化發展機遇和挑戰的分析，可見人民幣目前處於國際化進程的縱深發展階段。綜合中國經濟發展的現狀和人民幣國際化的路徑建議，可以得出以下結論：

第一，2007年次貸危機和現行國際貨幣體系的缺陷給人民幣國際化提供了難得的歷史機遇。

第二，人民幣國際化的進程中，中國經濟將同時面臨機遇和挑戰。總的來說其影響是利大於弊，國際化的進程勢不可當。

第三，人民幣國際化的過程中，要充分利用好現有的巨額外匯儲備，提高黃金儲備在國際儲備中的比重。同時，要加快國內金融體系的改革，大力發展外匯市場，加強和周邊國家的貿易合作。

**參考文獻：**

［1］樓俊芳.人民幣國際化發展趨勢及其對中國經濟的影響研究［D］.杭州：浙江大學，2014.

［2］朱廣嬌.離岸市場發展對人民幣國際化意義重大［J］.金融博覽，2014（8）：28-29.

# 外資銀行在華發展啟示探討

劉 穎

**摘要:** 中國加入 WTO 後,外資銀行紛紛涉足中國銀行業,這對國內銀行業的生存和發展產生了巨大的影響。本研究介紹了外資銀行在華發展現狀,分析了其對中資銀行的影響,提出了中資銀行的應對策略:深化改革,不斷擴大自身優勢,在競爭中掌握主動。

**關鍵詞:** 外資銀行;中資銀行;發展現狀;啟示

1979 年,中國第一家外資銀行營業機構——日本東京銀行在北京出現。至此,中國金融市場對外開放的序幕被拉開。隨著 2001 年中國正式加入 WTO,外資銀行發展的各種限制被逐漸取消,外資銀行在中國的發展速度不斷增快,市場份額也逐年增加。截至 2013 年 1 月,外資銀行在華的法人、分支行、代表處和營業網點總計已經超過 1,000 家;主要包括設立代表處、股權合作和獨立發展三種類型,主要業務涵蓋國際結算、融資和證券業務等。

主要外資銀行在華的盈利情況都表現良好,其盈利水準和全球平均水準相當。外資銀行紛紛利用自身先進的經營管理經驗,加入中國金融市場的競爭,搶奪國內優質客戶,造成中資銀行客戶的流失和市場份額的降低。外資銀行湧入中國,如同一把雙刃劍,在促進中國金融市場繁榮發展的同時,也對本土銀行業造成了巨大的衝擊。

## 一、外資銀行對中國銀行業的積極影響

### (一) 促進本土銀行業體制的完善

中國銀行業和發達國家的外資銀行相比,在經營管理、風險調控以及方針政策等方面都存在著較大的差距。中資銀行應與時俱進,有選擇性地引進和採用外資銀行先進的理念和技術,從而提高企業的效率和經營水準,不斷提升自身競爭力。在此基礎上,還要積極創新,同時不斷完善法律法規和規則制度,增強自身抵禦風險的能力。

### (二) 引進先進的管理方法和服務理念

外資銀行擁有更為先進的經營方法和服務理念,同時通過人性化和制度化管

理的有機結合，形成了獨有的企業文化。企業員工自身的核心價值觀得到了樹立，忠誠度和投入度也大幅度提升。外資銀行服務的核心是以客戶為主，根據客戶本身的需求有針對性地提供適合其要求的金融產品，並追求服務的細緻入微，從而獲得了客戶更多的信賴。中資銀行應積極學習其管理和服務理念，打破過去故步自封的保守姿態，修改各種不合理的「霸王條款」，積極提高自身競爭力。

(三) 提高本土銀行業人員專業素養

外資銀行的大規模湧入，勢必帶來優秀的人才和先進的人才培訓機制。優秀人才開放的思維方式和多元化的價值觀念必將豐富國內金融市場原有的人才體系。同時，本土銀行的員工也可以參與外資銀行系統的職業培訓和技能考核，吸收其先進的人才培養理念和方法，提升自己的知識層面和技術技能，從而使得本地銀行從業人員的整體素質得到提升。

(四) 加大金融業監管力度

在金融監管和安全方面，外資銀行的進入將會對國內穩定的金融秩序造成衝擊。特別是各種金融創新產品的湧入和隨之而來的資本流動數量的增加、頻率的加快，必然會引起金融市場一定程度的動盪。因此，本土銀行業應加大風險監管力度和提高風險防範意識，並積極完善各項法律法規，以此確保本土金融市場的穩定發展。

**二、外資銀行對中國銀行業的消極影響**

(一) 中間業務市場份額降低

近年來，中資銀行對中間業務發展的重視程度不夠，將其作為副業進行經營。這造成了中間業務創新力度匱乏、金融產品缺乏，其品種不足以滿足市場的旺盛需求。同時服務水準也相對較低，制度也不夠健全。而外資銀行對風險小、成本低、收益高的中間業務比較重視，積極針對市場推出新型產品，滿足消費者的需求；同時不斷進行業務創新和服務提升。外資銀行在湧入中國後，必將占據中間業務較大的市場份額，對本土企業造成衝擊。

(二) 人才流動加速

外資銀行利用其得天獨厚的職工薪酬及福利待遇，獲得了國內金融專業人士的普遍青睞。國內人才加速向外資銀行流動，必然造成國內銀行業無人可用、人才匱乏的尷尬局面。同時，外資銀行帶來的西方企業文化和價值觀，以及給予的出國培訓深造甚至就業定居的優厚待遇，也將造成國內人才的巨大流失。據統計，僅2012年，外資金融機構從業人員就增加了8,543人，增長率高達23.72%，這大大超過了國內各大商業銀行和政策性銀行。

(三) 優質客戶流失

在中外銀行競爭的過程中，雙方都相當重視市場資源的佔有率，而優質客戶的爭奪就成了雙方競爭的焦點。外資銀行在中國的發展已有數十年的歷史，已經適應了中國的國情，實現了一定的本土化。過去主要服務外籍人士和外資企業的

局面也發生了改變，轉為服務大量的中國居民和中資企業，擁有了穩定的本地客戶群。外資銀行優良的業務水準和靈活多樣的金融產品，極大了吸引了國內的優質客戶，造成國內客戶不斷地流失，國內銀行企業市場萎縮。

（四）產權制度遭受衝擊

外資銀行多是以公司制的形式成立，其中股份制是最主要的組織形式。這種產權制度使得外資銀行的經營目的是追求利潤的最大化。而中資銀行權重最大的是傳統的四大國有商業銀行，雖然它們都已經完成了股份制改造，但是在中國目前的市場經濟環境下，它們的產權主體和關係依然不夠明確。這造成了國內銀行業內部制衡機制的失效和社會監督效果的弱化。外資銀行明晰的產權制度，將會對中資銀行傳統的產權體製造成衝擊，促使其變更現在既要追求經濟利益又要接受一定的政策性業務，不能完全依照市場來進行運作和管理的方式。

### 三、結語

外資銀行在華發展速度的加快和規模的擴大，使得中資銀行面臨強大的競爭，國內金融市場也受到了一定的衝擊；但它也有利於中國金融體系的構建和監管機制的完善。中國銀行業應該積極應對，通過吸收外資銀行先進的理念、技術和管理方式，與外資銀行加強合作，提升自身監督水準，加強風險管控和資產負債管理，並完善內部結構，不斷提升整個行業的經營管理水準，使自己在國際金融市場上的國際競爭力和話語權不斷提高。

**參考文獻：**

[1] 郭頌. 外資銀行進入中國：決定因素、發展戰略及對本土銀行的影響 [D]. 武漢：武漢大學，2013.

[2] 薛彤. 外資法人銀行在華經營狀況研究——基於中外資銀行的比較分析 [J]. 武漢金融，2013（6）：51-53.

# 中國農產品出口彈性分析[①]

張本飛

**摘要**：根據農產品出口彈性分析，短期農產品出口創匯供給彈性趨近於-1；直接標價法表示的人民幣對美元匯率與中國農產品出口額存在短期負相關，隨著時間的推移該負相關性逐漸減弱；本文使用1996—2015年食品動植物油脂類產品出口及直接標價法匯率數據，實證研究本幣貶值在短期導致農業出口額（按外幣計算）顯著下降；隨著滯後期的增加，本幣貶值會逐步改善本國農產品出口，農產品出口創匯供給彈性隨之增加。

**關鍵詞**：彈性分析；匯率；直接標價法

## 一、問題的提出

近20年來，中國的食品及主要供食用的活動物出口額由1996年的1,023,100萬美元增加到2015年的5,815,436萬美元，增長了468.41%；初級品出口額由2,192,500萬美元增加到10,392,711萬美元，增長了374.01%；動植物油脂類出口額由37,600萬美元增加到64,482萬美元，增長了71.49%。雖然影響中國農產品出口的因素眾多，但根據彈性分析理論，匯率變化是影響出口的一個重要因素，且匯率短期效應與長期效應亦不同。近年來，研究中國農業出口變化的國內文獻較多。程國強（2010）從中國農產品生產的資源機會成本視角分析中國大宗農產品出口變化的原因[1]；高道明和田志宏（2015）應用恒定市場份額模型研究中國農產品增長的因素[2]；龔新蜀和張曉倩（2015）使用CMS理論模型研究中國農產品對亞洲五國出口的影響因素[3]；耿獻輝和張曉恒（2013）應用引力模型研究中國較之印度農產品出口的不同影響因素和潛力[4]；董銀果和褚瀟（2013）從SPS措施評估的視角對中國農產品出口進行實證分析[5]；張金豔和範雯（2013）從金融危機宏觀經濟環境變化的角度研究中國對歐洲農產品出口變化原因[6]；江凌和陳瑪麗（2013）從貿易壁壘的角度研究中國農產品出口的變動[7]；陳曉娟和穆月英（2014）從TBT視角研究中國對日、韓、美、歐四個地區農產品出口變動的影

---

[①] 課題項目：引進教師啓動項目（S1268）。

響因素[8]；尹宗成和田甜（2013）從產品技術複雜度的理論視角分析中國農產品出口競爭力的變遷[9]。本研究擬從彈性分析理論的視角研究中國農產品出口彈性短期長期的不同。

## 二、中國農產品出口彈性分析模型

根據出口彈性分析匯率理論，本幣貶值，在長期有利於本國產品的出口而不利於進口，出口產品數量長期中會逐漸增加，同時按外幣計算的出口創匯彈性亦不斷增加。下文我們應用出口彈性理論分析的中國農產品出口創匯短期供給彈性接近 -1（其中匯率使用直接標價法表示，出口創匯彈性按外幣計算），長期則不斷上升。

根據出口供求彈性的定義我們有如下公式：

$$E_a = (\Delta Q_a/Q_a) \div (\Delta p_{oa}/p_{oa}) = p_{oa}\Delta Q_a/Q_a\Delta p_{oa}$$

其中 $E_a$ 表示農產品出口需求彈性，$\Delta Q_a/Q_a$ 表示農產品出口需求數量變動的比率，$\Delta p_{oa}/p_{oa}$ 表示以外幣計算的農產品出口價格變動的比率。

$$s_a = (\Delta Q_{sa}/Q_{sa}) \div (\Delta p_a/p_a) = p_a\Delta Q_{sa}/Q_{sa}\Delta p_a$$

其中 $s_a$ 表示出口商品供給彈性，$\Delta Q_{sa}/Q_{sa}$ 表示出口商品供給數量變動的比率。因為 $p_a = ep_{oa}$，e 為直接標價法表示的匯率，$p_{oa}$ 為以外幣計價的出口商品價格，所以有

$$s_a = (\Delta Q_{sa}/Q_{sa}) \div (\Delta p_{oa}/p_{oa} + \Delta e/e)$$

$$E_{fs} = (\Delta Q_{fs}/Q_{fs}) \div (\Delta e/e)$$

其中 $E_{fs}$ 表示農產品出口創匯供給彈性，$Q_{fs}$ 表示農產品出口創匯額，$Q_{fs} = Q_a p_{oa}$

$$\Delta Q_{fs}/Q_{fs} = \Delta Q_a/Q_a + \Delta p_{oa}/p_{oa}$$

因為 $p_{oa} = p_a/e$，所以有

$$\Delta p_{oa}/p_{oa} = \Delta p_a/p_a - \Delta e/e$$

$\Delta Q_{fs}/Q_{fs} = \Delta Q_a/Q_a + \Delta p_a/p_a - \Delta e/e$ (1.7)

在短期，貶值之前簽訂的農產品出口合同會按照貶值之前的出口數量和價格開展貿易，凡以本幣定價的合同會導致出口金額下降，短期內本國農產品按本幣計算的價格不變，出口數量亦變動較小，即 $\Delta Q_a/Q_a$、$\Delta p_a/p_a$ 趨近於零，所以在短期農產品出口創匯額的變動比率 $\Delta Q_{fs}/Q_{fs}$ 趨近 $-\Delta e/e$，即短期農產品出口創匯供給彈性 $E_{fs}$ 趨近於 -1。長期隨著農產品出口的增加，$\Delta Q_a/Q_a$ 不斷增加，農產品出口創匯供給彈性 $E_{fs}$ 隨之增加。

## 三、中國農產品出口彈性實證分析

根據上文對中國農產品出口彈性模型的分析，短期農產品出口創匯供給彈性趨近於 -1，在短期直接標價法表示的人民幣對美元匯率與農產品出口額短期呈負相關，隨著時間的推移，這種負相關性逐漸減弱；本幣貶值時，農產品出口額與直接標價法匯率之間的相關係數會經歷由 -1 逐漸上升的變化，下文我們擬從農產

品出口額與匯率相關係數動態變化的角度檢驗中國農產品出口彈性的動態變化。

表 1 中 1996—2015 年食品動植物油脂類（含蠟）產品出口及直接標價法匯率數據來源於《中國統計年鑒 2016》和中國貨幣網公布的相關數據，其中直接標價法匯率按每 100 美元兌換的人民幣表示，初級品出口額、食品及食用活動物出口額、動植物油脂類（含蠟）出口額均按照 Million USD 計算。

表 1　1996—2015 年食品動植物油脂類產品出口及直接標價法匯率

| 年份（年） | 直接標價法匯率（USD = 100）（CNY） | 初級品出口額（Million USD） | 食品及食用活動物出口額（Million USD） | 動植物油脂類出口額（Million USD） |
|---|---|---|---|---|
| 1996 | 831.42 | 21,925 | 10,231 | 376 |
| 1997 | 828.98 | 23,953 | 11,075 | 647 |
| 1998 | 827.91 | 20,489 | 10,513 | 307 |
| 1999 | 827.83 | 19,941 | 10,458 | 132 |
| 2000 | 827.84 | 25,460 | 12,282 | 116 |
| 2001 | 827.70 | 26,338 | 12,777 | 111 |
| 2002 | 827.70 | 28,540 | 14,621 | 98 |
| 2003 | 827.70 | 34,812 | 17,531 | 115 |
| 2004 | 827.68 | 40,549 | 18,864 | 148 |
| 2005 | 819.17 | 49,037 | 22,480 | 268 |
| 2006 | 797.18 | 52,919 | 25,723 | 373 |
| 2007 | 760.40 | 61,509.1 | 30,742.65 | 302.76 |
| 2008 | 694.51 | 77,956.93 | 32,761.99 | 573.69 |
| 2009 | 683.10 | 63,111.79 | 32,627.78 | 316.25 |
| 2010 | 676.95 | 81,685.76 | 41,148.26 | 355.47 |
| 2011 | 645.88 | 100,545.3 | 50,493 | 526 |
| 2012 | 631.25 | 100,558.2 | 52,074.91 | 544.47 |
| 2013 | 619.32 | 107,267.6 | 55,726.09 | 583.83 |
| 2014 | 614.28 | 112,692.1 | 58,913.62 | 623.12 |
| 2015 | 622.84 | 103,927.1 | 58,154.36 | 644.82 |

數據來源：《中國統計年鑒 2016》。

表 2 給出了從農產品出口額與匯率相關係數動態變化的角度檢驗各滯後階數顯現的中國農產品出口彈性的變動，其中 ROR 表示按皮爾森相關性檢驗計算的直接標價法匯率與初級品出口額之間的相關係數；RFO 表示匯率與食品及食用活動物出口額的相關係數，ROI 表示匯率與動植物油脂類（含蠟）出口額的相關係數。

在無滯後期的短期檢驗中，三種相關係數均值為-0.89，即本幣貶值在短期導致農業出口額（按外幣計算）顯著下降；ROR 與 ROI 均值為-0.969，與-1 僅相差 0.03；隨著滯後期的逐漸增加，直接標價法表示的人民幣對美元匯率與農產品出口額短期存在負相關，隨著時間的推移，這種負相關性逐漸減弱。在長期中，本幣貶值會逐步影響本國農產品出口，農產品出口創匯供給彈性隨之增加。

表 2　　　　　　　中國農產品出口彈性動態變化各滯後階數檢驗

| 滯後期數 | ROR | RFO | ROI |
| --- | --- | --- | --- |
| 0 | -0.968,68 | -0.970,24 | -0.731,20 |
| 1 | -0.938,73 | -0.960,58 | -0.714,01 |
| 2 | -0.921,08 | -0.953,07 | -0.831,85 |
| 3 | -0.896,20 | -0.936,25 | -0.830,82 |
| 4 | -0.848,80 | -0.897,00 | -0.794,42 |
| 5 | -0.793,35 | -0.844,43 | -0.752,51 |
| 6 | -0.700,82 | -0.761,79 | -0.687,90 |
| 7 | -0.581,28 | -0.656,20 | -0.612,13 |
| 8 | -0.537,23 | -0.615,49 | -0.595,4 |
| 9 | -0.478,14 | -0.566,79 | -0.570,12 |
| 10 | -0.515,15 | -0.593,91 | -0.548,06 |
| 11 | -0.662,26 | -0.661,39 | -0.509,41 |
| 12 | -0.621,22 | -0.767,26 | -0.087,93 |

數據來源：根據 EXCEL 中 CORREL 函數計算整理。

### 四、結論

根據農產品出口彈性分析，短期農產品出口創匯供給彈性趨近於-1；直接標價法表示的人民幣對美元匯率與農產品出口額呈短期負相關，隨著時間的推移該負相關性逐漸減弱。本幣貶值時，農產品出口額與直接標價法匯率之間的相關係數會經歷由-1 逐漸上升的變化。根據農產品出口彈性動態變化實證分析，在無滯後期的短期檢驗中，匯率與初級品出口額之間的相關係數、匯率與食品及食用活動物出口額的相關係數、匯率與動植物油脂類出口額的相關係數均值為-0.89，本幣貶值在短期導致農業出口額（按外幣計算）顯著下降；在長期中本幣貶值會逐步改善本國農產品出口，農產品出口創匯供給彈性隨之增加。

**參考文獻：**

[1] 程國強. 中國農產品出口競爭優勢與關鍵問題 [J]. 農業經濟問題, 2010 (5)：1-2.

[2] 高道明, 田志宏. 中國農產品出口增長的影響因素研究 [J]. 經濟問題探索, 2015 (1)：167-172.

［3］龔新蜀，張曉倩. 中國對中亞五國農產品出口貿易影響因素分析［J］. 國際經貿探索，2014（8）：77-87.

［4］耿獻輝，張曉恒. 中印農產品出口的影響因素與潛力比較［J］. 湖南農業大學學報，2013（1）：1-7.

［5］董銀果，褚瀟. SPS措施影響中國農產品出口的實證分析［J］. 統計與信息論壇，2013（9）：68-74.

［6］張金豔，範雯. 金融危機下中國對歐盟農產品出口變化的成因分析［J］. 國際經貿探索，2013（5）：17-26.

［7］江凌，陳瑪麗. 技術性貿易壁壘的經濟效應及對中國農產品出口的影響［J］. 西南師範大學學報，2013（3）：149-155.

［8］陳曉娟，穆月英. 技術性貿易壁壘對中國農產品出口的影響研究［J］. 經濟問題探索，2014（1）：115-121.

［9］尹宗成，田甜. 中國農產品出口競爭力變遷及國際比較［J］. 農業技術經濟，2013（1）：77-85.

# 當前中國中小企業出口障礙分析

熊 豔

**摘要**：中小企業在中國經濟發展中扮演著非常重要的角色，其出口貿易是帶動區域經濟增長的重要力量。中國是一個出口依存度極高的國家，在當前全球經濟低迷的背景下，加上中國經濟結構處於轉型時期，中國中小企業的出口面臨諸多障礙。本文從中國中小企業當前的現狀出發，分析了其出口面臨的外部障礙和內部障礙，提出瞭解決對策。

**關鍵詞**：中小企業；經濟危機；出口障礙

## 一、緒論

自加入WTO之後，中國的對外開放力度增大，貿易迅速發展，成功地快速拉動了中國經濟的增長。與此同時，中國的進出口貿易總額排名世界第三，出口已經和投資、消費成為拉動中國經濟發展十分強勁有力的「三駕馬車」。據海關統計，2015年，中國貨物貿易進出口總值24.59萬億元人民幣，比2014年下降7%。其中，出口14.14萬億元，下降1.8%；進口10.45萬億元，下降13.2%。中國中小企業的出口面臨諸多障礙。

中小企業又稱中小型企業或中小企，在同一行業中，人員、資產以及經營的規模都無法與大企業相媲美。這種企業通常由一人投資或少數人共同出資，雇員及營業額不多的情況下的經營主要由出資人直接管理，受外界影響較小。

2015年3月10日新華網報導，截至2014年年底，在工商部門註冊登記的中小企業高達一千多萬戶，中小企業也在全國企業中佔有高達99%的份額，對GDP以及稅收有著高額的貢獻力度，並且為國家城鎮就業創造了八成以上的職位。截至2017年年底，中國中小企業體系也有了一百多家的企業協會、聯合會等，並且有將近15萬家的中小企業已成為協會會員。

中小企業的投資主體以及結構具有多元化的特點，大多數中小企業為非國有企業，其決定了中小企業當下主要以發展為目標。在目前看來，大多數非國有中小企業在自身發展迅速的同時還促進了國有企業的調整與改革。在中小企業中，另一個比較大的特點就是勞動密集程度高，兩極分化也較為突出。因此，為提高

中小企業的構成和科技含量，實現「二次創業」是其當前發展的關鍵。中小企業在中國的分佈不均，而且有四個較大的地區。①

**二、中國中小企業貿易出口現狀**

（一）中國中小企業出口現狀

中國中小企業占出口總額的比重較大，並且集中於傳統企業。但是中國中小企業在高科技產品領域內並沒有很大的競爭優勢，相反在更多的勞動密集型產業中優勢十分明顯。就地域位置來說，中國中小企業出口主要集中於東部沿海地區，而西部內陸地區所占比例微小。2013 年中國東、西、中部進出口情況如表1所示。

表1　　　　　　　　2013 年中國東、西、中部進出口情況②

|  | 進出口額（億美元） | 增長（%） | 占比（%） | 出口額（億美元） | 增長（%） | 占比（%） | 進口額（億美元） | 增長（%） | 占比（%） |
| --- | --- | --- | --- | --- | --- | --- | --- | --- | --- |
| 全國 | 41,603.1 | 7.6 | - | 22,100.2 | 7.9 | - | 19,502.9 | 7.3 | - |
| 東部 | 35,977.4 | 6.6 | 86.5 | 18,707.3 | 6.4 | 84.6 | 17,270.2 | 6.9 | 88.6 |
| 中部 | 2,844.0 | 11.3 | 6.8 | 1,610.7 | 14.2 | 7.3 | 1,233.5 | 7.7 | 6.3 |
| 西部 | 2,781.5 | 17.7 | 6.7 | 1,782.2 | 19.8 | 8.1 | 999.3 | 14.0 | 5.1 |

海關總署於 11 月 8 日發布進出口數據顯示，今年前 10 個月，中國進出口總值 19.93 萬億元人民幣，比去年同期（下同）下降 8.1%。其中，出口 11.46 萬億元，下降 2%；進口 8.47 萬億元，下降 15.2%；貿易順差 2.99 萬億元，擴大 75.3%。

從單月數據來看，海關數據顯示，今年 10 月，中國進出口 2.06 萬億元，下降 9%。其中，出口 1.23 萬億元，下降 3.6%。而與此前中國 7、8、9 月出口額相比分別下降了 9.5%、6.1% 和 1.1%，降幅已經明顯收窄，此次出口並未延續向好態勢，降幅再度擴大。今年 10 月，進口 8,331.4 億元，下降 16%，降幅較上月的 17.7% 略微收窄，這已經是中國進口連續第 12 個月呈負增長。進口降幅明顯大於出口致使 10 月當月貿易順差擴大 40.2%。

專家分析指出，出口同比增速有所回落，顯示出口並未出現趨勢性好轉，全球需求疲弱、新興市場動盪仍是當前中國出口面臨的主要壓力。雖然國內推出一系列穩外貿措施以及「一帶一路」項目逐漸落地，但由於全球主要發達國家經濟復甦仍然疲弱，外需依然呈現下行趨勢。

（二）中國中小企業貿易出口模式

中國中小企業的出口貿易模式主要有原子式、產品鏈式、向前向後垂直協作

---

① 東北地區、長江中下游地區、中西部地區、珠江三角洲地區。
② 2014 年 5 月 4 日商務部綜合司註：中國東部 11 省、市包括北京、天津、河北、遼寧、上海、江蘇、浙江、福建、廣東、山東和海南；中部 8 省、市包括山西、吉林、黑龍江、安徽、江西、河南、湖北和湖南；西部 12 省、市、自治區包括內蒙古、廣西、四川、重慶、貴州、雲南、西藏、陝西、甘肅、青海、寧夏和新疆。

139

式。這三類貿易模式對企業自身的才能呈遞減趨勢。原子式貿易出口模式對中小企業的自身要求較高，因為原子式是企業對產品的研發、生產以及國際行銷的全部覆蓋，因此，此類中小企業必須具有技術的優勢；產品鏈式要求出口企業具有自身核心的才能及優勢，能在一定的區域內實現資源的共享；向前、向後垂直協作式出口模式對企業的要求較低，實際就是在出口鏈中大型企業佔有主導地位而其他中小企業附庸的協作關係。

（三）中國中小企業出口貿易的特點

中國中小企業出口貿易主要有這幾個特點：中國對外貿易經營的主體是外資企業，但私營和集體企業發展也較為迅速；貿易出口總額大於進口總額，但貨物進口的速度持續大於出口的速度；製成品在出口與進口貿易中都佔有較大比重，但其出口所佔比重遠遠大於進口的比重；在之前的貿易方式結構中，加工貿易的總額與一般貿易總額基本持平，但就目前來看，前者略高於後者。

### 三、中國中小企業現階段出口面臨的障礙

（一）中國中小企業出口面臨的外部障礙

自2001年中國加入世界貿易組織，這十幾年來中國中小企業有著質的飛躍，使得中國的經濟結構以及體制發生了重大改變，同時，這必然會對中國中小企業在未來的長期發展帶來重大的影響以及改變。這段時期，中國政府的經濟管理職能一直處於擴大的狀態，但是仍沒有採取合理有效的管理政策，所以在這一方面，中小企業未來發展的問題仍在加劇。對於中小企業發展的問題來講，宏觀環境是一個十分重要的平臺，因此宏觀環境問題對中小企業的對外貿易發展具有基礎的、長期的影響。

1. 全球經濟危機的重創

自2008年9月15日爆發並引發全球經濟危機的金融危機以來，全球經濟遭到了重大打擊。與中國有著緊密貿易聯繫的歐、美、日等發達國家的經濟均受到了不同程度的威脅，增長緩慢甚至有的國家經濟日漸衰退，需求的一蹶不振也使爭奪市場經濟出現白熱化。隨著中國經濟的日益增長，中國勞動力成本也隨之增加，因此對於中國中小企業來說，原有的勞動力成本優勢已慢慢減小，在國際進出口貿易方面的競爭優勢也日趨低下。各國經濟的萎靡使得出口的部分產品受到了嚴重的打壓，在國際市場上的佔有比例也已經下降很多。最近幾年，歐洲、美洲、日本等發達國家的經濟愈發惡劣，中小企業出口的外部環境受到了更大的抨擊，在出口貿易方面面臨著巨大的考驗。

2. 世界各國的貿易壁壘

世界各國主要以綠色壁壘和技術壁壘為主要貿易壁壘的方式限制中國對外貿易。為了確保人類、動物以及綠色植物等避免遭受污染、微生物以及添加劑等的影響，許多國家建立了動植物、食品檢驗檢疫體制。與此同時，美國、日本、歐洲等國家對微生物等會有一部分影響的物質設定了最大允許量，這些要求使得中

國農產品的出口遭受到了一定的打擊。技術性壁壘使得中國中小企業出口產品的成本大大增加，在國際競爭中的優勢也日趨弱化。某些技術性貿易壁壘沒有直接對產品市場設定准入界限，但是設置了各種環境和檢測，有的是提高了其原有的標準，為此中國出口只能為跨越壁壘增加生產成本與交易成本，大大地削弱了中國出口產品在國際市場上的競爭優勢。

3. 法律法規不完善

在全球化經濟迅速發展的今天，為了保障中小企業的自身權益，很多國家都為此出抬了一系列完善的法律體系，而中國至今沒有制定與之有關的法律法規，所以，就目前看來，中國中小企業的發展以及自身的權益並沒有受到國家有關法律法規的支持與保障。改革開放以來，中國對外貿易體制日益完善，愈加適應了發展進出口貿易的基本要求，對外貿易體制的障礙已經很好地被消除。由於傳統經濟體制對中國經濟的影響，政府出抬的有關政策更多地有利於國有的或者大型企業，由此看來，中國並沒有一套完整有效的扶持中小企業的政策模式。這既影響了中小企業出口貿易的發展，也嚴重地阻礙了中國未來經濟的迅速發展。

4. 貿易手續繁瑣

中小企業所進行的對外進出口貿易通常具有品種多、規模小、計劃性弱的特點，通常中小企業哪怕是為了一丁點的貿易產量都需要找到多個政府部門，得到各種各樣出口所需要的印章，這種標準過於嚴格、手續過於複雜、耗時並且費力的現象並沒有得到很好的解決。所以，這一現象也是阻礙中小企業出口的一大關鍵。

5. 仲介組織發展不完善

中國中小企業綜合實力較弱，在技術、信息等方面都需要專業仲介組織的幫忙。仲介組織主要是指審計所、諮詢公司、同行業協會、律師事務所、會計事務所等。並且，此類仲介組織在中國的發展也較為緩慢、不平衡，並且實力較低。其次，職位的定位並不明確，職責也比較模糊不清楚。再者，治理機構與運行體制不完善，從業人員的素質也是普遍不高。除此以外，國家對這類仲介組織的扶持力度不高。這些原因都抑制了中國仲介組織的發展，中國中小企業的發展在出口方面缺乏了來自社會體系的有力支撐。

6. 中小企業融資困難

在中國現有的經濟市場中，中小企業的融資通道過於狹窄。由於中國過高的證券市場門檻、並不十分完善的創業投資體系，中小企業很難通過資本市場公開地籌得大量資金。調查顯示，現階段中小企業融資困難的問題十分突出，銀行貸款是主要的融資平臺，也有不少企業選擇民間融資、網絡融資以及小額貸款。但是無論是哪種貸款融資的渠道，資金籌集費用以及利率的上升使得融資成本居高不下。

從圖1中我們可以看出，銀行貸款是融資的主要渠道，但是成本卻是最低的，只占4%，而民間融資、小額貸款以及網絡融資的成本都相對於銀行貸款來說較

图1 融资成本

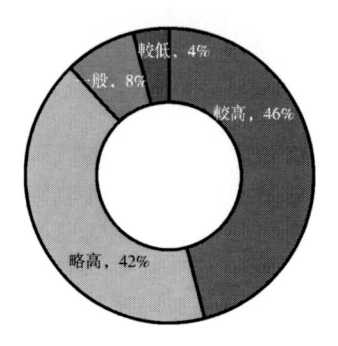

高，民間融資和小額貸款的成本分別是 46% 和 42%。在目前看來，網絡融資方式利用的較少，成本也僅占 8%。

（二）中國中小企業出口面臨的內部障礙

1. 產品質量不高

中國中小企業出口產品的質量普遍不高。中國的對外貿易主要是「三來一補」的模式，並且大多數都是勞動密集型。而且，中國勞動力資源十分豐富，所以勞動成本很低，但是企業在出口之後，利潤也很低。在這種情況下，中國大多數的中小企業在出口產品時只注重於數量的多少從而忽視了質量的高低。因此很多企業由於產品的低下使很多中小企業失去了抓住固定大客戶的機會。除此之外，即使在廣交會期間遇到很多歐洲以及北美的大客戶，很多中小企業也沒有辦法高興起來，因為這些國家的公司對產品質量的要求十分強硬。

2. 中國中小企業的競爭力較低

技術創新是企業發展的必要條件，也是企業得以永久存活並創造更高價值的關鍵保障。中國中小企業的產品大多採用「三來一補」的模式，即來料加工、來樣加工、來件裝配和補償貿易，這使得中國中小企業只發揮出了勞動力成本低的優勢，大大忽略了產品的研發以及生產技術改造的關鍵。目前，中國中小企業產品差異化水準低下，不具備品牌優勢，而且，中國的中小企業間也具有很高的相似性，這使得他們的出口貿易的產品缺乏競爭力。中國大部分中小企業的自主品牌建設薄弱，擁有的自主知識產權的核心技術很少，出口商品的附加值很低，大量產品依靠加工的生產方式來支撐貿易規模的擴大以及長久的發展。

3. 企業用工成本大幅度增加

自 2008 年 1 月 1 日起，中國開始實施《中華人民共和國勞動合同法》（以下簡稱《勞動合同法》），這一項法律主要用於規範企業用工行為、維護勞動者權益、提高農民工收入。《勞動合同法》實施以來，對那些「三來一補」模式的中小企業影響巨大。不僅如此，《勞動合同法》極大地維護了勞動者的權益。《勞動合同法》的實施不僅僅對那些壓榨工人權益的小型企業有著直接的打擊，對那些合理規範化的企業也有一定的影響。2013 年，《中國經濟時報》的一名記者對幾個典

型的製造加工企業進行了調查，發現用工成本增加是國內加工製造業在最近幾年遇到的重大威脅，在面臨「用工荒」的情況下，它們只能放棄一部分的公司效益，爭取每年都提高員工的待遇。

（三）影響中小企業出口貿易的特殊障礙

對於中國中小企業出口貿易來說，不僅僅存在影響十分重要的、基礎的宏觀問題、主觀自身問題，在這個領域中還存在著不少特殊性的障礙，比如說外貿行業當中的市場准入的刁難和商品經營的局限，同時，政府所給予的支持維護並沒有達到設想中的效果。按照中國相關政策的規定，只允許一般商品進入國際貿易市場，在這一過程當中，審批制度十分嚴格，無論哪一種貿易方式或者引進外資的方式都有很大的局限性。對於中小企業進出口的經營權的審批只能由外經貿部負責，最近幾年，對中小企業出口的限制一再被減弱，但對於大部分的中小企業來說，這些標準還是可望而不可及的。由於受各種限制，一大部分的中小企業沒有辦法更好地進入國際市場開拓海外貿易，所以導致了企業規模無法正常擴大，技術也一直處於中等水準，在收入日漸萎靡的狀態下，成本卻一直沒有得到很好的消解。因此，中小企業的利潤也隨之降低。除此以外，小部分的中小企業在做進出口貿易方面的工作中對所要進行貿易的產品並不熟悉，無法對該產品應如何面對市場做出積極、合理的反應，同時也沒有一系列完整的該產品的售後保障體系，因此十分不利於中小企業在國際市場中培養優秀品牌並樹立良好的服務形象。

**四、中國中小企業出口貿易問題的對策**

自20世紀90年代，發展迅速的信息與網絡技術在一定程度上促進了中國中小企業在未來的發展。中小企業的經營發展對市場的反應也十分靈敏，憑藉這些優勢，其在國民經濟中也扮演了舉足輕重的角色。為了維持經濟市場的活躍性，各國都採用了各種政策以及措施來扶持並保障中小企業的長久發展。為了在競爭十分激烈的國際市場中佔有一席之地並能夠進行長久的發展，在出口貿易方面，各國政府共同關注的問題是如何才能幫助中小企業擴大出口。發達國家很早就開始著手解決中小企業出口的問題，並且長期以來已經累積了一系列比較完整、系統的經驗。結合學習這些經驗以及在中國國情的基礎上，整理出了一套為我所用的有利於擴大中小企業出口的經驗。

（一）中小企業國際化經營

自從中國加入世界貿易組織以來，國際化程度日趨增高，企業必須按照國際規範、國際慣例來加強對海外分支機構的管理。企業的管理者必須隨時更新觀念，樹立規則意識，進行制度與管理的創新，使企業落後的制度、傳統並且低層次的管理以及服務模式得到徹底的改變，建立一套既能與本土經濟、文化和市場環境相適應的，又能接軌國際的現代化的企業制度、管理以及服務模式；其次還應該注重培養人才、吸引人才，並且完善人才的管理。

中國中小企業應該結合自身的實際情況，選擇反應靈活的國際化經營方式。

為了適應日趨全球化的經濟市場，他們可以與外商合資、合作經營企業，這種方法不僅僅可以滿足自己的資金缺口，同時也可以引進其他國家先進的生產技術以及合理有效的管理辦法，以此可以大幅度提高自身競爭優勢；除此之外，中小企業還通過得到授權商的商標、技術、經營管理等方式，擴大自己的生產規模，同時可以與國內外的大企業進行合作交流，全力融入全球市場中。其次中小企業還可以利用集體經營的方法，按照「人多力量大」這種說法，增加自身的競爭優勢；通過各種渠道獲得與海外華人的聯繫，借用其合理有效的經營方式，真正做到「走出去」的經營戰略，在條件合適的情況下，一部分企業可以考慮在當地生產經營。

（二）增強中小企業競爭力

中小企業走向國際市場並且保持長期穩定的競爭優勢的關鍵在於企業是否形成並保持了自己的核心競爭力。其主要來源於企業的核心資產，特別是知識資產，比如技術、專利、生產技能以及互補性知識等。只有著重打造企業的核心資產以及企業的核心競爭力，大力研發核心產品和技術，中小企業才能在國際競爭中取得有利位置。

中小企業可以製造一條經營專業化的道路，由生產精、尖、特、優的產品，轉向生產小而專、小而精、小而優的方向發展。市場行銷學中的市場細分原理說明由於市場中存在著異質，消費者在購買的需要、慾望、行為以及習慣上存在著大大小小的差異，正是由於這一點，中小企業可以去開拓被大企業忽視或者無法深入或者被別的企業捨棄丟掉的細分市場，去開發適合這些細分市場所需要的產品，並進行一系列有關產品的生產，從而占領該市場。

中國中小企業經濟實力相對於其他的發達國家來說一直處於劣勢地位，為了能夠佔有一席之地，其可以選擇自身具有十分重大優勢的產品進行發展，在國際經濟市場中穩定之後，可以考慮開拓其他的市場。美、日、歐等一些發達國家的市場十分宏大，發育的也較為成熟，並且大多數的國家都是WTO的組織成員，進入這些市場的關稅以及其他方面都有適當的優惠，但是在這些國家當中，競爭市場卻是十分的激烈。相反，如果我們背其道而行之，採取一系列有效措施積極開拓拉美、非洲、東歐和獨聯體等國家和地區的WTO成員國的市場，我們同樣也會獲得讓人意想不到的高利潤。當然在進入這些市場之前，我們也應該對這些市場進行風險的預估，制定一系列應對方法體系。在日常的生產經營中，我們應爭取各種進入國際貿易博覽會、展銷會等的機會，大範圍地接觸各種國外商人，以此來宣傳自己的產品，獲得國際市場中十分新鮮的難能可貴的資料。除此之外，也可以選擇一些發達國家或經濟發展十分成熟的地區的重要城市進行投資，獲得更多客戶的信息。

（三）中小企業信息化網絡建設

在當前全球經濟已經趨向於知識經濟的情況下，中小企業應進行積極有效的網絡化經營模式。首先，在當前這個知識經濟盛行的21世紀，經濟全球化、開放

化以及國際互聯網迅速發展，經濟生活中的網絡系統化以及信息化已經變得至關重要。中國中小企業必須依靠有效並且發展潛力巨大的全球信息網絡系統及時、有效地掌握全球各國的經濟市場等情況。除此以外，由於網絡化的盛行，全球都刮起一陣電子商務之風。所以，各個企業應該順勢而為，搭上這個順風車，大力推廣電子商務，也就是在國際市場上使用數字化的方式進行業務聯繫以及開展業務。電子商務具有巨大的優越性，利用它可以減少我們日常的工作時間、交易時間以及平常的一些無謂的成本費用，對於中小企業來說非常有利於它們以最小的代價將自己生產的商品推向全球。

中小企業要採取這種信息化模式的前提就是要有一個規範的管理模式，同時這種管理模式以及業務操作的流程應相對的簡單、標準。如果這種管理模式和業務流程模糊不清，則中小企業的發展很容易被信息網絡技術帶偏軌道，從而使得自身內部的管理變得凌亂不堪。因此，對於中小企業來說，管理模式的正確性是其得以長久發展的必要條件，只有擁有完整、正確、有效的管理制度，企業才能在當前全球化、信息化盛行的經濟市場中長久發展，才能取得更好的利益並且改變自身落後的經濟現狀。

中小企業在當前時代的發展，信息化是一個重要的發展基礎。但是隨著信息化程度的日趨增高，自身的發展已經與更多的人、事、物相聯繫，這要求中小企業在自身發展的同時必須做好最適合本身的戰略措施以及發生意外情況下的應對準備。根據自身的情況，制定一系列系統的規劃是中小企業做好長遠的信息化的必要準備。

信息化工作不僅僅是信息技術，更多的是管理才能，所以對於企業來說擁有一群強有力的信息化人才才是企業最重要、最核心的資源儲備。而且，這一批信息化人才在掌握信息化技術的同時必須要懂得經營企業的理念，總而言之，這必須是一支既能夠有效管理好企業同時也有著現代信息技術的複合型人才。對於中國的市場企業佔有率高達99%的中小型企業來說，如果一味地按照傳統的經濟方式進行發展，在現在全球經濟信息化的市場中，被淘汰是意料之中的事情。在網絡技術迅速發展的同時，企業也應該隨之制定出屬於自己的信息化管理模式，日趨完善的信息化建設也必將成為企業在激烈的經濟市場中得以生存的必要條件以及長久發展的必要之路。

（四）利用金融工具規避風險

在眾多的中小企業之中，不乏出口規模相對較大的企業，所以對於這些企業來說，最好的用來躲避貿易風險的方法就是利用金融工具。中小企業融資困難是一個普遍性的問題，因此，中國政府應通過各種有效途徑幫助中小企業解決這一問題。政府近年來大力推動信用體系建設，加強對中小企業融資的政策扶持，並發展多層次的資本市場認可普惠金融，允許互聯網創新，都是為了支持中小企業融資。傳統金融機構也做了很多針對中小企業融資的業務創新，比如加強信用貸款的發放，嘗試各種中小企業集合債、集合票據、集合信託產品等。很多中小企

業也認識到自身的問題，開始努力提高經營能力，規範公司治理機構，加強財務管理，維護好企業信用，甚至研究宏觀經濟形勢變動和經濟發展新常態，做好企業發展規劃。

中小企業技術以及規模的逐漸擴大，單獨的內部融資無法滿足企業的需求，所以很多企業選擇更多的外部融資。外部融資又可以分為兩種，即直接融資和間接融資。直接融資包括上市發債和股權融資，間接融資則可以分為金融機構貸款以及典當融資。

在企業運行過程中，規範的財務控制體系是至關重要的保障，經濟全球化的同時信息技術也變得普遍有效。所以對於大多數的中小企業來說，能夠很好地將信息技術與自身公司的財務系統融合到一起是企業得以長久發展的有效手段。同時，網絡技術也可以對財務系統中的資金預算以及控制進行有效的融合，以此來規範公司的財務系統。

（五）優化生產結構，促進科技創新

對於大多數的中小企業來說，一般的生產模式都是採用來料加工、來樣加工、來件裝配和補償貿易這種「三來一補」的模式，所以企業缺乏自身的生產創新技術以及完整的生產結構。所以在未來的生產發展中，中小企業應花費更多的時間以及金錢在生產技術以及產品的創新上面，同時可以借鑑國外的一些先進技術以及設備，將高科技以及創新的能力相結合研發生產出屬於自己的高新技術產品，並且逐漸進行推廣出口。

在擁有屬於自己的產品之後，我們更多地應該想出辦法、措施，使我們的產品能夠「走出去」。這個「走出去」戰略不僅僅是將我們的產品推向全世界，除此以外也應該鼓勵那些大量使用原材料的企業可以走出中國，進入世界，利用國外的原材料，比如說能源、生物以及礦產資源等。在全球化經濟遭遇過經濟危機的打擊後，中國一些出口量大的行業，比如家電、工具、不銹鋼等都受到了貿易壁壘的影響，因此我們可以考慮到一些對於我們中小企業有優惠政策的國家建廠生產來擴大出口量。這種方式不僅僅可以減小中國中小企業出口的風險，同時也可以躲過貿易壁壘的影響，最重要的是同樣可以拉動出口的增長量。

擁有先進的創新技術、設備以及完整有效的生產結構的前提就是擁有一支有著這種技術能力的創新型人才。對於中國很多中小企業來說，在開始的時候勢頭特別足，但是隨之繼續發展，研發能力會逐漸降低，因此發展的後勁也會不足。為了彌補這一缺口，中小企業在建立的初期更應該加大自身的科技力，加快培養複合型技術研發人才。在以後的發展中堅持提高自身的技術創新技能，依靠進步的科學技術，大力發展新型高新技術的產品，以先進的技術代替傳統產業。

（六）健全完善中小企業規範化管理體系

規範化的管理體系主要是指企業的法人對公司的合理、合法的治理。中小企業想要在未來能夠更好地發展則要求其必須有一套屬於自己並適合自身發展的管理體系。

規範化的管理模式的前提就是企業的決策必須做到高質量、高標準，以此來減少公司運行中那些無謂的失誤；除此之外，必須協調好企業內部人與人之間的關係，優化人員結構，減少所謂的辦公室問題，提高員工的工作效率，營造良好的工作氛圍；其次，規範的崗位角色管理體系是指必須完善公司各個職位角色的管理能力以及進行意志和情感情緒的管理。在這種規範化的企業當中，努力做到保障每一個員工都有自己應履行的完整無誤的職責，在瞭解自己本身的職責的情況下全心全意地做好自己的本職工作；規範的業務流程則要求企業提高自身企業活動的組織的效率；為提升企業員工間的凝聚力，努力打造屬於自身企業的優秀文化，增強企業的競爭力，企業內部在有關於公司發展方面的價值觀必須得到有效的統一。

## 五、中國中小企業出口貿易的前景展望

　　中小企業持續發展的出口貿易是中國國民經濟增長的重要條件。與此同時，中國工業的國際競爭力的日趨增加以及在中國加入 WTO 組織之後中國的出口貿易環境也給中國中小企業出口貿易的不斷發展創造了十分優越的條件。因此，對於中國中小企業來說，無論是數量、質量還是規模上，都有著巨大的發展空間。

　　據報導，習近平曾指出，在今後的經濟發展中，傳統產業應得到更快的提升以及改造，深度地融合全球信息化與工業化，加快培育新型戰略性產業，深入服務業的發展，積極地完善新商業的管理模式，構建一個適應於現代產業發展的完整新體系。

　　目前，不同的人群對中國出口貿易方面的發展問題有著不同的見解。有的認為，中國出口貿易已經發展得相當好，在世界各國的排名中位居前列，所以出口貿易已經沒有太大的發展空間。外貿依存度往往被作為重要的一項來分析中國的經濟開放度，所以從這個數值看來，中國的外貿依存度已經過高，在今後的發展中中小企業應花費更多的精力來調整貿易結構。而有的人認為，計算出來的數值並不是中國真實的貿易依存度。他們認為，中國對外貿易總額確實十分宏大，但是人口眾多使得人均數額在世界各國中仍然處於較低的地位。所以綜合人均方面的數額以及其他各方面的因素，中國出口貿易在未來還是有著很樂觀的發展空間。

　　習近平在講話中指出，要增強改革意識，提高改革行動能力。中央黨校教授張希賢表示，「改革行動能力」這個新提法是依據改革具體落實過程中遇到的問題提出來的。改革涉及方方面面利益關係，人們往往嚷得厲害，但行動遲緩、徘徊、觀望，所以提高改革的行動能力成為當務之急。

　　對於提高改革行動能力的目標，習近平指出，在資源配置的過程中，經濟市場應該起到決定性的作用，政府也要做好自己的本職工作，共同形成一個新型的對外開放的體制，加快國內中小企業發展並取得在競爭方面的更大優勢。

　　在未來的經濟發展中，中小企業應注意到以下幾個問題：一是中小企業經濟發展的增長動力缺少，轉型這一方法也困難重重。民間固定的資產投資是拉動中

國中小企業經濟增長的重要條件，但從其最近幾年的趨勢看來，增長速度逐漸緩慢。調查顯示，截至 2017 年 8 月底，民間固定的資產投資同比增長 19%，但是若與前年的三個季度來做比較的話，這種投資方式的增長速度卻呈現了下降趨勢，同樣與 2017 年 1 至 6 月相比較，下降的問題並沒有得到很好的解決，這種投資方式在一定程度上使中國中小企業的繼續發展呈現出減弱的趨勢。二是中國中小企業貿易摩擦十分嚴重，這一點必須引起企業的重視。在有著日益嚴重的摩擦的國際貿易中，中國中小企業的出口優勢一降再降，同時對中國中小企業在發展對外貿易的過程中增加了大範圍的障礙。三是政府在採取相對政策來扶持「最後一公里」問題的實施過程中總是遇到各種各樣的問題以至於無法推進。國務院在去年六七月間對政策的落實展開了大規模的督查，但是很多企業仍然沒有達到要求的效果，所以對於政策的落實，「最後一公里」這一問題仍然是一個嚴重的威脅。

　　為了能夠有效地解決此類問題，中小企業也應採取相應的對策：一是相對於「最後一公里」的問題，政府應加大落實政策的力度，進一步改善中小企業經濟發展的環境，保證企業在今後的發展中擁有更多的優惠政策。二是增加創業基地的建設，提高中小企業以及其他創業人的創業活力。通過擴大創業空間以此來增加就業機會，提高就業率，使得政府調整結構、轉型升級獲得更多的緩衝從空間。三是加快服務體系建設，助力中小企業健康發展，豐富服務機構的服務內容，建立健全服務機構的績效評價機制。

　　中國經濟的迅速發展使得中國成為一個巨大的市場，為中小企業帶來更大的發展機會，並且也將吸引大量的國際企業來到中國發展。因此，中國中小型企業應加強自身的國際化意識，可以從低層次做起。中國屬於發展中國家，將近 14 億的人口使中國勞動力成本較低，有明顯的優勢，而且中國佔地面積廣，具有大量的自然資源優勢，因此中小企業可以採取低成本路徑進行發展。

　　總之，中國中小企業在國際化的進程中有多條路徑可選擇。不同的企業由於所處的行業不同，企業產品所處的週期階段不一致，所以每個企業的資源有很大的不同。中小企業具有靈活的特點，所以在國際化發展的過程中所採取的路徑有的是不斷變化，有的則使用複合路徑。對於中國中小企業來說，國際化的路徑沒有最優秀的，只有最適合自己的。而且，隨著企業國際化的發展，企業應根據自身所有的綜合資源情況以及環境的變化及時修正其國際化路徑，避免造成重大損失。

**參考文獻：**

　　[1] 張磊. 中小外貿企業國際貿易融資創新研究 [J]. 商場現代化, 2015 (24).

　　[2] 趙興明. 中小外貿企業融資模式分析 [J]. 北方經貿, 2015 (8).

　　[3] 李時民. 中小企業出口問題研究 [M]. 北京：光明日報出版社, 2003.

　　[4] 許群愛. 淺析中小外貿企業提高核心競爭力的策略 [J]. 考試周刊, 2013 (92).

　　[5] 肖玉玲. 中國中小外貿企業融資問題研究 [J]. 合作經濟與科技, 2012 (18).

［6］白宇飛，王楚琪，杜曉雨. 中國中小型出口企業面臨的發展困境與解決對策［J］. 中國商貿，2015（2）.

［7］張小慧. 中國中小出口企業防範匯率風險對策研究［D］. 蘇州：蘇州大學，2008.

［8］茹慶華. 中國中小企業有效參與國際貿易的路徑研究［D］. 西安：西北大學，2008.

# 央行國外資產項目占比與人民幣匯率的相關分析[①]

張本飛

**摘要**：在滿足 Marshall-Lerner 條件下，根據 EA 匯率理論，即本國貨幣貶值可以改善貿易收支，從而影響央行資產項目結構。在貿易實務中，外貿訂單或合約相對於匯率的變動存在時滯效應。我們使用滯後階數各季度央行國外資產占比數據與 USD/CNY 匯率進行相關分析。當滯後階數為 0 至 2 時，中國央行國外資產占比與 USD/CNY 匯率呈負相關；當滯後階數大於 2 時，國外資產占比與 USD/CNY 匯率呈正相關。

**關鍵詞**：彈性分析；匯率；相關分析

## 一、問題的提出

在外匯市場上，人民幣自 2015 年 5 月開始持續貶值，直至 2017 年 1 月人民幣（根據 USD/CNY 匯率中間價計算）才開始有效止跌，在此 20 個月的時間裡人民幣對美元匯率累計下跌了 8,039 個基點，中國中央銀行的國外資產項目占比也發生較大的變化。國內研究人民幣匯率與資產項目的文獻較多，巴曙松和劉精山（2014）從貨幣反替代的角度研究人民幣匯率和資產價格[1]；晁輝和王文勝（2010）從境內與境外生產力發展相對速度的變化分析人民幣匯率與資產價格的相關性[2]；李丹（2013）從短期均衡的視角研究人民幣匯率與國際資本流動[3]；欒培強（2010）從價格水準變動的視角研究人民幣匯率和資產價格的波動[4]；李博瑞（2016）使用向量自迴歸方法研究人民幣匯率對資產價格的衝擊影響[5]；邢天才和田蕊（2010）從經濟金融政策環境的視角研究資產項目和人民幣匯率[6]。本文從 Pearson 相關性度量的視角研究中國中央銀行的國外資產項目占比與人民幣匯率。

## 二、央行國外資產項目占比與人民幣匯率相關性的理論分析

根據相關分析理論，在進行定量分析之前我們須先進行定性分析[7]。根據 EA

---

① 基金項目：引進教師啓動項目（S1268）。

匯率理論可知，在滿足 Marshall-Lerner 條件的情形下，本國貨幣貶值可以改善貿易收支，從而影響央行資產項目結構，其數理分析如下。

EA 匯率理論基本假設條件：假定在其他條件不變的情形下（包括 GDP、利率等），分析匯率變動對國外資產項目的影響；假定貿易商品供給非常富有彈性（包括出口商品、外國進口替代商品、進口商品和本國進口替代商品）；假定國際收支方程式成立（暫不考慮國際資本流動）。根據 EA 匯率理論我們有如下公式：

$$E_m = (\Delta Q_m / Q_m) \div (\Delta p_m / p_m) = p_m \Delta Q_m / Q_m \Delta p_m \tag{1}$$

其中 $E_m$ 表示進口商品需求彈性，$\Delta Q_m / Q_m$ 表示進口商品需求數量變動的比率，$\Delta p_m / p_m$ 表示進口商品市場價格變動的比率。

$$s_m = (\Delta Q_{sm} / Q_{sm}) \div (\Delta p_{om} / p_{om}) = p_{om} \Delta Q_{sm} / Q_{sm} \Delta p_{om} \tag{2}$$

其中 $s_m$ 表示進口商品供給彈性，$\Delta Q_{sm} / Q_{sm}$ 表示進口商品供給數量變動的比率，$\Delta p_{om} / p_{om}$ 表示以外幣計算的進口商品市場價格變動比率。

$$E_x = (\Delta Q_x / Q_x) \div (\Delta p_{ox} / p_{ox}) = p_{ox} \Delta Q_x / Q_x \Delta p_{ox} \tag{3}$$

其中 $E_x$ 表示出口商品需求彈性，$\Delta Q_x / Q_x$ 表示出口商品需求數量變動的比率，$\Delta p_{ox} / p_{ox}$ 表示以外幣計算的出口商品市場價格變動的比率。

$$s_x = (\Delta Q_{sx} / Q_{sx}) \div (\Delta p_x / p_x) = p_x \Delta Q_{sx} / Q_{sx} \Delta p_x \tag{4}$$

其中 $s_x$ 表示出口商品供給彈性，$\Delta Q_{sx} / Q_{sx}$ 表示出口商品供給數量變動的比率。因為 $p_x = e p_{ox}$，$e$ 為直接標價法表示的匯率，$p_{ox}$ 為以外幣計價的出口商品價格，所以有

$$s_x = (\Delta Q_{sx} / Q_{sx}) \div (\Delta p_{ox} / p_{ox} + \Delta e / e) \tag{5}$$

$$E_{fs} = (\Delta Q_{fs} / Q_{fs}) \div (\Delta e / e) \tag{6}$$

其中 $E_{fs}$ 表示國外資產供給彈性，國外資產項目包括外匯、貨幣黃金、其他國外資產，$\Delta Q_{fs} / Q_{fs}$ 表示國外資產供給量變化比率。由公式（3）~（6）可得

$$E_{fs} = s_x (E_x - 1) / (s_x + E_x) \tag{7}$$

同理可得國外資產需求彈性如下：

$$E_{fd} = -(\Delta Q_{fd} / Q_{fd}) \div (\Delta e / e) = E_m (s_m + 1) / (s_m + E_m) \tag{8}$$

其中 $Q_{fd} = Q_m p_{om}$ 表示本國購買國外產品所需的國外資產項目額度。假定期初時進出口平衡，則期初國外資產項目供求平衡，即 $Q_x p_{ox} - Q_m p_{om} = Q_{fs} - Q_{fd} = 0$，所以

$$\Delta(Q_{fs} - Q_{fd}) / (Q_{fs} - Q_{fd}) = Q_{fs} [E_m(s_m + 1)/(s_m + E_m) + s_x(E_x - 1)/(s_x + E_x)] \Delta e / e$$

根據 EA 匯率理論假定可知 $s_m \gg E_m$，$s_x \gg E_x$，且 $s_m \gg 1$，所以有

$$E_m(s_m + 1)/(s_m + E_m) + s_x(E_x - 1)/(s_x + E_x) = E_m + E_x - 1 \tag{9}$$

$$\Delta(Q_{fs} - Q_{fd})/(Q_{fs} - Q_{fd}) = Q_{fs}(E_m + E_x - 1) \Delta e / e \tag{10}$$

當 $E_m + E_x > 1$ 時，因為國外資產項目變動方向會與直接標價法表示的匯率同方向變動，所以當人民幣對美元貶值時，即直接標價法表示的匯率發生正向變動，$\Delta e / e > 0$，此時 $\Delta(Q_{fs} - Q_{fd})/(Q_{fs} - Q_{fd}) > 0$，央行國外資產項目占比會上升。

### 三、央行國外資產項目占比與人民幣匯率相關性實證分析

本文中的 USD/CNY 匯率採用中國貨幣網公布的相關匯率數據，每 4 個月的平均中間價算術平均後即可得到 2009—2015 年各季度的平均中間價。國外資產項目數據來源於中國人民銀行網站公布的 2009—2015 年各季度的央行資產負債表，國外資產項目包括外匯、貨幣黃金、其他國外資產。2009—2015 年各季度央行國外資產項目占比及 USD/CNY 匯率如表 1 所示。

表 1　2009—2015 年各季度央行國外資產項目占比及 USD/CNY 匯率

| 時間 | 國外資產占比 | 外匯占比 | 貨幣黃金占比 | 其他國外資產占比 | 匯率 |
| --- | --- | --- | --- | --- | --- |
| 2009 年第 1 季度 | 0.788,3 | 0.727,0 | 0.001,6 | 0.059,7 | 6.836,0 |
| 2009 年第 2 季度 | 0.796,4 | 0.738,1 | 0.003,1 | 0.055,2 | 6.829,6 |
| 2009 年第 3 季度 | 0.807,5 | 0.748,0 | 0.003,0 | 0.056,6 | 6.831,0 |
| 2009 年第 4 季度 | 0.814,5 | 0.769,8 | 0.002,9 | 0.041,8 | 6.827,6 |
| 2010 年第 1 季度 | 0.813,8 | 0.772,3 | 0.002,8 | 0.038,7 | 6.826,9 |
| 2010 年第 2 季度 | 0.816,5 | 0.776,8 | 0.002,8 | 0.037,0 | 6.823,4 |
| 2010 年第 3 季度 | 0.823,6 | 0.785,0 | 0.002,7 | 0.035,9 | 6.771,3 |
| 2010 年第 4 季度 | 0.830,9 | 0.797,5 | 0.002,6 | 0.030,8 | 6.660,2 |
| 2011 年第 1 季度 | 0.841,7 | 0.809,0 | 0.002,5 | 0.030,2 | 6.584,0 |
| 2011 年第 2 季度 | 0.844,0 | 0.814,1 | 0.002,4 | 0.027,5 | 6.501,9 |
| 2011 年第 3 季度 | 0.846,6 | 0.820,8 | 0.002,4 | 0.023,4 | 6.417,9 |
| 2011 年第 4 季度 | 0.846,7 | 0.827,1 | 0.002,4 | 0.017,2 | 6.341,8 |
| 2012 年第 1 季度 | 0.847,4 | 0.830,2 | 0.002,4 | 0.014,9 | 6.308,3 |
| 2012 年第 2 季度 | 0.838,9 | 0.822,1 | 0.002,3 | 0.014,4 | 6.306,9 |
| 2012 年第 3 季度 | 0.829,2 | 0.812,3 | 0.002,3 | 0.014,6 | 6.334,5 |
| 2012 年第 4 季度 | 0.819,6 | 0.803,5 | 0.002,3 | 0.013,8 | 6.299,9 |
| 2013 年第 1 季度 | 0.850,1 | 0.823,3 | 0.002,2 | 0.024,6 | 6.279,1 |
| 2013 年第 2 季度 | 0.840,6 | 0.814,2 | 0.002,2 | 0.023,8 | 6.205,3 |
| 2013 年第 3 季度 | 0.840,5 | 0.814,8 | 0.002,2 | 0.023,6 | 6.167,4 |
| 2013 年第 4 季度 | 0.858,0 | 0.832,9 | 0.002,1 | 0.023,0 | 6.130,8 |
| 2014 年第 1 季度 | 0.857,7 | 0.833,2 | 0.002,1 | 0.022,5 | 6.117,6 |
| 2014 年第 2 季度 | 0.849,8 | 0.825,4 | 0.002,0 | 0.022,3 | 6.158,2 |
| 2014 年第 3 季度 | 0.833,0 | 0.808,9 | 0.002,0 | 0.022,1 | 6.156,8 |

表1(續)

| 時間 | 國外資產占比 | 外匯占比 | 貨幣黃金占比 | 其他國外資產占比 | 匯率 |
|---|---|---|---|---|---|
| 2014年第4季度 | 0.823,7 | 0.800,2 | 0.002,0 | 0.021,5 | 6.137,0 |
| 2015年第1季度 | 0.806,7 | 0.783,6 | 0.002,0 | 0.021,2 | 6.137,3 |
| 2015年第2季度 | 0.820,5 | 0.792,5 | 0.006,2 | 0.021,7 | 6.120,2 |
| 2015年第3季度 | 0.804,2 | 0.792,1 | 0.006,8 | 0.005,4 | 6.263,8 |
| 2015年第4季度 | 0.798,6 | 0.782,0 | 0.007,3 | 0.009,3 | 6.387,6 |

數據來源：中國人民銀行網站。

由於在貿易實務中，外貿訂單或合約相對於本幣幣值的變動存在時滯效應，因此我們使用滯後階數各季度國外資產占比數據與USD/CNY匯率進行相關分析，根據Pearson相關係數原理，我們使用SPSS計算整理得到各滯後階數央行國外資產占比與匯率的相關係數，如表2所示。相關係數RCA（即國外資產占比與USD/CNY匯率相關係數）在數滯後階數為3時相關性發生逆轉；RUY（即外匯占比與USD/CNY匯率相關係數）在數滯後階數為5時相關性發生逆轉；RGO（即貨幣黃金占比與USD/CNY匯率相關係數）和ROT（即其他國外資產占比與USD/CNY匯率相關係數）在各滯後階數均無逆轉效應。由於央行貨幣黃金和其他國外資產占總資產的比重低於5%，國外資產占比主要由外匯資產占比決定，外匯資產占比相對於匯率變動存在滯後效應，所以國外資產占比相對於匯率變動也存在滯後效應。由表2相關分析的統計結果可知，當滯後階數為0至2（每滯後一階代表滯後一個季度）時，央行國外資產占比與USD/CNY匯率存在負相關；當滯後階數大於2時，國外資產占比與USD/CNY匯率存在正相關，其中當時滯大於兩年半且小於等於3年半，國外資產占比與USD/CNY匯率存在中度正相關，當時滯大於3年半且小於等於4年，國外資產占比與USD/CNY匯率存在高度正相關。

表2　各滯後階數央行國外資產項目占比與USD/CNY匯率相關分析

| 滯後階數 | RCA | RUY | RGO | ROT |
|---|---|---|---|---|
| 0 | −0.521,5 | −0.733,0 | −0.025,6 | 0.786,0 |
| 1 | −0.330,6 | −0.615,3 | −0.108,0 | 0.788,6 |
| 2 | −0.125,1 | −0.456,7 | −0.208,7 | 0.760,9 |
| 3 | 0.031,9 | −0.283,5 | −0.242,6 | 0.721,8 |
| 4 | 0.170,6 | −0.102,0 | −0.283,7 | 0.631,1 |
| 5 | 0.296,5 | 0.090,0 | −0.342,1 | 0.517,1 |
| 6 | 0.404,9 | 0.279,0 | −0.409,2 | 0.414,4 |
| 7 | 0.467,1 | 0.433,5 | −0.467,6 | 0.307,1 |
| 8 | 0.470,3 | 0.497,1 | −0.495,1 | 0.206,8 |

表2(續)

| 滯後階數 | RCA | RUY | RGO | ROT |
|---|---|---|---|---|
| 9 | 0.456,6 | 0.522,4 | -0.492,2 | 0.106,8 |
| 10 | 0.478,9 | 0.569,4 | -0.492,1 | 0.035,1 |
| 11 | 0.534,8 | 0.625,5 | -0.490,6 | 0.041,0 |
| 12 | 0.600,3 | 0.681,1 | -0.551,3 | 0.131,5 |
| 13 | 0.678,0 | 0.741,4 | -0.641,2 | 0.293,6 |
| 14 | 0.770,4 | 0.807,9 | -0.753,5 | 0.485,3 |
| 15 | 0.847,6 | 0.851,5 | -0.832,8 | 0.660,2 |
| 16 | 0.922,8 | 0.884,0 | -0.886,0 | 0.832,8 |

數據來源：根據SPSS計算結果整理得到。

## 四、結束語

根據EA匯率理論，在滿足Marshall-Lerner條件下本國貨幣貶值可以改善貿易收支，從而影響央行資產項目結構。在貿易實務中，外貿訂單或合約相對於匯率的變動存在時滯效應。我們使用滯後階數各季度央行國外資產占比數據與USD/CNY匯率進行相關分析。當滯後階數為0至2時，中國央行國外資產占比與USD/CNY匯率存在負相關；當滯後階數大於2時，國外資產占比與匯率存在正相關。當時滯大於兩年半且小於等於3年半，國外資產占比與匯率存在中度正相關；當時滯大於3年半且小於等於4年，國外資產占比與匯率存在高度正相關。

**參考文獻：**

［1］巴曙松，劉精山．貨幣反替代對中國匯率和資產價格的影響分析［J］．財經理論與實踐，2014，35（1）：2-7．

［2］晁輝，王文勝．人民幣匯率與資產價格的相關分析［J］．經濟研究導刊，2010（9）：55-56．

［3］李丹．短期國際資本流動、匯率與資產價格的相關性分析［J］．中國商界，2013（2）：66-66．

［4］樂培強．人民幣匯率變動對物價和資產價格影響的實證分析［D］．上海：復旦大學，2010．

［5］李博瑞．人民幣匯率對資產價格衝擊影響的實證分析［D］．長春：吉林大學，2016．

［6］邢天才，田蕊．貨幣政策應否關注資產價格和匯率的波動［J］．經濟問題，2010（10）：4-11．

［7］李德荃．計量經濟學［M］．北京：對外經濟貿易大學出版社，2014．

# 農業經濟專題

經濟問題多視角研究

# 「一村一品」與農村個體經濟發展

張本飛　徐麗姍

**摘要**：地方政府在選擇培育「一村一品」生產技術時，應選擇與農戶人力資本相匹配的產業技術。對於農戶人力資本均值高和方差大的地區，政府須選擇生產率較高、技術應用難度系數較大的「一村一品」技術進行推廣；對於農戶人力資本均值低和方差小的地區，政府須選擇生產率較低、技術應用難度系數較小的技術進行推廣。同時政府應注重有效發揮「一村一品」教育培訓的甄別機制和生產率提升機制的作用，提高教育培訓資金、人員和設施等要素投入的配置效率、規模效率和技術效率。對於自發型「一村一品」發展模式，政府應尊重農戶對特色產業的理性選擇，同時加強技術擴散前期的專業技術指導和研發。

**關鍵詞**：「一村一品」；個體經濟；特色產品

2012年2月1日，國務院發布中央一號文件強調了實現農業現代化和加快城鄉統籌發展的重要性。國外的理論和實踐表明「一村一品」戰略是實現農業現代化的有效措施，我們可以借鑒國外「一村一品」經驗發展中國農村經濟和農業經濟。下面我們就「一村一品」運動討論農村個體經濟的發展問題。

## 一、「一村一品」運動經驗及相關概念

本研究所討論的「一村一品」指的是以產品市場需求為導向，整合地區（不僅指狹義的鄉村，還包括比鄉村範圍廣泛的特定區域）的資源特色和特點，把該地區的資源優勢發展成為品牌產品或者特色產業。下面我們首先簡要介紹「一村一品」運動在世界範圍內的開展經驗。

「一村一品」運動於1979年發端於日本。1983年，該運動的推動者平松守彥接受巴黎「經濟協作機構」的邀請，對其「一村一品」經驗進行總結，此後「一村一品」運動在世界多個國家得到開展。「一村一品」的背景是20世紀70年代。當時日本工業化進程加快，作為山區縣的大分縣面臨著農村人力資本和資金外流的農業發展困境。為了擺脫該困境，大分縣知事平松守彥推出了一系列立足於地

---

[1] 基金項目：四川省社科聯、樂山師範學院學科共建項目（SC13XK13）。

方特色、旨在提高農產品附加值的產業政策,選擇培育本地特色產品和特色產業,同時培養一批既能立足本地又能放眼全國乃至全球的專業人才。通過這些「一村一品」措施,大分縣成功實現農業現代化,其人均收入連續8年居九州地區第一位。

1997年亞洲金融風暴使泰國政府意識到外向型經濟的脆弱性和發展農業的重要性,泰國政府推出「One Town One Product」項目(簡稱「OTOP」項目),該項目包括一萬種以上的特色產品,如泰國傳統食品、手工藝品、服飾、草藥配製飲品、裝飾品等,其中460種產品被泰國政府評為高質產品。泰國政府在推動「一村一品」運動中十分重視人才支撐,鼓勵高學歷人才加入農村建設,資助近10萬名學生以工讀形式參與到該運動之中,同時還通過科研機構對農民進行教育培訓和技術指導以提高農戶的專業技術水準。

菲律賓將「一村一品」運動列為國家中期發展規劃,並成立「一村一品事務辦公室」,同時在全國劃出16個「一村一品」示範區,開展適用技術及市場選擇諮詢、農民專業技能培訓、企業家培訓、特色產品開發和設計等活動,同時政府還為「一村一品」生產投資給予金融支持。

「一村一品」運動作為發展農村經濟的典範,不僅在亞洲範圍內深入開展,而且在全世界得以推廣,甚至英、法、美等已完成工業化的先進國家也將「一村一品」運動作為降低本國失業率的重要措施。

中國自1983年平松守彥來華宣講「一村一品」運動開始,便學習模仿國外「一村一品」經驗,至今已有30餘年,「一村一品」運動仍未能在全國農村地區形成由點到面的燎原之勢。近年來,國務院重新加強了「一村一品」發展規劃,將生豬補貼、農機補貼、良種補貼、糧食直補、農資綜合補貼等資金向「一村一品」運動傾斜,同時建立「一村一品」專項資金以宣傳和推廣地區特色產品。

下面我們從理論上探討「一村一品」專業農戶的發展演化進程。

**二、「一村一品」專業農戶發展演化理論分析**

(一)「一村一品」專業農戶的誕生

「一村一品」專業農戶主要有兩種誕生模式,一種是通過政府「一村一品」戰略推動產生;另一種是通過自發演進產生。前者屬於外生的農業技術進步,後者則為內生的農業技術進步。

1.「一村一品」戰略推動模式

地方政府根據自身或上一級政府的「一村一品」戰略要求,積極培育專業農戶從事「一村一品」生產,專業農戶能否誕生直接依賴於其人力資本累積進程。我們可以根據其人力資本累積方式,從兩個方面討論政策推動下的專業農戶演化模式。

第一,「政學研+教育培訓」,這種模式的特徵是地方政府選擇確定該地區重點培育的「一村一品」技術,大專院校和科研機構對農戶進行教育培訓和技術指導,

從而提高農民專業技術水準。教育培訓對農戶人力資本累積的影響有兩種不同機制：甄別機制和生產率提升機制。當甄別機制起主導作用時，政府對農戶教育培訓的目的在於地挑選出勤奮、生產率高、執行能力強的農戶。學習能力強、意志堅定的農戶較之學習能力差、意志薄弱的農戶其接受教育培訓的學習成本較低（主要原因是後者要達到前者同樣的學習效果要付出更多的心理成本），如果完成教育培訓的預期收益介於兩類農戶學習成本之間，政府就能有效挑選出勤奮、生產率高、執行能力強的農戶在融資和科技上進行重點扶持，經過多輪的生產競爭，一些專業農戶將從這些得到政府資助的精英農戶中誕生。當生產率提升機制起主導作用時，政府對農戶教育培訓能有效提高農戶的人力資本，從而降低農戶應用政府選擇培育的「一村一品」技術的成本，提高其成為專業農戶的概率。專業農戶誕生的數量依賴於教育培訓投入、農戶的學習能力以及教育培訓效率。其中作為投入指標的主要有地方政府、大專院校和科研機構為開展「一村一品」教育培訓所投入的資金、科技成果、技術專家、培訓機構普通工作人員以及場地設施等。農戶的學習能力和教育培訓系統效率直接決定了教育培訓的效果。農戶學習能力越強，農戶競爭越激烈，農戶人力資本累積越快，因而科技教育培訓效果越好；同樣，教育培訓系統效率越高，培訓效果越好，從而「一村一品」專業農戶誕生的數量越多。

第二，「政學研+農戶干中學」，這種模式的特徵是地方政府和金融系統為農戶提供專業化生產的融資平臺，大專院校和科研機構為農戶提供「一村一品」投資的技術平臺以及專業化生產的技術指導，農戶在生產過程中累積經驗從而累積人力資本。進行專業化生產投資的農戶能否最終成為「一村一品」專業農戶直接決定其專業技術人力資本存量。只有當農戶人力資本存量超過專業農戶人力資本臨界值時，「一村一品」專業農戶才能誕生。農戶專業技術人力資本的累積依賴於兩種因素：專業化生產經驗和人力資本轉化係數。其中生產經驗的累積依賴於上一輪特色產品產量以及同一特色產品生產地區的其他農戶生產經驗的溢出效應；人力資本轉化係數取決於科研機構和技術推廣組織對農戶的技術指導以及農戶生產經驗的保持效應，農戶生產經驗遺忘率越高，則越不利於農戶的生產經驗向人力資本轉化；科研機構和技術推廣組織對農戶的技術指導越有效則農戶人力資本累積越快，從而越有利於農戶人力資本越過「一村一品」的專業農戶人力資本臨界值。

2. 自發演進模式

自發型「一村一品」專業農戶的誕生源於地區自發的分工秩序和比較優勢。H-O理論認為一國（或一地區）應出口密集使用其豐裕要素的商品，進口密集使用其稀缺要素的商品；由於國家（或地區）之間要素稟賦的差異和由此產生的商品生產成本以及相對價格的差異，使得各國（或地區）擁有不同的特色或優勢產品。根據 H-O 理論，擁有某種豐裕要素的地區會自發產生密集使用該生產要素的專業農戶。H-O 理論討論的資源稟賦主要指的是勞動力資源和自然資源，如礦產、

地理、生物、氣候等資源，我們應用 H-O 理論分析「一村一品」專業農戶的誕生時還應突出文化資源，如傳統工藝等。某一地區在長期發展中會形成不同的文化特色，從而形成不同的文化需求和供給，這種內在的文化需求和供給與地區經濟結合就會自發形成特色產品，從而自發產生「一村一品」專業農戶。

（二）「一村一品」專業農戶的發展

如果地區在「一村一品」運動進程中，已經產生一定比例的專業農戶，下一步則是發展更多的專業農戶，使得特色產品的生產積聚成特色產業。這種特色產品的生產傳播過程本質就是專業化生產技術的擴散。下面我們從農戶人力資本視角討論「一村一品」專業技術的擴散。

對於自發演進模式產生的專業農戶，其專業技術擴散前期較慢，後期較快，原因是具有某種專業化生產比較優勢的地區在長期的發展演化中積澱了與區域基礎環境相應的專業技能人力資本，這些自發演化形成的人力資本的特徵是均值高方差小。人力資本均值高意味著有利於更多的農戶人力資本越過「一村一品」專業農戶人力資本臨界值；人力資本方差小意味著農戶人力資本較為均等，根據技術擴散基本原理，人力資本方差較小則技術擴散前期較慢後期較快。因此，對於自發演進模式的「一村一品」專業農戶的發展，政府仍需積極參與和引導，特別是加強技術擴散前期的專業技術指導和研發。

對於政府選擇培育的「一村一品」專業化生產的發展，我們首先需討論是否存在政府所選專業技術與農戶人力資本不相匹配的問題。對於農戶人力資本均值高和方差大的地區，政府須選擇生產率較高技術應用難度係數較大的「一村一品」專業技術；對於農戶人力資本均值低和方差小的地區，政府須選擇生產率較低技術應用難度係數較小的專業技術。如果違背此基本農業技術引進規律，則技術擴散與農戶人力資本不匹配，從而「一村一品」專業技術擴散面臨萎縮的局面。剔除上述政府所選專業技術與農戶人力資本不相匹配的情形，我們進一步討論「一村一品」專業農戶的發展問題。對於「政學研+教育培訓」模式的「一村一品」技術擴散，由於教育培訓人為擴大受訓者和非受訓者人力資本的差異，從而導致技術擴散前期較快後期較慢。對於「政學研+農戶干中學」模式，根據前文的討論，參與地區特色產品生產的農戶數目越多或人力資本轉化係數越大，則農戶專業化人力資本累積越快，從而越有利於該地區「一村一品」專業農戶的發展。

### 三、政策建議

根據本研究第二部分的「一村一品」專業農戶發展演化理論分析，我們可以得出如下的政策含義：

地方政府在選擇培育「一村一品」生產技術時，應選擇與農戶人力資本相匹配的專業化生產技術。對於農戶人力資本均值高和方差大的地區，政府須選擇生產率較高技術應用難度係數較大的「一村一品」技術進行推廣；對於農戶人力資本均值低和方差小的地區，政府須選擇生產率較低技術應用難度係數較小的技術

進行推廣。

在「政學研+教育培訓」型的「一村一品」發展模式中，地方政府應同時注重教育培訓的甄別機制和生產率提升機制。一方面，政府通過教育培訓挑選出勤奮、生產率高、執行能力強的精英農戶在融資和科技上進行重點扶持；另一方面，通過教育培訓提高農戶的專業化生產水準。對於前者，應突出精英農戶的示範效應；對於後者，則應加強接受培訓農戶之間的公平競爭，同時提高教育培訓資金、人員和設施等要素投入的配置效率、規模效率和技術效率。

在「政學研+農戶干中學」型的「一村一品」發展模式中，地方政府一方面可以通過金融系統為農戶提供「一村一品」融資平臺，另一方面通過大專院校和科研機構為農戶提供技術平臺，注重「農戶干中學」過程中的獨立自主性，幫助農戶建立「一村一品干中學」知識共享平臺從而擴大農戶專業化人力資本的溢出效應。

在自發型「一村一品」發展模式中，政府一方面應尊重地方傳統工藝技術的歷史積澱和農戶對特色產業的理性選擇，同時應積極參與和引導，特別是加強技術擴散前期的專業技術指導和研發。

**參考文獻：**

［1］Shakya G. Understanding one village one product in Japan, thailand and Nepal［J］. AGRO, 2011, 4: 56-68.

［2］Jaiborisudhi W. OVOP network in East Asia and a case study in thailand: the authority between the government and the general public［J］. The International Journal of East Asian Studies, 2011（1）: 14-26.

［3］Rana EC. Sustainable local development through one town one product（OTOP）: the case of Mindanao, Philippines［J］. Journal of OVOP Policy, 2012, 8: 31-38.

［4］王燕青. 國外「一村一品」發展的主要做法及經驗研究［J］. 山西農業大學學報，2012（9）: 906-909.

［5］Spence M. Job market signaling［J］. The quarterly journal of Economics, 1973, 87（3）: 355-374.

［6］楊成章. 西部貧困山區新農村建設研究［D］. 成都：西南財經大學，2007.

［7］錢寧剛. 雲南省「一村一品」發展現狀與對策研究［J］. 雲南農業大學學報，2011（3）: 3-9.

［8］張本飛. 農戶人力資本累積與農業技術進步研究［D］. 武漢：華中科技大學，2012.

［9］張玉柯. 國際經濟學［M］. 保定：河北大學出版社，2003.

# 不確定性條件下的農業新技術採用與擴散[①]

張本飛

**摘要：** 單個農戶採用農業創新技術或引進技術的利潤具有不確定性。農戶在決策是否採用新技術時會根據唯一的臨界值做出判斷，當且僅當利好信息概率估計值大於此臨界值時農戶選擇採用該技術；否則會選擇等待技術擴散過程中產生新信息以利於下一期的決策。在其他條件不變的情況下，農戶人力資本越小其延遲新技術採用的傾向越強，利好信息越多其採用新技術的概率越大。在技術擴散過程中新技術採用農戶的占比先加速遞增，後減速遞增；技術擴散曲線的駐點發生在技術採用農戶的占比達到50%之前。

**關鍵詞：** 人力資本；技術採用；技術擴散

單個農戶採用農業創新技術或引進技術的利潤具有不確定性。新信息的傳遞可以使此不確定性得以降低。而該新信息源於其他農戶干中學的經驗外溢（溢出效應）或農業技術供給方的信息發布等。從這種視角討論農業技術，直接應用西方的信貸約束技術採用模型或農戶生產規模差異模型（Just & Zilberman，1983；Polson & Spencer，1991；Sunding，2001；Gine & Yang，2009），更為符合中國農業生產的實際狀況（盧銘凱，2011；王金霞，2009）。下文擬從農戶人力資本差異的角度討論不確定性條件下農業新技術的採用，同時分析不確定性條件下技術擴散速度的決定因素。

## 一、農戶新技術採用的貝爾曼方程

農戶新技術採用的是農業技術擴散的微觀機制，而農業技術擴散則是農業新技術從創新源頭開始向周圍傳播從而被廣大農戶所接受、採納和使用的過程，該過程可以看作是農業技術創新的一個後續過程，也可以看作是相對創新而言獨立的技術傳播、推廣和擴散過程（Comin & Hobija，2010）。下面我們首先討論不確定性條件下農戶新技術的採用，然後根據農戶技術採用模型推導農業技術擴散。

假定期初農戶人力資本不同。農戶須決策是否採用農業創新技術或引進技術，

---

[①] 基金項目：四川省教育廳科研項目（11SA090）。

如果當期不採用，即等待新的信息以利於下一期的決策。假定技術擴散過程中產生的新信息服從伯努利分佈；農戶採用新技術後每期的收入流為 $i$，假定 $i = i_j(j = 1, 2)$，其中 $i_1 > 0$，且 $i_1 > i_2$，$i_1$ 和 $i_2$ 外生，利好信息發生的概率外生，農戶只能根據過去的情況不斷調整對利好信息發生的概率估計值。定義概率事件如下：

事件 $A = \{$對農戶技術採用決策有利的信息，即採用新技術後每期的收入流為 $i_1\}$

事件 $\bar{A} = \{$對農戶技術採用決策不利的信息，即採用新技術後每期的收入流為 $i_2\}$

令事件 A 發生的概率 $\Pr(A) = \psi = \psi_j(j = 1, 2) \in (0, 1)$，且 $\psi_1 > \psi_2$。因為 $\Pr\{i = i_1\} = \Pr(A)$，所以 $\Pr\{i = i_1\} = \psi_j(j = 1, 2)$。農戶新技術採用成本函數為：

$$C_a = C(h), \quad C'(\cdot) < 0 \tag{1}$$

其中 $h$ 為農戶人力資本，即農戶人力資本越高其新技術採用成本越低。則農戶新技術採用的利潤現值可以表示為：

$$\pi_j = I_1 \psi_j + I_2(1 - \psi_j) - C(h) \quad (j = 1, 2) \tag{2}$$

其中每期收入流為 $i_1$ 的現值為 $I_1 = (1 + r^{-1})i_1$，$r$ 為貼現率；同理 $I_2 = (1 + r^{-1})i_2$。農戶技術採用決策條件滿足 $\pi_1 > 0$，$\pi_2 < 0$。農戶在 $t$ 期對 $\Pr\{i = i_1\}$ 的數學期望為 $E(\psi) = \psi_1 P_t + \psi_2(1 - P_t)$，其中 $P_t$ 為農戶在 $t$ 期對 $\psi = \psi_1$ 的概率估計值。當事件 A 發生時，$\psi = \psi_1$ 的條件概率為 $\Pr\{\psi = \psi_1 | A\} = \psi_1 P_t / E(\psi)$，即在 $t$ 期如果技術擴散過程中發生對技術採用決策有利的信息時，農戶會更新 $\psi = \psi_1$ 的概率估計值為

$$P_{t+1} = \lambda_A(P_t) = \psi_1 P_t / E(\psi) \tag{3}$$

同理，$\Pr\{i = i_2\} = 1 - \psi_j(j = 1, 2)$，所以農戶對 $\Pr\{i = i_2\}$ 的數學期望為 $1 - E(\psi)$，當事件 $\bar{A}$ 發生時 $\psi = \psi_1$ 的條件概率為 $\Pr\{\psi = \psi_1 | \bar{A}\} = (1 - \psi_1)P_t / [1 - E(\psi)]$，即在 $t$ 期如果技術擴散過程中發生對技術採用決策不利的信息時，農戶會更新 $\psi = \psi_1$ 的概率估計值為

$$P_{t+1} = \lambda_B(P_t) = (1 - \psi_1)P_t / [1 - E(\psi)] \tag{4}$$

因而農戶新技術採用決策的貝爾曼方程（Bellman Equation）可以表示為（Bellman, 2003）：

$$v(P_t) = \max_{C_a, i_1, i_2} [F(P_t) + (1 + r)^{-1} w(P_{t+1})] \tag{5}$$

其中

$$F(P_t) = E(\psi) w(\lambda_A(P_t)) + [1 - E(\psi)] w[\lambda_B(P_t)] \tag{6}$$

$$w(P_{t+1}) = \max[w^u(P_{t+1}), w^n(P_{t+1})] \tag{7}$$

記 $P_t = P$，則農戶新技術採用的利潤可以表示為

$$w^u(P) = I_1[\psi_1 P + \psi_2(1 - P)] + I_2[1 - \psi_1 P - \psi_2(1 - P)] - C(h), \quad w^u(0) < 0 \tag{8}$$

農戶不採用新技術的（即選擇繼續等待新信息）利潤為

$$w^n(P) = \frac{w[\lambda_A(P)][\psi_1 P + \psi_2(1-P)] + w[\lambda_B(P)][1-\psi_1 P - \psi_2(1-P)]}{1+r}$$

$$w^n(0) \geqslant 0 \qquad (9)$$

## 二、非確定性條件下的農戶新技術採用

命題1：存在唯一 $P = P^*$ 滿足在區間 $(0, P^*)$ 上，$w^u(P) < w^n(P)$；在區間 $(P^*, 1)$ 上，$w^u(P) > w^n(P)$。

證明：根據定理SLP4.6（Stokey, Lucas & Prescott, 1989），存在唯一連續凸函數（Convex Function）$w(\cdot)$ 滿足新技術採用的貝爾曼方程。令 $D_1(P) = w^n(P) - w^u(P)$，則 $D_1(P)$ 在區間 $[0, 1]$ 為單調連續函數。因為

$$w^n(1) = [I_1\psi_1 + I_2(1-\psi_1) - C(h)]/(1+r) \qquad (10)$$

$$w^u(1) = I_1\psi_1 + I_2(1-\psi_1) - C(h) \qquad (11)$$

且 $r > 0$，所以 $D_1(1) < 0$，由（8）、（9）式中的條件知 $w^n(0) \geqslant w^u(0)$，即 $D_1(0) > 0$，且 $D_1(P)$ 單調連續，故 $D_1(P) = 0$ 有唯一解 $P = P^*$，在區間 $(0, P^*)$ 上，$w^u(P) < w^n(P)$；在區間 $(P^*, 1)$ 上，$w^u(P) > w^n(P)$。命題1證畢。

由命題1知 $P^*$ 為農戶決定是否採用新技術的臨界值，當 $P < P^*$ 時，農戶會選擇等待技術擴散過程中產生新信息；當 $P = P^*$ 時，農戶採用或不採用新技術無差異；當且僅當 $P > P^*$ 時，農戶選擇採用新技術為最佳決策。

命題2：當農業新技術擴散過程中產生 $n$ 次信息後，農戶採用該技術的概率與農戶人力資本 $h$ 呈正相關。

證明：記農戶對 $\psi = \psi_1$ 的概率估計的初始值 $P_0 = \rho$，由式（3）、式（4）式知：

$$P(\rho, n, m) = 1/[\psi_1^{-m}\rho^{-1}\psi_2^m(1-\psi_1)^{-(n-m)}(1-\rho)(1-\psi_2)^{n-m} + 1] \qquad (12)$$

其中 $P(\rho, n, m)$ 表示經過 $n$ 次觀察，當 $m$（$m \leqslant n$）為利好消息時，農戶對 $\psi = \psi_1$ 的概率估計值。令 $P(\rho, n, m) = P^*$，解得：

$$\rho^*(P^*, n, m) = 1/[\psi_1^m P^{*-1}\psi_2^m(1-\psi_1)^{n-m}(1-P^*)(1-\psi_2)^{-(n-m)} + 1] \qquad (13)$$

當 $P(\rho, n, m) > P^*$ 時，農戶會選擇採用新技術，因而農戶新技術採用概率為：

$$\Pr\{P(\rho, n, m) - P^* > 0\} = \Pr\{\rho - \rho^*(P^*, n, m) > 0\} \qquad (14)$$

令 $F_1 = \Pr\{\rho - \rho^*(P^*, n, m) > 0\}$，$f(x)$ 為 $\rho$ 的概率密度函數（Probability Density Function），則有：

$$F_1 = \int_{\rho^*(P^*, n, m)}^{\rho} f(x)dx, \ f(\cdot) > 0 \qquad (15)$$

根據上式對 $\rho^*(P^*, n, m)$ 求偏導數得 $\partial F_1/\partial \rho^* = -f(\rho^*)$，由概率密度函數

條件 $f(\cdot) > 0$ 知 $\partial F_1/\partial \rho^* < 0$，且由（13）式知 $\partial \rho^*(P^*, n, m)/\partial P^* > 0$，即
$$\partial F_1/\partial P^* < 0 \qquad (16)$$
由（8）、（9）式和命題1的證明知：
$$D_1(P) = D[P, C(h)] = \xi(P) + C(h) \qquad (17)$$
其中
$$\xi(P) = \{w[\lambda_A(P)][\psi_1 P + \psi_2(1-P)] + w[\lambda_B(P)]$$
$$[1 - \psi_1 P - \psi_2(1-P)]\}(1+r) - 1$$
$$- I_1[\psi_1 P + \psi_2(1-P)] + I_2[1 - \psi_1 P - \psi_2(1-P)] \qquad (18)$$
由命題1中結論和（17）式、（18）式知 $\partial D[P, C(h)]/\partial P < 0, \partial \xi(P)/\partial P < 0$，且當 $P = P^*$ 時 $\xi(P^*) + C(h) = 0$，所以 $\partial P^*/\partial C(h) > 0$，由（1）式中條件 $dC/dh < 0$，即有 $\partial P^*/\partial h < 0$，結合（16）式得 $\partial F_1/\partial h > 0$。命題2證畢。

由命題2可得如下推論：農戶人力資本 $h$ 越小，農戶延遲農業新技術採用的傾向越強。

命題3：在其他條件不變的情況下，$m$ 越大則農戶採用農業新技術的概率越大。

證明：令 $Y = \ln[1 - P(\rho, n, m)] - \ln P(\rho, n, m)$，則（12）式可以化簡為
$$Y = -m\ln\left(\frac{\psi_1}{\psi_2}\right) + (n-m)\ln\left(\frac{1-\psi_2}{1-\psi_1}\right) + \ln(\rho^{-1} - 1) \qquad (19)$$
根據變分法（Calculus of Variations），將上式對 $m$ 求偏導數可得：
$$\partial Y/\partial m = -\ln(\psi_1/\psi_2) - \ln((1-\psi_2)/(1-\psi_1)) \qquad (20)$$
因為 $\psi_1 > \psi_2 > 0$，所以 $\ln(\psi_1/\psi_2) > 0$, $\ln((1-\psi_2)/(1-\psi_1)) > 0$，即 $\partial Y/\partial m < 0$。又因為
$$\partial Y/\partial P(\rho, n, m) = -1/P(\rho, n, m)[1 - P(\rho, n, m)] \qquad (21)$$
由（12）式知 $0 < P(\rho, n, m) < 1$，所以 $\partial Y/\partial P(\rho, n, m) < 0$，且 $\partial Y/\partial m < 0$，即
$$\partial P(\rho, n, m)/\partial m > 0 \qquad (22)$$
由（19）式對 $\rho$ 求偏導數得 $\partial Y/\partial \rho = -1/\rho(1-\rho)$，其中 $0 < \rho < 1$，所以 $\partial Y/\partial \rho < 0$，且 $\partial Y/\partial P(\rho, n, m) < 0$，即 $\partial P(\rho, n, m)/\partial \rho > 0$，又由（15）式可得 $\partial F_1/\partial \rho = f(\rho) > 0$，故而有 $\partial F_1/\partial P > 0$，結合（22）式即有 $\partial F_1/\partial m > 0$。命題3證畢。

### 三、非確定性條件下的農業技術擴散

命題4：在其他條件不變的情況下，$P_0$ 的均值越大農業新技術擴散越快。

證明：記 $\rho^*(P^*, n, m) = \rho^*(P^*, q_n)$，其中 $q_n = (\sum_{j=1}^{n} M_j, n)$，令
$$\rho^m(P^*, q_n) = \min_{0 \leq j \leq n}\{\rho^*(P^*, q_j)\} \qquad (23)$$
其中 $\rho^*(P^*, q_0) = P^*$，則在 $t = n$ 期或 $n$ 期之前採用新技術的農戶占比可表

165

示為

$$L(P^*, q_n) = \int_{\rho^m(P^*, q_n)}^{1} dF(\rho) \tag{24}$$

其中 $F(\rho)$ 為農戶對利好信息發生可能性較大的概率估計初值的累積分佈函數（Cumulative Distribution Function），令 $\rho \sim U[a, b]$，其中 $0 \leq a < b \leq 1$，則

$$L(P^*, q_n) = [b - \rho^m(P^*, q_n)]/(b-a), \; b > \rho^m(P^*, q_n) > a \tag{25}$$

由上式得

$$\partial L(P^*, q_n)/\partial b = [\rho^m(P^*, q_n) - a](b-a)^{-2} > 0 \tag{26}$$

$$\partial L(P^*, q_n)/\partial a = [b - \rho^m(P^*, q_n)](b-a)^{-2} > 0 \tag{27}$$

由（26）式、（27）式得 $\partial L(P^*, q_n)/\partial(a+b) > 0$，且 $P_0$ 的均值即為 $\rho$ 的數學期望 $E(\rho) = (a+b)/2$，所以 $\partial L(P^*, q_n)/\partial E(\rho) > 0$。命題 4 證畢。

命題 5：在其他條件不變的情況下，$P_0$ 的方差越大，農業新技術早期擴散越快，晚期則擴散越慢。

證明：由命題 4 的證明知 $P_0$ 的方差 $\text{var}(P_0) = (b-a)^2/12$，$\text{var}(P_0)$ 的變動可看作 $a$ 和 $b$ 同時反向變動一個較小的量 $\varepsilon$ 的過程，任給 $\varepsilon > 0$，當 $a$ 和 $b$ 分別變為 $a - \varepsilon$ 與 $b + \varepsilon$ 時即為 $\text{var}(P_0)$ 增大；同理，當 $a$ 和 $b$ 分別變為 $a + \varepsilon$ 與 $b - \varepsilon$ 時即為 $\text{var}(P_0)$ 減小。$P_0$ 的均值 $E(\rho) = (a+b)/2$，根據（25）式，當且僅當 $\rho^m(P^*, q_n) > E(\rho)$ 時有

$$\frac{b + \varepsilon - \rho^m(P^*, q_n)}{(b+\varepsilon) - (a-\varepsilon)} > \frac{b - \rho^m(P^*, q_n)}{b-a} = L(P^*, q_n) \tag{28}$$

同理，當且僅當 $\rho^m(P^*, q_n) < E(\rho)$ 時有

$$\frac{b - \varepsilon - \rho^m(P^*, q_n)}{(b-\varepsilon) - (a+\varepsilon)} > \frac{b - \rho^m(P^*, q_n)}{b-a} \tag{29}$$

（28）式表明 $\text{var}(P_0)$ 越大，農業新技術早期擴散越快，晚期擴散越慢；（29）式則表明 $\text{var}(P_0)$ 越小技術早期擴散越慢晚期擴散越快。命題 5 證畢。

命題 6：在其他條件不變的情況下，貼現率 $r$ 越小農業新技術擴散越快。

證明：令 $\beta = (1+r)^{-1}$，由命題 1 的證明以及（8）式、（9）式可知 $D_1(P) = \Omega(P, \beta) = w^n - w^u$，則有

$$\partial \Omega(P, \beta)/\partial \beta = w[\lambda_A(P)][\psi_1 P + \psi_2(1-P)]$$
$$+ w[\lambda_B(P)][1 - \psi_1 P - \psi_2(1-P)] > 0 \tag{30}$$

根據隱函數定理（Implicit Function Theorem）得：

$$dP/d\beta = -[\partial \Omega(P, \beta)/\partial P]^{-1} \partial \Omega(P, \beta)/\partial \beta \tag{31}$$

聯立（30）式、（31）式，且由命題 1 知 $\partial \Omega(P, \beta)/\partial P < 0$，即 $dP/d\beta > 0$，由命題 2 的證明知 $\partial F_1/\partial P > 0$，$\partial F_1/\partial \beta > 0$，即 $\beta$ 越大（等價於貼現率 $r$ 越小）農戶採用新技術的傾向越強，農業新技術擴散越快。命題 6 證畢。

下面我們來討論農業新技術擴散曲線的形狀，在推導過程中我們放鬆傳統的技術擴散假設：在任一時點農戶採用新技術的概率與已採用新技術的農戶占比呈

正相關。

命題 7：農業新技術擴散曲線為 $S$ 型（S-shape）或為凹函數（Concave Function）。

證明：令 $q_n = (n\psi_1, n)$，其中 $n = 0, 1, ...$，則根據（13）式有

$$\rho^*(P^*, q_n) = 1/[\psi_1^{n\psi_1} P^{*-1} \psi_2^{-n\psi_1}(1-\psi_1)^{n-n\psi_1}(1-P^*)(1-\psi_2)^{n\psi_1-n} + 1] \tag{32}$$

分別求 $\rho^*(P^*, q_n)$ 的一階與二階差分方程得：

$$\Delta\rho^*(P^*, q_n) = \rho^*(P^*, q_{n+1}) - \rho^*(P^*, q_n) \tag{33}$$

$$\Delta^2\rho^*(P^*, q_n) = \Delta\rho^*(P^*, q_{n+1}) - \Delta\rho^*(P^*, q_n) \tag{34}$$

令 $y = \ln[1 - \rho^*(P^*, q_n)] - \ln\rho^*(P^*, q_n)$，則（32）式可以化簡為：

$$y = n[\psi_1\ln(\frac{\psi_1}{\psi_2}) - (1-\psi_1)\ln(\frac{1-\psi_2}{1-\psi_1})] + \ln(P^{*-1} - 1) \tag{35}$$

因為

$$[1 + \frac{\psi_1 - \psi_2}{\psi_2(1-\psi_1)}]^{\psi_1} > 1 + \frac{\psi_1(\psi_1-\psi_2)}{\psi_2(1-\psi_1)} > 1 + \frac{\psi_1 - \psi_2}{1 - \psi_1} \tag{36}$$

所以上式可化簡為：

$$(\frac{\psi_1}{\psi_2})^{\psi_1}(\frac{1-\psi_1}{1-\psi_2})^{(1-\psi_1)} > 1 \tag{37}$$

由（35）式知：

$$\partial y/\partial n = \psi_1\ln(\frac{\psi_1}{\psi_2}) - (1-\psi_1)\ln(\frac{1-\psi_2}{1-\psi_1}) \tag{38}$$

聯立（37）式、（38）式可得 $\Delta y/\Delta n > 0$。因為

$$\partial y/\partial \rho^*(P^*, q_n) = -1/\rho^*(P^*, q_n)[1 - \rho^*(P^*, q_n)] \tag{39}$$

由（32）式知 $0 < \rho^*(P^*, q_n) < 1$，所以 $\partial y/\partial \rho^*(P^*, q_n) < 0$，且 $\partial y/\partial n > 0$，即 $\Delta\rho^*(P^*, q_n) < 0$，因此（23）式可化簡為 $\rho^m(P^*, q_n) = \rho^*(P^*, q_n)$，則根據命題 1 的證明有

$$L(P^*, q_n) = [b - \rho^*(P^*, q_n)]/(b-a) \tag{40}$$

$$\Delta L(P^*, q_n) = -\Delta\rho^*(P^*, q_n)/(b-a) \tag{41}$$

由（34）式和（41）式得

$$\Delta^2\rho^*(P^*, q_n) = \rho^*(P^*, q_{n+2}) - 2\rho^*(P^*, q_{n+1}) + \rho^*(P^*, q_n)$$
$$= -(b-a)\Delta^2 L(P^*, q_n) \tag{42}$$

根據（32）式、（33）式得 $\Delta\rho^*(P^*, q_n) < 0$，當且僅當 $\rho^*(P^*, q_n) \geq P_\theta$ 時，$\Delta^2\rho^*(P^*, q_n) \leq 0$；反之，當且僅當 $\rho^*(P^*, q_n) < P_\theta$ 時，$\Delta^2\rho^*(P^*, q_n) > 0$，其中 $P_\theta = 1/[\psi_1^{-\psi_1}\psi_2^{\psi_1}(1-\psi_1)^{\psi_1-1}(1-\psi_2)^{1-\psi_1} + 1]$。因此我們可以得到如下結論：當 $P^* > P_\theta$ 時，存在唯一的正整數 $N_\theta$，$n > N_\theta$ 則 $\Delta^2 L(P^*, q_n) < 0$，反之，$n < N_\theta$ 則 $\Delta^2 L(P^*, q_n) > 0$；當 $P^* \leq P_\theta$ 時，對於所有的非負整數 $n$ 都滿足不等式

$\Delta^2 L(P^*, q_n) < 0$。命題 7 證畢。

根據命題 7 的證明我們可得 $N_\theta$ 的求解過程如下：

不妨記方程 $\rho^*(P^*, q_n) = P_\theta$ 的解 $n_\theta$。如果 $n_\theta/(b-a)$ 為整數，則 $N_\theta = n_\theta$；否則使用上取整函數（Ceiling Functions）得 $N_\theta = \lceil n_\theta/(b-a) \rceil$。

## 四、結語

根據上文的分析，我們可將不確定性條件下農業新技術的採用與技術擴散歸納如下：

農戶在決策是否採用新技術時會根據唯一的臨界值做出判斷，當且僅當利好信息概率估計值大於該臨界值時，農戶選擇採用該技術；否則會選擇等待技術擴散過程中產生新信息以利於下一期的決策。

在其他條件不變的情況下，農戶人力資本越小其延遲新技術採用的傾向越強，利好信息越多其採用新技術的概率越大。

在技術擴散過程中新技術採用農戶的占比先加速遞增，後減速遞增；技術擴散曲線的駐點發生在技術採用農戶的占比達到 50% 之前，因此技術擴散曲線在絕大多數時間上是凹函數，其特例是技術擴散曲線在所有時間上均為凹函數（Diamond, 2003）。技術擴散速度取決於農戶人力資本、貼現率以及利好信息概率估計初值的均值和方差。

**參考文獻：**

[1] Just R E, Zilberman D. Stochastic structure, farm size and technology adoption in developing agriculture [J]. Oxford Economic Papers, 1983, 35（2）：307-328.

[2] Polson R A, Spencer D S C. The technology adoption process in subsistence agriculture: the case of cassava in southwestern Nigeria [J]. Agricultural Systems, 1991, 36（1）：65-78.

[3] Sunding D & Zilberman D. The agricultural innovation process: research and technology adoption in a changing agricultural sector [J]. Handbook of agricultural economics, 2001, 1：207-261.

[4] Gine X, Yang D. Insurance, credit, and technology adoption: field experimental evidence from malawi [J]. Journal of Development Economics, 2009, 89（1）：1-11.

[5] Comin D, Hobija B. An exploration of technology diffusion [J]. The American Economic Review, 2010, 100（5）：2031-2059.

[6] Erdos L, Yau H T, Yin J. Universality for generalized Wigner matrices with bernoulli distribution [J]. Arxiv, 2010, 42（7）：40-68.

[7] Bellman, R. E. Dynamic programming [M]. New York: Dover Pubns, 2003.

[8] Stokey N L, Lucas R E, et al. Recursive methods in economic dynamics [M]. Boston: Boston Harvard University Publishing, 1989.

[9] Friesz T L. Foundations of the calculus of variations and optimal control [J]. Dynamic Optimization and Differential Games, 2010, 64（8）：79-146.

[10] Rahman S M, Dinar A, Larson D F. Diffusion of Kyoto's clean development mechanism [J]. Technological Forecasting and Social Change, 2010, 77 (8): 1391-1400.

[11] Czernich N, et al. Broadband infrastructure and economic growth [J]. The Economic Journal, 2011, 121 (552): 505-532.

[12] Diamond A M. Edwin mansfield's contributions to the economics of technology [J]. Research policy, 2003, 32 (9): 1607-1617.

[13] 盧銘凱, 史本山. 新技術運用的最優時機決策模型 [J]. 統計與決策, 2011 (5): 54-56.

[14] 王金霞. 黃河流域保護性耕作技術的採用：影響因素的實證研究 [J]. 資源科學, 2009 (4): 41-47.

# 茶產業空間集聚對農民增收的影響研究
## ——基於動態面板數據模型的實證[①]

羅富民

**摘要**：文章對茶產業空間集聚對農民增收的影響進行了理論解釋和實證分析。研究表明，茶產業空間集聚可以從增強品牌效應、提升市場地位、提升生產效率、降低種植成本等多個層面對農民增收產生積極影響；而實證分析結果也表明中國18個產茶省近年來茶產業空間集聚度的提升對農民收入增長產生了積極作用。

**關鍵詞**：茶產業；空間集聚；農民收入；動態面板數據模型

## 一、引言

茶產業是中國傳統特色農業產業，近年來已經發展成為茶葉主產區現代農業的支柱產業。「十二五」期間，中國茶園種植面積、茶葉產量和產值呈現大幅增長趨勢。截至2015年年末，全國18個產茶省的茶園種植面積為4,316萬畝（1畝≈666.67平方米），是2010年年末的1.46倍，年均增長7.8%；茶葉總產量達到227.8萬噸，是2010年年末的1.54倍，年均增長9.1%；茶葉總產值達到1,519.2億元，是2010年年末的2.48倍，年均增長19.9%[②]。

當前，對於產業空間集聚的研究主要集中在製造業領域，而農業空間集聚問題一直作為一種自然現象而未引起足夠的重視，研究文獻較少。比如楊麗、王鵬生（2005）研究指出農業產業集聚是實現小農經濟與規模經濟的有機結合；李二玲、龐安超、朱紀廣（2011）對中國農業地理集聚格局演化及其機制進行了分析。茶葉種植作為中國農業生產的重要領域，也呈現出不同程度的空間集聚現象。宋燕平、王豔榮（2008）以安徽省為例，對茶產業空間集聚狀況及對產業總產值的效應進行了探討；楊洋、劉穎、張琦對安徽茶產業集中程度及其發展對策進行了研究；衛龍寶、李靜（2014）對中國茶葉主產區的產業空間集聚度進行了分析，並探討了茶葉生產技術效率的影響因素。

---

[①] 基金項目：四川省哲學社會科學項目「農產品加工企業空間集聚發展研究」（項目編號：SC15XK054）。

[②] 數據來源於《中國茶葉產業十三五規劃》。

## 茶產業空間集聚對農民增收的影響研究——基於動態面板數據模型的實證

當前茶葉種植已經成為茶葉主產區農民增收的重要途徑。那麼茶葉空間集聚是否會對農民增收產生積極作用？值得我們關注和研究。因此，與上述研究不同的是，本研究主要擬對茶產業空間集聚對農民增收的作用進行理論解釋，並以中國 18 個產茶省為例，對茶產業空間集聚度進行測算，在此基礎上，應用動態面板數據模型分析其對農民增收的作用。

### 二、茶產業空間集聚對農民增收的影響機理

茶產業空間集聚對農民增收的作用途徑，就理論層面而言主要體現在以下幾個方面：

一是茶產業空間集聚產生的品牌效應有利於提升茶葉附加值，進而促進農民增收。茶產業空間集聚首先表現為某一特定區域茶葉種植規模的擴大，這種擴大可以提升茶葉種植在該地區農業生產中的重要程度，還可以擴大該地區茶葉種植對周邊區域的影響程度。特別是茶葉主產區國家地理標誌保護產品制度的實施，使得茶葉生產經營的地域品牌將得以樹立。而隨著影響力的不斷擴大和品牌知名度的不斷提升，茶葉品牌的附加值將顯現。主要表現在品牌知名度較高的茶產品在售價上往往會高於同類型的其他茶產品，進而有利於促進茶葉種植農戶的收入。

二是茶產業空間集聚有利於提升農民市場交易地位，進而促進農民增收。在茶產業空間集聚的區域內，不但茶葉種植的規模大，而且投身於茶葉種植的農戶也會日益增多。雖然同一種植區域的不同農戶間存在一定程度的競爭關係。但是，越來越多的農戶認識到單打獨鬥已經不能適應現代市場經濟發展的需要。因此，在市場競爭的壓力下，茶農為了爭取自身利益會自發形成各種茶葉生產協會，或者茶葉種植合作社。協會和合作社的成立，不但有利於開拓茶葉銷售市場，而且使得茶農在市場交易的價格談判中處於有利地位，進而又利於維護茶農市場交易中的利益，促進農民增收。

三是茶產業空間集聚有利於提升茶葉生產效率、降低茶農種植成本，進而促進農民增收。茶產業空間集聚為茶葉生產種植技術的推廣創造了有利條件。這是因為相對於分散種植而言，茶葉在某一區域的集中種植，可以降低茶葉生產種植技術的推廣成本。另一方面，相對於分散種植而言，茶葉的集聚種植，也便於農戶之間進行茶葉種植的技術交流，進而提升技術效率。茶產業空間集聚還可以促進地方政府加強茶葉生產經營的基礎設施建設，減少茶農在茶葉生產經營中自身的投入。隨著生產效率的提升和種植成本的下降，茶農在既定的茶園種植面積上，可以產生更多的茶葉產量，而投入更少的生產成本，進而促進農民生產經營收入的提升。

### 三、茶產業空間集聚對農民增收影響的實證分析

(一) 計量模型的建立

為了驗證茶產業空間集聚對農民增收存在怎樣的影響，需要建立一個以農民

收入為被解釋變量、茶產業空間集聚程度為解釋變量的計量經濟模型。由於農民收入包括家庭經營收入、工資性收入和財產性收入等，而茶葉種植收入主要屬於家庭經營收入。因此，本文主要分析茶葉空間集聚對農民家庭經營收入的影響。另一方面，農戶的家庭經營收入還可能來源於茶產業外的其他農業生產經營領域，因此在計量模型中將整個農業產值作為控制變量。

此外，農民的家庭經營收入還可能存在一定慣性，即當期的收入可能會受到前期收入水準的影響。這是因為家庭經營收入屬於生產性收入，如果前期家庭收入較高會影響農民當前生產的積極性，進而提高當期收入；反之前期收入較低則削弱積極性，進而降低當期收入。此外，前期收入水準還可以通過影響資本累積進而對當期收入水準產生影響。這些因素都可能導致農民收入水準存在跨期相關性。而這種跨期相關性，可以通過建立動態面板數據模型予以反應。與普通面板數據模型相比，動態面板數據模型主要是要引入被解釋變量的滯後項作為解釋變量。而隨著被解釋變量滯後項的引入，還可以「規避解釋變量遺漏所帶來的參數估計不一致」。

基於上述建模思路，本研究以農民家庭經營收入為被解釋變量，以農民家庭經營收入水準的一階滯後項、茶產業空間集聚程度、農業總產值等為解釋變量，建立如下動態面板模型：

$$I_{it} = \alpha + \beta_1 I_{it-1} + \beta_2 K_{it} + \beta_3 N_{it} + \varepsilon_{it} \qquad (1)$$

在模型（1）中，$I_{it}$、$I_{it-1}$ 分別表示第 i 個區域 t 時期和 t-1 時期的農民家庭經營收入，$K_{it}$ 表示第 i 個區域 t 時期的茶產業空間集聚度；$N_{it}$ 表示第 i 個區域 t 時期的整個農業總產值；$\varepsilon_{it}$ 為隨機誤差項。

（二）樣本選擇與數據來源

本文所選取的樣本為中國 18 個茶葉主產區 1997—2013 年各年的相關數據。在對茶產業的空間集聚程度測算上，借鑑衛龍寶、李靜（2014）的研究，主要採用區位商方法，具體計算公式如下：

$$LQ_i = \frac{e_{ic}/e_i}{E_c/E} \qquad (2)$$

在式（2）中，$LQ_i$ 表示第 i 個區域茶產業的空間集聚度，$e_{ic}$ 表示第 i 個區域茶葉的種植面積，$e_i$ 表示第 i 個區域農作物的播種總面積，$E_c$ 表示全國茶葉種植的面積，$E$ 表示全國農作物播種總面積。

在模型（1）中，農民家庭經營收入數據、農業產值數據，以及計算上茶產業空間聚集度的相關數據均來源於《中國統計年鑑（1998—2014）》《中國農村統計年鑑（1998—2014）》。在具體模型估計過程中，為了保持量綱的相對一致性，對農民家庭經營收入和農業產值的數據做對數化處理。各個變量的描述性統計分析結果見表 1。

## 茶產業空間集聚對農民增收的影響研究——基於動態面板數據模型的實證

表1　　　　　　　　　各個變量的描述性統計分析結果

| 指標 | I | K | N |
| --- | --- | --- | --- |
| 平均值 | 7.561,1 | 1.246,6 | 7.289,2 |
| 標準差 | 0.409,6 | 1.370,5 | 0.778,0 |
| 最小值 | 6.774,1 | 0.022,2 | 5.459,0 |
| 最大值 | 8.573,8 | 5.371,6 | 9.076,8 |
| 樣本數 | 306 | 306 | 306 |

（三）模型估計方法

在對動態面板數據模型（1）進行估計的過程中，可能會面臨的問題是：農民家庭經營收入水準的一階滯後項與誤差項存在相關性；農民家庭經營收入水準與茶葉空間聚集度之間也可能存在雙向因果關係，進而導致聯立內生性問題。由於上述問題的存在，如果採用帶有固定效應或隨機效應的普通面板數據模型的最小二乘法進行分析，會造成估計系數的有偏性和非一致性。為了解決這一問題，Arellano&Bond（1991）提出了一階差分廣義矩方法（First-differenced GMM），對動態面板數據模型進行分析；Arellano& Bover（1995）、Blundell& Bond（1998）則在此基礎上進一步提出了系統廣義矩方法（System GMM）。

為了說明動態面板數據模型的估計方法，以模型（1）為例，對其進行一階差分變換後可以得到下式：

$$\Delta I_{it} = \beta_1 \Delta I_{it-1} + \beta_2 \Delta K_{it} + \beta_3 \Delta N_{it} + \Delta \varepsilon_{it} \qquad (3)$$

在式（3）中，$\Delta I_{it-1}$ 依然與 $\Delta \varepsilon_{it}$ 存在相關性，而 $I_{it-2}$、$I_{it-3}$、$I_{it-4}$ 等與 $\Delta \varepsilon_{it}$ 不相關，但與 $\Delta I_{it-1}$ 相關。因此，可以把它們作為工具變量對模型（1）進行估計。這種方法被稱之為差分 GMM 估計，即對進行差分變換後的方程進行 GMM 估計。採用差分 GMM 進行估計可能存在的問題是，如果 $I_{it-2}$ 與 $\Delta I_{it-1}$ 相關性可能很弱，就會導致弱工具變量問題。為了解決這一問題，Arellano & Bover（1995）提出了水準 GMM 方法。而 Blundell& Bond（1998）則將差分 GMM 和水準 GMM 估計方法結合在一起，提出了系統 GMM 估計方法。在對動態面板數據模型進行差分 GMM 估計和系統 GMM 估計時，需要對模型設定的合理性和工具變量的有效性進行檢驗。根據 Arellano & Bover（1995）、Blundell& Bond（1998）的研究，可以採用 Sargan 統計量來檢驗工具變量的有效性，用差分方程的二階序列相關檢驗 AR 式（2）統計量來判斷隨機擾動項是否存在序列相關。

（四）計量分析結果及解釋

本文在 Stata11 軟件中分別採用差分廣義矩和系統廣義矩方法，對動態面板數據模型（1）進行估計。在估計過程中，由於樣本數據的時間跨度較短，因此將工具變量的最大滯後階數設定為3，其他選項的設定採用程序默認方式。具體估計結果見表2。

表 2　　　　　　　　　　　　　模型估計結果

| 變量 | 差分 GMM 估計 | | 系統 GMM 估計 | |
|---|---|---|---|---|
| | 參數值 | Z 統計量 | 參數值 | Z 統計量 |
| $I_{it-1}$ | 0.497,0 | 16.99 | 0.785,4 | 8.63 |
| $K_{it}$ | 0.007,3 | 1.74 | 0.025,9 | 1.02 |
| $N_{it}$ | 0.378,8 | 20.68 | 0.193,5 | 2.97 |
| 常數項 | 1.074,8 | 10.51 | 0.220,0 | 0.99 |
| Wald 檢驗統計量 | 24,971.59 | | 8,041.77 | |
| Wald 檢驗 P 值 | 0.00 | | 0.00 | |
| Sargan 檢驗統計量 | 6.29 | | 8.62 | |
| Sargan 檢驗 P 值 | 0.881 | | 0.892 | |
| AR（2）檢驗統計量 | −1.863 | | −2.267 | |
| AR（2）檢驗 P 值 | 0.162,5 | | 0.123,4 | |

註：Wald 檢驗的原假設是各解釋變量的系數均為 0；Sargan 檢驗的原假設是工具變量，是有效的；AR 式（2）檢驗的原假設不存在二階自相關。

由表 2 可知，無論是差分 GMM 估計還是系統 GMM 估計，Wald 檢驗均表明，模型中各個變量的引入是有效的；Sargan 檢驗表明模型估計採用的工具變量是有效的；AR 式（2）檢驗表明不存在二階自相關，模型的設定比較合理。

而從表 2 的估計結果中可以發現，變量 K 的系數為正，表明茶產業的空間聚集度提升有利於促進農民家庭經營收入增長。具體而言，茶產業空間聚集度提升 1 個單位，可以促進農民家庭收入增長 0.007,3 到 0.025,9 個單位。但是，與整個農業產值相比，茶產業空間聚集的增收效應相對較弱，且顯著性水準也較低。這可能是因為，農民家庭經營收入除了來自於茶葉種植外，其主要還是源於其他農產品種植。此外，表 2 的估計結果中，變量 $I_{it-1}$ 的系數為正且比較顯著，由此表明，農民的家庭經營收入的確存在跨期正相關性，這與前文的假設基本相符合。

### 四、研究結論與政策建議

綜上所述，本研究對茶產業空間集聚對農民增收的影響進行了理論解釋和實證分析。研究表明，茶產業空間集聚可以從增強品牌效應、提升市場交易地位、提升生產效率、降低種植成本等多個層面對農民增收產生積極影響；而實證分析結果也表明 18 個茶產區近年來茶產業空間集聚度的提升對農民家庭經營收入增長產生了積極作用。基於上述研究結論，在茶產業空間集聚發展中，為了更好地發揮助農增收作用，本研究認為可以從以下幾個方面入手：

一是深入推進種植業供給側結構性改革，進一步提升茶產業空間集聚度。根據生態環境優勢、技術優勢，進一步優化茶產業種植的空間佈局。促進茶葉種植

向生態環境優越的西南山區、長江流域集中。對於不具備比較優勢的區域，要逐步調整，退出茶葉種植。在具有比較優勢的區域，要通過土地流轉，促進茶葉種植規模的擴大，通過龍頭企業帶動，形成產業集群。

二是加強對茶產業地理標志產品的保護力度，更好地發揮品牌效應的增收作用。具體而言，要進一步加強對茶葉種植生產過程中的質量安全保護，倡導綠色有機種植，促使地理標志產品保護區茶葉的產出質量。要進一步加強對地理標志產品的宣傳力度，通過互聯網、移動通信等多種媒體平臺，使越來越多的人熱愛飲茶、熱愛茶文化。

三是加強茶葉種植合作社或生產協會的內部利用連結機制。促進茶產業種植、加工、銷售整個產業連結的有機融合。在融合發展過程中，要切實保護茶農的利益，建立科學合理的利益連結機制，通過促進農民增收，提升其種植優質茶葉的積極性。

四是加強茶葉種植區的基礎設施投入和生產技術推廣。地方政府應針對茶葉生產經營過程中對基礎設施的現實需要，加大對基礎設施公共品的投入，採用PPP等模式解決財政投資不足的問題。茶葉技術研發部門和技術推廣部門，要進一步加大研發和推廣力度，提升茶葉種植、加工的技術含量，提升茶葉生產經營的效率。

**參考文獻：**

［1］楊麗，王鵬生. 農業產業集聚：小農經濟基礎上的規模經濟［J］. 農村經濟，2005：（07）：53-55.

［2］李二玲，龐安超，朱紀廣. 中國農業地理集聚格局演化及其機制［J］. 世界地理研究，2012（5）：885-898.

［3］宋燕平，王豔榮. 茶產業集聚的實證研究［J］. 茶葉科學，2008（5）：379-385.

［4］楊洋，劉穎，張琦. 安徽茶葉產業集中程度分析及其發展對策［J］. 福建茶葉，2013（3）：6-8.

［5］衛龍寶，李靜. 中國茶葉產業集聚與技術效率分析［J］. 經濟問題探索，2014（12）：58-62.

［6］單德朋. 產業結構 勞動密集度與西部地區貧困減緩——基於動態面板系統廣義距方法的分析［J］. 中南財經政法大學學報，2012（6）：106-112.

［7］Arellano M Bond S. Some Test of Specification for Panel Data: Monte Carlo Evidence and an Application to Employment Equations［J］. Review of Economic Studies，1991（2）：277-297.

［8］Arellano M, Bover O. Another Look at the Instrumental Variable Estimation of Error Component Model［J］. Journal of Econometrics，1995（1）：29-51.

［9］Blundell R, Bond S. Initial Conditions and Moment Restrictions in Dynamic Panel Data Model［J］. Journal of Econometrics，1998（1）：115-143.

# 教育投資對農業技術效率影響的實證分析

張本飛

**摘要：**本研究試圖應用 SFA 分析方法，使用超越對數前沿生產函數和中國 30 個省（市）的農業面板數據，測度各省（市）的農業技術效率水準，並檢驗教育投資對農業技術效率影響的顯著性，在測度農業技術效率並估計外生變量對農業技術效率影響的過程中，使用「一步估計法」，從而克服「兩步法悖論」。北京和上海較低的農業技術效率水準，表面上似乎無法通過本研究的模型得到解釋，但問題的實質卻反應了北京和上海的農業耕地被非法占用現象的嚴重性。

**關鍵詞：**教育投資；技術效率；隨機前沿

## 一、引言與文獻綜述

自 20 世紀 50 年代，Koopmans（1951）和 Debreu（1951）首次提出技術效率的概念以來，技術效率分析範式引起了西方學者廣泛的關注。Aigner（1968）、Afriat（1972）和 Meeusen（1977）從隨機前沿分析（SFA）的視角建立了技術效率分析範式；另一方面，Charmes、Cooper、Rhodes（1978）則從數據包絡分析（DEA）的視角建立了技術效率分析範式。

隨著技術效率分析範式的不斷完善，將技術效率測度方法應用於農業的西方文獻開始湧現。Farrell（1975）首次用實證方法測度了美國農業的技術效率；Battesse、Colli（1992）應用 SFA 方法測度了印度農業的技術效率；Mochebelele（2000）用技術效率分析範式測度了非洲不同農場的技術效率水準，並且做了勞動力轉移對農場技術效率影響的顯著性檢驗；Eswaran、Kotwal（1989）使用其他發展中國家的經驗數據，檢驗了眾多影響農場技術效率的因素，如教育水準、營養狀況、流動性約束和農場規模；Wu（2003）應用 DEA 方法測度了美國愛達華州不同農場的技術效率水準。

隨著西方農業技術效率分析文獻的逐年增多，國內學者開始借鑑國外的理論和方法研究中國農業的技術效率。亢霞（2005）使用隨機前沿超越對數生產函數，利用中國 1992 至 2002 年分省的數據，測度了小麥、玉米、大豆和稻米生產技術效率；張雪梅（1999）應用西方的技術效率分析範式，對影響中國玉米生產技術效

率水準的三大因素顯著性進行了檢驗；Liu（2000）用 SFA 方法測度了江蘇和四川兩省的農業技術效率。應用 DEA 方法測度中國農業技術效率的文獻較之用 SFA 方法更為普遍（孟令杰，2000；李周，2005；陳衛平，2006；周端明，2009），但是 DEA 方法卻存在一個致命的缺陷，它忽略了隨機誤差對於農業產出的影響，由此造成可能存在的隨機誤差的影響混同在農業技術效率的估計中。而農業生產中隨機誤差的影響確實存在，如氣候條件的影響等。

本研究試圖應用 SFA 分析範式，使用超越對數前沿生產函數和 2001—2008 年中國 30 個省（直轄市）的農業數據，測度各省（直轄市）的農業技術效率水準，並檢驗教育投資對農業技術效率影響的顯著性。本研究在測度農業技術效率並估計外生變量對農業技術效率影響的過程中，使用「一步估計法」，從而克服「兩步法悖論」（Kumbhakar，1991）。

## 二、理論框架與模型的建立

根據 Koopmans（1951）提出的技術有效性的概念，我們可以將農業技術效率定義為在農業總產出既定的情況下，縮小投入的能力，或者在投入既定的情況下，擴大農產出的能力。由於本研究專注於產出導向型（Input Oriented），因而農業技術效率的測度（Farrell，1975）可用式 1.1 表示。

$$TE(x, y) = \{\max[\theta: \theta y \in P(x)]\}^{-1} \quad (1)$$

其中 $x$ 表示投入向量，$y$ 表示產出向量（可以是單一產出，也可以是多元產出），$P(x)$ 表示生產前沿。如果生產前沿模型是柯布-道格拉斯（C-D）對數線性形式，即

$$\ln y_{it} = \beta_0 + \sum_n \beta_n \ln x_{nit} + v_{it} - u_{it} \quad (2)$$

則此時農業技術效率為：

$$TE_{it} = E[\exp(-u_{it}) \mid \varepsilon_{it}] \quad (3)$$

其中 $\beta$ 為待估計參數，$v_{it}$ 表示的是噪音誤差，$u_{it}$ 表示技術無效率（Technical Inefficiency），共 $I$ 個生產單元、$T$ 個時期，$\varepsilon_{it} = v_{it} - u_{it}$。由於 C-D 對數線性形式的生產前沿模型是技術中性的，且投入要素的產出彈性是恒定的，這並不一定與中國農業生產的實際情況相符，因此下面我們選用更為靈活的生產前沿模型。隨機前沿超越對數生產模型（Christensen，1971）可以表示為：

$$\ln y_{it} = \beta_0 + \sum_n \beta_n \ln x_{nit} + \frac{1}{2}\sum_n \sum_k \beta_{nk} \ln x_{nit} \ln x_{kit}$$
$$+ \beta_t t + \frac{1}{2}\beta_{tt} t^2 + \frac{1}{2}\sum_n \beta_{nt} t \ln x_{nit} + v_{it} - u_{it} \quad (4)$$

其中 $\beta$ 為待估計參數，$v_{it}$、$u_{it}$、$x$、$y$、$i$ 和 $t$ 的定義與（2）式中相同。從（4）式中可以看出 C-D 對數線性形式的生產前沿模型僅僅是隨機前沿超越對數生產模型的一種特例。

### 三、計量模型的設定和數據處理

根據上文的討論，我們將中國農業生產前沿設定為超越對數函數形式，其計量模型如下：

$$P_{it} = \beta_0 + \beta_1 M_{it} + \beta_2 R_{it} + \beta_3 D_{it} + \beta_4 F_{it}$$
$$+ \beta_5 M_{it} R_{it} + \beta_6 M_{it} D_{it} + \beta_7 M_{it} F_{it} + \beta_8 R_{it} D_{it} + \beta_9 R_{it} F_{it} + \beta_{10} D_{it} F_{it}$$
$$+ \beta_{11} M_{it}^2 + \beta_{12} R_{it}^2 + \beta_{13} D_{it}^2 + \beta_{14} F_{it}^2 + \beta_{15} T + v_{it} - u_{it} \qquad (5)$$

(5) 式中除時間變量 $T$ 外，其他變量均以自然對數形式表示，其中 $i = 1, 2, \ldots\ldots$，表示30個省或直轄市（其中重慶並入四川計算）；$t = 1, 2, \ldots\ldots, 8$，表示2001—2008年；$P$ 表示平均每公頃耕地的實際農業總產出（將每年的名義農業總產出，以2001年為基期，按農業物價指數進行平減，求得每年的實際農業總產出，然後再除以耕地面積）；$M$ 表示平均每公頃耕地的農業機械總動力；$R$ 表示平均每公頃耕地的農業勞動力；$D$ 表示平均每公頃耕地的農業用電量；$F$ 表示平均每公頃耕地的化肥施用量（本文將原始數據按每公頃耕地面積進行平均處理，可以降低多重共線性的干擾）；$v_{it}$ 表示農業生產中的噪音誤差項，如機械的運行狀況、天氣變化等，$v_{it}$ 服從 $N(0, \delta_v^2)$ 的分佈；$u_{it}$ 獨立於 $v_{it}$，表示農業生產中的技術非效率項，$u_{it}$ 服從 $N^+(m_{it}, \delta_u^2)$ 的分佈，其中

$$m_{it} = \theta_0 + \theta_1 EDU_{it} \qquad (6)$$

$\theta$ 為待估計參數，$EDU$ 是農戶教育投資資本存量的代理變量，表示從事農業生產的勞動力平均受教育年限（Schultz，1961），測度 $EDU$ 的公式是：

$$EDU = (H_0 + 5.5H_1 + 8.5H_2 + 11.5H_3 + 15.5H_4)/100 \qquad (7)$$

其中 $H_0$ 表示平均100個農業勞動力中文盲或半文盲的人口數；$H_1$、$H_2$、$H_3$ 和 $H_4$ 分別表示平均每百個農業勞動力中小學文化程度的人口數、初中文化程度的人口數、高中及中專文化程度的人口數、大專及大專以上文化程度的人口數。此處我們假定文盲或半文盲人口的平均受教育年限為1年；假定小學文化程度人口的平均受教育年限為5.5年（在20世紀80年代之前，中國農村小學實行的是五年制小學義務教育，自1986年中國頒布《中華人民共和國義務教育法》之後，農村開始推行9年制義務教育，即小學學制為6年，由於原始數據沒有將這兩種接受不同學制的小學教育的勞動人口進行細分，此處簡化處理，假定小學文化程度的農業勞動力平均受教育年限為5.5年）；假定初中文化程度的農業勞動力平均受教育年限為8.5年；假定高中及中專文化程度的農業勞動力平均受教育年限為11.5年；假定大專及大專以上文化程度人口平均受教育的年限為15.5年（由於原始數據沒有將大專、本科生、碩士研究生和博士研究生文化程度的農業勞動人口進行細分，此處同樣採取簡化處理）。

每百個農業勞動力中各級文化程度人口數據來自於2002—2009年的《中國農村統計年鑒》；各省（直轄市）的農業總產出、農業物價指數、農業機械總動力、

농業勞動力人口、農業用電量（根據農村用電量按比例折算成農業生產用電量）、化肥施用量和耕地面積來自於 2002—2009 年的《中國統計年鑒》（對於西藏不全的數據，須使用到軟件 Frontier4.1 中的非平衡縱列數據處理技術）。

## 四、模型的估計結果

本研究採用極大似然估計法，使用隨機前沿計量軟件 Frontier4.1，對模型（5）和模型（6）使用「一步估計法」，得到超越對數生產模型參數的估計結果，如表 1 所示，30 個省（直轄市）的農業技術效率水準見表 2。

表 1　　　　　　　隨機前沿超越對數生產模型參數估計表

| 參數 | ML 估計 | $t$ 統計值 | 參數 | ML 估計 | $t$ 統計值 |
|---|---|---|---|---|---|
| $\beta_0$ | 7.87*** | 8.12 | $\beta_8$ | -0.26** | -2.09 |
| $\beta_1$ | 2.88*** | 3.11 | $\beta_9$ | -0.20 | -0.91 |
| $\beta_2$ | 2.12** | 2.21 | $\beta_{10}$ | -0.28** | -1.83 |
| $\beta_3$ | 0.39 | 0.62 | $\beta_{11}$ | 0.34** | 2.35 |
| $\beta_4$ | 5.09*** | 6.55 | $\beta_{12}$ | 0.50 | 1.19 |
| $\beta_5$ | 0.31 | 0.40 | $\beta_{13}$ | 0.09*** | 2.90 |
| $\beta_6$ | 0.14* | 1.51 | $\beta_{14}$ | 0.81*** | 5.85 |
| $\beta_7$ | -0.92*** | -2.77 | $\beta_{15}$ | 0.02*** | 2.79 |
| $\theta_0$ | 1.56*** | 7.02 | $\theta_1$ | -0.07*** | -2.97 |
| $\delta^2$ | 0.07*** | 4.91 | $\gamma$ | 0.62*** | 3.86 |
| 似然函數對數 | 15.59 | | 單側似然比 | 82.81 | |

註：*、**、*** 分別表示在 10%、5%、1% 的顯著水準上顯著。

表 2　　　　　　　各省（直轄市）農業技術效率水準

| 年份(年)＼城市 | 2001 | 2002 | 2003 | 2004 | 2005 | 2006 | 2007 | 2008 | 平均 |
|---|---|---|---|---|---|---|---|---|---|
| 北京 | 0.486,6 | 0.483,3 | 0.487,5 | 0.511,7 | 0.512,3 | 0.508,4 | 0.475,7 | 0.512,6 | 0.497,3 |
| 天津 | 0.512,1 | 0.511,4 | 0.534,8 | 0.524,4 | 0.529,2 | 0.528,3 | 0.584,7 | 0.516,5 | 0.530,2 |
| 河北 | 0.859,9 | 0.856,9 | 0.859,4 | 0.864,3 | 0.865,9 | 0.866,0 | 0.867,4 | 0.870,1 | 0.863,7 |
| 山西 | 0.437,3 | 0.433,5 | 0.459,3 | 0.485,1 | 0.492,3 | 0.496,3 | 0.477,6 | 0.499,7 | 0.472,7 |
| 內蒙古 | 0.708,1 | 0.707,5 | 0.713,4 | 0.723,3 | 0.722,9 | 0.723,8 | 0.730,3 | 0.740,1 | 0.721,2 |
| 遼寧 | 0.844,4 | 0.837,1 | 0.832,2 | 0.864,9 | 0.869,8 | 0.878,5 | 0.883,7 | 0.903,1 | 0.864,2 |
| 吉林 | 0.785,3 | 0.757,4 | 0.795,2 | 0.805,3 | 0.821,3 | 0.823,6 | 0.865,3 | 0.880,4 | 0.816,7 |
| 黑龍 | 0.893,4 | 0.896,6 | 0.916,1 | 0.923,2 | 0.929,6 | 0.935,6 | 0.955,4 | 0.963,6 | 0.926,7 |

表2(續)

| 年份(年)<br>城市 | 2001 | 2002 | 2003 | 2004 | 2005 | 2006 | 2007 | 2008 | 平均 |
|---|---|---|---|---|---|---|---|---|---|
| 上海 | 0.431,4 | 0.437,4 | 0.478,2 | 0.494,1 | 0.510,3 | 0.504,7 | 0.503,9 | 0.516,8 | 0.484,6 |
| 江蘇 | 0.838,7 | 0.837,4 | 0.833 | 0.845,4 | 0.847,2 | 0.847,5 | 0.853,9 | 0.860,6 | 0.845,5 |
| 浙江 | 0.694,1 | 0.698,2 | 0.700,4 | 0.730,5 | 0.752,2 | 0.767,7 | 0.777,7 | 0.808 | 0.741,1 |
| 安徽 | 0.776,3 | 0.781,8 | 0.793,9 | 0.824,1 | 0.823,7 | 0.822,8 | 0.836,3 | 0.847,9 | 0.813,3 |
| 福建 | 0.617,4 | 0.601,9 | 0.610,2 | 0.635,2 | 0.646,7 | 0.715,0 | 0.701,7 | 0.739,6 | 0.658,4 |
| 江西 | 0.723,8 | 0.718,8 | 0.715,7 | 0.757,2 | 0.757,5 | 0.762,0 | 0.793,4 | 0.844,5 | 0.759,1 |
| 山東 | 0.867,1 | 0.867,1 | 0.869,7 | 0.872,7 | 0.873,5 | 0.873,8 | 0.876,6 | 0.879 | 0.872,4 |
| 河南 | 0.755,5 | 0.754,8 | 0.756,2 | 0.764,6 | 0.766 | 0.766,4 | 0.767,1 | 0.771,2 | 0.762,7 |
| 湖北 | 0.786,8 | 0.781,8 | 0.802,8 | 0.823,5 | 0.842,1 | 0.842,8 | 0.869 | 0.874,5 | 0.827,9 |
| 湖南 | 0.752,5 | 0.753,4 | 0.768,1 | 0.809,2 | 0.807,8 | 0.804,3 | 0.827,5 | 0.846,5 | 0.796,2 |
| 廣東 | 0.707,7 | 0.681,4 | 0.675,6 | 0.706 | 0.739,1 | 0.749,8 | 0.728,6 | 0.732,8 | 0.715,1 |
| 廣西 | 0.650,1 | 0.632,3 | 0.658,5 | 0.720,5 | 0.740,1 | 0.753,8 | 0.799,7 | 0.836,8 | 0.724,0 |
| 海南 | 0.598,7 | 0.593,6 | 0.544,5 | 0.534,4 | 0.546 | 0.547,6 | 0.508,9 | 0.541,4 | 0.551,9 |
| 四川 | 0.780,6 | 0.785,9 | 0.799,2 | 0.825,9 | 0.829,9 | 0.830,9 | 0.839,8 | 0.849,7 | 0.817,7 |
| 貴州 | 0.472,4 | 0.470,3 | 0.476,7 | 0.485,6 | 0.498,4 | 0.506,6 | 0.536,2 | 0.592,6 | 0.504,9 |
| 雲南 | 0.617,3 | 0.610,5 | 0.611,6 | 0.647,5 | 0.660,6 | 0.671,4 | 0.671,9 | 0.709,2 | 0.650,0 |
| 西藏 | 0.338,9 | 0.347,3 | 0.350,7 | 0.323,5 | 0.328,1 | 0.330,8 | 0.344,5 | 0.356,8 | 0.340,1 |
| 陝西 | 0.493,8 | 0.488,6 | 0.468,6 | 0.504,3 | 0.514,3 | 0.527,4 | 0.538,6 | 0.596,1 | 0.516,5 |
| 甘肅 | 0.505,1 | 0.488,8 | 0.498,9 | 0.518,5 | 0.532,9 | 0.546,7 | 0.589,7 | 0.644,7 | 0.540,7 |
| 青海 | 0.295,7 | 0.300,2 | 0.323,2 | 0.343,4 | 0.349,4 | 0.355,1 | 0.357,9 | 0.399,4 | 0.340,1 |
| 寧夏 | 0.282,7 | 0.283,6 | 0.293,9 | 0.309,4 | 0.306,3 | 0.307,5 | 0.315,6 | 0.347 | 0.305,7 |
| 新疆 | 0.780,2 | 0.770,3 | 0.809,7 | 0.807,7 | 0.811,4 | 0.804,4 | 0.825,8 | 0.825,2 | 0.804,3 |

實證分析結果如下：

第一，由表1對超越對數生產模型所做的單側似然比檢驗可知，$LR = 82.81$，該似然比統計量是服從自由度為3的$\chi^2$分佈，查表可知，$LR$在1%的顯著水準上顯著，即表明模型（5）中組合誤差$\varepsilon_{it} = v_{it} - u_{it}$的設定較為符合中國農業生產的實際情況。

第二，表1中的$\gamma$統計量由公式$\gamma = \delta_u^2/\delta^2$給出，其中$\delta^2 = \delta_v^2 + \delta_u^2$，Battese（1977）構造$\gamma$統計量的目的是檢測$u_{it}$是否在統計上異於0，如果不是，則傳統的OLS方法即可適用。但是從表1中可知，$\gamma = 0.62$，在1%的水準上顯著異於0，即表明傳統的OLS方法不適合中國農業生產的數據，本研究所採用的SFA方法十分必要。

第三，從表1可知，$\theta_1 = -0.07$，在1%的顯著水準上顯著，即表明從事農業生

產的勞動力平均受教育年限對農業技術效率的影響確實存在，根據農業技術效率計算公式（3）可知從事農業生產的勞動力平均受教育年限每增加1年（此處的平均受教育年限變量 EDU 沒有取自然對數），則中國農業技術效率增加7個百分點。

第四，從表2可知，2001至2008年，北京農業平均技術效率水準只有 0.497,3，而全國的農業平均技術效率水準為 0.668,9，即北京農業平均技術效率僅為全國平均水準的74.3%；北京從事農業生產的勞動力平均受教育年限為9.48年，全國從事農業生產的勞動力平均受教育年限僅為7.46年，北京高出全國平均水準27個百分點，且北京的經濟文化水準在全國範圍內處於領先位置。上海與北京存在類似的問題。上海和北京較低的農業技術效率水準，表面上似乎無法通過本研究的模型得到解釋，但問題的背後卻凸顯了上海和北京的農業耕地被非法占用現象的嚴重性。

《中國經濟時報》曾報導了上海大面積的耕地被非法占用的現象，一些農村集體所有的耕地被圈作某些項目用地，由於未完成國家徵地手續（凡是耕地徵用都要省級人民政府批准，而超過0.35平方千米的耕地要上報國務院批准），從而國家統計局在統計時並未變更其農村集體所有耕地的性質，但農民卻無法正常耕作。根據農業技術效率計算公式（1）可知，當計算 $TE(x, y)$ 時，代入公式中的投入向量 $x$ 如果比實際值大，則會導致計算出 $TE(x, y)$ 值較小。因而，上海和北京的農業耕地被非法占用的現象會導致在使用國家統計局公布的數據測度上海和北京的農業技術效率時，其技術效率水準較低。

## 五、結語

本研究在應用西方的技術效率分析範式時，選取超越對數生產模型，較之柯布－道格拉斯對數線性函數有更大的靈活性；單側似然比檢驗結果表明，組合誤差的設定較之傳統的單一誤差模型更為符合中國農業生產的實際情況；在測度農業技術效率並估計外生變量對農業技術效率影響的過程中，「一步估計法」較之傳統的「兩步估計法」（先單獨測度技術效率，然後將技術效率作為被解釋變量對外生變量做迴歸）更優，因為「一步估計法」拋棄了「兩步估計法」中一個關鍵的假定：假定技術無效率效應（Technical Inefficiency Effects）在前後兩步估計中相互獨立。

由於數據的可獲得性問題，除教育投資之外，筆者沒有將其他的經濟文化環境變量放入解釋技術效率的變量向量中，因而有所欠缺。

上海和北京較低的農業技術效率水準，表面上似乎只能當作異常值處理，但問題的實質卻反應了北京和上海的農業耕地被非法占用現象的嚴重性。

## 參考文獻：

[1] Afriat S N. Efficiency estimation of production functions [J]. International Economic Review, 1972（10）：568-598.

[2] Aigner D J. On estimating the industry production function [J]. American Economic Review, 1968 (9): 826-839.

[3] Battesse G E, Colli T J. A model of technical inefficiency effects in stochastic frontier production for panel data [J]. Empirical Economics, 20: 325-332.

[4] Battesse G E, Corra G S. Estimation of a production frontier model: with application to the pastoral zone off eastern australia [J]. Australian Journal of Agricultural Economics, 1997 (3): 169-179.

[5] Charmes A, Cooper W W, Rhodes E. Measuring the efficiency of decision-making units [J]. European Journal of Operational Research, 1978 (6): 429-444.

[6] 陳衛平. 中國農業生產率增長、技術進步與效率變化 [J]. 中國農村觀察, 2006 (1).

[7] 亢霞. 中國糧食生產的技術效率分析——基於隨機前沿分析方法 [J]. 中國農村觀察, 2005 (4).

[8] 李周. 西部地區農業生產效率的 DEA 分析 [J]. 中國農村觀察, 2005 (6).

[9] 孟令杰. 中國農業產出技術效率動態研究 [J]. 農業技術經濟, 2000 (5).

[10] 王小霞. 上海松江區 263 畝耕地被占用的背後 [N]. 中國經濟時報, 2007-08-08 (1).

[11] 張雪梅. 中國玉米生產增長因素的分析 [J]. 農業技術經濟, 1999 (2).

[12] 周端明. 技術進步、技術效率與中國農業生產率增長——基於 DEA 的實證分析 [J]. 數量經濟技術經濟研究, 2009 (12).

# 教育投資對農業全要素生產率增長影響的實證分析[①]

張本飛

**摘要**：本文應用 DEA 分析方法，使用 2001—2008 年中國 30 個省（直轄市）的農業面板數據測度中國農業 TFP 增長，同時考查了教育投資資本存量的差異對各省份農業 TFP 及其構成的影響，並對影響的顯著性進行了假設檢驗。不考慮各省份之間農業教育投資資本存量的差異會導致低估規模效率、技術效率以及純技術效率的改善對農業 TFP 增長的貢獻，同時也會高估技術進步對農業 TFP 增長的貢獻。

**關鍵詞**：規模效率；技術效率；純技術效率

## 一、引言與文獻綜述

傳統的關於農業全要素生產率（TFP）的研究主要採取的是 Solow（1957）餘值法，即從農產出增長中扣除資本和勞動對產出增長的貢獻，從而得到全要素生產率。但這種方法卻存在三個方面的缺陷：一是沒有考慮到技術無效率（Technical Inefficiency）的情形；二是設定了農業生產的具體函數形式；三是 Solow 餘值法不能將 TFP 增長進一步細化，從而使得 TFP 成了一個龐雜的概念。

受 Debreu（1951）和 Koopmans（1951）的啓發[2][3]，Farrell（1957）首次將農業生產效率分解為技術效率和配置效率兩部分[4]，Boles（1966）[5]、Bressler（1966）、Seitz（1966）和 Sitorus（1966）將 Farrell 的現代線性規劃方法應用到農業增長研究中，最終啓發了以 Charmes、Cooper 和 Rhodes（1978）為代表人物的數據包絡分析（DEA）的研究[9]。運用 DEA 方法測量農業 TFP 增長較之隨機前沿分析（SFA）方法有兩方面的優點：其一是不需要設定具體的農業生產函數；其二是無須設定技術無效率項（Aigner，1968）的分佈函數[10]。

本文採用 DEA 方法，使用 2001—2008 年中國 30 個省（直轄市）的農業面板

---

① 基金項目：樂山師範學院科研項目（S1005）。

數據測度中國農業 TFP 增長,同時考慮不同省份之間勞動力異質的情形,筆者考查了教育投資資本存量的差異對各省份農業 TFP 及其構成的影響,並對影響的顯著性進行了假設檢驗。

## 二、理論框架與模型的建立

我們選用 Malmquist 生產率指數法(Fare et al., 1994)來度量中國農業 TFP 增長[11]。令 X 表示投入向量, Y 表示產出向量(可以是單一產出,也可以是多元產出),則產出導向型 Malmquist 生產率變化指數(Productivity Change Index)可表示為:

$$m(y_{t+1}, x_{t+1}, y_t, x_t) = \left[\frac{d^t(x_{t+1}, y_{t+1})}{d^t(x_t, y_t)} \times \frac{d^{t+1}(x_{t+1}, y_{t+1})}{d^{t+1}(x_t, y_t)}\right]^{1/2} \quad (1)$$

其中

$$[d^t(x_t, y_t)]^{-1} = \max_{\varphi, \lambda} \varphi \quad (2)$$

$$st \quad -\varphi y_{i,t} + Y_t \lambda \geq 0; \ x_{i,t} - X_t \lambda \geq 0; \ \lambda \geq 0$$

$$[d^{t+1}(x_{t+1}, y_{t+1})]^{-1} = \max_{\varphi, \lambda} \varphi \quad (3)$$

$$st \quad -\varphi y_{i,t+1} + Y_{t+1} \lambda \geq 0; \ x_{i,t+1} - X_{t+1} \lambda \geq 0; \ \lambda \geq 0$$

$$[d^t(x_{t+1}, y_{t+1})]^{-1} = \max_{\varphi, \lambda} \varphi \quad (4)$$

$$st \quad -\varphi y_{i,t+1} + Y_t \lambda \geq 0; \ x_{i,t+1} - X_t \lambda \geq 0; \ \lambda \geq 0$$

$$[d^{t+1}(x_t, y_t)]^{-1} = \max_{\varphi, \lambda} \varphi \quad (5)$$

$$st \quad -\varphi y_{i,t} + Y_{t+1} \lambda \geq 0; \ x_{i,t} - X_{t+1} \lambda \geq 0; \ \lambda \geq 0$$

線性規劃(2)式中的距離函數 $d^t(x_t, y_t)$ 和(3)式中的距離函數 $d^{t+1}(x_{t+1}, y_{t+1})$ 分別表示第 t 期和第 t+1 期的技術效率 TE(Technical Efficiency),由 Farrell(1957)對 TE 的定義可知 $d^t(x_t, y_t) \leq 1$, $d^{t+1}(x_{t+1}, y_{t+1}) \leq 1$,即線性規劃(2)和(3)式中 $\varphi \geq 1$;對於線性規劃(4)式,當技術進步時(生產前沿面向外移動), $\varphi \leq 1$ 可能成立;同理,對於線性規劃(5)式,當技術退步時, $\varphi \leq 1$ 可能成立。如果 Malmquist 指數大於 1,則表示第 t+1 期農業生產較之第 t 期 TFP 增長,反之則 TFP 增長為負值。

為了更詳細分析農業 TFP 增長的原因,我們將 Malmquist 指數進行分解,得

$$m(y_{t+1}, x_{t+1}, y_t, x_t) = \frac{d^{t+1}(x_{t+1}, y_{t+1})}{d^t(x_t, y_t)} \left[\frac{d^t(x_{t+1}, y_{t+1})}{d^{t+1}(x_t, y_t)} \times \frac{d^t(x_t, y_t)}{d^{t+1}(x_{t+1}, y_{t+1})}\right]^{1/2} =$$

$TC \times TP$

其中, TP 表示技術進步, TC 表示技術效率變化,根據 Banker、Charnes 和 Cooper(1984)提出的 VRS 模型(Variable Returns to Scale Model),我們將 TC 分解為純技術效率變化(PTC)和規模效率變化(SC),則 Malmquist 指數可進一步分解為

$$m(y_{t+1}, x_{t+1}, y_t, x_t) = PTC \times SC \times TP \quad (6)$$

(6) 式表明農業 TFP 增長來源於三個方面：純技術效率變化，規模效率變化和技術進步。在其他條件不變時，當農業生產向前沿面（Frontier）靠近時，會有利於 TFP 增長；產出彈性份額比其成本份額大的生產要素投入的增加也會帶來 TFP 的增長。由（6）式可知 Malmquist 生產率指數法比 Solow 餘值法測度的 TFP 更有利於解釋農業增長的源泉。

此外，值得注意的是本研究中所討論的 TP 是狹義技術進步，而非內生增長理論（Romer，1990）中的廣義技術進步。

### 三、數據處理

本研究選取 2001—2008 年中國 30 個省（直轄市）的農業面板數據（其中重慶並入四川計算），7 種農業生產投入要素分別是：農業機械總動力、農業勞動力人口、農業用電量、化肥施用量、耕地面積、有效灌溉面積和教育投資資本存量。各個省份的農業實際總產出計算方法是：將每年的名義農業總產出以 2001 年為基期，按農業物價指數進行平減求得實際產出。

對於農業教育投資資本存量的度量大致有三種方法：經費投入法、產出法和平均教育年限法（舒爾茨，1988）。本文採用教育年限法，用 H 表示農業教育投資資本存量，即從事農業生產的勞動力平均受教育年限，測度 H 的公式（劉純陽，2005）是：

$$H = (H_0 + 5.5H_1 + 8.5H_2 + 11.5H_3 + 15.5H_4)/100, \qquad (7)$$

其中 $H_0$ 表示平均 100 個農業勞動力中文盲或半文盲人口數；$H_1$、$H_2$、$H_3$ 和 $H_4$ 分別表示平均每百個農業勞動力中小學文化程度的人口、初中文化程度的人口、高中及中專文化程度的人口、大專及大專以上文化程度的人口。此處我們假定文盲或半文盲人口的平均受教育年限為 1 年；假定小學文化程度人口的平均受教育年限為 5.5 年（在 20 個世紀 80 年代之前中國農村小學實行的是 5 年制小學義務教育，自 1986 年中國頒布《中華人民共和國義務教育法》之後，農村開始推行九年制義務教育，即小學學制為六年，由於原始數據沒有將這兩種接受不同學制的小學教育的勞動人口進行細分，此處簡化處理，假定小學文化程度的農業勞動力平均受教育年限為 5.5 年）；假定初中文化程度的農業勞動力平均受教育年限為 8.5 年；假定高中及中專文化程度的農業勞動力平均受教育年限為 11.5 年；假定大專及大專以上文化程度人口平均受教育年限為 15.5 年（由於原始數據沒有將大專、本科生、碩士研究生和博士研究生文化程度的農業勞動人口進行細分，此處同樣採取簡化處理）。

每百個農業勞動力中各級文化程度人口數據來自於 2002—2009 年的《中國農村統計年鑒》；各省份的農業總產出、農業物價指數、農業機械總動力、農業勞動力人口、農業用電量（根據農村用電量按比例折算成農業生產用電量）、化肥施用量、耕地面積和有效灌溉面積來自於 2002—2009 年的《中國統計年鑒》（對於西藏不全的數據，採取移動平均處理）。

## 四、實證分析

表 1 和表 2 分別列出了考慮和不考慮農業教育投資歷年的 Malmquist 指數分解結果（表中各指數為 30 個省份所對應的指數的幾何平均值）。限於篇幅，文中沒有列出考慮和不考慮教育投資情形下 30 個省（直轄市）的 Malmquist 指數分解表。

表 1　考慮教育投資的 Malmquist 指數分解表（2001—2008 年）

| 年份（年） | TC | TP | PTC | SC | TFPC |
|---|---|---|---|---|---|
| 2001/2002 | 0.992 | 0.988 | 0.93 | 1.067 | 0.98 |
| 2002/2003 | 1.022 | 1.007 | 1.015 | 1.007 | 1.03 |
| 2003/2004 | 1.002 | 1.072 | 1.008 | 0.994 | 1.074 |
| 2004/2005 | 0.999 | 1.005 | 0.989 | 1.01 | 1.003 |
| 2005/2006 | 0.977 | 1.029 | 0.995 | 0.982 | 1.005 |
| 2006/2007 | 1.015 | 1.052 | 0.997 | 1.019 | 1.067 |
| 2007/2008 | 0.991 | 1.105 | 0.994 | 0.997 | 1.096 |
| 平均 | 1.000 | 1.036 | 0.989 | 1.010 | 1.036 |

註：TFPC 表示全要素生產率的變化。

表 2　不考慮教育投資的 Malmquist 指數分解表（2001—2008 年）

| 年份（年） | TC | TP | PTC | SC | TFPC |
|---|---|---|---|---|---|
| 2001/2002 | 0.976 | 1.009 | 0.988 | 0.988 | 0.985 |
| 2002/2003 | 1.095 | 0.945 | 1.038 | 1.055 | 1.035 |
| 2003/2004 | 1.096 | 0.977 | 1.02 | 1.075 | 1.071 |
| 2004/2005 | 0.974 | 1.028 | 0.992 | 0.982 | 1.002 |
| 2005/2006 | 0.992 | 1.012 | 0.98 | 1.012 | 1.004 |
| 2006/2007 | 1.111 | 0.962 | 1.026 | 1.084 | 1.069 |
| 2007/2008 | 1.003 | 1.098 | 0.994 | 1.009 | 1.102 |
| 平均 | 1.034 | 1.003 | 1.005 | 1.029 | 1.037 |

從表 1 中 TFPC（Total Factor Productivity Change）的數據可知，2001 年至 2002 年，TFPC 小於 1，即農業 TFP 增長為負值，其他年份農業 TFP 增長均為正值，該結論與表 2 中不考慮教育投資的情形相同。但是，各年份農業 TFP 增長的比例在考慮和不考慮教育投資兩種情形下是不相同的。例如，如果考慮教育投資，2001 年至 2002 年，農業 TFP 增長為 -2.0%；而不考慮教育投資時，TFP 增長為 -1.5%。表 1 和表 2 中的數據比較並不能說明教育投資對於 30 個省份的農業 TFP 增長的影響是否顯著。

為了進行顯著性檢驗，我們用 30 個省（直轄市）2001—2008 年 TFPC 的面板數據對下式進行迴歸，

$$TFPC^L_{it} - TFPC^H_{it} = \beta_1 TFPC^L_{it} + \mu_{it} \quad (8)$$

$TFPC^H$ 和 $TFPC^L$ 來分別表示考慮和不考慮教育投資的 TFPC，$\mu_{it}$ 為白噪音。如果 $\beta_1$ 在統計上顯著，則拒絕教育投資對 TFPC 沒有影響的原假設。同理（變量加標註「H」和「L」來分別表示考慮和不考慮教育投資的情形），我們可以對下面的（9）式、（10）式、（11）式和（12）式分別進行迴歸，

$$TC^L_{it} - TC^H_{it} = \beta_2 TC^L_{it} + \mu_{it} \quad (9)$$
$$TP^L_{it} - TP^H_{it} = \beta_3 TP^L_{it} + \mu_{it} \quad (10)$$
$$PTC^L_{it} - PTC^H_{it} = \beta_4 PTC^L_{it} + \mu_{it} \quad (11)$$
$$SC^L_{it} - SC^H_{it} = \beta_5 SC^L_{it} + \mu_{it} \quad (12)$$

其迴歸結果如表 3 所示。從表 3 中的統計推斷可知，我們在 1% 的顯著水準拒絕教育投資對 TC、TP、PTC、SC 沒有影響的原假設；我們不拒絕教育投資對 TFPC 沒有影響的原假設。該結論與李谷成（2009）的研究結果有所不同（李谷成沒有對該影響進行顯著性檢驗）。

表 3　　　　　　　　　　參數 OLS 估計結果

| 原假設 | 參數 | OLS 估計 | $t$ 統計值 | 決定 |
| --- | --- | --- | --- | --- |
| 教育投資對 TFPC 沒有影響 | $\beta_1$ | 0.002 | 1.147 | 不拒絕 |
| 教育投資對 TC 沒有影響 | $\beta_2$ | 0.041*** | 7.374 | 拒絕 |
| 教育投資對 TP 沒有影響 | $\beta_3$ | -0.029*** | -5.079 | 拒絕 |
| 教育投資對 PTC 沒有影響 | $\beta_4$ | 0.169*** | 4.121 | 拒絕 |
| 教育投資對 SC 沒有影響 | $\beta_5$ | 0.025*** | 3.413 | 拒絕 |

註：*** 表示在 1% 的顯著水準上顯著。

## 五、結語

從 2001—2008 年整個時期來看，歷年的農業 TFP 平均增長約為 4 個百分點，構成了中國農業增長的主要源泉之一。其中，技術效率的改善對農業 TFP 增長的貢獻最為突出，比歷年技術進步的貢獻平均高出了近 3 個百分點。從 2005 年開始，中國農業生產的規模效率逐步得到改善，這可能與農業耕地的使用權在民間自發流轉有關。

不考慮各省份之間農業教育投資的差異會導致低估規模效率、技術效率以及純技術效率的改善對農業 TFP 增長的貢獻，同時也會高估技術進步對農業 TFP 增長的貢獻。因而我們在做農業增長分析時有必要將教育投資的因素納入分析框架之中。

**參考文獻：**

[1] Solow, Robert. Technical change and the aggregate production function [J]. Review of Economics and Statistics, 1957, 39 (1): 312-320.

[2] Debreu, G. The coefficient of resource utilization [J]. Econometrica, 1951, 9 (7): 272-292.

[3] Koopmans T C. Activity analysis of production and allocation [M]. New York: Wiley, 1951.

[4] Farrell M J. The measurement of productive efficiency [J]. Journal of the Royal Statistical Society, 1957, 120: 253-281.

[5] Charnes A, Cooper W W, Rhodes E. Measuring the efficiency of decision-making units [J]. European Journal of Operational Research, 1978, 2 (6): 429-444.

[6] Aigner D J. On estimating the industry production function [J]. American Economic Review, 1968, 58 (9): 826-839.

[7] Fare R, Grosskopf S, Lovell C A K. Production frontier [M]. Cambridge: Cambridge University Press, 1994.

[8] Banker R D, Charnes A, Cooper W W. Some modes for estimating technical and scale inefficiencies in data envelopment analysis [J]. Management Science, 1984 (30): 1078-1092.

[9] Romer, Paul M. Endogenous technological change [J]. Journal of Political Economy, 1990 (12): 71-102.

[10] 舒爾茨. 論人力資本投資 [M]. 北京: 北京經濟學院出版社, 1988: 121-154.

[11] 劉純陽. 貧困地區農戶的人力資本投資: 對湖南西部的研究 [D]. 北京: 中國農業大學, 2005: 41-59.

[12] 李谷成. 人力資本與中國區域農業全要素生產率增長——基於 DEA 視角的實證分析 [J]. 財經研究, 2009 (8): 115-128.

# 進口農產品對國內農業影響的雙面效應分析[①]

劉 穎

**摘要**：隨著貿易自由化程度的加深，進口農產品已對中國農業發展產生了很大影響。雖然中國已經初步建立了 WTO 規則下的農產品進口管理體制且初見成效，然而中國農產品進口管理仍然存在許多方面需要改進。本文結合中國農產品進口的環境與目標，分析了近年來中國進口農產品對國內農業影響的雙面效應，並據此對如何完善中國農產品進口管理，充分發揮其正面效應，降低其負面效應做了探討。

**關鍵詞**：進口農產品；國內農業；雙面效應

中國加入世貿組織後，進出口貿易得到爆發式增長。作為一個農業大國，農產品的進出口貿易為推進經濟發展提供了強大動力。然而事有利弊，魚和熊掌也不可兼得。進口農產品，可以緩解中國的糧食壓力，減少過度開墾，為實施退耕還林、保持生態穩定、建設綠色農業和生態農業發展提供有利條件。但與此同時，進口農產品又會對國內農業發展造成衝擊，國外低價農產品湧入國內市場，擾亂了農業生產正常的經濟秩序，致使農民收入降低，農業生產受到一定打擊。

## 一、近年來中國農產品進口貿易背景分析

「限進獎出」是中國一項維持很久的貿易政策，具體來說就是使用稅收優惠等手段鼓勵企業出口創匯，為了保護國內產業等進行嚴格控制乃至限制進口。然而由於外貿形勢、環境等的改變，這一政策逐漸不能適應中國外貿發展的需求，因此溫家寶總理提出了「保持出口穩定增長和適當擴大進口」的貿易政策。中國的對外貿易中農產品的進出口貿易地位顯著，有力促進了中國的經濟發展。自從中國加入 WTO 以來，中國農產品貿易的發展迅猛，規模也逐漸擴大。以往中國農產品進口的主要原因是為了補充國內的供給不足，可以說農產品進口與國內生產幾乎沒有聯繫，不會危害國內產業，也不會用來優化中國農業的產業結構。然而現

---

① 基金項目：四川省社科聯學科共建項目《「一村一品」對中國西部農業企業品牌戰略的借鑑》（項目編號：sc13xk13）。

今的農產品進口除了考慮國內的產需缺口，還應該考慮其他幾個方面，例如資源節約、環境保護、國內產業安全、人類健康、動植物健康等。因此中國進口農產品方面的政策必須既促進又限制，中國可以通過國際資源即積極進口國外農產品的方式保證國內農產品市場的供給，也可以通過對進口農產品的限制來緩解國內農產品市場的衝擊，保護環境以及人類健康，推動貿易的平衡發展。

「有效利用國際國內兩種資源兩個市場」是中國農業發展規劃實現的有效手段，為保證中國農業的穩定發展，應當結合中國實際情況進行農產品的進口，保證中國糧食安全，從而在滿足國內供給的條件下進口適量農產品，保障中國農業產品的安全，通過改善管理來完善中國農業風險的應對措施，將與中國農產品貿易目標不符的產品隔絕於國門之外。如表1所示，是中國2001—2010年部分農產品的進出口情況。

表1　　　　　　2001—2010年中國部分農產品進出口情況　　　　（單位：萬噸）

| 年份 | 糧食 生產量 | 糧食 進口量 | 糧食 出口量 | 棉花 生產量 | 棉花 進口量 | 棉花 出口量 | 大豆 生產量 | 大豆 進口量 | 大豆 出口量 |
|---|---|---|---|---|---|---|---|---|---|
| 2001 | 45,264 | 1,738 | 903 | 532.4 | 6 | 5.2 | 2,052.8 | 1,394 | 25 |
| 2002 | 45,706 | 1,417 | 1,514 | 491.6 | 18 | 15 | 2,241.2 | 1,134 | 28 |
| 2003 | 43,070 | 2,283 | 2,230 | 486 | 87 | 11.2 | 2,127.5 | 2,074 | 27 |
| 2004 | 46,947 | 2,298 | 514 | 632 | 191 | 0.9 | 2,232.1 | 2,023 | 33 |
| 2005 | 48,402 | 3,286 | 1,141 | 571.4 | 257 | 0.5 | 2,157.7 | 2,659 | 40 |
| 2006 | 49,804 | 3,186 | 723 | 753.3 | 364 | 1.3 | 2,003.7 | 2,824 | 38 |
| 2007 | 50,160 | 3,237 | 1,118 | 762.4 | 246 | 2.1 | 1,720.1 | 3,082 | 46 |
| 2008 | 52,871 | 4,131 | 379 | 749.2 | 211 | 1.6 | 2,043.3 | 3,744 | 47 |
| 2009 | 53,082 | 5,223 | 329 | 637.7 | 153 | 0.8 | 1,930.3 | 4,255 | 35 |
| 2010 | 54,648 | 6,695 | 275 | 598.1 | 284 | 0.6 | 1,896.5 | 5,480 | 16 |

數據來源：國研網數據中心。

由表1可知，中國自2001年以來，棉花年產量基本保持了500萬噸以上，然而出口量卻很少，反而進口量較大。由此可見，在中國存在產需缺口的情況下，進口農產品的彌補作用十分明顯，為中國增加了糧食儲備。同樣，表中數據也可看出中國糧食產量明顯逐年增加，然而糧食的進口量遠大於糧食的出口量，進口量一直處於遞增狀態，而出口量卻一直在下降，可見利用國際資源能為國內糧食安全提供保障。而同樣由上表可以看出中國大豆的年產量呈現遞減狀態，進口量在逐年增長，而且增勢迅猛，可見中國大豆的大量進口對國內大豆產業造成了衝擊，同樣的還有棉花作物。大量進口農產品的進入使中國對農業進口的依存度加深，增加了中國的貿易風險，對產業安全造成了一定的影響。因此，中國進口農

產品的同時應該規避風險，避免其可能發生的危害，促進中國農業發展戰略的實現。

農業上的貿易保護現象在世界方位普遍存在的原因有兩個，一是農業本身的特殊性，二是農產品貿易規則的不完整性。中國農業發展既要保障糧食安全又要保障產業安全，進口農產品在農業發展方面既有促進作用也有阻礙作用。因此，為了實現農業發展規劃應該恰當地管理農產品的進口。因此，在現今較為發達的國際貿易中，必須遵循國內農業發展規律，充分考慮進口農產品對國內農業影響的雙面效應，採取相應的戰略性對策，以促進中國外貿事業的良好發展，維護中國農產品市場的穩定，保障中國的糧食安全。

**二、進口農產品對國內農業影響的雙面效應分析**

「三農」是中國政府長期關注的焦點問題，也是國內相關政策的重中之重。「十二五」規劃全面部署了農村經濟與現代化農業的發展，進口農產品可以通過不同方面來影響中國經濟。一般情況下，進口農產品對國內短缺產品有一定的彌補作用，能夠節約中國的資源，但是大量進口農產品在某種程度上也會抑制國內農業的生產。

(一) 進口農產品的正面效應

1. 填補國內農業產需缺口，緩解國內農產品的生產壓力

進口農產品可以對國內農產品的需求缺口進行填補，可以在一定程度上解決國內的農產品產需缺口，保證農產品供需鏈的正常運轉，促進產需平衡，幫助中國農業實現又好又快的發展，防止出現農產品供應缺口。進口農產品也在一定程度上緩解了中國弱勢農產品的壓力，促進國內農業實現產需平衡，形成良好平衡的發展狀態。

2. 保證國家糧食存儲，保障國內糧食安全

糧食安全對國計民生十分重要，是中國「十二五」規劃中農業發展的首要目標。進口農產品與這一重大問題休戚相關，進口農產品可以幫助中國利用國際糧食市場來保障國內重要農產品的供給，同時能夠通過對進口農產品種類規模的控制保障國內的糧食安全和供給，尤其是在國內糧價飆漲的情況下，進口農產品能有效保證國家的糧食存儲，從而保障國內糧食安全。

3. 保障國內農業產業的安全，促進農業可持續發展

農業安全不僅能意味著農業產業的安全，更意味著農業的可持續發展。進口農產品可以在一定程度上節約國內的農產品資源，保護國內的自然環境，能夠維護國內可持續發展的資源與環境。有了資源和環境的可持續發展，才能有國內農業產業的可持續發展，從而能夠有效保障國內的農業產業安全。

(二) 進口農產品的負面效應

1. 增加國內農業進口依存度

進口農產品在彌補中國農業產需缺口的同時也會造成進口依存度的增加，而

進口依存度的增加將導致國內原本薄弱的農業產業產量下降，最終絕大部分甚至完全依存於進口，從而造成此方面的農業產業止步不前。國內農業進口依存度的提升不僅導致此方面的技術下降，而且會導致他國對中國經濟的控制，過於依附於進口產品對中國農業的長期發展利大於弊

2. 難以保障進口農產品的自身安全

健康食品安全方面的問題伴隨現今生活水準的提高而逐漸成為熱點問題。由於國內外不同地域特徵、政策因素等的存在，進口農產品的安全問題已成為人們考慮的首要問題，進口農產品本身的安全性需要通過嚴格的檢驗以保證人們相信並願意購買，同時也是防止其對中國環境以及人類健康產生不良影響的重要保障。進口農產品的安全問題不僅對中國國民的身體健康有著一定的影響，而且對中國農業本身也存在較大的衝擊。

3. 承擔農產品進口風險和秩序風險

國內外的經濟、政策以及社會原因等都會造成農產品進口過程中以及後續環節產生各類損失，從而損害國民的利益，妨礙農產品貿易的安全發展。中國農業在中國加入WTO後的挑戰逐漸加大，而國際貿易保護現象也是中國農產品進口風險、秩序等問題產生的重要原因，在這些不確定的風險條件下，中國農業產業的發展必須首先創造外部公平的貿易環境，從而維護中國國內農業的健康發展。一旦進口農產品過量流入市場擾亂市場秩序，不僅不能夠對進口農產品進行有效的控制，甚至還能導致中國農業發展止步不前。

### 三、有效利用和應對進口農產品對國內農業影響的雙面效應的策略

（一）立足資源配置，發揮進口農產品彌補產需缺口作用

立足於國內具體情況，通過市場多元化戰略的實施優化農產品的結構，拓寬貿易範圍，進一步開放國內市場，通過合理的資源配置，吸引進口農產品的投放以及先進生產技術的引進，通過適量進口，滿足產需缺口較大的農產品。選擇能夠有利於國內農產品生產和資源優化的進口農產品，通過平衡總量調劑品種來推動國內農業產業結構的調整，保證國內農業的健康發展和對外貿易的良性運轉，普遍提升國內農業產品的質量，發展具有中國特色的農業，適應農產品市場的需要。使用進口農產品來增加國內農產品的品種，同時充分利用進口農產品對中國農業產需缺口進行彌補，且減少國內農產品與進口農產品之間的市場爭奪，降低貿易摩擦。同時還要強化農業的科技研究，重視農產品的質量，從而更充分地發揮進口農產品對中國產需缺口的彌補作用。

（二）立足食品安全，充分利用進口農產品的糧食安全保障作用

國內國際市場之間的影響伴隨農產品市場的對外開放不斷深化，日益激烈的市場競爭使傳統的質量價格競爭優勢減弱，而現今人們對食品安全和身體健康的要求愈加嚴苛，因此可以充分利用進口農產品來建立完善的品牌戰略。而與此同時制定相關的食品標準也是保證進口農產品安全性的重要環節，通過相應的質量

衛生標準以及相應的監察制度能夠充分保證食品的安全性。由於中國是世界上人口最多的國家，所以需要大量的糧食來養活國民，因此大量的糧食進口可以鞏固中國糧食的儲量，從而保證中國的糧食安全，推動中國糧食的生產，保證中國糧食存量足夠國民使用。

（三）立足可持續發展，充分利用進口農產品保障農業安全的作用

進口農產品可以緩解中國農業的壓力，有利於農產品的產需平衡。作為農業大國，中國優勢明顯的是水果、蔬菜等勞動密集型農產品，而大豆、棉花等土地密集型產品的優勢較弱，因而需要進口相應的農產品對中國農業進行補給。中國大量的大豆、棉花等作物的進口可以緩解中國農業種植的土地壓力，節約中國農業資源，實現中國農業環境資源的可持續發展，從而發揮了保障中國農業安全的作用。進口農產品對國內農業資源等的節約是顯而易見的，正是由於進口農作物的進入使中國農業產需缺口得到彌補，使中國農業壓力得到緩解，不僅滿足了中國國民的生活需求，而且保證了中國農業安全發展，推動了農業的可持續發展。

（四）增加國內優勢農產品投入，提升弱勢農產品加工水準

中國國內生產規模較小，全國平均為5,000平方米左右，相當於歐盟的1/40，美國的1/400。而與國外相比，中國這種超小規模的勞動生產率極低，而且中國與外國的差距仍在擴大，較小的規模導致推廣和應用先進生產技術有著一定的限制，中國農產品的行銷能力和流通效率也較為低下，尤其是因為多種農產品的生產品種混雜造成收購不同質量的農產品的成本較高，然而此種情況下銷售產品的整體質量也並不好。因此國內應當加大優勢農產品的投入以提升優勢農產品的產量，減少此部分農產品的進口依存度，改善農業產業的產業結構，同時提升弱勢農產品的加工水準，幫助獲得更高層次上的農產品，從而提升農產品價值，相應減少對弱勢農產品進口的依存度，防止產生弱勢產品完全依賴進口的現象產生。

（五）制定和完善農產品質量標準體系，加強農產品質量檢測

農產品質量標準體系的建立對農產品質量安全與衛生水準的提高具有重要作用，能夠保護中國國民身體健康，同時還能保護國內農業安全。根據世界農產品市場對出口商品質量衛生的安全要求，基於中國國情、國民身體素質制定相應的進出口檢查監督制度等，嚴禁不合格農產品進口，逐步改善中國食品安全，同時扭轉中國食品的不安全、無保障性，提升中國農產品的安全系數，從而逐步提升中國農業在國際市場上的競爭力。建立和完善適合中國國情具有中國特色的綠色食品技術標準是功在當代、利在千秋的大事件，也是對中國國民負責、規範中國農產品市場的有力體現。農產品質量標準體系的制定和完善不僅能夠保障進口農產品的安全問題，而且能夠規範中國的農業市場，促進中國農業產業的健康發展。

（六）結合國情完善農產品市場體系，規範市場管理

農產品市場體系的完善需要基於中國的具體國情，只有建立在中國真實的國情的基礎上，農產品市場的完善才有意義。中國的農產品需求量較大，如何規範並完善中國農產品市場來促進農業產業的發展是關鍵問題，為了使中國農產品市

場的建立有依據、可利用，市場管理有規範可依據，必須結合中國具體國情完善中國農產品市場，樹立中國國際品牌形象，不僅可以抑制國外進口農產品在國內市場對國內農產品所造成的惡意競爭，而且還可以為中國農產品貿易創造一個相對公平的環境，防止不正當競爭手段的產生，維護中國農業的安全發展，及時有效地規避各類進口農產品可能產生的風險。

**參考文獻：**

［1］姚枝仲. 中國的進口戰略調整［J］. 國際經濟評論, 2008（3）：23-28.

［2］趙玉敏, 藍海濤. 保障供給安全——中國重要農產品進口戰略定位［J］. 國際貿易, 2004（12）：45-48.

［3］倪洪興. 農業貿易政策選擇應注意的六大誤區［J］. 農業經濟問題, 2008（6）：34-37.

［4］餘瑩. WTO國營貿易規則與中國農產品國營貿易制度［J］. 亞太經濟, 2006（6）：45-47.

［5］程培罷. 比較優勢與中國農產品貿易政策的戰略調整［J］. 安徽廣播電視大學學報, 2003（1）：23-27.

# 旅遊經濟專題

經濟問題多視角研究

# 刍論宏觀經濟波動對國內旅遊業的影響
## ——以中國四川為例

劉軍榮

**內容摘要**：本文從需求的角度研究了宏觀經濟波動對旅遊業的影響。研究結果表明，國內旅遊收入對物價、人均國民收入和利率等宏觀經濟指標波動富有的彈性、工資收入與旅遊業呈正相關，而物價與利率波動與國內旅遊需求呈負相關。本文以中國四川為例進行驗證，實證結果符合理論分析。另外，實證研究還發現人均國民收入和消費物價指數對旅遊業具有較強的預測力。

**關鍵詞**：經濟週期；四川旅遊業；關聯影響

## 一、引言

國內旅遊是一國旅遊業的主體成分。1994—2010 年，年平均中國國內旅遊人數占總旅遊人數的 96.5%（見圖 1），國內旅遊收入占全國旅遊總收入的 75% 以上。英國和美國年平均國內旅遊收入占總旅遊收入的 84.2%。可見，研究國家國內旅遊具有重要意義。宏觀經濟波動影響著所有人類的經濟活動，國內旅遊必然受國內經濟宏觀波動的直接影響。旅遊業已被學者廣泛研究，從目前的成果檢索來看，國外有少量學者研究宏觀經濟波動與旅遊需求之間的長期關係，國內學者研究鮮有涉及此項研究。目前，絕大部分旅遊業的研究基本上都定格為某年份的定性評價。本研究擬從需求角度研究宏觀經濟波動對旅遊業的影響，並以四川旅遊業為例進行實證檢驗。該研究對於制定旅遊產業政策和規避旅遊業風險具有重要意義。

## 二、文獻回顧

在大多數研究中，宏觀經濟波動對某些領域需求的影響是通過一系列解釋變量建模來分析和討論的，絕大多數計量模型均引入可支配收入、利率、通脹率或匯率等反應經濟週期波動的指標來解釋產業需求波動。在一些國外文獻中，學者們也採用了類似的思路來研究宏觀經濟波動與旅遊業的關係，研究表明經濟週期各指標對旅遊需求是富有彈性的。Crouch（1996）的元分析（Meta-analysis）和 Witt（1995）、Lim（1997）提供了一些常用於解釋旅遊需求的經濟變量。Wong

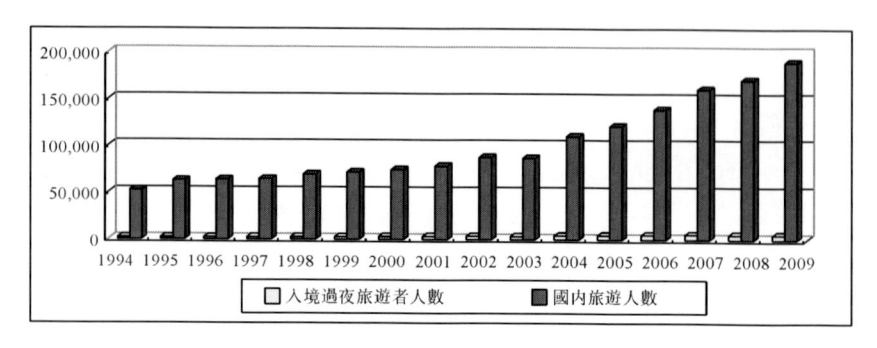

图 1 中國入境和國内旅遊人數比較（1994—2009 年，單位：萬人）

數據來源：歷年《中國統計年鑒》。

(1997)利用價格和可支配收入等經濟波動變量來分析經濟波動對旅遊需求的影響。研究發現，經濟週期與香港入境旅遊需求存在著内在聯繫，經濟主週期會對旅遊需求產生顯著影響。Gouveia 和 Rodrigues（2005）利用由 Harding 和 Pagan（2003）所發展的非參數法以及 Hodrick-Prescott 濾波法對旅遊需求和經濟週期的同步性進行了考察，這項開拓性研究表明經濟週期與旅遊週期之間存在穩定的時滯。Andrea Guizzardi 和 Mario Mazzocchi（2010）運用 Harvey（1989）的 STS 模型（Structural Time Series Approach）研究了經濟週期對義大利旅遊需求的影響，研究結果顯示，經濟週期對旅遊需求具有滯後的影響，經濟波動指標對分析經濟週期對旅遊需求的衝擊是有效的。

### 三、理論分析

經濟波動是客觀存在的，影響著所有的社會經濟活動。旅遊經濟作為第三產業的重要組成部分，必然受宏觀經濟波動的影響。從需求上講，國内旅遊是一國和地區旅遊需求的主體，影響旅遊需求的主要因素有旅遊動機、支付能力、閒暇時間、社會政治經濟環境、旅遊產品價格，其中人均收入、稅收和價格等。宏觀經濟主要影響人均收入、稅收和價格等進而影響旅遊需求。實際上，經濟週期波動影響旅遊經濟，同時宏觀經濟也受旅遊經濟波動所影響，存在互動關聯性。

(1) 國民收入對旅遊需求的影響。

隨著經濟的波動，工資收入和資產收入均會波動，從而影響人們的支付能力和消費能力。旅遊消費主要決定於家庭可支配收入，而家庭可支配收入取決於所得稅的高低，在實際生活中家庭所得稅基本穩定，我們設其為常數，從而人均國民收入在很大程度上可以比較穩定地反應居民可支配收入水準，從而能部分地確定居民消費能力。根據學者研究，家庭收入水準是目前影響中國家庭旅遊消費行為的決定因素，收入水準波動會對旅遊需求產生越來越高的邊際影響。

我們假定 $Y_t$ 為居民人均收入水準，$\tau_t$ 為 $t$ 時的所得稅率，居民的可支配收入 $y_t$ 為：

$$y_t = \beta_t Y_t (1 - \tau_t) \quad 1 > \beta > 0 \quad 1 > \tau_t > 0$$

根據 Keynes 絕對收入假說，居民旅遊消費與收入具有如下關係：

$$C_t = \pi + \beta_t y_t$$
$$C_t = \pi + \beta_t Y_t (1 - \tau_t) \tag{1}$$

式中 $C_t$ 為居民人均旅遊消費水準，$\beta_t$ 為待估計參數。在此我們命 $\beta_t$ 為居民邊際旅遊消費傾向，是指居民收入水準增長（減少）一個單位所引起的旅遊消費水準變化的相應數量。實際上，式（1）是量測方程，表示居民旅遊消費與收入水準之間的一般關係，將式中參數 $\beta_t$ 稱為狀態變量，其變化反應的是除收入水準之外其他因素對城鎮居民旅遊消費和收入水準之間關係的綜合影響。

對（1）式求偏導，得

$$\frac{\partial C_t}{\partial Y_t} = \beta_t (1 - \tau_t) \tag{2}$$

由於 $1 > \beta > 0 \quad 1 > \tau_t > 0$

$$\frac{\partial C_t}{\partial Y_t} = \beta_t (1 - \tau_t) > 0$$

可見隨著收入的提高，旅遊消費將增加，二者呈正相關。

除此之外，收入波動通過影響消費者勞動時間的分配，從而影響居民的閒暇，直接影響到居民的旅遊消費。收入提高時會使勞動替代閒暇，一旦超過臨界點，閒暇會替代勞動。從而提高閒暇，旅遊消費相對提高。

（2）利率對旅遊需求的影響。

Zheng Gu（1995）做了關於利率對旅遊需求的影響的研究，研究發現，利率與旅遊需求呈負相關。利率波動對居民產生的替代效應和收入效應對旅遊消費需求產生重大影響。

首先，利率水準變化影響居民的儲蓄傾向以實現消費成本最小化和跨期消費效用最大化，即居民會根據利率的變化調節可支配收入中消費和儲蓄的比例。當利率提高時，當期消費減少，儲蓄增加，未來消費增加，反之則相反；如果當前與未來的消費分佈發生變化，人們的旅遊消費能力和旅遊需求將直接被影響。

其次，利率水準波動直接影響居民資產收益。雖然中國資本市場不太成熟，但廣大城市居民和中產階級對於股票、基金、債券等各種資本品投資的事實不可否認。實際上，國內旅遊者絕大部分來自廣大城市居民和中產階級，因此利率波動對他們非工資收入將產生很大影響，利率產生的收入效應和替代效應進一步加強，直接衝擊居民的消費傾向，進而影響居民的旅遊需求。

為簡單起見，我們以兩期跨期消費來說明利率對旅遊消費的影響。我們把居民的終身消費分為當期消費和未來消費，居民的旅遊效用函數為 $U = U(c_1, c_2)$，並假定居民沒有流動約束，沒有資產繼承和也無遺產留與後人。居民跨期旅遊消費路徑可表達為：

$$\frac{c_2}{\alpha_2} = y_2 + (1+r)(y_1 - \frac{c_1}{\alpha_1}) \tag{3}$$

式中 $c_1$、$c_2$ 為分別為當期旅遊消費和未來旅遊消費，$y_1$、$y_2$ 為當期收入和未來收入，$r$ 為市場利率，$\alpha_1$、$\alpha_2$（$1 > \alpha_1$，$\alpha_2 > 0$）分別為旅遊消費占總消費的比例。居民所面臨的預算約束為：

$$\frac{c_1}{\alpha_1} + \frac{c_2}{\alpha_2(1+r)} = y_1 + \frac{y_2}{1+r} \tag{4}$$

在利率影響的情況下，居民總是按照經濟理性來安排消費，獲得旅遊消費效用最大化，基於當期滿足而言，未來的效用需要貼現，假定居民旅遊消費的未來效用的貼現率為 $\mu$。這樣，居民旅遊消費最大化問題便成為約束條件，即對 $U = U(c_1, c_2)$ 求最大值。

$$MaxU(c_1, c_2) = \ln\frac{c_1}{\alpha_1} + \frac{1}{(1+\mu)}\ln\frac{c_2}{\alpha_2}$$

$$s.\ t.\ \frac{c_1}{\alpha_1} + \frac{c_2}{\alpha_2(1+r)} = y_1 + \frac{y_2}{1+r}$$

Lagrange 函數的構造：

$$L(c_1, c_2, \lambda) = \ln\frac{c_1}{\alpha_1} + \frac{1}{(1+\mu)}\ln\frac{c_2}{\alpha_2} + \lambda\left[y_1 + \frac{y_2}{1+r} - \frac{c_1}{\alpha_1} - \frac{c_2}{\alpha_2(1+r)}\right]$$

對 $L$ 求偏導數，並令他們都等於 0，則：

$$\frac{\partial L}{\partial c_1} = \frac{1}{c_1} - \frac{\lambda}{\alpha_1} = 0$$

$$\frac{\partial L}{\partial c_2} = \frac{1}{c_2(1+\mu)} - \frac{\lambda}{\alpha_2(1+r)} = 0$$

$$\frac{\partial L}{\partial \lambda} = \frac{c_1}{\alpha_1} + \frac{c_2}{\alpha_2(1+r)} - \frac{y_2}{1+r} - y_1 = 0$$

綜上所述可以得到：

$$c_1 = \frac{\alpha_1}{\lambda},\ c_2 = \frac{\alpha_2(1+r)}{\lambda(1+\mu)}$$

從而可以推出：

$$\frac{c_2}{c_1} = \frac{\alpha_2(1+r)}{\alpha_1(1+\mu)} \Rightarrow c_2 = \frac{\alpha_2(1+r)}{\alpha_1(1+\mu)}c_1$$

考慮到效用是正常情況下的效用是正效用，且居民各期消費的邊際效用相互獨立，那麼我們可以假定效用函數是對數形式：

$$U(c) = \ln c$$

對 $U$ 求一階導數有：

$$U'(c) = \frac{1}{c} \quad \frac{U'(c_2)}{U'(c_1)} = \frac{c_1}{c_2} = \frac{\alpha_1(1+r)}{\alpha_2(1+\mu)} \tag{5}$$

假設兩期的旅遊消費傾向相同，即 $\alpha_1 = \alpha_2$。根據（3）式我們可以得出，利率波動對居民不同時期有重要影響，這種影響主要通過市場利率 $r$ 與貼現率 $\mu$ 的比較瞭解到。

首先，$r > \mu$，即 $\dfrac{U'(c_2)}{U'(c_1)} = \dfrac{\alpha_1(1+r)}{\alpha_2(1+\mu)} > 1$

這表明第二期的邊際消費效用小於第一期，為使兩期消費的邊際效用相等（此時消費者跨期效用最大），應該加大第一期消費或減少第二期消費。

其次 $r < \mu$，當 $\dfrac{U'(c_2)}{U'(c_1)} = \dfrac{\alpha_1(1+r)}{\alpha_2(1+\mu)} < 1$，則應該減少第一期消費，增加第二期消費。

最後，$r = \mu$，市場利率同消費者主觀偏好率相同時，消費者的第一期和第二期的邊際消費效用才會相等。

我們假定貼現率 $\mu$ 為常數，把個人旅遊消費劃分為 N 期，可以得到利率波動下居民旅遊消費的長期安排，即利率波動與居民旅遊消費呈反相關。

（3）價格對旅遊/閒暇需求的影響。

價格對需求的影響是顯而易見的，幾乎經濟學家已達成共識，價格與消費需求呈負相關，即價格走高，消費需求下降。雖然旅遊品與一般商品相比具有唯一性、壟斷性或非必需品特性，但是在正常定價或國民收入正常的情況下，旅遊品屬於正常商品，在其他情況不變的情況下，居民旅遊需求由旅遊品的價格決定。

然而，除了價格對旅遊需求直接產生影響外，產生收入效應和勞動-閒暇替代效應也影響旅遊需求。前文已經討論了收入對旅遊的需求的影響，此處主要基於價格變動產生的勞動-閒暇替代效應討論價格變動。旅遊的前提是閒暇，旅遊需求於閒暇需求是不證自明之理，在很多經典文獻中，閒暇需求被作為旅遊需求的替代變量用於旅遊需求的理論和實證研究。因此討論價格變動對閒暇需求的影響間接反應價格與旅遊需求更具本質性。

設每人工作時間為 $L$，工資為 $w$，$T$ 為可供工作和閒暇的時間總和，假設 $T$ 固定，初始財富為 $I_0$，財富帶來的效用為 $\varphi[(wL + I_0)p]$，閒暇帶來的效用為 $\psi(T-L)$，其中 $p$ 為國內商品或服務價格，函數 $\varphi$、$\psi$ 滿足以下條件：

$$\varphi(x) > 0,\ \varphi'(x) > 0,\ \varphi''(x) < 0;\ \sigma = -x\dfrac{\varphi''(x)}{\varphi'(x)};\ \psi'(x) > 0,\ \psi''(x) < 0 \tag{6}$$

總的效用為：

$$U(L) = \varphi[(wL + I_0)p] + \psi(T - L) \tag{7}$$

設閒暇時間為 $T - L = \rho$ 時，那麼我們可以將總效用轉化為：

$$U(T - \rho) = \varphi[w(T - \rho) + I_0]p + \psi(\rho) \tag{8}$$

設閒暇時間為：$T - L = \rho_0$ 時，$U(T - \rho_0)$ 達到最大，此時有

$$\frac{dU}{d\rho}(\rho_0) = 0$$

此時有

$$\varphi'[(w(T-\rho_0)+I_0)p] \times (-wp) + \psi'(\rho_0) = 0$$

這個方程表明 $\rho_0$ 是 $w$、$I_0$、$p$ 的函數，即

$$\rho_0 = \rho_0(w, I_0, p)$$

為了探討 $\rho_0$ 與 $w$，$p$ 變化的情況：

$$\varphi''\{[w(T-\rho_0)+I_0]p\} \times (-wp)\{[w(T-\rho_0)+I_0] + w(-\frac{\partial \rho_0}{\partial p})p\}$$

$$-w\varphi'\{[w(T-\rho_0)+I_0]p\} + \psi''(\rho_0)\frac{\partial \rho_0}{\partial p} = 0 \qquad (9)$$

從 (9) 式可以解得：

$$\frac{\partial \rho_0}{\partial p} = \frac{\varphi''\{[w(T-\rho_0)+I_0]p\}[w(T-\rho_0)+I_0]wp + w\varphi'\{[w(T-\rho_0)+I_0]p\}}{\varphi''[w(T-\rho_0)+I_0](wp)^2 + \psi''(\rho_0)}$$

$$(10)$$

(10) 式可以整理為：

$$\frac{\partial \rho_0}{\partial p} = \frac{w\varphi'\{[w(T-\rho_0)+I_0]p\}}{\varphi''[w(T-\rho_0)+I_0](wp)^2 + \psi''(\rho_0)}$$

$$\left\{1 + [w(T-\rho_0)+I_0]p\frac{(wp)\varphi''[w(T-\rho_0)+I_0]p}{w\varphi'[w(T-\rho_0)+I_0]p}\right\}$$

又已知條件可得：

$$\frac{\partial \rho_0}{\partial p} = \frac{w\varphi'\{[w(T-\rho_0)+I_0]p\}}{\varphi''[w(T-\rho_0)+I_0](wp)^2 + \psi''(\rho_0)}(1-p\sigma) \qquad (11)$$

因為 $\varphi'(x) > 0$，$\varphi''(x) < 0$，$\Psi''(x) < 0$，得：

$$\frac{w\varphi'\{[w(T-\rho_0)+I_0]p\}}{\varphi''[w(T-\rho_0)+I_0](wp)^2 + \psi''(\rho_0)} < 0$$

就 $(1-p\sigma)$ 的符號問題我們進行如下討論：

第一，當 $1-p\sigma > 0 \Rightarrow \sigma < \frac{1}{p}$，可以得到 $\frac{\partial \rho_0}{\partial p} < 0$。這表明此時價格波動與閒暇呈反相關，價格 $p$ 愈大閒暇越小；反之，價格 $p$ 愈小閒暇越大。這是因為價格波動的收入效應對居民閒暇-工作的選擇，當價格 $p$ 愈大，居民的實際收入減低，從而居民增加工作時間以提高收入，減少閒暇。當價格減少時，實際收入提高，居民將提高工作時間，提高整體效用。滿足此條件的價格我們成為正常價格，用 $p''$ 表示，在現實中，商品價格絕大多數為正常價格。

(2) 當 $1-p\sigma = 0 \Rightarrow \sigma = \frac{1}{p}$，可以得到 $\frac{\partial \rho_0}{\partial p} > 0$。這表明此時價格波動與閒暇呈

正相關，價格 $p$ 愈大閒暇越大，在這種情況下，價格波動為奇異狀態，包括價格非常高或非常低。當價格極高時，此時居民實際收入極低，以至於居民認為增加工作時間所產生的收入增加的效用遠遠低於閒暇所帶來的效用，從而隨著商品價格的提高，閒暇需求也增加，此種情況在現實中可能存在，但罕見的價格，我們稱為奇異價格，用 $p^{an}$ 表示。本結果所含的另一種是價格 $p$ 愈小閒暇越小，這是在現實中不可存在的狀態，在此我們舍去無意義的情況。

(3) 當 $1 - p\sigma = 0 \Rightarrow \sigma = \dfrac{1}{p}$，可以得到 $\dfrac{\partial \rho_0}{\partial p} = 0$，設滿足此條件的 $p = p^*$，$p^*$ 實際是 $p^n$ 與 $p^{an}$ 之間的臨界值。

**四、實證檢驗**

1. 數量模型的建立

根據上述的理論分析，我們可建立如下計量經濟模型：

$$\ln Y_t = a_0 + a_1 \ln P_t + a_2 \ln I_t + a_3 \ln R_t + \mu_t \tag{12}$$

其中 $Y_t$ 表示 $t$ 期國內旅遊收入，$P_t$ 表示 $t$ 期國內旅遊品價格（四川物價指數 CPID），$I_t$ 表示 $t$ 期國內人均國民收入（ID），$R_t$ 表示國內 $t$ 期國內實際利率（RD），$\mu_t$ 為隨機誤差項。$a_0$、$a_1$、$a_2$、$a_3$ 為參數，同時 $a_1$、$a_2$ 和 $a_3$ 在此的經濟意義分別是旅遊需求的價格彈性、旅遊需求收入彈性和旅遊需求利率彈性。

2. 研究對象的選擇

（1）選擇地區作為研究對象而非全國的原因。

首先，中國境內的旅遊受諸多因素的影響，包括社會和自然因素，同時也受國際社會經濟大環境的影響。如果使用全國旅遊數據來分析中國經濟波動對國內旅遊業的影響必然由於其他因素的影響而使本研究出現較大誤差。因此，滿足中國宏觀經濟波動衝擊對象的旅遊需求在很大程度上可以減少非經濟因素所產生的誤差；第二，旅遊產業的區域性相比其他產業更顯著。

（2）選擇四川作為考察對象的主要原因。

本文選擇四川作為實證考察對象，主要由於四川旅遊資源包括人文和自然組成，且旅遊資源類別分佈較均衡，四川地理條件、氣候條件、旅遊業季節性、交通和區域內經濟水準大體為全國平均水準，因此很具有代表性。

（3）選擇樣本區間的原因。

本實證分析樣本為 1991—2010 年，由於 1978—1991 年的重大事件基本上把中國經濟推上了正軌，同時 1992 年，中國社會主義市場經濟體制改革目標確立，使得中國經濟週期符合經濟本質規律，經濟從政治或行政中獨立出來，經濟週期正常化，這是本文實證樣本選擇的主要原因。其次，就數據可得性而言，在中國 1991 年之後的經濟數據和四川旅遊業數據相對不完整和規範。

3. 數據說明與選用

我們初選了四川國內旅遊收入（$Y_t$）和國內旅遊人數（年均）表示四川國內

旅遊需求的變化，中國人均國民收入和中國真實利率表示國內的經濟波動。價格波動選用全國消費物價指數或四川消費物價指數來替代。我們選用的樣本為1991—2010年的數據，物價消費指數和利率來自國家統計年鑒或根據統計年鑒計算所得，中國人均國民收入來自於世界銀行官方網站。

在進一步指標選擇中，各指標的選擇基於如下考慮：

第一，四川消費物價指數與全國消費物價指數具有很高的同步性，為了既能反應宏觀經濟波動，又能反應四川旅遊品價格，筆者選擇了前者。

第二，我們發現四川國內旅遊收入和國內旅遊人數（年）出現很高的同步性，通過相關檢驗，發現二者之間的相關係數超過0.9。基於各數據性質的統一性，我們選擇四川國內旅遊收入（$Y_t$）作為本文的實證序列，捨棄國內旅遊人數（年）。

第三，本文採用真實利率作為解釋變量之一，這主要是基於理性消費者假設，因為理性消費者是根據實際利率而非名義利率對其跨期消費做出決策（王立平，2005）。

因此，基於本文的研究主題，我們確定以四川國內旅遊收入（$Y_t$）作為被解釋變量，將中國人均國民收入（ID=$I_t$）、中國真實利率（RD=$R_t$）和四川物價消費指數（CPID=$P_t$）作為解釋變量。本文所有的實證檢驗均在Eviews5.0環境下完成的。

4. 實證結果

（1）迴歸分析。

為了對宏觀經濟波動對四川旅遊業做一個長期影響均衡分析，首先運用最小二乘法對1991—2010年數據中的四川旅遊收入、人均國民收入（$I_t$）、中國真實利率（$R_t$）和四川物價消費指數（$P_t$）進行迴歸檢驗，結果如下：

$$\ln Y_t = -1.512,220,666 P_t + 1.126,388,816 I_t - 1.923,482,888 R_t + 7.175,236,834 \quad (13)$$

　　　　（-1.849,962）　　（23.498,77）　　（-2.796,301）　　（1.873,789）

　　R-squared = 0.972,470　Adjusted R-squared = 0.967,309　D-W stat = 2.231,994

　　F-statistic = 188.397,9　Prob（F-statistic）= 0.000,00

從上式（13）可以看出：在估計的迴歸系數中，$a_2$、$a_3$都能通過顯著性水準為5%的t檢驗，$a_1$能通過顯著性水準為10%的T檢驗。這就表明變量人均國民收入（$I_t$）和中國真實利率（$R_t$）能在95%的水準下對模型影響顯著，四川物價消費指數（$P_t$）能在90%的水準下對模型影響顯著，即所有解釋變量通過了顯著性檢驗。同時，對該方程的F檢驗也很顯著，這說明該模型的線性關係較強。而且調整後的可決系數$R^2$=0.967,309，表明模型的擬合優度很好，DW值（2.231,994）在1%的顯著水準上接受不存在一階自相關性的假設。

從迴歸的解釋變量的系數得知，四川消費物價指數（$P_t$）、中國真實利率

（$R_t$）與旅遊需求（$Y_t$）呈負相關。當四川物價消費指數為1%，四川旅遊收入下降1.5%以上；當國內真實利率提高1%，對四川的旅遊需求將下降1.92%。而人均國民收入與四川旅遊需求呈正相關，人均國民收入提高1%，四川旅遊需求將提高1.12%。綜合而論，宏觀經濟的波動對四川旅遊業的影響是顯著的。上述各宏觀經濟指標對四川旅遊需求富有彈性。

（2）脈衝回應分析。

為進一步分析這些宏觀指標對四川旅遊業影響的程度，我們進行脈衝回應檢驗。檢驗結果顯示（圖2），四川國內旅遊對四川消費物價指數（CPID）的脈衝的回應分別在第3期、第5期、第7期達到最大，在滯後第8年後趨於平穩，長期影響為負；四川國內旅遊對人均國民收入（ID）脈衝的回應整體上不強烈，相對而言，在第2期較顯著，人均國民收入對四川國內旅遊在第4期後及長期影響為正；利率（RD）對四川國內旅遊的影響在第3期前為正，且在第2期達到最大，在第三期後為負，在第4期的影響達到最高值，第8期後趨於平穩。總體而言，利率對四川國內旅遊需求的衝擊為負。

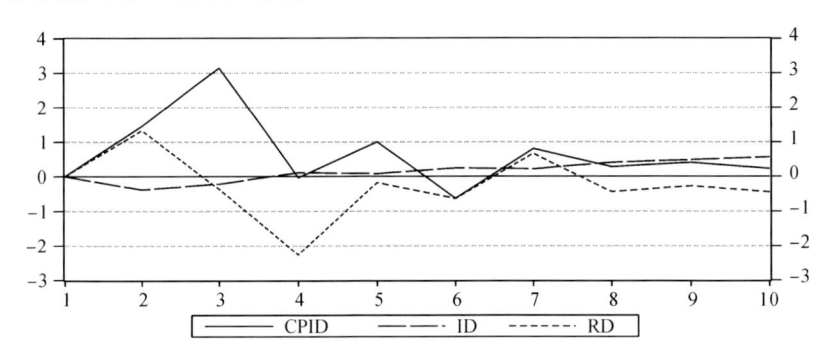

圖2　四川國內旅遊收入對消費物價指、人均國民收入和利率的脈衝回應

（3）方差分解。

為了清楚地瞭解宏觀解釋變量對四川旅遊業的方差貢獻度，我們進一步對四川旅遊收入做方差分解檢驗。由表1可知，四川國內旅遊收入的預測方差中，人均國民收入、利率和消費物價指數的貢獻也分別在4期、1期、3期之後趨於穩定。因此，我們認為人均國民收入對四川國內旅遊收入的作用時滯為4期，利率對四川國內旅遊收入的作用時滯為1期，消費物價指數對樂山國內旅遊的作用時滯為3期。我們從表1可以看出，在第10期，人均國民收入、真實利率和四川消費物價指數對四處旅遊業的衝擊效應是48.15%、1.48%和28.09%。

表1　　　　　　　　四川國內旅遊收入的預測方差分解（%）

| 時期 | 四川國內旅遊收入（萬元） | 人均國民收入（萬元） | 真實利率 | 四川消費物價指數 |
|---|---|---|---|---|
| 1 | 100.000,0 | 0.000,000 | 0.000,000 | 0.000,000 |

表1(續)

| 時期 | 四川國內旅遊收入（萬元） | 人均國民收入（萬元） | 真實利率 | 四川消費物價指數 |
|---|---|---|---|---|
| 2 | 47.451,86 | 27.716,05 | 1.865,647 | 22.966,44 |
| 3 | 20.822,78 | 67.445,08 | 1.066,823 | 10.665,32 |
| 4 | 16.549,33 | 52.097,86 | 0.883,452 | 30.469,36 |
| 5 | 15.915,01 | 53.938,68 | 0.872,916 | 29.273,39 |
| 6 | 17.734,83 | 52.154,54 | 1.056,506 | 29.054,12 |
| 7 | 17.183,29 | 52.240,70 | 1.183,047 | 29.392,96 |
| 8 | 18.481,57 | 50.720,23 | 1.737,984 | 29.060,22 |
| 9 | 18.983,92 | 49.950,99 | 2.513,391 | 28.551,70 |
| 10 | 20.270,02 | 48.154,70 | 3.484,461 | 28.090,82 |

### 五、主要結論

本文從理論上分析得出國民收入、利息和價格宏觀經濟指標波動將對國內旅遊需求產生影響，並以四川省為例進行實證考察。實證結果驗證了本文理論分析的結果，得出如下主要結論：

第一，國民收入與旅遊需求呈正相關，國民收入增加，旅遊需求提高。

第二，利息波動影響旅遊需求，在理論上，在跨期消費分析中，利率與旅遊效用貼現率的大小比較直接影響跨期旅遊消費的分配，長期來看利率與旅遊需求呈反相關，該結果得到實證分析驗證。

第三，價格波動直接地影響旅遊需求。同時，理論分析發現，價格波動在正常範圍內（正常價格），價格波動與閒暇呈反相關，該結果得到實證分析支持；在理論上，當價格波動奇異時（奇異價格），價格波動與閒暇呈正相關。

除此之外，作為研究結果的一部分，筆者發現人均國民收入和利率波動與四川旅遊需求呈負相關，人均國民收入與四川旅遊需求呈正相關。從預測方差分解結果來看，人均國民收入最適宜作為四川旅遊業觀測指標和仲介目標。這也與理論分析的結論相符，同時消費物價指數對於觀測和調控四川旅遊業也有重要意義。從迴歸分析結果來看，四川旅遊需求的利率彈性較大，因此利率也是一個可資利用的調控工具。但是，對於地方政府而言，四川消費物價指數作為調控仲介甚至比人均國民收入和利率更具可操作性，更有效。

### 參考文獻：

[1] 羅富民. 匯率變動對中國入境旅遊需求的影響研究 [J]. 工業技術經濟，2007 (8)：86-88.

［2］Crouch G I. Demand elasticities in international marketing-a meta-analytical application to tourism［J］. Journal of Business Research, 1996, 36 (2): 117-136.

［3］Lim C. Review of international tourism demand models［J］. Annals of Tourism Research, 1997, 24 (4): 835-849.

［4］Lim C, McAleer M. A cointegration analysis of annual tourism demand by Malaysia for Australia［J］. Mathematics and Computers in Simulation, 2002, 59: 197-205.

［5］Witt S F, Song H, Louvieris P. Statistical testing in forecasting model selection［J］. Journal of Travel Research, 2003, 42 (2): 151-158.

［6］Witt S F, Witt C A. Forecasting tourism demand: a review of empirical research［J］. International Journal of Forecasting, 1995, 11 (3): 447-475.

［7］Wong K K F. The relevance of business cycles in forecasting international tourist arrivals［J］. Tourism Management, 1997, 18 (8), 581-586.

［8］Andrea Guizzardi, Mario Mazzocchi. Tourism demand for Italy and the business cycle. Tourism Management, 2010: 367-377.

［9］John D Owen. The Demand for Leisure［J］. The Journal of Political Economy. 1971: 56-76.

［10］Zheng Gu. The relationship between interest rate and tourism activities［J］. International Journal of Hospitality Management, 1995: 239-243.

［11］崔癢，黃安民. 居民家庭旅遊消費行為初探［J］. 人文地理，1995 (1): 37-42.

［12］蔣殿英. 高級微觀經濟學［M］. 北京：北京大學出版社，2006: 56-76.

# 基於產業集群理論的四川省旅遊產業發展策略研究[①]

## 劉 穎

**摘要：** 旅遊產業作為第三產業的支柱產業之一，在國民經濟中的作用日益凸顯，在「十二五」期間更是將迎來重大的戰略發展機遇。針對四川省旅遊產業目前發展的現狀和出現的矛盾與問題，結合產業集群理論，筆者提出依託旅遊產業集群優勢，以技術進步、制度創新、觀念創新為核心加快四川省旅遊產業結構的調整和升級，並在旅遊產業政策與制度創新、旅遊產業管理模式創新、旅遊產品開發創新、技術途徑創新和旅遊產業行銷模式創新等方面提出了相關的對策。

**關鍵詞：** 產業集群化；旅遊產業；發展策略

隨著經濟的發展和人民物質文化水準的提高，旅遊消費已經上升為國民性的普遍需求。2011 年，中國居民國內旅遊休閒的總人數約為 22.53 億人次，國內旅遊休閒的總花費約為 16,200.54 億元人民幣。作為旅遊大省的四川省，旅遊產業在其經濟發展過程的作用不言自明，特別是在「十二五」期間更將迎來重大的戰略發展機遇。在這種情況下，分析其旅遊發展的現狀，並根據產業集群理論提出新形勢下的發展策略建議，具有極強的理論和實踐意義。

## 一、四川省旅遊產業發展現狀

四川是中國西部的人口和資源大省，素有「天府之國」的美譽，它具有豐富、獨特的旅遊資源。截至 2012 年 1 月底，共有 A 級景區 221 家，其中 5A 級景區 5 家，4A 級景區 83 家，其排名高居全國第一位；已擁有的國家森林公園、國家地質公園和全國重點文物保護單位的數量在全國處於領先位置；已在海內外旅遊市場樹立起九寨溝—黃龍、樂山大佛—峨眉山、都江堰—青城山和三星堆—金沙遺址等旅遊精品形象，因此具有了發展旅遊產業的極好的先天優勢。

四川目前旅遊產業的發展狀況良好，各種配套設施和機構完善。國際國內旅

---

① 課題項目：該論文為四川旅遊發展研究中心項目「基於產業集群理論的四川省旅遊產業發展策略研究（課題編號 LYM11-24）階段性研究成果。

行社眾多，導遊3萬餘人，具備了良好的旅遊綜合接待能力；星級飯店雲集，大型旅遊購物、餐飲和娛樂服務企業數千家，高中低檔飯店的比例遠遠大於國際標準，呈現出高中檔次飯店數量眾多的情況；四川還是中國西部綜合交通樞紐之一，從省會成都到地方各市州均有高速或者高等級公路，對外鐵路通道完善，寶成、成昆、成渝等多條鐵路貫通全國，開通國際航線30餘條、國內航線200多條，通達五大洲；目前主要的旅遊景區都已經實現了通電、通水、通郵，大部分已建立起遊客中心、諮詢中心等服務機構，具有了發展旅遊產業的重要基礎。

與此同時，四川省各級政府也不斷加大對旅遊產業發展的扶持力度，加快旅遊產業由資源優勢向經濟優勢的轉變，以「政府主導、企業主體、市場化運作」發展模式為指導，形成了「政府引導、部門聯動、條塊結合、分類指導」的四川省旅遊產業綜合推進的發展格局。省政府現提出了建設旅遊強省的目標，制定了一系列促進旅遊產業發展的政策措施，自1988年就開始進行旅遊信息化道路的建設，開展了「金旅工程」，推出了四川旅遊行業服務平臺、四川旅遊信息港和美景面對面3個旅遊信息產品，還在全國範圍內首創了以旅遊發展大會為標誌的政府主導型旅遊產業模式，此外還在探索旅遊線路的政府專業化管理方面累積了豐富的經驗。

2001—2011年，除了2008年因為地震緣故導致旅遊收入下滑以外，其他年份的旅遊收入一直呈現出逐年增長、節節攀升的態勢，特別是近年來保持了年均20%~30%的高增長率。2011年四川省旅遊總收入首次突破2,000億元，達2,449億元，同比增長近30%。旅遊市場結構進一步優化，旅遊人數總計3.5億，入境旅遊人次同比增長52%，省外遊客比重回升到59.5%。由此可以看到，旅遊產業已經成為四川省經濟發展的支柱產業之一，其發展是比較成功的。

### 二、四川省旅遊產業存在的問題淺析

旅遊產業目前在全省國民經濟和社會發展中的作用愈發明顯，進入了良性的快速發展軌道，取得了較好的業績。但我們也應該清醒地看到，制約四川旅遊業發展的客觀因素依然存在，與國內旅遊業發達的省區相比，還存在著較大差距。例如旅遊產品主要以自然風光為主，諸如會展旅遊、養生旅遊和文化旅遊等產品的開發還處於初級階段；政府依然是旅遊行業的主導，沒有很好地起到協調職能服務的作用等。筆者認為，四川旅遊產業發展存在的突出困難和問題主要表現在以下幾個方面：

（1）四川旅遊企業市場主體發育不夠成熟，旅遊企業的市場競爭力較弱。

從宏觀上看，目前四川省經濟發展的整體水準還不高，旅遊行業集群發展的意識薄弱，制約了四川旅遊企業的快速發展，造成了現在四川旅遊產業的市場主體發育不夠成熟、產業規模比較小、旅遊企業的抱團意識不強、旅遊產品開發比較單一、重自然生態觀光而輕文化旅遊資源的開發，其檔次也相對較低，存在著「小、散、弱、差」的情況。這種狀況導致四川省旅遊企業缺乏了具有實力的龍頭

支柱企業，現已形成的旅遊集團企業也主要是通過行政「撮合」，集團企業內部並沒有形成實現真正意義上的集團化，核心競爭力不高，旅遊企業過度競爭，「內耗」嚴重。

從微觀上看，根據2011年度全國百強旅行社排名，四川旅遊企業中僅有成都中國青年旅行社和四川中國國際旅行社進入，且名次均靠後，僅排名59位和89位，占國內旅行社總量的不足0.5%。旅遊人才是旅遊企業集團化發展的保證，但四川旅遊從業人員的綜合素質還不高。從業人員的素質決定旅遊企業的管理能力，因此四川省旅遊企業集團化的發展被嚴重制約。四川旅遊企業集團化發展程度偏低，缺乏具有實力和競爭能力的龍頭企業和真正意義上的集團企業，專業素養較高的旅遊人才匱乏，必然導致目前旅遊行業的現狀不能適應經濟發展和人民生活水準提高的要求。這些情況導致旅遊企業的利潤率普遍下降，市場的競爭力也隨之削弱。

(2) 四川旅遊產業發展的軟硬服務設施落後，產業配套服務能力不足。

與發達旅遊強省相比，四川旅遊產業基礎設施的構建相對滯後，產業配套服務能力也還不足。這嚴重制約了四川旅遊產業的高速發展。四川省內景區分散，大多遠離中心城市，而省內高速公路的規模在全國僅處於中游水準，不如發達地區，如北京、廣東、江蘇等地區的一半，甚至與鄰省的雲南相比都存在相當大的差距；在航空方面，省會城市成都已開通國內航線200餘條，但直達國際航班數在大城市中位於倒數第一，省內支線機場的建設也不夠發達。此外，與之配套的城市建設和水、電、通訊等供應能力一般，導致接待水準和接待能力難以提高，嚴重影響四川旅遊產業競爭力的提升，制約了四川旅遊產業的發展。

良好的軟環境也還沒有形成。目前，川內旅遊產業發展的主要手段為：大力甚至過度開發旅遊資源，增加景點，從而吸引遊客，增加遊客數量。這種粗放型的經營開發的後果是旅遊景點的數量盲目增加，但是質量並沒有得到提高，甚至有些景點在成為熱點景點一兩年後就開發殆盡，遊客數量急遽下降；旅遊各企業之間惡性競爭的事件也時有發生，「黑社」「黑車」非法「陪遊」和欺騙遊客等違法違規的現象屢禁不止；其次，省內雖然星級酒店雲集，但設施質量和服務水準還沒能和國際完全接軌，旅遊配套的娛樂設施也還缺乏規模經營；再次，四川高素質旅遊人才緊缺，而政府在培訓和教育方面缺乏指導和力度，使其成為制約旅遊產業發展的薄弱環節。

(3) 旅遊宣傳促銷力度不夠，入境旅遊發展潛力巨大。

由於宣傳促銷工作力度不夠，對客源市場的開發重視程度不高，資金投入不足，導致四川作為旅遊資源大省，在國際國內兩個市場所占份額都過小。宣傳促銷渠道單一，內容單薄，沒有進行賦有四川旅遊特色和特徵的針對性宣傳，導致旅遊產品知名度和吸引度不高，整體促銷意識與國內旅遊強省相比，尚有明顯差距。

雖然四川旅遊收入年年增長，但其客源市場結構並不合理，其優勢主要在於

國內旅遊創收增長迅速，而入境旅遊則發展相對緩慢。近三年來，四川旅遊的外匯創收都只排在全國第20位後，省內客源占據絕對優勢，對省外客源吸引力不足；入境市場主要集中在亞洲，特別是東南亞市場，對歐美市場的重視和拓展力度不夠，同時在入境市場的客源細分程度不夠，沒有針對具體的客源地進行市場研究和追蹤；這些情況和國內發達的旅遊地區相比，差距都較大。

（4）政府在旅遊產業發展中未能充分發揮其協調服務職能。

政府在旅遊產業發展過程中應該起到宏觀管理和調控旅遊市場的作用，制定科學、系統、長遠發展的產業規劃和專項規劃，完善相應政策和法律法規，對市場進行調節、規範、監督、管理，加大對基礎設施及其旅遊產業發展配套設施的投入和建設等作用。但是，在四川旅遊產業發展中，政府卻沒能較好地發揮其宏觀領導和協調服務的職能作用，反而是硬性的介入旅遊市場，推行快速、粗放式的經營開發模式。這導致了一方面在人為大力建設、大力開採的同時，沒有相應的環境保護法律法規進行約束，很多自然風光和環境遭到破壞；另一方面，旅遊市場的發展快速，但是質量低下；各旅遊企業間紛紛惡性競爭，出現「低於成本價」、非法「陪遊」甚至是「黑社」、詐欺顧客等違法違規現象。

此外，從四川旅遊企業的角度看，由於政府對企業以直接介入和干預為主，而不是間接地調控規範，導致企業國有化的程度很高，旅遊行業資源的主要支配權被政府把控，企業未能很好地根據市場的需求和自身的特點進行自動有效的調節。「政企不分、條塊分割」這種違背市場規律的行為也滋生了高素質、高技能的旅遊人才匱乏，具有地方特色的旅遊產品數量眾多，但質量和規模都不高，缺乏系統化、標準化的發展等。

### 三、四川省旅遊產業跨越式發展策略選擇

旅遊產業集群指的是在相鄰的地理區域內，以旅遊吸引物為核心，各旅遊行業及相關輔助企業以共同性和互補性所形成的產業集群，是大量與旅遊者的旅遊行為聯繫密切的行業或企業以及相關的支撐機構在空間上的集聚，並由此形成旅遊產業核心競爭力和持續優勢的一種現象。四川省旅遊產業的發展也需要根據旅遊產業集群理論進行新的定位和規劃，利用創新手段，通過不斷調整結構，進而優化升級，達到旅遊產業的新高度。

1. 管理模式創新

旅遊產業集群中的激烈競爭與密切合作相結合的獨特結構，可以有效地推動產業管理模式的創新，促使企業不斷地改變經營模式和組織結構，推動產業結構的轉型。可以集約化經營的思路為指導核心，以資本和品牌為紐帶開展聯合經營，通過充分發揮網絡效應來推行多景區聯網旅遊服務。在經營管理上，應打破傳統的旅遊景區之間互不融通、互相壓制的經營模式，將地域比較接近的同類型旅遊資源進行合理整合，形成共享客源和經濟利益的雙贏局面。例如現在發展情況較好的黃龍—九寨溝遊線、樂山大佛—峨眉山遊線均體現了這一原則。

同時，要加快旅行旅遊企業逐步向集團化和網絡化方向發展的步伐，最終形成一個大型企業集團化、中型企業專業化、小型企業網絡化的金字塔型結構。對於發展比較成熟，規模比較大的旅遊企業，可通過聯合、兼併和股份制改造等多種形式進行合併，構建大型乃至超大型旅遊企業，實現旅遊企業的集團化發展。對於發展相對較差，規模不上檔次的旅行社考慮進行重組，通過合併機構、從業人員優勝劣汰的方式使其煥發新的光彩，提高其整體的管理水準和接待能力。

2. 旅遊產業政策與制度創新

政府在旅遊產業的發展和升級過程中應該起到有效的主導和引導作用。政府應該根據自身特點，制定有效的適合自身旅遊產業發展的各項政策，有效促進旅遊產業集群升級。特別是在加強與集群外企業的聯繫和提高集群內知識創新兩個方面應雙管齊下。地區產業政策必須集中於創造能夠將集群內旅遊企業網絡和全球旅遊企業相聯繫的旅遊項目，這將有利於開拓全球市場。同時要將旅遊產業與其他產業特別是上下游產業相互滲透、相互促進，通過旅遊資源的整合和發展空間的拓展，把旅遊產業融合到經濟社會發展的各個方面。以犍為文廟為例，可由政府主導打造景區的硬件環境和營造景區服務的軟環境；當地居民則作為參與主體進行日常保護和政策支持。

制度創新是旅遊產業結構調整的重要條件保證，它能保證技術創新的成果落到實處，在旅遊產業發展中有效地發揮作用。要注意文化工作的打造，將當代民族文化和風俗人情融入制度創新的過程中，例如九寨溝可利用自身豐富的民族文化資源，結合現代文化和技術，邀請一位知名導演，創造一臺像《雲南·映象》《印象·劉三姐》那樣的原生態精品節目，或者拍攝一部像《五朵金花》《廬山戀》那樣的能夠展示本地旅遊景區的美好風光和風土人情的影片，為旅遊產業的結構轉型和優化升級提供有力的支持。

3. 技術路徑創新

技術創新是旅遊產業升級優化的內在優勢，也是旅遊產業增強競爭優勢的關鍵所在。儘管四川省旅遊業發展已取得了輝煌的業績，但總體上仍處於高速、低質的發展階段，旅遊科技基礎薄弱，投入較少，高新技術介入旅遊產業的程度較低，對旅遊產業結構升級轉換的推動作用不強。旅遊產業集群為旅遊產業的技術路徑創新提供了重要的支撐，可提升產品科技含量，加快旅遊產業經營的信息化建設，整合行銷網絡資源，推動旅遊產業不斷升級優化。

目前比較可行的是加快旅遊產業經營的信息化建設。旅遊產業應在行業內部積極推進高新技術的引進和改造，並積極聯合計算機、電子等行業，積極開發計算機客房預訂系統、旅遊目的地信息發布和查詢系統、飯店綜合管理系統以及銀行結算系統等各種服務於旅遊行業的信息管理系統並形成體系，從而提高旅遊產品的信息含量與科技含量，以適應信息時代的行業轉變和新型消費者的需求。同時要完成飯店、風景名勝區、旅行社、旅遊局之間的相互聯結，建立起結構合理的網絡體系，實現旅遊信息的採集、交換和發布的網絡化。

4. 旅遊產品開發創新

在四川省旅遊產業的發展過程中，應著力打造一批旅遊精品，在產品開發創新中要堅持可持續發展的原則，充分利用旅遊產業集群的優勢，立足自身優勢，開發有鮮明區域特點、體現景區特色的旅遊產品，樹立旅遊產業品牌，實現旅遊產業結構的轉型與升級。比如舉辦峨眉山登山比賽，使參賽者在登山過程中充分感受佛教文化的深厚底蘊；和比賽相配合，利用山路沿途猴群較多的現象，推出相應的毛絨製品、蟠桃水蜜桃等配套產品和建立文化展示區，使單一的登山比賽充滿文化內涵。又例如利用歷史悠久的自貢燈會在全省乃至全國都享有盛名的情況，保留民族傳統文化的底蘊和先進因子，在春節推出「萬盞紅燈耀鹽城」「民間戲劇鬧新春」等迎新春民俗表演項目，以吸引更多的國內外遊客，實現旅遊收入的快速增長。

此外，還可考慮利用產業集群化效應來打造旅遊產品體系，實現規模效應。應不斷開發新興旅遊產品，完善產品結構，逐步建立一個以觀光產品為基礎，非觀光產品佔有較大比重，兩者相輔相成的高度化、多元化、不斷推陳出新和合理分佈的旅遊產品體系。比如樂山和峨眉山景區兩大旅遊主題片區實際上就是共生單元與共生系統的關係，共生系統的發展能帶動和促進共生單元的發展，共生單元也可以推動共生系統的發展。

5. 旅遊產業行銷模式創新

根據產業集群理論的思想，在旅遊產業行銷模式的創新中，應按照「吃、住、行、遊、購、娛」旅遊六要素，加強旅遊市場體系培育建設，不斷完善和延伸旅遊產業鏈條，培育壯大市場主體，完善和健全旅遊市場體系，使客源市場、旅遊地資源、旅遊服務及旅遊服務設施之間同步協調發展。

就四川省旅遊產業發展現狀來看，集群內部旅遊企業缺乏溝通和合作是制約集群升級和發展的重要因素。因此在對外促銷中，要避免單打獨鬥、各自為戰，應加強溝通，積極聯合周邊各省市，形成區域合作的互動互補機制，這樣才能促使整體優勢的形成和宣傳效果的提高。政府可精心策劃、組織各種會展活動，充分利用重大事件開展旅遊促銷活動。同時，應與周邊的重慶、雲南和貴州等地區密切合作，積極拓展新的旅遊市場。旅遊產業還可以運用新的媒體傳播介質（如用多媒體製作的動畫），這對於增強旅遊宣傳效果會起正面的作用。同時需運用相應的宣傳促銷理念幫助旅遊服務人員樹立新的旅遊觀念，提高服務人員的旅遊文化層次。

**參考文獻：**

[1] 周美芳. 湖南旅遊產業結構調整與優化思考 [J]. 湘潭師範學院學報（社會科學版），2008（3）：42-44.

[2] 鄧宏兵，劉芬，莊軍. 中國旅遊產業空間集聚與集群化發展研究 [J]. 長江流域資源與環境，2007（5）：289-292.

# 基於城鄉統籌的四川城鄉旅遊互動研究[①]

熊豔 王嫻

**摘要**：城市旅遊、鄉村旅遊作為兩種不同的旅遊形式，具有較強的互補性和融合性。區域城鄉旅遊互動是促進區域城鄉旅遊全面、協調發展，最終實現城鄉統籌的重要模式。本文在城鄉統籌的背景下，分析了四川城鄉旅遊互動發展存在的主要問題以及互動發展的可行性，並提出促進四川城鄉旅遊互動發展的具體對策。

**關鍵詞**：城市旅遊；鄉村旅遊；城鄉旅遊互動；四川

改革開放以來，中國經濟發展取得了巨大成就，但是城鄉二元結構帶來的城鄉收入差距大、農民收入增長慢、就業壓力增加、生態環境惡化等問題，嚴重制約著城鄉經濟社會的協調發展。黨的十八大報告提出，城鄉發展一體化是解決「三農」問題的根本途徑，要形成「以工促農、以城帶鄉、工農互惠、城鄉一體」的新型工農、城鄉關係。實現城鄉一體化的關鍵是城鄉經濟的統籌發展。作為第三產業的龍頭，旅遊業的綜合性強、產業關聯性強、乘數效應明顯，在優化產業結構、緩解就業壓力、縮小城鄉差別和推動城鎮化進程等方面發揮著非常重要的作用。在全國大力推進城鄉統籌的背景下，四川省的城鄉旅遊互動實踐先行，取得了較好的成果，但是二者的互動發展還存在許多問題。因此，探討四川城鄉旅遊如何實現良性互動，具有重要的理論和現實意義。

## 一、四川城鄉旅遊發展現狀

（一）四川省旅遊經濟運行總體穩中有進

當前，四川省的城鄉旅遊發展呈現平穩、快速的態勢。2013年，全省接待國內旅遊人數4.87億人次，同比增長12.1%，實現國內旅遊收入3,877.4億元，同比增長18.2%。與此同時，全省共接待入境旅遊者209.56萬人次，同比下降7.8%，外匯收入7.65億美元，同比下降4.3%。上述數據表明，四川省國內旅遊

---

[①] 基金項目：2013年四川省社會科學重點研究基地項目「新型城鎮化背景下四川城鄉旅遊互動的探索與實踐研究」（項目編號 SC13E003）。

發展勁頭持續強勁，入境旅遊還有很大的拓展空間。

（二）四川省鄉村旅遊發展強勁

從產業規模、標準化建設以及政策配套方面指標來看，四川鄉村旅遊產業始終走在全國的前列，發展強勁。目前，四川省開展的年度鄉村旅遊啓動儀式、「農家樂文化旅遊節」兩大全省性的鄉村旅遊節慶活動引領了各地鄉村旅遊發展。鄉村旅遊發展對農民增收貢獻突出，農民旅遊收入增長速度快。2013年，四川農民從旅遊發展中得到人均純收入621.9元，比上年人均增加80.6元，增長14.9%，比全省農民人均純收入平均增長速度快2.1個百分點。預計到2017年，全省鄉村旅遊在2013年的基礎上，總收入占全省旅遊總收入的比重提升5個百分點，帶動1,000萬農民直接或間接就業，全省鄉村旅遊經營點（戶）在2013年的基礎上增長50%，其中，星級以上鄉村旅遊經營點有5,000個以上。

（三）四川城鄉旅遊互動發展程度不夠，問題突出

目前，四川省國內旅遊的主力軍大多是城市居民，城市居民旅遊消費呈遞增趨勢，其2013年旅遊消費支出占全年消費支出總額的20%。而四川作為農業大省，農村居民這個巨大的潛在市場尚待開發。據梁春媚在《中國城鄉居民旅遊消費差異的實證分析》中的研究表明，中國農村居民人均旅遊邊際消費傾向為0.62，城鎮居民人均旅遊邊際消費傾向為0.49，並且城鄉居民旅遊的平均邊際消費傾向是：中部<東部<西部。理論上說，四川作為西部省份，農村居民的旅遊邊際消費傾向比較高，但是在四川省的旅遊發展實踐中，城市旅遊在發展過程中不夠重視鄉村這個巨大的客源市場，導致四川農村居民的實際旅遊消費支出不高。2013年，四川省農村居民人均生活消費支出6,127元，增長14.2%，農村居民恩格爾系數高達43.5%，大多用於生活必需品的消費，其中，居住消費支出增長20.2%，家庭設備用品消費支出增長25.0%，交通和通訊支出增長38.4%，而醫療保健、旅遊消費支出等增長緩慢。鄉村旅遊的發展也沒有充分利用鄰近城市的資金和管理經驗來發揮自己的後發優勢，城鄉旅遊互動發展程度不夠。

城市旅遊和鄉村旅遊作為同一區域內兩種不同的旅遊形式，二者在旅遊資源、客源市場、交通通道等方面本應具有很強的互補性、融合性，隨著農民收入的增加，農村居民渴望感受都市文明，向往城市旅遊；而久居喧囂城市的人們希望體驗「住農家屋、吃農家飯、干農家活、享農家樂」的意境，對鄉村旅遊產生了巨大的需求。但是目前二者並沒有很好地融合在一起，發揮互補優勢。城鄉旅遊如果能夠實現雙向、良性互動，必將迎來國內旅遊新一輪的黃金發展時期。因此，有必要將這兩種旅遊形式聯繫起來考慮，研究二者之間的互補關係，從區域旅遊整體的角度出發，使城鄉旅遊實現良性互動發展。

**二、城鄉統籌背景下四川城鄉旅遊互動的可行性條件**

（一）城鄉統籌的含義及內在要求

城鄉統籌發展，是城市化發展的必然規律，是經濟社會發展的總體要求。它

是指科學有序地推進城市化，由傳統的城鄉二元社會經濟結構向現代化的、整體的社會經濟結構轉變，促進城鄉在經濟、社會、文化、環境等方面的協調發展。其實質是通過賦予城鄉居民平等的身分、地位和發展機會，促進城鄉資源要素的雙向流動，達到優化配置，最終實現城鄉良性互動。總之，城鄉統籌是一個雙向互動的關係，應該是平等的「互哺」，而不是簡單的「以城哺鄉」或者「以鄉哺城」。

中國的城鄉關係自中華人民共和國成立以來大致經歷了產生差距、差距趨向縮小、急邃擴大、走向統籌協調發展的過程。按照姚磊的研究結果（2011），城市化水準和城鄉統籌發展水準呈高度正相關的，從總體上看，全國31個省市的城市化水準與城鄉統籌發展水準基本一致，城市化水準較高的城市一般城鄉統籌發展水準也較高，例如北京和上海，兩項排名都在全國前三名，因為經濟發達的地區對鄉村建設的投入較高，鄉村基礎設施完善，鄉村勞動力素質普遍較高，因此這些地方的城鄉統籌發展水準在全國相對較高。四川省的城市化水準與城鄉統籌發展水準一致，都是第22位，處於比較低的水準，城市化發展的空間很大。

四川省城鄉統籌發展的重點、難點、突破口都在農村。以工促農、城鄉互動是統籌城鄉發展的途徑，而旅遊產業綜合性強、關聯性強，城鄉旅遊如何良性互動是當前實現城鄉統籌發展的重要途徑。

（二）城鄉旅遊互動的含義

城鄉旅遊互動是在區域旅遊業的發展過程中，基於城市旅遊和鄉村旅遊的互補性特徵而引起的一種組織創新，它是指在一個區域範圍內，發揮城市旅遊和鄉村旅遊各自的優勢，城鄉旅遊相互滲透，達到城市旅遊和鄉村旅遊市場拓展、經濟發展的過程。

城鄉旅遊互動是城市旅遊和鄉村旅遊之間的一個多維互動過程，它既強調城市對鄉村旅遊發展的拉動作用，也強調農村對城市旅遊發展的促進作用，而不是片面強調鄉村旅遊的發展或是城市旅遊的發展。

（三）四川城鄉旅遊互動的可行性條件

1. 城鄉旅遊資源和文化的差異性

城市和鄉村，同一區域內兩種截然不同的地域形式，因其地理差異，形成不同的自然景觀和人文文化。城市作為人類現代文明的象徵、文化的富集地，以現代建築、文物古跡、人文景觀、主題公園、遊樂場所、動植物園、森林公園等吸引遊客。鄉村則因其田園風光、民俗風情以及悠閒的生活方式等特有的旅遊資源，成為很多城市居民遠離喧囂、減輕壓力的聖地。從資源開發的角度來看，城市旅遊與鄉村旅遊這兩種不同的旅遊資源，具有很強的差異性和互補性，從而造成「城裡人想下鄉，鄉下人想進城」的實際客源情況。

2. 城鄉居民旅遊需求偏好的差異

根據經濟學原理，在影響消費者需求的因素中，偏好是很重要的一個因素，有時甚至會起決定性的作用。城市居民和農村居民因其生活環境和心理狀態的不

同，其對旅遊目的地的選擇偏好也大為不同。心理狀態處於現代狀態的城市旅遊者，往往對帶有原生態氣息的鄉村旅遊景觀具有強烈偏好，心理狀態處於較原始狀態的鄉村旅遊者，卻偏好於觀覽具有現代風格的城市旅遊景觀。偏好選擇的不同必將導致城市旅遊和鄉村旅遊互為客源市場。

3. 政府的統籌城鄉政策提供了城鄉旅遊互動的外部保障

四川省委省政府把實施「兩化」互動、統籌城鄉作為事關四川長遠發展和現代化建設全局的總體戰略。政府的統籌城鄉政策為四川城鄉旅遊互動發展提供了政策支持和資金保障，促進了城鄉旅遊的互動。據測算，一個每年接待 10 萬人次的鄉村旅遊景點，可直接和間接安置 300 個農民從業，為 1,000 個家庭增加收入。城鄉統籌是手段，城鄉一體化是目標，四川省通過城鄉統籌發展，不斷完善鄉村基礎設施和旅遊配套設施建設，將村民就地「市民化」，極大地消除了鄉村旅遊中因交通不便、基礎設施和配套設施不完善等造成的旅遊阻力。

**三、城鄉統籌背景下四川城鄉旅遊互動的對策**

中國東、中、西部城鄉居民收入存在較大的差距，尤其是西部差距更大，統籌城鄉旅遊發展必須因地制宜，不同地區運用不同的理論指導。在推進城鄉統籌發展的進程中，四川省城鄉居民收入比由 2012 年的 2.9：1 縮小為 2.83：1。以成都為例，由於成都市城鄉統籌在若干重點領域取得較大突破，2012 年，全市城鄉居民收入比由 2008 年的 2.61：1 縮小到 2.36：1，在有效遏制城鄉居民收入差距的這一關鍵領域取得突破性進展。因此，四川應堅定不移地繼續推進城鄉統籌發展戰略，積極探索城鄉旅遊良性互動的對策措施，以更好地實現四川經濟平穩較快增長、城鄉居民持續增收、城鄉居民收入差距進一步縮小的目標。

鑒於此，為更好地促進四川城市旅遊與鄉村旅遊互動開發，實現四川城鄉旅遊一體化發展，本文認為可以採取以下幾個方面的措施：

(一) 堅持政府主導統籌城鄉旅遊

在城鄉旅遊產業互動初期，政府的介入和引導是非常必要的，待到互動發展到較成熟的階段後，則應盡快建立健全以市場為導向的城鄉產業互動機制。這裡可以借鑑成都經驗。成都各縣、市、區經濟的發展，帶有明顯的大城市帶動大郊區的特色，「五朵金花」的開發就是一個典型的成功案例，其成功很重要的一個原因就是由政府主導推動城市統籌，追求城鄉同發展共繁榮。政府的主導作用主要體現在制定城鄉統籌戰略規劃。成都市在統籌城鄉發展一開始就旗幟鮮明地提出「以規劃為龍頭和基礎，以產業發展為支撐」，將中心城區、縣城以及條件較好的鄉鎮作為一個整體進行統籌考慮，所以成都的互動發展具有科學的前瞻性，能夠充分體現工業化和城市化意圖，在這個框架下，政府更容易引導資源的合理統籌分配。成都市提出的「全域成都」理念，其實質是將整個成都作為一個整體來統籌發展全市的政治、經濟、文化、社會建設等，目的是通過整體推進城鄉的共同發展，構建新型城鄉形態。

## （二）跨行政區域聯合開發與行銷

目前，跨行政區域的產業互動仍處於探索階段，局限於同一行政區域範圍的互動，主要原因除行政區劃限製造成的固有邊界外，更在於缺乏有利於產業互動的更高層次的區域利益協調機制。

四川旅遊資源蘊藏豐富，雖然城市旅遊和鄉村旅遊屬於不同的旅遊類型，資源特色不同，但從大區域來講，城市、鄉村旅遊資源又存在著共性。當前四川城鄉旅遊資源的開發利用缺乏整體觀，基本上處於割據狀態，資源利用效率較為低下。基於此，筆者認為，四川城市旅遊應繼續發揮其資源豐富、發展成熟的優勢，依託知名景區繼續發展都市觀光旅遊、會展旅遊、主題公園等。鄉村旅遊則應發揮其後發優勢，依託鄉村景觀、鄉村生產、鄉村民俗等富有鄉村特色的旅遊資源優勢，突破行政區域限制與城市旅遊資源實現有機整合再開發，這樣可以提高資源利用效率，增強旅遊吸引力，促進四川城鄉旅遊一體化。

在行銷方面，目前城鄉旅遊各自為營，這顯然不能適應城鄉旅遊互動發展的內在要求，因此城鄉之間應盡快實現資源和信息共享，聯合進行旅遊市場行銷，建立區域一體化的預訂和銷售網絡系統，打造大品牌，提升區域旅遊的競爭力。電子商務是當今經濟發展的潮流和趨勢，目前城市旅遊的網絡信息公布已相對完善，但是遊客對於鄉村旅遊方面的信息獲取相對困難，應盡快收集資料，讓鄉村旅遊產品盡快入網，使得遊客只要到了某個地方就能便捷地瞭解該地區城市和鄉村旅遊的全面信息，以促進鄉村旅遊提速發展。城市旅遊在宣傳方面應發現新視角，多做一些針對農村客源市場的促銷，因為隨著農民收入水準的提高，農民有了更多的閒暇時間和可自由支配收入，想要進城的需求強烈，這為城市旅遊提供了充足的客源，因此要重視農村地區這個巨大的客源市場。

## （三）形成四川旅遊網絡佈局

根據上述四川城市旅遊與鄉村旅遊互動的基本分析，可以考慮構建城市旅遊與鄉村旅遊互動的「點—軸—網」模式，在各區域中形成城市旅遊中心點和鄉村旅遊中心點，然後根據中心點的性質和特點，通過主軸線將其連接，使旅遊中心由點轉變為軸帶；再通過旅遊中心軸帶的輻射作用，催生更多旅遊中心點產生，根據新的旅遊中心點或新、舊中心點之間的聯繫，形成次級旅遊軸，通過旅遊主軸線的延伸和串聯，形成旅遊網絡空間佈局。

### 1. 積極推進縣域層面旅遊中心地建設

縣域旅遊中心地是指在相對較小的時空範圍內，以縣級行政區劃為地理空間，對區域內旅遊資源進行整合優化配置，形成具有鮮明地域特色和多種功能導向的，集地域性、層次性、集聚性與擴散性等特徵為一身的地域綜合體（趙磊，等，2011）。縣域旅遊中心上接省市級城市，毗鄰縣級城鎮和鄉鎮，具有迴歸自然的特點，是城市居民週末和節假日休閒的好去處。隨著縣域旅遊的深入發展，特別是在都市休閒旅遊市場與鄉村旅遊市場的雙重驅動下，縣域旅遊經濟逐漸成為縣域經濟增長的新亮點，並成為發展縣域經濟的重要途徑之一（李秀斌，等，2008），

也是推進城鄉一體化的重要環節和著力點。明確縣域旅遊中心的等級與功能，就是要整合旅遊資源，注重旅遊體系和服務功能建設，加強其向上與省級中心城市、向下與所屬各城鎮的聯繫，促進城市基礎設施、公共服務向縣域及周邊農村地區延伸，引導各資源要素向縣域聚集，充分發揮旅遊業的產業輻射功能和產業聯動優勢，形成區域旅遊集群效應。

2. 合理規劃佈局特色旅遊小城鎮

四川小鎮大多由集市（場）或古村落演變而成，場鎮選址區位優越、歷史悠久，歷來都是農村地域的政治、經濟和文化中心，更是中華傳統倫理、手工作坊、傳統技藝、民間藝術的傳承和延續之地。小鎮在四川城鎮體系中居於十分重要的地位，是四川經濟社會統籌發展不可忽視的增長點。

旅遊小城鎮植根於廣大農村地區，依託地方特色資源和文化，貼近農民、連著農家，具有休閒度假、遊覽觀光、歷史文化和民族文化傳播等功能，是吸引旅遊者的重要吸引物。四川省具有條件發展旅遊小城鎮的鎮約有300個，占全省建制鎮總數的17%，按其資源和功能特點分為五類：歷史文化型、民族風情型、旅遊集散型、生態休閒型、特色產業型。旅遊小城鎮中心地的打造，要充分利用其緊鄰農村的區位特點，使其成為打破城鄉隔離狀態、承接城鄉旅遊經濟載體的有效「棋子」。在城鎮規劃過程中，應因地制宜合理佈局旅遊功能顯著的小城鎮，壯大成都平原、川南、川東北三大旅遊小鎮群，培育成渝、成德綿廣、成雅西攀、九環線、大熊貓環線、香格里拉環線六條旅遊小鎮帶，充分發揮小城鎮的觀光休閒度假、產業結構優化及環境保護的功能，促使城鄉旅遊要素在旅遊小城鎮實現較好的對接、碰撞與融合，借助旅遊要素流轉進一步推動城鄉旅遊的協調發展。

3. 加快鄉村旅遊目的地建設

四川是全國鄉村旅遊起步最早、發展最快的省。鄉村旅遊，是旅遊者在鄉村地區開展娛樂休閒、探索求知、迴歸自然的旅遊活動，它作為一種新型旅遊產業，實現了農村第一產業和第三產業有機結合。經過近30年的發展和實踐，鄉村旅遊已經成為四川旅遊的一大亮點和新的增長點。在城鄉統籌背景下，具備條件的農村地區可以充分挖掘當地的自然生態、鄉土文化資源發展鄉村旅遊，這不僅可以促進農業與旅遊業的產業融合和鄉村旅遊業的發展，還可以增加農民收入，縮小城鄉收入差距，從而更好地實現城鄉統籌發展。

目前，四川鄉村旅遊有鄉村聚落型、鄉村酒店型、農業產業園型、古村古鎮型及旅遊新村型五種開發模式，在以鄉村旅遊業為龍頭的「旅—農—工—貿」聯動發展模式的指導思想下，可以根據各個地方鄉村旅遊的實際情況，選擇採用「政府+公司+農村旅遊協會+旅行社」「公司+農戶」「股份制」等模式。

（四）加強各旅遊中心點的聯繫

不同行政區域的旅遊景區資源特色不一、發展程度不一、市場效應不一，通過旅遊軸線將這些景區連接起來，形成了旅遊帶，可以產生「1+1>2」的旅遊效應。不過要注意，建立旅遊軸線要以旅遊中心點之間的內在聯繫為基礎，而不能

主觀憑空想像，要以是否實現了資源的充分利用作為整合旅遊中心點的標準，同時考慮旅遊帶上的旅遊中心點與其他點之間的資源的聯動性。

(五) 搭建專業性投融資平臺

解決統籌城鄉發展資金的「瓶頸」，構建投融資平臺，首先要轉變政府資金投入的方式。通過設立專業性投融資平臺，政府不再直接干預公共建設項目的投資建設等具體活動，而是授權給公司，讓投融資公司成為資金市場化運作的主體，吸引民間資本和金融資本投向城鄉旅遊建設，實現投資主體的多元化。對於一些民族地區的旅遊發展，則應該盡可能地爭取中央財政資金的支持。

(六) 加強基礎設施配套建設與改造

在基礎設施配套建設中加大對道路、水電、通訊等方面的投入力度，重點改善城鄉之間道路和公共交通設施，以增強城鄉旅遊之間的互動。建設鄉村旅遊大環線，構建快捷、完善的交通路網。打通連接線，不走回頭路，構建鄉村旅遊環線，實現快捷暢行出遊，是緩解交通壓力、確保道路暢通的必要手段。特別要注意完善核心景區及周邊道路網絡。譬如成都，專門開通了成都到青城山的動車專列，為成都、都江堰景區兩地的旅遊互動提供了便捷、高效的交通條件。另外，在鄉村旅遊的食宿設施建設上，要兼顧衛生標準和地方特色，既要讓遊客住的放心，更要避免走向雷同城市化的誤區，要永葆鄉村旅遊賴以生存的鄉土性，從而保持對城市居民的吸引力。

最後要注意，四川在城鄉統籌背景下實施城市旅遊、鄉村旅遊互動的過程中，要避免走入當前某些地方存在的誤區。不少地區對於城鄉統籌存在誤解，演變成簡單的「鄉村城市化」，導致傳統文化被丟棄，尤其是在一些少數民族地區，為發展旅遊推倒傳統的特色建築，取而代之以現代化的城市設施，有些地區甚至占用農田發展遊樂休閒項目。豈不知，具有比較優勢才有競爭優勢，越是傳統的，才越是具有吸引力的，保護當地的旅遊資源和傳統文化是旅遊持續發展的根本。另外，農民利益和社區利益沒有得到充分保障。有些地方在發展鄉村旅遊時，因為政府干預過多，營利模式中企業所占份額過大，本地農民的利益難以得到保證，使農民參與旅遊發展的積極性不高，社區利益也沒有很好地體現。這與城鄉統籌的原則和最終目的背道而馳。只有保障農民和社區的正當利益，才能真正體現鄉村旅遊的真諦，才能有效保護根植於土地上的傳統文化，才能真正實現城鄉旅遊良性互動，也才能最終實現城鄉統籌的目標。

**參考文獻：**

[1] 張勇，梁留科，胡春麗．區域城鄉旅遊互動研究 [J]．經濟地理，2011，3：509-513．

[2] 張付芝．區域城鄉旅遊互動發展動力機制分析 [J]．桂林旅遊高等專科學校學報，2008，3：375-379．

[3] 李萬蓮．城鄉旅遊協調發展的空間佈局模式與運行機制探討 [J]．西部經濟管理論

壇，2011（12）：53-56.

　　［4］雷曉琴. 基於點軸網理論的區域城鄉旅遊互動模式研究［D］. 廈門：廈門大學，2009.

　　［5］陳婷婷. 貴州城市旅遊與鄉村旅遊互動機制研究［D］. 貴陽：貴州財經大學，2012.

　　［6］孫業紅. 城鄉統籌中旅遊發展的幾大挑戰［J］. 旅遊學刊，2011（10）：9-10.

　　［7］姚磊. 中國城鄉統籌發展綜合研究［D］. 成都：西南財經大學，2011.

　　［8］曾萬明. 中國統籌城鄉經濟發展的理論與實踐［D］. 成都：西南財經大學，2011.

# 區域旅遊產業發展方式
# 轉變的路徑及對策研究
## ——基於比較優勢理論的視角[①]

羅富民

**摘要：** 旅遊產業發展方式轉變是旅遊產業轉型升級的重要內容。根據比較優勢理論，區域旅遊產業發展方式可以劃分為外生比較優勢型和內生比較優勢型。而區域旅遊產業發展方式轉變的基本路徑就是由外生比較優勢型發展方式向內生比較優勢型發展方式轉變。在區域旅遊產業發展方式轉變過程中，轉變區域旅遊產業發展觀念是前提，鞏固區域旅遊產業外生比較優勢是基礎，提升區域旅遊產業內生比較優勢是關鍵。

**關鍵詞：** 旅遊產業；發展方式轉變；比較優勢理論

## 一、引言

轉型升級是當前及今後一個時期中國旅遊產業發展面臨的關鍵任務。而所謂「轉型升級」，就是要轉變旅遊產業的發展方式、發展模式、發展形態，實現旅遊產業由粗放型向集約型發展轉變，由注重規模擴張向擴大規模和提升效益並重轉變，由注重經濟功能向發揮綜合功能轉變。因而，轉變旅遊產業發展方式是實現旅遊產業轉型升級的重要內容和客觀要求；厘清旅遊產業發展方式轉變的路徑及實現機制，對於科學制定旅遊產業發展政策進而推動旅遊產業轉型升級具有重要的現實意義。

當前有關轉變旅遊產業發展方式的研究主要集中在轉變的動力、方向及重點幾個方面。例如，石培華（2008）認為，市場需求變化是轉變發展方式最終的原動力；劉鋒（2010）認為，轉變旅遊產業發展方式的動力源於國家整體層面的「民生改善戰略」；李萌（2008）研究指出，旅遊產業發展方式轉變的方向與重點總體上可以歸納為「十化」，即發展觀念科學化、發展方式集約化、發展機制市場化、發展形態創新化、產業功能綜合化、旅遊資源利用跨界化、旅遊產品結構動

---

[①] 基金項目：樂山師範學院科研啟動項目（項目編號：S0914）。

態化、旅遊服務質量提升持續化、旅遊生產消費綠色化、旅遊產業鏈兼容化；邵琪偉（2010）指出，旅遊業轉變發展方式的基本方向：一是要加快推動旅遊業與一、二、三產業的融合發展；二是要充分運用現代科技特別是信息技術提升旅遊業；杜一力（2010）則認為，旅遊業轉變發展方式有三大重點：一是從「小旅遊」到「大旅遊」的轉變；二是從重視旅遊業的經濟功能向同時重視旅遊的社會、環境、文化影響轉變；三是更加充分地發揮市場配置資源的基礎性作用。

雖然近年來，旅遊產業發展方式轉變問題引起了不少學者和官員的極大關注，然而他們更側重的是停留在國家宏觀政策層面的探討，而較少從區域層面出發借鑒相關理論對其進行深入系統的研究。與上述研究不同的是，本文從區域層面出發，根據比較優勢理論的有關論述，揭示區域旅遊產業發展方式轉變的基本路徑，並提出促進區域旅遊產業發展方式轉變的對策建議。

## 二、比較優勢理論回顧及應用分析

### （一）比較優勢理論回顧

比較優勢通常是指一個國家或地區相對於其他國家或地區而言，在區位、資源、科技等方面擁有更為有利的發展條件。根據比較優勢產生根源的差異可以劃分為外生比較優勢和內生比較優勢。外生比較優勢是一個國家或地區經濟發展外在給定的比較優勢（比如自然資源稟賦）；而內生比較優勢是在經濟發展過程中由經濟系統自身創造和內在決定的比較優勢（比如內生技術進步）。據此，比較優勢理論也可以劃分為外生比較優勢理論和內生比較優勢理論。其中，外生比較優勢理論主要包括大衛・李嘉圖的外生技術比較優勢理論和赫克歇爾、俄林的外生資源比較優勢理論；而內生比較優勢理論，具體包括迪克特、斯蒂格利茨、克魯格曼等人提出的規模報酬遞增理論，楊格、楊小凱等人提出的分工與交易成本理論以及克魯格曼、盧卡斯等人提出的內生技術進步理論。

### （二）比較優勢理論的應用分析

由於具有不同比較優勢的國家或地區之間，可以通過分工與交易活動實現優勢互補，從而增進雙方的福利水準。因此，比較優勢理論通常用來解釋國家或地區之間貿易的產生及其效應，是國際貿易理論的基石。然而，在國家或地區之間的分工與交易活動中，雙方不僅存在互補關係，而且存在相互競爭關係。各國和地區經濟發展的歷史表明，充分利用比較優勢雖可以使落後地區擺脫經濟貧困，但經濟的起飛和經濟現代化的實現則必須依賴於競爭優勢的形成。因而，如何憑藉比較優勢獲取競爭優勢已經成為當前各個國家和地區關注的焦點。比較優勢理論的應用便由國際貿易領域逐步拓展到分析一個國家或地區的產業發展。這是因為，在開放的市場經濟環境中，獲取持續競爭優勢是一個國家或地區產業發展的根本保障。而比較優勢是競爭優勢產生的基礎和必要條件，競爭優勢是利用比較優勢在市場上占據有利地位的表現。

### 三、比較優勢理論視角下區域旅遊產業發展方式轉變的路徑

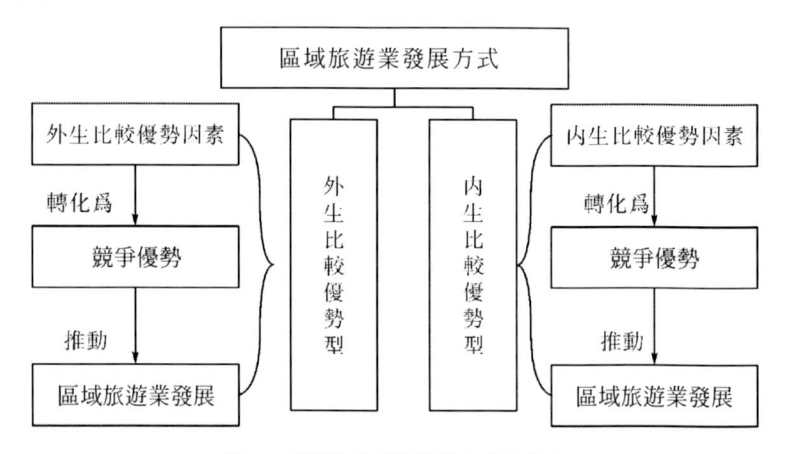

（一）區域旅遊產業發展方式的劃分

旅遊產業發展方式是對旅遊發展所依賴的方法、路徑、機制等的概括和總結。而旅遊產業發展方式轉變則是在把旅遊業發展方式劃分為若干類型的基礎上，由當前類型向目標類型轉變的過程。因此，科學劃分旅遊業發展方式是探討區域旅遊業發展方式轉變的基本前提。由於比較優勢是競爭優勢的基礎，如何利用比較優勢創造自身的競爭優勢，已經成為區域旅遊業發展的戰略選擇。而比較優勢有外生比較優勢和內生比較優勢之分，促進區域旅遊產業發展的因素也可以劃分為外生比較優勢因素和內生比較優勢因素。那麼憑藉外生比較優勢因素獲取競爭優勢進而推動本區域旅遊業發展的發展方式，便可以稱為外生比較優勢型發展方式；而與此相對應的便可以稱之為內生比較優勢型發展方式。對區域旅遊產業發展方式的劃分見圖1。

圖1　區域旅遊產業發展方式的劃分

（二）區域旅遊產業發展方式轉變的基本路徑

根據比較優勢的一般內涵，結合旅遊產業的特性，本文認為影響區域旅遊產業發展的外生比較優勢因素主要包括旅遊資源的豐富程度、旅遊基礎設施、旅遊目的地的整體經濟發展水準等；而影響區域旅遊產業發展的內生比較優勢因素主要包括區域旅遊產業組織的服務創新能力、旅遊產業內部的分工協作能力以及旅遊從業人員的人力資本累積等。在區域旅遊產業發展的不同時期，顯然內生比較優勢因素和外生比較優勢因素在區域旅遊發展中的地位並不一樣。發展初期主要是依賴於旅遊資源、旅遊基礎設施等外生比較優勢獲取發展，發展後期主要則是依賴於服務創新、人力資本累積等內生比較優勢提升以獲取競爭優勢進而推動發展。這是因為，區域產業競爭力的源泉具有從外生比較優勢向內生比較優勢轉化的趨勢。顯然隨著競爭力源泉的轉化，區域旅遊產業發展方式也必然隨之轉變，

即由外生比較優勢型發展方式向內生比較優勢型發展方式轉變。圖2是區域旅遊產業發展方式轉變的基本路徑，也是區域旅遊產業轉型升級的內在需要。

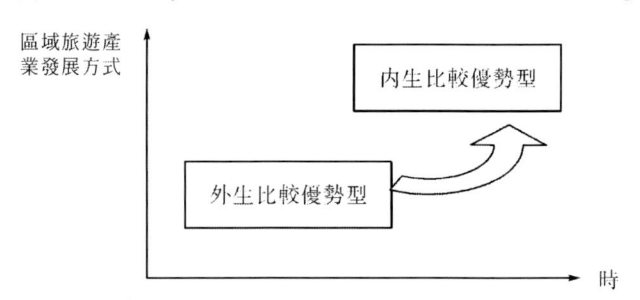

圖2 區域旅遊產業發展方式轉變的基本路徑

## 四、比較優勢理論視角下區域旅遊產業發展方式轉變的對策

### （一）轉變區域旅遊產業發展觀念

轉變區域旅遊產業發展觀念是實現區域旅遊產業發展方式從外生比較優勢型向內生比較優勢型轉變的重要前提。而區域旅遊產業發展觀念的轉變主要包括以下幾點：

一是要轉變區域旅遊資源觀。要突破傳統意義上狹義的自然和人文旅遊資源範疇，樹立更為寬泛的體驗旅遊資源觀。旅遊在實質上就是一種異地的體驗活動，凡是能給旅遊者帶來體驗樂趣的事物都可以視為旅遊資源。在開發本地自然與人文旅遊資源的過程中，必須瞄準細分市場，從遊客體驗需求的角度，挖掘特色旅遊資源，全面塑造良好的旅遊資源環境系統。

二是要轉變區域旅遊要素觀。要突破傳統意義上靜態的「食、住、行、遊、購、娛」六大旅遊要素，樹立包含創意與人才要素的動態旅遊要素觀。傳統的六大旅遊要素只是從靜態角度表明人們從事旅遊活動所包含的基本要素，而並沒有從動態角度揭示有哪些因素促進了旅遊產業發展。傳統的六大要素顯然只是旅遊產業發展的基礎，而旅遊產業發展的根本動力則是來自於賦有創意才能的旅遊人才的創意活動。只有創意才能豐富「食、住、行、遊、購、娛」的內涵，才能提升「食、住、行、遊、購、娛」的質量和遊客滿意度。

三是要轉變區域旅遊服務觀。要突破傳統意義上的單向旅遊服務供給觀念，樹立雙向互動的旅遊服務觀。旅遊產品生產與消費的不可分離，旅遊服務並不是旅遊產業組織單向的旅遊產品供給活動，而是旅遊產業組織與遊客間的雙向互動活動。在旅遊服務過程中要增強旅遊服務信息的透明度，提高遊客旅遊服務的參與度，增進互動雙方的信任、理解。

### （二）鞏固區域旅遊產業外生比較優勢

鞏固區域旅遊產業外生比較優勢是實現區域旅遊業發展方式從外生比較優勢型向內生比較優勢型轉變的基礎。區域旅遊產業發展方式的轉變，只是表明內生

比較優勢因素在區域旅遊產業發展中的地位和作用將越來越重要,但並不是忽視外生比較優勢因素的作用。而在區域旅遊產業發展方式轉變的過程中,區域旅遊產業的外生比較優勢仍然需要不斷鞏固、強化。具體而言,包含以下幾個方面:

一是要加強對旅遊資源的保護和合理利用。豐富的自然人文旅遊資源既是區域旅遊產業發展的基礎性條件,也是旅遊目的地整個經濟社會發展的寶貴財富。因此,不能單純因為旅遊業發展的需要,就不顧整個經濟社會的公共利益,對各種旅遊資源進行過度開發甚至破壞。對區域旅遊產業發展而言,必須制定科學合理的旅遊資源開發規劃,嚴格實施旅遊環境影響評價和環境影響審計,堅決糾正影響資源與環境的各類旅遊開發行為;另一方面,要提倡綠色旅遊生產和消費方式,制定符合綠色旅遊發展要求的產品標準、服務標準和管理標準,形成綠色旅遊管理體系,推動旅遊綠色產業體系建設。

二是要建立旅遊基礎設施的長效投入機制。基礎設施是區域旅遊產業發展的載體,先進的旅遊基礎設施是區域旅遊經濟平穩運行的重要保障。然而,旅遊基礎設施的建設和投入,不可能一勞永逸。旅遊目的地的各類旅遊企業和地方政府,應根據旅遊市場的需要和旅遊產業的發展趨勢,對各種旅遊基礎設施進行改造和升級。因此,這就需要在區域旅遊產業發展過程中,建立旅遊基礎設施的長效投入機制;需要編製區域旅遊基礎設施更新改造規劃,並在各類旅遊收入中提取旅遊基礎設施建設基金,使旅遊基礎設施的升級與區域旅遊產業發展方式的轉變同步展開。

三是進一步強化地方政府對區域旅遊產業發展的支持力度。政府部門對區域旅遊產業發展的支持,是區域旅遊產業發展的外在動力。但是,區域產業競爭的加劇迫使地方政府不得不把支持的重點放在工業化戰略上。當工業化戰略的推進與旅遊產業發展在土地、資金、環境容量等方面存在矛盾時,地方政府的偏好將可能使當地旅遊產業利益受損。因此,各級地方政府應充分重視旅遊產業在促進整個經濟發展方式轉變和改善民生中的重要作用,立足長遠進一步強化對區域旅遊產業發展的支持,使區域旅遊產業發展方式轉變能夠獲取持續的外在動力。

(三) 提升區域旅遊產業內生比較優勢

提升區域旅遊產業內生比較優勢是實現區域旅遊業發展方式從外生比較優勢型向內生比較優勢型轉變的關鍵。只有不斷提升區域旅遊產業的內生比較優勢,才能保障區域旅遊經濟的快速、健康和可持續發展。具體而言,包括以下幾個方面:

一是不斷提升區域旅遊產業服務創新能力。服務創新能力的提升,是區域旅遊企業發展壯大的必然選擇,也是促進區域旅遊產業發展方式轉變的內在動力。旅遊企業是區域旅遊服務創新的主體,各類旅遊企業應把創新視為企業的生命,加大對旅遊服務創新的投入,建立旅遊服務創新部門,著力引進和培養各類旅遊服務創新型人才。地方政府是區域旅遊服務創新的重要推動者和引導者,各級政府部門應建立「獎補」機制對積極進行旅遊服務創新的企業給予獎勵和扶持;應

不斷更新升級旅遊服務標準，對沒有達到標準的企業予以懲罰。

二是增強旅遊產業內部的分工協作能力。處於同一旅遊產業鏈上的各類旅遊企業具有天然的共生和互促關係。各類旅遊企業分工協作、良性互動，是降低旅遊交易成本、改善旅遊交易效率進而提升區域旅遊產業內生比較優勢的重要路徑。而要實現旅遊產業鏈上各節點旅遊企業的分工協作和良性互動，就必須促進區域旅遊資源和要素的合理流動和共享，保證旅遊產業鏈條完整和延續；必須建立合理的利益分配機制和企業間的信任機制，促進旅遊產業鏈條的上下游不同旅遊企業群體之間互相合作；必須強化核心旅遊企業的帶動作用，增強整個旅遊產業鏈的活力。

三是發展和壯大區域旅遊產業集群。旅遊產業集群是旅遊企業分工深化和旅遊產業鏈不斷延伸的結果。旅遊產業在一定區域內的集聚及形成不僅可以降低旅遊交易成本，更可獲得正外部效益，是實現旅遊產業規模報酬遞增和增強區域旅遊產業內生比較優勢的重要路徑。區域旅遊產業的發展必須從謀求資源在經濟主體上的聚集轉為謀求資源在地理空間上的聚集，從產業和空間、區域互動的角度構建區域旅遊產業集群。並不斷優化旅遊產業集群結構，提高旅遊產業集群的創新能力，構建集群內企業協作網絡體系，推動旅遊產業集群的健康發展。

**參考文獻：**

[1] 謝春山，孟文，李琳琳，等. 旅遊產業轉型升級的理論研究 [J]. 遼寧師範大學學報（社會科學版），2010（1）：37-40.

[2] 石培華. 用市場化的思路推進旅遊業發展方式轉變 [N]. 中國旅遊報，2008-08-18（2）.

[3] 劉鋒.「民生改善」引領旅遊發展方式轉變 [J]. 旅遊學刊，2010（8）：9-10.

[4] 李萌. 旅遊業轉變經濟發展方式問題探討 [N]. 中國旅遊報，2008-08-20（1）.

[5] 邵琪偉. 圍繞兩大戰略目標加快轉變旅遊業發展方式 [N]. 中國旅遊報，2010-08-04（5）.

[6] 杜一力. 轉變旅遊業發展方式中的重點難點問題 [N]. 中國旅遊報，2010-08-09（2）.

[7] 齊子鵬，段紅豔. 欠發達地區旅遊業發展的戰略選擇——從比較優勢到競爭優勢 [J]. 數量經濟技術經濟研究，2003（4）：42-45.

[8] 鄒薇. 論競爭力的源泉：從外生比較優勢到內生比較優勢 [J]. 武漢大學學報（社會科學版），2002（1）：35-47.

# 四川文化旅遊產業集群發展的思路與對策[①]

郭美斌

**摘要：** 文化旅遊是 21 世紀旅遊消費的主旋律和發展趨勢。四川作為文化旅遊資源大省，如何將資源優勢轉化為經濟優勢，快速做強做大文化旅遊產業，是一個亟待解決的難題。本文從文化旅遊產業集群化角度探討了四川文化旅遊產業發展的思路和對策，希望能對四川文化旅遊產業的發展有所裨益。

**關鍵詞：** 文化旅遊產業；集群化發展；思路；對策；四川

隨著中國經濟社會的飛速發展，人們對旅遊消費水準和層次的逐步提高，文化旅遊已經成為 21 世紀旅遊消費的主旋律和發展趨勢。文化旅遊產業如何實現快速發展，如何在確保提供高品位的文化旅遊產品的情況下去滿足旅遊者對異域文化的追求，讓旅遊者的消費需求得到更好的滿足，這是各國及地區旅遊可持續發展過程中必須要解決的重大課題。四川作為中國旅遊大省，擁有豐富的文化旅遊資源優勢，緊緊抓住當前的發展契機，大力發展四川文化旅遊產業，將文化旅遊資源優勢轉化為經濟優勢，已成為當前四川眾多有識之士的共識。但我們應該看到，四川文化旅遊產業面臨著規模不大、效益不高、資源缺乏整合、競爭力不強等諸多問題，四川如何破解魔咒、整合資源，快速將文化旅遊產業做大做強，這是一個亟待解決的難題，本文擬從產業集群發展角度探討一下四川文化旅遊產業的發展思路與對策，希望能對四川文化旅遊產業的發展有所裨益。

## 一、四川文化旅遊產業的集群化

### （一）四川文化旅遊產業集群概念

產業集群化發展是當今世界各國產業組織的先進方式。文化旅遊是四川旅遊的核心和主體，四川文化旅遊能否上規模、上層次，關係到四川旅遊的可持續發展。四川文化旅遊走產業集群化發展道路，能迅速提升文化旅遊發展規模、降低文化旅遊產品開發成本，改善文化旅遊服務環境，促進文化旅遊產品的創新，增

---

[①] 本論文為四川旅遊發展研究中心研究課題《四川發展文化旅遊產業的思路與對策研究》（LY08-21）》的研究成果之一。

強四川文化旅遊產品的市場競爭力等。無疑,走產業集群化發展道路是四川文化旅遊產業發展的一種必然選擇。

所謂四川文化旅遊產業集群,是指在現代文化旅遊產業發展的背景下,四川政府和旅遊主管部門通過一定的方式和手段將眾多相互獨立而又相互關聯的文化旅遊企業及其相關支撐機構,按照專業分工和協作的要求,在一定區域範圍內聚集形成產業組織群落,構建起完整的文化旅遊產業鏈,以向消費者提供滿意的文化旅遊產品和旅遊消費服務的一種先進產業組織方式。在文化旅遊產業組織群落中包括文化旅遊資源提供者、文化旅遊產品開發商、文化旅遊產品銷售商及旅行社、餐飲企業、交通運輸企業、銀行保險企業等相關的服務機構,它們之間既合作又競爭,在縱向上實現文化旅遊產業鏈的延伸,在橫向上形成文化旅遊產業並存的集聚,迅速擴大文化旅遊產業規模,促進文化旅遊產業創新發展,給文化旅遊產業發展帶來成本、技術、人才、信息等諸多優勢,大大提高文化旅遊產業的市場競爭能力。

(二) 發展四川文化旅遊產業集群的作用

1. 為解決日益嚴峻的社會就業問題創造更多的就業機會

文化旅遊產業屬於勞動密集型產業,其集群化發展過程中必然有大批的中小企業和個體經營者加入,提供與文化旅遊相關的產品設計創造、生產加工和服務工作,不僅大量增加了當地的就業人數,還會創造出更多新的就業崗位,為解決社會就業難的問題發揮重要作用。

2. 加快四川城鎮化建設發展步伐

一是四川城鎮化的發展本身要求文化旅遊產業的大力發展來適應其需要;二是四川文化旅遊產業集群化發展加快了人口大規模地向文化旅遊資源地的聚集,為城鎮化建設創造了基礎條件;三是文化旅遊產業集群能長期解決城鎮化所造成的城市病問題。無疑,這有助於推進四川的城鎮化建設。

3. 推動四川新農村建設工作

四川文化旅遊資源95%以上都分佈在農村地區,四川文化旅遊產業集群化發展,將擴大當地土特農副產品銷售量,提供當地農民增加勞務收入的更多機會,大大改善當地農村的各種基礎設施條件,對解決農民增收、推動農村建設和農業發展都有許多好處,有利於推動四川新農村建設工作。

4. 有助於優化四川的社會結構

四川文化旅遊產業集群化發展將推動四川文化旅遊經營者、管理者和勞動者素質的提高,推動四川社會的分化,擴大文化旅遊服務人員、管理者、個體經營者與企業家隊伍素質的提高,從而有助於優化四川的社會結構。

5. 快速擴大文化旅遊產業規模,降低文化旅遊產品成本

四川文化旅遊產業集群化的發展,將整合四川文化旅遊資源,理順文化旅遊經營中的各種關係,延伸文化旅遊產業鏈條,集聚大批文化旅遊資源供應、開發生產和銷售的企業和個體經營者及相關的配套服務機構,實行更加精細的分工和

協作，走專業化的合作道路，迅速壯大文化旅遊產業規模，獲得良好的規模經濟效益，從而降低文化旅遊產品的成本。

6. 提升文化旅遊企業的競爭力能力和創新能力

四川文化旅遊產業集群化發展，將大量增加文化旅遊產業經營服務的企業及相關配套服務企業，他們之間既合作，又競爭，為了生存和立足，相互之間要不斷地學習新的知識和技術，推動文化旅遊產品開發設計技術水準的提升，增強競爭力。同時，他們之間交流更加密切，對產業內相關的信息更容易獲得，在競爭的同時，又是密切的合作關係，使產業內新的技術和知識的傳播擴散速度更快，這樣又有利於企業的創新。所以，四川文化旅遊產業集群化有利於提升企業的競爭能力和創新能力。

(三) 四川文化旅遊產業集群化發展的條件

1. 擁有豐富的文化旅遊資源條件

四川是文化旅遊資源大省，是國內擁有世界遺產最多的省份，也是唯一擁有世界自然遺產、文化遺產、文化與自然遺產三類遺產省份，各級文化旅遊資源多達4,000多處。其中擁有1個世界自然和文化雙重遺產（峨眉山－樂山大佛）、1個世界文化遺產（青城山－都江堰）、3個世界自然遺產（九寨溝、黃龍和大熊貓栖息地）、7個國家級和23個省級歷史文化名城、65個全國重點文物保護單位和268處省級重點文物保護單位、64座博物館。除上面已開發的文化旅遊資源外，四川還有諸如大邑縣劉氏莊園的典型民居和眾多古城鎮建築、神祕的藏傳佛教文化、羌族和彝族獨特民俗、摩梭母系文化和現代西昌衛星發射基地，以及民俗文化、宗教文化、建築文化、飲食文化、酒文化、紅軍長徵路、古代南方絲綢之路等可供文化旅遊業進一步開發利用的大量後備文化旅遊資源，可以說，四川文化旅遊產業發展的資源十分豐富。

2. 具備良好的市場發展前景

四川地處西部內陸地區，「天府文化」向來具有極大的神奇魅力，海內外都有很高的知名度，人們無不渴望到四川親自體驗和感受，市場需求近年來更以20%的速度在增長，2011年全省文化旅遊收入高達2,400億元。隨著四川交通網絡建設的進一步改善，四川對文化旅遊基礎設施建設投入的增加，文化旅遊精品的進一步打造，四川文化旅遊的市場發展前景非常廣闊。

3. 已成長起一批具有較強競爭實力的文化旅遊經營企業

文化旅遊產業集群的形成與發展，離不開競爭實力雄厚的文化旅遊企業的支撐和帶動，四川經過多年的努力，已經引進和培育起了一批像四川旅遊集團公司、峨眉旅遊股份有限公司、四川藍光文化旅遊投資公司、四川康輝旅行社、四川中青旅行社、四川新東方國際旅行社、四川康定機場有限責任公司、成都海洋館、四川省文化旅遊公司、四川貢嘎天域旅遊開發有限公司等競爭實力強的文化旅遊經營企業。

4. 打造出一批四川文化旅遊精品

四川文化旅遊產業實施了精品戰略，經過 10 年的努力，已經成功打造出了峨眉山-樂山大佛、都江堰-青城山、九寨溝、黃龍、大熊貓栖息地等五大文化旅遊精品。在此基礎上，目前正在加緊將大香格里拉（四川片區：康巴文化、彝族、摩梭文化）、鄧小平故里、朱德故里、閬中古城、李白故里、杜甫草堂、三蘇祠、郭沫若故里、三國文化（蜀道）等打造成世界級的文化旅遊精品。

5. 政府制定了支持文化旅遊產業發展的政策

四川省政府非常重視文化與旅遊的結合，深入挖掘文化旅遊資源，為此制定了多項政策大力推進四川文化旅遊的發展。如省委省政府出抬了《關於加快文化體制改革和文化產業發展的意見》，組織編製了《四川省文化旅遊發展報告》，2011 年在省委九屆九次全會上審議通過了《中共四川省委關於深化文化體制改革加快建設文化強省的決定》等。

## 二、四川文化旅遊產業集群化發展思路

### (一) 文化旅遊產業集群化發展應遵循的原則

1. 做強做大原則

目前，四川文化旅遊產業總體規模不夠大，實力相對於江蘇、廣東、浙江、山東和北京等地區不強，與四川擁有的文化旅遊資源不相稱。目標就是將四川文化旅遊產業做到在國內前五強，具備較強國際競爭力，使文化旅遊產業的規模迅速擴大。

2. 資源整合原則

就是在全面瞭解四川文化旅遊資源擁有情況、資源的開發保護情況和資源的使用情況等後，將四川文化資源和旅遊資源根據市場需要進行有機整合，提高文化與旅遊資源的使用效果和檔次，將四川擁有的文化旅遊資源優勢轉化為經濟優勢。

3. 集群化發展原則

就是按照產業集群化的要求，組建多個富有四川濃鬱文化旅遊特色的產業集群，以文化旅遊產業集群為「抓手」推動四川文化與旅遊產業良性發展。

4. 政府和市場「雙驅動」原則

四川文化與旅遊產業集群化發展與其他產業集群化發展相比較，具有明顯的產業特殊性，單純靠政府的力量或市場的力量都難以取得產業集群化發展的最佳效果，因此，必須均衡發揮政府和市場「兩種力量」來驅動四川文化旅遊產業的發展。

5. 挖掘與創新相結合原則

文化與旅遊無論是產品還是市場，可塑性都很大，消費者的需求也隨時代的發展而不斷地變化，為了迎合市場的發展和競爭的需要，只有在產品和市場上不斷挖掘和創新，才能適應市場需求的變化，確保四川文化旅遊產業具有強大的競

爭力和生命力。

(二) 四川文化旅遊產業集群化發展思路

四川文化旅遊產業集群化發展的思路是：堅持科學發展觀，堅持以國內和國際兩個市場需求為導向，以實現四川文化旅遊產業的可持續發展和做強做大文化旅遊產業為目標；整合開發利用文化旅遊資源，努力提升文化旅遊資源使用的效果；依託政府和市場兩種力量的驅動，全面凸顯「天府文化」和「天府旅遊」兩大發展特色，不斷開拓創新，構築四川文化旅遊產業的核心競爭力，大力培植和扶持文化旅遊龍頭企業，通過走產業集群化發展道路使文化旅遊產業成為四川經濟增長和社會發展的強大引擎。

### 三、四川文化旅遊產業集群化發展對策

(一) 通過改革掃清文化旅遊產業集群化發展的障礙

四川文化旅遊產業要走產業集群化發展道路，勢必會牽扯到管理歸屬、資源重新整合配置、人員崗位轉換、社會保障等系列問題，如果這些問題不能從根本上加以解決，產業集群化發展只能成為一句空話。因此，必須大力推進文化旅遊產業管理體制改革，突破行業界限的束縛，精簡機構，分流人員，推動市場化運作，促進文化與旅遊融合發展，從而為文化旅遊產業集群化發展掃清障礙。

(二) 制定文化旅遊產業集群化發展戰略

文化旅遊產業集群化發展是一個長期過程，為了少走彎路，確保文化旅遊產業集群化工作的順利進行，必須要制定文化旅遊產業集群化的發展戰略來指導。

1. 明確文化旅遊產業集群化發展的方向和目標

四川文化旅遊產業集群化發展應該以市場需求為導向，緊緊圍繞文化旅遊資源的開發利用和市場價值提升這個核心，促進文化旅遊企業及其相關機構的分工合作，實現文化旅遊產業規模的擴大和效益的提高。集群化的目標是最終組建起四川遺產文化旅遊、熊貓文化旅遊、「三星堆」文化旅遊、天府飲食文化旅遊、四川名人文化旅遊、四川戲曲文化旅遊等 6 到 8 個文化旅遊產業集群。

2. 選擇文化旅遊產業集群化發展路徑

從國內外產業集群形成路徑來看，目前主要有政府主導型、市場主導型和混合型三種路徑。目前，四川的主要文化旅遊資源都在政府的管理控制之下，基於這種現實情形，四川文化旅遊產業集群化應選擇政府主導為主、市場主導為輔的發展路徑。

3. 科學規劃文化旅遊產業集群化發展階段

四川文化旅遊產業集群化發展規劃為三個階段比較合適。第一階段是 2012—2015 年，為四川文化旅遊產業集群化發展的準備階段，這一階段主要是為文化旅遊產業集群化發展創造必要的條件；第二階段是 2016—2020 年，為四川文化旅遊產業集群化發展的構建階段，這一階段初步構建起四川文化旅遊產業的 6 到 8 大集群；第三階段是從 2021 年起，為四川文化旅遊產業集群化快速發展階段，借助集

群化發展優勢使四川文化旅遊產業的各集群產生巨大的聚集效應，迅速增強四川文化旅遊產業集群的競爭力，特別是逐步培養自己的核心競爭能力。

4. 制定文化旅遊產業集群化發展的戰略舉措

主要是政府要明確四川文化旅遊產業集群化發展的相關政策、重大投資、人才培養、龍頭企業的扶植等重大措施。

(三) 科學設計文化旅遊產業鏈

文化旅遊產業鏈的設計直接關係到文化旅遊產業集群化發展的速度和集聚的程度。在設計時應充分考慮文化旅遊企業組織模式的變化，各企業在垂直和水準上的分工，應盡可能確保產業鏈在橫向和縱向都具有較大的延伸性。四川可以從以下幾個方向去設計文化旅遊產業鏈：一是圍繞文化旅遊資源開發利用設計產業鏈；二是圍繞對四川文化旅遊產品的需求設計產業鏈；三是圍繞四川文化旅遊產品的銷售設計產業鏈。

(四) 強化文化旅遊企業聚集和文化旅遊龍頭企業培養

文化旅遊產業集群的主體是企業，沒有眾多企業的聚集就不可能促進文化旅遊產業的專業化分工與協作，也就無法帶來產業規模的迅速擴大和集群效應的產生。政府可以通過規劃、市場引導、稅費減免、土地優惠使用等多種手段強化文化旅遊企業向文化旅遊產業集中的地區聚集。

文化旅遊龍頭企業在文化旅遊產業中處於核心地位，起著帶動上下游產業發展和協調的作用。眾多的中小文化旅遊企業都要依存於它，配合其開展專業化生產，龍頭企業的實力強弱將直接決定其帶動作用的大小，只有培養出具有較強核心競爭力的文化旅遊龍頭企業，文化旅遊產業的集群化發展才有希望。四川文化旅遊龍頭企業可以通過引資新建、對現有企業的重點扶持、招商引資和企業重組等方式進行培養。

(五) 打造天府文化旅遊區域品牌

在四川文化旅遊產業集群化發展過程中，為了凸顯四川文化旅遊的地域特色，樹立四川文化旅遊的良好形象，因此，打造天府文化旅遊區域品牌就顯得非常重要，這已經成為四川文化旅遊產業集群化發展中的重要內容。在區域品牌打造過程中，一是要搞好天府文化旅遊區域品牌定位；二是要確保推向市場的所有文化旅遊產品具有高品質；三是要通過報紙、網絡、電視、廣播、戶外媒體等多種媒介大力宣傳天府文化旅遊區域品牌。

(六) 搭建文化旅遊創新平臺

文化旅遊產業集群化發展的生命力在於創新。為了適應科學技術的發展、消費者對文化旅遊產品需求的變化、文化旅遊市場競爭的需要，搭建四川文化旅遊產業集群化發展的創新平臺十分必要。四川文化旅遊創新平臺應該將政府、文化旅遊企業、高校、文化旅遊研究組織等創新主體都能吸引到創新平臺中，通過創新解決文化旅遊產業集群化涉及的重大難題，促進文化旅遊產業升級換代，源源不斷地打造文化旅遊精品，推動國內國際文化旅遊合作。根據需要，可以考慮搭

建三個創新平臺：一是文化旅遊合作平臺，二是文化旅遊開發平臺，三是創新服務平臺。

（七）完善文化旅遊產業集群化發展的基礎設施和仲介服務機構

基礎設施和仲介機構是影響產業集群發展的三個重要因素之一。目前，四川文化旅遊產業集群化發展的基礎設施還不完善，特別是到一些重要的文化旅遊景區的交通還很不方便，文化旅遊景區到文化旅遊景區的交通不夠便捷。在一些文化旅遊聚集區還缺少相應的仲介服務機構，如文化旅遊資產評估機構、涉外律師服務機構、文化旅遊信息諮詢服務機構等。政府應根據四川文化旅遊產業集群化發展的規劃，應加大對文化旅遊產業基礎設施投入，採取切實有效的措施鼓勵仲介服務機構向文化旅遊聚集區聚集。

**參考文獻：**

［1］譚繼和. 四川文化旅遊的精品打造方略［J］. 四川省情，2007（1）.
［2］馬巧慧. 基於產業鏈的旅遊產業集群培育策略研究——以遼寧省大連市為例［J］. 管理觀察，2007（11）.
［3］薛江偉. 四川文化旅遊現狀及發展研究［J］. 理論與改革，2008（3）.
［4］譚繼和. 四川文化旅遊資源詳覽［J］. 四川省情，2006（9）.
［5］徐康寧. 產業集聚形成的兩種主要模式［J］. 中國城市報導，2003（5）.
［6］李偉. 重慶市旅遊產業價值鏈分析及其整合思路［J］. 經濟前沿，2006（7）.
［7］王起靜. 轉型時期中國旅遊產業鏈的構建［J］. 山西財經大學學報，2005（5）.

# 中國國民收入波動對四川旅遊業的影響
## ——基於實證的考察①

劉軍榮　馮志明

**摘要**：中國國民收入對四川旅遊需求影響顯著。通過實證檢驗發現中國人均國民收入、通脹率和 CPI 波動與四川境內旅遊收入波動具有很高的相關性，他們之間存在長期的穩定關係。特別是四川境內旅遊收入對中國人均國民收入波動富有彈性，對四川旅遊需求影響顯著，而通脹率和 CPI 波動對其影響較弱。

**關鍵詞**：國民收入；四川旅遊；影響

隨著國民收入的增長，人們可支配收入增加，潛在的旅遊需求將轉變成現實的旅遊消費，旅遊需求的提升將拉動旅遊經濟增長。經典經濟理論告訴我們，國民收入是除價格之外對消費最具決定性的因素，我們認為該理論同樣適用於旅遊市場。有鑒於此，本文主要研究中國國民收入（特別是人均國民收入）及關聯指標對四川旅遊需求是否存在影響以及影響的程度。

## 一、文獻綜述

李仲廣（2005）按照經濟學的方法將閒暇整體上作為一類商品來處理，在靜態的情況下，工資變化會帶來商品支出的收入效應，沒有替代效應。在此基礎上得出閒暇需求與工資收入與非工資收入有關。通過跨期動態分析得出，人們的需求取決於各期時間的相對價值（如中壯年時間昂貴，年輕和老年時間便宜）。面對收入的變化情況，每一時期人們都將設法使家庭的時間對消費的邊際替代率等於他們的家庭時間對消費的市場交換率（實際工資率）。朱明芳（2005）通過調查發現時間和收入仍然是影響居民旅遊休閒的主因。在調查中詢問被訪者阻礙其旅遊休閒需求的主因時，大多數的意見集中在收入不足和時間有限上。朱應皋、吳美華和李翠（2007）以南京市為例，運用市場調查法，實證研究了該市居民的旅遊需求特徵，對南京市居民旅遊決策的關鍵影響因素的調查結果表明，影響居民旅遊決策的主因是閒暇時間和收入水準，共占總數的 81.00%，而其他選項的影響

---

① 基金項目：四川旅遊發展研究中心資助項目（項目編號：LY09-14）。

非常弱。其他學者也做了相關研究，所得出的基本結論是收入顯著影響旅遊需求，影響效益為正。本文的研究正是基於此結論來驗證國民收入對四川境內旅遊需求的影響。

## 二、理解框架

我們認為國民收入是勞動創造的價值，其核心表現形式是工資，而非工資收入，本質上是國民收入再分配的結果。鑒於此，本文的理論分析和實證檢驗主要基於工資收入而非廣泛意義的收入。通常而言，工資收入波動與一般商品需求存在極高的相關度，但是旅遊需求不僅受制收入所能支撐的支付能力，最關鍵還決定於閒暇時間。理論上，我們認為收入與生活花銷費用之差便是閒暇需求，收入超過某一臨界點後，收入增加會帶來更多的閒暇收入，閒暇需求與旅遊需求的經濟學意義趨同。實際上，旅遊的前提是閒暇，旅遊需求取決閒暇需求是不證自明之理，在很經典文獻中閒暇需求被作為旅遊需求的替代變量用於旅遊需求的理論和實證研究。特別需要說明的是，本文的理論分析是以閒暇需求代表旅遊需求，在實證部分以旅遊收入作為旅遊需求展開研究。

我們設每人工作時間為 $L$，工資為 $w$，休閒時間為 $T-L$，$T$ 固定，初始財富為 $I_0$，財富帶來的效用為 $\varphi((wL+I_0)p)$，休閒帶來的財富為 $\psi(T-L)$，其中 $p$ 為國內價格，函數 $\varphi$、$\psi$ 滿足以下條件：

$$\varphi'(x) > 0,\ \varphi''(x) < 0;\ \sigma = -x\frac{\varphi''(x)}{\varphi'(x)};\ \psi'(x) > 0,\ \psi''(x) < 0 \quad (1)$$

總的效用為：

$$U(L) = \varphi[(wL+I_0)p] + \psi(T-L) \quad (2)$$

設工作時間為 $L_0$ 時，$U(L)$ 達到最大，此時有：

$$\frac{dU}{dL}(L_0) = 0$$

具體表示就是：

$$\varphi'((wL_0+I_0)p)wp - \psi'(T-L_0) = 0 \quad (3)$$

這個方程表明 $L_0$ 是 $w$，$I_0$，$p$ 的函數，即：

$$L_0 = L_0(w, I_0, p)$$

為了探討 $L_0$ 與隨 $w$，$p$ 變化的情況，現求偏導數 $\frac{\partial L_0}{\partial w}$、$\frac{\partial L_0}{\partial p}$。

在（2）式中兩邊對 $w$ 求偏導數得：

$$\varphi''(wL_0p+I_0p) \times (L_0p + wp\frac{\partial L_0}{\partial w}) \times wp + p\varphi'(wL_0p+I_0p) + \psi''(T-L_0) \times \frac{\partial L_0}{\partial w} = 0$$

解出 $\frac{\partial L_0}{\partial w}$ 得：

$$\frac{\partial L_0}{\partial w} = -\frac{p\varphi'(wL_0p + I_0p)}{p^2w^2\varphi''(wL_0p + I_0p) + \psi''(T - L_0)}$$

$$\left\{ 1 + (wL_0p + I_0p) \frac{\varphi''(wL_0p + I_0p)}{\varphi'(wL_0p + I_0p)} \frac{1}{1 + \frac{I_0}{wL_0}} \right\}$$

由（1）得：

$$\frac{\partial L_0}{\partial w} = -\frac{p\varphi'(wL_0p + I_0p)}{p^2w^2\varphi''(wL_0p + I_0p) + \psi''(T - L_0)} \left\{ 1 - \frac{\sigma}{1 + \frac{I_0}{wL_0}} \right\} \quad (4)$$

因 $\varphi'(x) > 0$，$\varphi''(x) < 0$，$\psi''(x) < 0$ 得：

$$-\frac{p\varphi'(wL_0p + I_0p)}{p^2w^2\varphi''(wL_0p + I_0p) + \psi''(T - L_0)} > 0$$

因此當 $\sigma > 1 + \frac{I_0}{wL_0}$ 時，$\frac{\partial L_0}{\partial w} < 0$，此時工作時間 $L_0$ 隨工資率 $w$ 的增加而減少，休閒時間將增加。

### 三、實證分析

1. 數據選擇與說明

根據本文的研究，我們選用了四川境內旅遊收入表示四川境內旅遊需求的變化，從中國人均國民收入和中國的通貨膨脹率來反應中國工資收入。我們選用的樣本是1991—2010年的數據，由於CPI能與實際工資水準相關，因此本文引入了全國CPI作為控制變量，四川境內旅遊收入來自國家旅遊局官網公布的歷年數據。本文的四川消費消費物價指數來自1991—2010年的國家統計年鑑或根據統計年鑑計算所得，中國人均國民收入來自於世界銀行官方網站。本文設定四川境內旅遊收入自然對數（LNSCTI）為被解釋變量，中國人均國民收入的自然對數（LNCGNI）、消費物價指數（CPI）和中國的通貨膨脹率（INFR），這些數據的散點圖參見圖1。

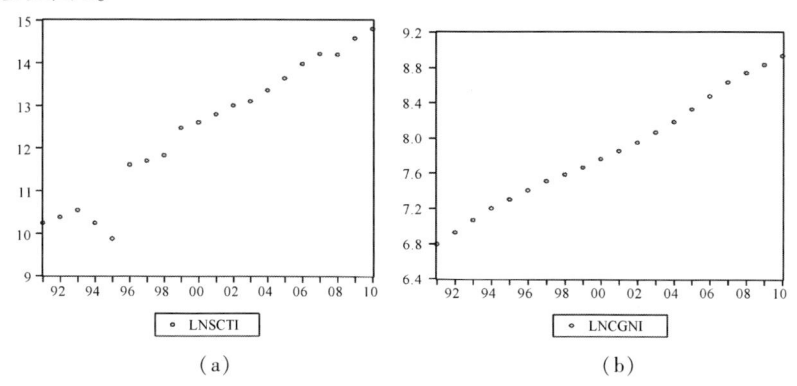

(a)

(b)

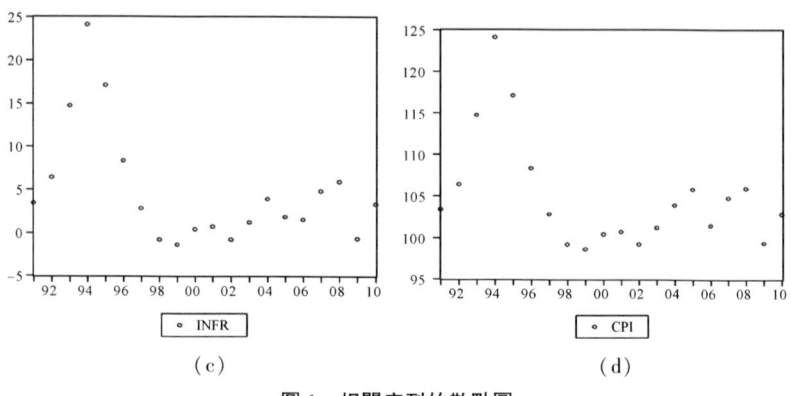

探索、融合、創新 經濟問題多視角研究

(c)                 (d)

圖 1   相關序列的散點圖

2. 實證結果

（1）相關性檢驗。

為了初步瞭解收入波動對四川旅遊業收入的影響，我們首先做四川境內旅遊收入（LNSCTI）、中國人均國民收入（LNCGNI）、消費物價指數（CPI）、中國的通貨膨脹率（INFR）的相關性檢驗。檢驗結果顯示（表1），全國通貨膨脹率、CPI 與四川境內旅遊收入呈負相關，相關係數均為 0.60 左右，而中國人均國民收入（LNCGNI）與四川境內旅遊收入之間呈正相關，相關係數高達 0.967。檢驗結果表明，中國人均國民收入是影響四川境內旅遊收入的主要因素。

表 1                 相關性檢驗

| | INFR | CGNI | CPI |
|---|---|---|---|
| SCTI | -0.606,994 | | |
| SCTI | | 0.967,041 | |
| SCTI | | | -0.591,961 |

（2）單位根檢驗。根據圖1我們看出，這些指標的原數據具有明顯的隨時間上升的趨勢或下降的趨勢，因此這些時間序列是非平穩序列數據，經過 ADF 單位根檢驗，發現四川境內旅遊收入（LNSCTI）、中國人均國民收入（LNCGNI）、消費物價指數（CPI）、中國的通貨膨脹率（INFR）都是二階單整序列 I（2），檢驗結果報告如下（參見表2）。

表 2           時間序列的 ADF 單位根檢驗

| 變量 | ADF 值 | 5%的置信水準的臨界值 | 平穩性分析 |
|---|---|---|---|
| LNSCTI | -0.327,231 | -3.052,169 | 不平穩 |
| LNCGNI | 0.192,160 | -3.040,391 | 不平穩 |
| INFR | -1.571,594 | -3.029,970 | 不平穩 |

表2(續)

| 變量 | ADF 值 | 5%的置信水準的臨界值 | 平穩性分析 |
|---|---|---|---|
| CPI | -1.603,688 | -3.029,970 | 不平穩 |
| D（LNSCTI） | -2.870,672 | -3.065,585 | 不平穩 |
| D（LNCGNI） | -1.845,655 | -3.040,391 | 不平穩 |
| D（INFR） | -2.829,019 | -3.040,391 | 不平穩 |
| D（CPI） | -2.948,904 | -3.040,391 | 不平穩 |
| D（LNSCTI，2） | -6.392,908 | -3.065,585 | 平穩 |
| D（LNCGNI，2） | -3.721,048 | -3.052,169 | 平穩 |
| D（INFR，2） | -4.581,584 | -3.065,585 | 平穩 |
| D（CPI，2） | -4.524,102 | -3.065,585 | 平穩 |

（3）協整檢驗。通過單位根檢驗發現，四川境內旅遊收入（LNSCTI）、中國人均國民收入（LNCGNI）、消費物價指數（CPI）和中國的通貨膨脹率（INFR）各序列的原值都是 I（2）過程，都是二階單整序列。對於服從 I（2）過程的序列進行協整檢驗可用兩種方法，即 Engle 和 Granger 提出的兩步法和 Johansen 協整檢驗法。相比之下，Johansen 檢驗法有許多有點，它不僅克服了 E-G 兩步法不能多變量進行檢驗的缺陷，而且可以進行多變量檢驗，獲得精確協整向量的數目。鑒於此，本文採用 Johansen 檢驗法，檢驗結果如下（參見表3）。

表3　　　　　　　　　　Johansen 協整檢驗

| 原假設：協整方程數 r | 特徵值 | Trace 統計量 | 5%臨界值 | P 值 |
|---|---|---|---|---|
| R = 0 * | 0.847,009 | 64.505,18 | 47.856,13 | 0.000,7 |
| r <= 1 * | 0.682,485 | 30.712,45 | 29.797,07 | 0.039,1 |
| r <= 2 | 0.426,116 | 10.062,34 | 15.494,71 | 0.276,0 |
| r <= 3 | 0.003,683 | 0.066,422 | 3.841,466 | 0.796,6 |

註：*表示在5%的顯著性水準上拒絕原假設。

從 Johansen 結果可知，在 5 %的顯著性水準上拒絕了原假設而接受了存在至少兩個協整方程的備選假設。這表明 SCTY、TZV、CGNI、CPI 之間存在協整關係，至少在最優滯後期內，各變量之間存在著兩個長期穩定的均衡關係。由 Johansen 協整估計出並經過標準化後的協整向量為（1.000，0.839,897，0.882,866，-7.539,508），顯示出 SCTY、TZV、CGNI、CPI 之間的長期關係為：

LNSCTI = 7.539,508 LNCGNI - 0.882,866 CPI - 0.839,897 INFR

　　　　（1.756,56）　　　（0.118,51）　　（0.118,71）

檢驗結果顯示，人均國民收入對四川旅遊業的收入的彈性為 7.5 以上，富有彈

239

性。因此，我們認為影響四川旅遊收入的主要因素為人均國民收入，而消費物價指數和通脹率系數的T檢驗值很低，表明它們對四川旅遊收入影響不顯著。

對於消費物價指數和通脹率對四川旅遊收入影響不顯著的原因，我們認為有如下幾點：第一，人們旅遊消費需求對於通貨膨脹和消費物價的波動是不敏感的，他們認為貨幣收入的增加是能夠彌補通脹率和物價上升的影響，或者他們沒有明顯感受到通脹率和物價上升對其貨幣收入所帶來的負面影響；第二，旅遊者絕大都數來自於城鎮中等收入家庭，他們的旅遊計劃是提前安排的，而且外出旅遊對他們而言不是日常消費的主體，因此除非出現通脹率和物價大幅波動，一般情況下不會更改計劃；第三，由於當前城鎮家庭收入來源渠道多元化，在通脹率和物價大幅波動的情況下，他們的收入仍然能保持相對穩定，從而對非經常性的旅遊消費影響不顯著。

（4）Granger因果檢驗。

在確定LNSCTY、TZV、LNCGNI、CPI之間存在協整關係之後，我們進一步利用克萊夫·格蘭傑（2003）所開創的用於分析經濟變量之間的因果關係的檢驗方法來證實解釋變量與被解釋變量的關係。檢驗結果顯示（參見表4）TZV、LNCGNI、CPI的波動會導致LNSCTY波動。從F統計量和P值來看，LNCGNI對LNSCTY的影響較顯著。這與相關性檢驗和協整方程顯示的結果一致。

表4　　　　　　　　　　　格蘭傑因果檢驗

| 原假設 | 統計量 | F-統計量 | P值 |
|---|---|---|---|
| △LNCGIN波動不是△LNSCTI波動的原因 | 16 | 15.249,56 | 0.028,33 |
| △CPI波動 不是△LNSCTI波動的原因 | 16 | 3.579,54 | 0.067,98 |
| △IFR波動不是△LNSCTI波動的原因 | 16 | 4.600,80 | 0.038,83 |

### 四、主要結論

上述研究表明，國民收入波動對四川旅遊業具有強有力的影響。通過實證檢驗發現中國人均國民收入、通脹率和CPI波動與四川境內旅遊收入波動具有很高的相關性，並對後者具有長期的穩定關係。特別是四川境內旅遊收入對中國人均國民收入波動富有彈性，彈性高達7.5以上，表現出很強的決定性，而通脹率和CPI波動對四川旅遊需求影響不顯著。由於國家宏觀經濟的波動會直接導致國民收入出現週期性波動特徵，據此，我們可以推斷四川旅遊業會隨著全國宏觀經濟週期性波動而出現週期性特徵。因此，四川旅遊管理部門、旅遊景區和旅遊企業應該利用四川境內旅遊對收入的高彈性特徵設計相應的旅遊管理和旅遊宣傳策略以應對四川旅遊週期的波動，保障四川旅遊產業安全和四川旅遊經濟增長。

**參考文獻:**

［1］李仲廣. 閒暇經濟論［D］. 大連: 東北財經大學, 2005.

［2］謝兆元. 國內旅遊消費市場分析及發展對策［J］. 價格月刊, 2007 (8).

［3］李芳明. 廣東居民旅遊休閒需求的實證研究［J］. 特區經濟, 2005 (7).

［4］黃亞均, 袁志剛. 宏觀經濟學［M］. 上海: 復旦大學出版社, 2000.

［5］吳忠才. 中國國內旅遊消費模型初步研究［J］. 湖南理工學院學報, 2007 (20).

［6］朱應皋, 吳美華, 李翠. 南京市居民旅遊需求實證研究［J］. 社會科學家, 2007 (11).

［7］劉嘉. 中國城鎮居民旅遊消費的計量經濟學分析［J］. 商業文化, 2007 (9).

# 鄉村文化遺產產業化發展中的小微企業合作研究
## ——以四川夾江手工造紙產業為例[①]

羅富民

**摘要：** 文章以四川夾江手工造紙產業為例，探討鄉村手工技藝類文化遺產產業化發展中的小微企業合作現狀、成效及影響因素。研究發現，地方政府主導下的同業商會是當前手工造紙企業合作的主要載體，而為了進一步提升合作層次、深化合作內容，就必須充分發揮市場主體的作用。針對合作意願影響因素的 Logit 迴歸分析結果表明，業主年齡較大和業主為傳承人或村幹部的小微企業合作意願普遍較低，業主文化程度較高的小微企業合作意願整體較高，而生產經營規模和生產經營效益對合作意願的影響不盡相同。

**關鍵詞：** 鄉村；文化遺產；產業化；企業合作；影響因素

## 一、引言

### （一）問題的提出

在經濟社會快速發展和文化全球化的背景下，保護和傳承文化遺產對於延續民族記憶、弘揚民族優秀文化具有重要的現實意義。而中國絕大多數文化遺產分佈在農村，文化的多樣性也在農村，隨著工業化與城鎮化的加速推進，保護和傳承鄉村文化遺產已經迫在眉睫[1]。近年來，隨著國家對文化產業發展的日益重視，怎樣促進鄉村文化遺產向文化產業轉變？怎樣對鄉村文化遺產進行產業化的保護和傳承？已經成為文化遺產研究的重要課題。大量事實證明，在堅持整體性、真實性保護的基礎上，促進鄉村文化遺產產業化發展，不但可以實現其經濟價值，而且可以拓展鄉村文化遺產的傳承空間。

### （二）文獻述評

從具體形態上看，鄉村文化遺產主要包括鄉村區域內的物質文化遺產和非物

---

[①] 基金項目：四川省哲學社會科學規劃項目「竹紙製作技藝非物質文化遺產保護與傳承—基於四川夾江的實證研究」（編號：SC12XK012）

# 鄉村文化遺產產業化發展中的小微企業合作研究——以四川夾江手工造紙產業為例

質文化遺產。而本文中的夾江手工造紙產業，主要是基於竹紙製作這一手工技藝類非物質文化遺產發展起來的。因此，本文所關注的主要是鄉村非物質文化遺產產業化發展中的企業合作問題。為簡便起見，在未做特別說明的情況下，下文中的鄉村文化遺產專指鄉村非物質文化遺產。

從現有研究看，專門探討鄉村非物質文化遺產產業化發展的文獻較少，而對於非物質文化遺產產業化一般問題的關注較多。這些文獻主要從非物質文化遺產產業化的內涵、作用、原則、模式和產業化中的權利歸屬、存在的問題等方面進行了探討。比如，李昕（2009）認為，非物質文化遺產的產業化主要是指從事非物質文化遺產相關的文化產品的生產和經營，利用可經營性非物質文化遺產資源發展文化產業。王松華、廖嶸（2008），張魏、李瑞光（2013）研究指出，產業化可以拓展非物質文化遺產傳承與傳播的市場空間、擴大規模與集聚資金、普及非物質文化遺產知識，進而實現非物質文化遺產存續與發展的良性循環。肖曾豔（2012）研究認為，非物質文化遺產的產業化發展必須堅持以實現遺產保護的文化價值為前提，以實現遺產經濟價值的產業化開發為手段，以實現遺產社會價值的動態整體性傳承為目的，具體可以採取分類開發、產業鏈擴展、區域開發、綜合開發等四種模式。魯春曉（2011）研究指出，非物質文化遺產的產業化必須進一步確定其權利主體，並建立有效的權利流轉平臺，通過市場機制真正有效地實現權利主張。宋暖（2013）探討了非物質文化遺產產業化中存在的無序開發、文化氣息淡薄、文化脫域問題，並認為非物質文化遺產產業化發展中必須同時遵循文化演化規律和經濟理性的原則。

由此可見，現有文獻主要從產業層面對非物質文化遺產產業化發展問題進行了深入探討，而較少從微觀層面研究非物質文化遺產產業化發展中的企業行為。本文認為，企業是非物質文化遺產產業化發展的主要載體和推動者，企業的經濟行為將最終決定非物質文化遺產產業化發展的成效。而與其他非物質文化遺產不同的是，手工技藝類非物質文化遺產主要生產性保護和傳承為主。手工技藝類非物質文化遺產的傳承主體則主要是依託該手工技藝進行生產的各類手工作坊或規模較小的企業，即現代意義上的小微企業。這些小微企業的市場競爭力較弱，普遍存在各種生產經營困境，對非物質文化遺產產業化發展的作用有限。因此，必須通過促進小微企業間的合作打造地方性文化產業集群，進而推動手工技藝類非物質文化遺產的產業化發展。

（三）本文的研究定位

四川夾江手工造紙技藝作為手工技藝類非物質文化遺產，於 2006 年入選國家非物質文化遺產目錄。目前，在夾江縣境內從事手工造紙的小微企業近百家，擁有雙寶、華藝、雲龍、雅藝、星華、金星、雲中等多個書畫紙知名品牌，年產量達 5,000 餘噸，產值達 2.4 億元。實踐證明，僅僅依靠各級政府認定的傳承人及其擁有的企業，夾江手工造紙技藝的保護和傳承是難以有效開展的。這就需要加強各種類型手工造紙企業間的合作，打造書畫紙產業集群。本文以四川夾江手工造

紙產業為例，分析手工技藝類非物質文化遺產產業化發展中的小微企業合作現狀、成效及影響因素，進而提出促進小微企業合作的相關建議。

## 二、鄉村文化遺產產業化中小微企業合作現狀及成效

（一）夾江手工造紙企業合作現狀分析

當前，夾江手工造紙企業主要是以地方政府主導下的同業商會為載體，而同業商會主要承擔了管理、溝通和服務三項職能。2009年6月，夾江手工造紙企業同業商會正式成立，標誌著從事手工造紙的小微企業從分散走向聯合、從無序走向規範。商會章程規定，該組織是全縣造紙戶、行銷戶、書畫愛好者以及關心和支持書畫紙業發展的同仁自願組成的不以經營為主的社團組織。同業商會下設辦公室，並由縣委組織部下文，抽調專職人員從事商會日常工作。商會現有會員及會員單位108個，其中商會的副會長外，商會會長、正副秘書長均由地方政府官員擔任，實質上是由地方政府領導的合作組織。

同業商會在夾江手工造紙技藝保護和傳承中的主要職能或作用有以下幾個方面：一是加強內部管理，不斷加強商會內部管理，努力發展商會會員，提高會員素質；二是積極建言獻策，充分發揮樞紐作用，為夾江的書畫紙搭建一個交流和發展的平臺；三是提高服務意識，加大服務力度，始終以服務會員和服務生產、行銷者為己任；四是辦好商會網站，充分發揮網站宣傳作用。

（二）夾江手工造紙企業合作成效分析

商會的成立對改變夾江書畫紙低迷狀態，推動夾江書畫紙產業發展、提升夾江書畫紙品牌及產區形象，打造「中國書畫紙之鄉」都起到了積極的作用。同業商會成立之後，圍繞手工造紙技藝的傳承和保護，開展了以下工作，並取得了顯著成效。

一是制定了夾江書畫紙地方標準，並成功申報國家地理標志產品。2011年6月，成立了「夾江書畫紙地方標準」制定及「夾江書畫紙證明商標」與「夾江書畫紙國家地理標志產品保護」的申報領導小組。2012年9月，《夾江書畫紙地方標準》順利通過專家評審，並於2013年1月1日正式實施。2012年10月，參加了國家質檢總局召開的「夾江書畫紙」地理標志保護產品專家審查會。經專家組討論，一致認為「夾江書畫紙」具有一定的地域特色和知名度，符合地理標志產品保護條件，成功申報為國家地理標志保護產品。

二是積極參加各種展覽活動，擴大了手工造紙企業的影響力。2007年以來，商會多次組織夾江手工書畫紙廠商和非遺傳承人參加成都「世界非遺節」展覽展示活動和市、縣組織的宣傳活動。借助「世界非遺節」「藝博會」和「陶瓷節書畫紙博覽會」平臺充分宣傳和展示了夾江書畫紙的質量和品牌，有力推進了書畫紙產業的交流和發展，大大提升了夾江書畫紙產區的形象，使夾江書畫紙在全國「文房四寶」產業界的地位得到了很大的提升，促進了夾江手工書畫紙產業的發展。

# 鄉村文化遺產產業化發展中的小微企業合作研究——以四川夾江手工造紙產業為例

三是集中解決排污問題，較好地保護了生態環境。為促進夾江書畫紙產業良性可持續發展，產紙集中地馬村鄉、中興鎮蒸鍋戶聯合成立夾江縣手工造紙製漿協會，採取「集中制漿，統一治污，分戶造紙」的方式，將馬村造紙蒸鍋搬遷至界牌鎮青江村統一蒸煮，蒸煮過程中產生的黑液由管道輸送至污水處理系統，處理後達標排放。馬村河治理工程取得明顯效果，水質由治理搬遷前的劣 V 類改善為 II 類水質標準。

四是加強竹紙製作技藝培訓，鞏固了傳承人隊伍。商會採取了發掘、培育、扶持等有力措施，在國家級傳承人楊占堯處恢復建設手工竹紙製作 72 道工序作坊，設立竹紙製作技藝展示基地，組織年輕紙農進行竹紙製作技藝培訓。鼓勵民間藝人帶徒授藝，對具有重要價值的民間藝術傳承人盡力保護，在政策上給予重點扶持，努力改變目前民間藝術隊伍後繼無人的現狀。

### 三、鄉村文化遺產產業化中小微企業合作的影響因素分析

從夾江手工造紙企業合作現狀可以發現，目前小微企業的合作還仍然處於政府主導階段，合作內容和合作的層次還有待於繼續深化和提升。這就需要進一步發揮市場主體的作用，促進鄉村文化遺產產業化和中小微企業合作模式的轉型。而為了促進鄉村文化遺產產業化中小微企業的合作，則需要進一步分析小微企業的合作意願及其影響因素。

（一）模型構建與變量表示

為了分析鄉村文化遺產產業化的小微企業合作影響因素，可以建立以小微企業合作意願為被解釋變量，以合作意願影響因素為解釋變量的計量模型，如下：

$$W = F(X_1, X_2, \cdots, X_n) + \varepsilon_i \qquad (1)$$

式（1）中，$W$ 為被解釋變量，表示小微企業的合作意願；$X_1$，$X_2$，$\cdots$，$X_n$ 為解釋變量，表示影響合作意願的 n 個影響因素，$\varepsilon_i$ 為隨機誤差項。

對於手工技藝類非物質文化遺產而言，小微企業的合作可能涉及產前、產中和產後三個階段。本文主要選取產前的融資合作、產中的生產技藝合作和產後的銷售合作，對夾江手工造紙技藝產業化發展中小微企業的合作意願及影響因素進行分析。因此，本文模型的被解釋變量主要包括融資合作意願、生產技藝合作意願和銷售合作意願三個方面，分別用 $W_1$、$W_2$ 和 $W_3$ 表示。

對於影響合作意願的影響因素，本文主要選取以下三大類因素：一是小微企業的業主特徵；二是小微企業的生產經營特徵；三是地方政府對小微企業的支持程度。對於第一類因素，主要是因為小微企業的合作決策是由企業主做出的，因此業主特徵比如年齡、學歷等可能會影響其合作意願；對於第二類因素，小微企業的生產經營特徵主要包括生產經營規模和生產經營效益，這兩個方面反應了其在市場中的地位和市場競爭力，進而可能對其合作意願造成影響；而第三類因素，地方政府對小微企業的支持程度，用業主是否為傳承人和是否為村幹部表示。由於當前夾江手工造紙技藝是地方政府主導下的保護和傳承，那麼作為傳承人和村

幹部獲得的政府各類支持可能更多,當在獲取政府支持方面與其他企業存在競爭關係時,就會影響到其與其他企業合作的意願。

綜上所述,本文所構建的計量模型中所包含的各個變量及其定義見表1。

表1　　　　　　　　　　　　模型變量說明

| 變量名稱及代碼 | 變量定義 | |
|---|---|---|
| 被解釋變量 | 融資合作意願（$W_1$） | 0=不願意合作；1=願意合作 |
| | 生產技藝合作意願（$W_2$） | 0=不願意合作；1=願意合作 |
| | 銷售合作意願（$W_3$） | 0=不願意合作；1=願意合作 |
| 解釋變量 | 業主特徵<br>業主年齡（$X_1$）<br>業主文化程度（$X_2$） | 1=青年；2=中年；3=老年<br>1=小學及以下；2=初中；3=高中及以上 |
| | 生產經營特徵<br>生產經營規模（$X_3$）<br>生產經營效益（$X_4$） | 1=較小；2=中等；3=較大<br>1=較差；2=一般；3=較好 |
| | 政府支持程度<br>是否為傳承人（$X_5$）<br>是否為村幹部（$X_6$） | 0=否；1=是<br>0=否；1=是 |

（二）樣本選擇與數據來源

本文中所使用的相關數據來源於筆者2015年3至6月間對夾江縣手工造紙企業的問卷調查。首先,根據同業商會提供的企業名單和手工造紙企業的區域分佈,從馬村、中興、迎江、城區等9個片區中選取70家小微手工造紙企業為調查對象。其次,在同業商會的協助下由調查人員逐一對每家小微企業進行走訪,並在調查人員的解釋說明下由企業業主填寫調查問卷。最後,通過對回收調查問卷的整理,在同業商會的協助下共篩選出有效問卷60份。

通過對這60份問卷所得數據的初步統計分析發現,夾江手工造紙企業合作意願總體上較強。其中,融資合作意願最強,願意合作的企業占樣本成員數的83%;銷售合作意願次之,願意合作企業占樣本成員數的67%;而生產技藝合作意願最低,願意合作企業僅占樣本成員數的50%（見表2）。這可能是因為,雖然夾江手工造紙技藝生產工序在大體上相同,但是由於長期以來各個小微企業處於封閉經營狀態,導致不願意將個人在生產過程中獲得的技術經驗外傳。

表2　　　　　　　夾江手工造紙企業合作意願統計

| 企業合作意願 | | 願意 | 不願意 |
|---|---|---|---|
| 融資合作意願（$W_1$） | 頻數（個） | 50 | 10 |
| | 百分比（%） | 83% | 17% |

表2(續)

| 企業合作意願 | | 願意 | 不願意 |
|---|---|---|---|
| 生產技藝合作意願（$W_2$） | 頻數（個） | 30 | 30 |
| | 百分比（%） | 50% | 50% |
| 銷售合作意願（$W_3$） | 頻數（個） | 40 | 20 |
| | 百分比（%） | 67% | 23% |

利用這60份調查問卷所得的數據，對表1中涉及的變量進行描述性統計分析的結果見表3。

表3　　　　　　　　　各個變量的描述性統計分析

| | 變量名稱及代碼 | 均值 | 標準差 |
|---|---|---|---|
| 被解釋變量 | 融資合作意願（$W_1$） | 0.83 | 0.38 |
| | 生產技藝合作意願（$W_2$） | 0.47 | 0.51 |
| | 銷售合作意願（$W_3$） | 0.67 | 0.48 |
| 解釋變量 | 業主特徵<br>業主年齡（$X_1$）<br>業主文化程度（$X_2$） | 1.93<br>2.03 | 0.78<br>0.79 |
| | 生產經營特徵<br>生產經營規模（$X_4$）<br>生產經營效益（$X_5$） | 1.80<br>1.77 | 0.84<br>0.82 |
| | 政府支持程度<br>是否為傳承人（$X_6$）<br>是否為村幹部（$X_7$） | 0.13<br>0.18 | 0.35<br>0.39 |

（三）計量分析方法

本文中的被解釋變量是小微企業的合作意願，其取值是非連續的，屬於典型的離散變量。又由於本文中的企業合作意願取值只有兩種，即願意合作和不願意合作。因此，式（1）實際上屬於二元離散選擇模型。而在二元離散選擇模型中，根據概率分佈函數的類型又可以劃分為Probit、Logit、Extreme等多種模型。本文選取常用的二元Logit模型，並運用極大似然估計法對式（1）進行估計。在式（1）中，假設$W_i$與$X_1$，$X_2$，…，$X_6$的具體函數關係為：

$$W_i = \beta_0 + \beta_1 X_1 + \beta_2 X_2 + \beta_3 X_3 + \beta_4 X_4 + \beta_5 X_5 + \beta_6 X_6 + \varepsilon_i \quad (2)$$

在式（2）中，$\beta_0$為常數項，$\beta_1 \sim \beta_6$為解釋變量的待估計參數，各個解釋變量$X_1$，$X_2$，…，$X_6$的定義見表1。令$p_i = P(W_i = 1)$，則：

$$E(W_i) = 1 \times P(W_i = 1) + 0 \times P(W_i = 0) = p_i \quad (3)$$

又因為$E(\varepsilon_i) = 0$，於是

$$p_i = E(W_i) = \beta_0 + \beta_1 X_1 + \beta_2 X_2 + \beta_3 X_3 + \beta_4 X_4 + \beta_5 X_5 + \beta_6 X_6 \tag{4}$$

由於本文假設 $W_i$ 的分佈函數為 Logit 分佈，所以：

$$f(p_i) = \frac{e^{p_i}}{1+e^{p_i}} = \frac{e^{\beta_0+\beta_1 X_1+\beta_2 X_2+\beta_3 X_3+\beta_4 X_4+\beta_5 X_5+\beta_6 X_6}}{1+e^{\beta_0+\beta_1 X_1+\beta_2 X_2+\beta_3 X_3+\beta_4 X_4+\beta_5 X_5+\beta_6 X_6}} \tag{5}$$

其似然函數為：

$$L = \prod_{i=1}^{n} p(W_i) = \prod_{i=1}^{n} f(p_i)^{w_i} [1 - f(p_i)]^{1-w_i} \tag{6}$$

則對數似然函數為：

$$\ln L = \sum_{i=1}^{n} \{[w_i \times \ln f(p_i) + (1-w_i) \times \ln[1-f(p_i)]]\} \tag{7}$$

將式（5）代入式（7）後，根據式（7）求極大值的一階條件，便可以估計出式（2）中的參數。

（四）計量分析結果及解釋

本文利用 60 個樣本的截面數據，選取二元離散 Logit 模型，應用極大似然估計法，在 eviews6.0 軟件中分別對夾江手工造紙技藝產業化發展中小微企業融資合作意願、生產技藝合作意願及銷售合作意願的影響因素進行迴歸分析。具體分析結果見表 4。

表 4　　　　夾江手工造紙企業合作意願的影響因素分析結果

| 被解釋變量 | 融資合作意願（$W_1$） | | | 生產技藝合作意願（$W_2$） | | | 銷售合作意願（$W_3$） | | |
|---|---|---|---|---|---|---|---|---|---|
| 解釋變量 | 迴歸系數（β） | Z統計量 | Exp（β） | 迴歸系數（β） | Z統計量 | Exp（β） | 迴歸系數（β） | Z統計量 | Exp（β） |
| 常數項 | 7.152 | 1.948 | 1,276.5 | 1.578 | 0.618 | 4.847 | 7.038 | 2.167 | 1,139.4 |
| $X_1$ | -0.396 | -2.500 | 0.673 | -1.041 | -1.618 | 0.353 | -1.977 | -2.319 | 0.138 |
| $X_2$ | 0.041 | 2.030 | 1.042 | 0.509 | 2.740 | 1.663 | 0.802 | 2.948 | 2.229 |
| $X_3$ | -1.178 | -1.271 | 0.308 | 1.005 | 1.188 | 2.733 | 1.466 | 2.638 | 4.332 |
| $X_4$ | -0.582 | -1.038 | 0.559 | -1.296 | -1.490 | 0.274 | -1.528 | -2.293 | 0.217 |
| $X_5$ | -0.330 | -2.325 | 0.719 | -1.457 | -1.649 | 0.233 | -0.124 | -1.151 | 0.884 |
| $X_6$ | -3.389 | -3.798 | 0.034 | 0.312 | 2.277 | 1.367 | -2.136 | -2.755 | 0.118 |
| LR statistic | 20.856,18 | | | 23.651,87 | | | 25.393,34 | | |
| Prob（LR） | 0.001,947 | | | 0.000,605 | | | 0.000,289 | | |

註：Exp（β）是對迴歸系數 β 求反對數，其表示發生的機會比率。具體含義可參見古扎拉蒂·波特著的《計量經濟學基礎》（第 5 版）。

（1）融資合作意願的分析結果解釋。從表 4 中可以發現，融資合作意願的似然比（LR）統計量非常顯著，說明模型中所有解釋變量對融資合作意願具有有顯著影響。而從單個解釋變量看，業主年齡、生產經營規模和生產經營效益與融資合作意願呈負相關關係，即年齡較大、生產經營規模較大和生產經營效益較好的企業不願意參與融資合作，但生產經營規模和生產經營效益的影響不顯著。這可

能是因為，生產經營規模較大和生產經營效益較好的企業，不願意通過融資合作向其他小微企業提供借款。而業主受教育程度與融資合作意願呈正相關關係，即受教育程度越高越願意參加融資合作。是否為傳承人和是否為村幹部與融資合作意願也呈負相關關係，由此說明企業主為傳承人和村幹部願意合作的概率較低，是企業主不是傳承人和村幹部願意合作的概率是71.9%和3.4%。這可能是因為，業主為傳承人和村幹部的企業更加容易獲得銀行的借款，而不願意與其他企業進行融資合作。

（2）生產技藝合作意願的分析結果解釋。從表4中可以發現，生產技藝合作意願的似然比（LR）統計量十分顯著，說明模型中所有解釋變量對生產技藝合作的意願也具有顯著影響。其中，業主年齡和生產經營效益與生產技藝合作意願呈負相關關係，業主文化程度和生產經營規模與生產技藝合作意願呈正相關關係。由此說明，年齡較小的業主由於生產技藝經驗不足，更加願意在生產過程中與其他企業開展合作；而生產經營效益較好的企業，可能其生產技藝更加先進，因而不願意與其他企業合作。企業主為傳承人的生產技藝合作意願的概率較低，而企業主為村幹部的生產技藝合作意願的概率較高。

（3）銷售合作意願的分析結果解釋。從表4中可以發現，銷售合作意願的似然比（LR）統計量也十分顯著，說明模型中所有解釋變量對銷售合作意願具有顯著影響。從單個解釋變量的迴歸系數看，生產經營規模較大和業主文化程度較高的小微企業，銷售合作的意願較高，而業主年齡較大和生產經營效益較好的企業，銷售合作意願較低。這可能是因為，業主文化程度較高和生產經營規模較大的企業需要拓展更加廣闊的市場空間，更加需要銷售合作；生產效益較好或業主年齡較大的企業，更加容易滿足現狀，從而導致銷售合作意願降低。此外，業主為傳承人和村幹部的企業，銷售合作意願較低。這可能是因為，業主為傳承人或村幹部的企業，在產品銷售上有更多渠道，從而不願與其他企業開展銷售合作。

（四）研究結論與政策建議

綜上所述，當前夾江手工造紙企業以地方政府主導下的同業商會為載體，在制定生產標準、申報地理標志產品、參加各種展覽、集中制漿、技術培訓等方面展開了合作，並取得了一定的成效。但是，其合作層次和內容還有待於繼續提升和深化，需要進一步發展市場主體的作用。而通過對夾江手工造紙企業在融合合作意願、生產技藝合作意願、銷售合作意願的影響因素進行logit迴歸分析後表明，業主年齡較大的企業合作意願普遍較低，文化程度較高的企業主合作意願整體較高，業主為傳承人和村幹部的合作意願整體較低，生產經營規模和生產經營效益對合作意願的影響不盡相同。

基於上述研究結論，本文認為可以從以下幾個方面促進鄉村文化遺產產業化發展中的小微企業合作：

一是要充分發揮市場主體的作用，不斷提升合作層次。鄉村文化遺產產業化發展中的小微企業，必須轉變發展觀念，充分認識到合作對於保護和傳承非物質

文化遺產、促進企業發展所產生的積極作用。

二是要圍繞產業鏈的各個環節，不斷深化合作領域。重點圍繞融資、生產技藝和銷售等領域加強合作，切實解決小微企業面臨的融資難、銷售難和生產技藝不高的問題，進而促進整個手工造紙產業發展。

三是加強傳承人隊伍建設，提升企業業主素質。地方政府要定期對企業業主開展經營管理知識培訓，提升業主文化程度和知識素養。要鼓勵吸引更多的新生代農民工加入手工造紙行列，促進傳承隊伍年輕化。

四是建立公平合理的扶持機制，完善企業合作的利益分配機制。對於政府的優惠政策和資金支持，不能僅僅照顧業主為傳承人或村幹部的小微企業。要積極發揮經營規模較大、效益較好的小微企業的帶動作用，並對帶動作用較強的企業給予更多的信貸和稅收政策優惠。

**參考文獻：**

[1] 馮驥才. 保護農村文化遺產迫在眉睫 [N]. 人民日報，2006-06-11 (09).

[2] 李昕. 可經營性非物質文化遺產保護產業化運作合理性探討 [J]. 廣西民族研究，2009 (1)：165-171.

[3] 王松華，廖嶸. 產業化視角下的非物質文化遺產保護 [J]. 同濟大學學報（社會科學版），2008 (1)：107-112.

[4] 張魏，李瑞光. 基於系統動力學的非物質文化遺產產業化保護體系研究 [J]. 廣西民族研究，2013 (2)：182-188.

[5] 肖曾豔. 非物質文化遺產產業化的理論研究 [J]. 雲南地理環境研究，2012 (3)：6-9.

[6] 魯春曉. 非物質文化遺產產業化中的權利歸屬研究——以手工技藝類為例 [J]. 東岳論叢，2011 (4)：108-111.

[7] 宋暖. 非物質文化遺產產業化傳承有關問題的探討 [J]. 東岳論叢，2013 (2)：142-145.

[8] 古扎拉蒂·波特. 計量經濟學基礎 [M]. 5版. 費劍平，譯. 北京：中國人民大學出版社，2011.

# 人力資本專題

經濟問題多視角研究

# 大學生村幹部人力資本報酬激勵機制分析[1]

張本飛[2]

**摘要**：應用「干中學」人力資本理論，分析大學生村幹部人力資本累積的報酬激勵問題。上任初期，大學生村幹部人力資本累積的進程還沒有完成，其邊際生產率具有不確定性。基層政府應根據長期均衡決策支付大學生村幹部較為穩定的剔除了價格波動因素的報酬。農業基層生產組織暫時性的生產鼓勵措施對於大學生村幹部人力資本累積既有短期的水準效應，也有長期的增長效應。暫時性的鼓勵措施在大學生村幹部上任初期的實行較之後期實行的綜合效應更強；大學生村幹部人力資本通用性越強，其人力資本溢出效應越大，從而越有利於生產經驗的相互學習，生產經驗向人力資本轉化系數亦越高。

**關鍵詞**：農業；人力資本；報酬

2005年，國務院辦公廳頒發的《關於引導和鼓勵高校畢業生面向基層就業的意見》明確指出各省、自治區、直轄市選派高校畢業生到本地區農村工作服務，安排到鄉鎮開展「三支一扶」新農村建設工作，時間一般為兩到三年，工作期間由所在市縣兩級政府給予一定的生活補貼，而人事檔案則由縣級人事部門管理。《關於引導和鼓勵高校畢業生面向基層就業的意見》的頒布意義深遠，該意見書使得大學生村幹部計劃不再是停留在試點階段，而是有了國務院具體政策的指導，進而引發自2006年起在全國範圍內大學生村幹部計劃的實施。2013年，中央一號文件進一步指明大學生村幹部的新型農民職業發展前景。大學生村幹部作為新型農村人力資本，其報酬激勵機制正成為近年來學界討論的一個熱點。基於此背景，本文應用人力資本理論分析大學生村幹部的報酬激勵機制。

## 一、大學生村幹部的概念

大學生村幹部的概念分為廣義和狹義兩種。就其廣義而言，指的是政府通過

---

[1] 基金項目：引進教師啓動項目（S1268）。
[2] 作者簡介：張本飛（1978-），男，湖北武漢人，副教授，博士，主要從事發展經濟學的研究，四川樂山市海棠路1210號綠苑小區7幢302室，郵編：614000。電話：18228358404。電子信箱：benfeizhang@163.com。

組織考核或考試選派到農村工作的高校畢業生，包括到農村基層從事支教、支農、支醫和扶貧工作或擔任村黨支部書記助理、村委會主任助理職務的高校畢業生。狹義上的大學生村幹部指的是到村兩委中擔任村支書或村主任助理的高校畢業生。本研究討論的是廣義的大學生村幹部。

## 二、大學生村幹部人力資本的累積

大學生村幹部一般都受過高等教育，其勞動不同於農村的「原始勞動」，但在上任初期，大學生村幹部人力資本累積的進程還沒有完成，因而其邊際生產率具有不確定性。當大學生村幹部邊際生產率低於邊際報酬時，其角色轉換面臨困境。走出該困境的唯一方式是加快人力資本累積。根據阿羅（Arrow，1962）的干中學理論，得知干中學是人力資本累積之源。因而大學生村幹部必須注重實際工作的需要，不斷累積實際工作的經驗和知識，其邊際生產率上升的同時亦會產生溢出效應，從而促進其他生產要素的邊際生產率的提高。

干中學對大學生村幹部人力資本累積的推動作用依賴於兩種力量：競爭及傳幫帶。大學生村幹部作為一種勞動生產要素必然與其他的勞動生產要素存在激烈的競爭關係，同時大學生村幹部之間亦存在競爭。競爭愈激烈則大學生生存環境壓力愈大，追趕效應亦愈加顯著。此時，競爭迫使大學生村幹部加快自身實際工作經驗和知識的累積，同時學習他人的經驗和知識。除了競爭之外，傳幫帶是另一種加快大學生村幹部人力資本累積的推動力量。大學生村幹部融入農村團隊必然使得該團隊對作為成員的大學生村幹部進行幫扶，團隊作為一種網絡組織具有規模經濟效應，新成員的加入擴張了整個網絡的連接，大學生村幹部可以便利地利用團隊整體的資源，接受團隊的幫助和領導，學習團隊其他成員的經驗和知識，從而加快生產經驗向人力資本轉化。

## 三、大學生村幹部人力資本報酬激勵機制

根據上文大學生村幹部干中學的分析我們知道生產經驗向人力資本轉化進程的速度直接依賴於有效的激勵機制。下面我們構建大學生村幹部報酬激勵機制模型，分析大學生村幹部人力資本的累積。

大學生村幹部所在的某農業基層生產組織的生產函數可以表示為

$$q = f(H, LU, L, K) \tag{1}$$

其中 $H$ 為單個大學生村幹部的人力資本，$LU$ 為大學生村幹部勞動力投入量，$L$ 為某農業基層生產組織普通勞動力投入量，$K$ 為物資資本投入量，由於本文主要討論大學生村幹部的人力資本的動態累積的激勵問題，故可令生產函數為

$$q_t = A(H_{t-1}, LU_{t-1}), A > 0 \tag{2}$$

其中 $A$ 為人力資本-產出比例系數（Human Capital-qutput Ratio）的倒數。當期的產出是上一期人力資本的函數。

根據前文中以干中學為主導的大學生村幹部人力資本累積分析可知生產經驗

的累積與上一期的產出相關，故大學生村幹部生產經驗累積函數可以表示為

$$E_t = \delta(E_{t-1} + q_{t-1}), \quad 0 < \delta < 1 \tag{3}$$

其中 $E_t$ 為 $t$ 期大學生村幹部的生產經驗，$q_{t-1}$ 為上期產出，參數 $\delta$ 表示經驗的保持效應（Retention），$\delta$ 的大小與記憶遺忘相關，遺忘率越大，$\delta$ 越小；反之則反是。則干中學人力資本累積方程為：

$$H_t = f(E_t) \tag{4}$$

令生產經驗-人力資本轉化系數為 $m$，則單個大學生村幹部人力資本累積方程為：

$$H_t = \delta H_{t-1} + \delta m q_{t-1} \tag{5}$$

將（2）式代入上式即得到大學生村幹部人力資本累積遞歸方程為：

$$H_t = \delta H_{t-1} + \delta m A H_{t-2} \tag{6}$$

令 $H_0$ 表示大學生村幹部的期初人力資本，期初人力資本源於學校教育，由於期初大學生村幹部還沒有累積農業生產經驗，故：

$$H_1 = \delta H_0 \tag{7}$$

由（3）式知 $0 < \delta < 1$，所以（7）式表明由於存在經驗的保持效應（與記憶遺忘相關），故在生產的第一階段大學生村幹部人力資本有可能先下降。

當 $H_t = H_{t-1}$ 時，大學生村幹部人力資本累積處於均衡狀態，此時由（6）式可得

$$\delta = (1 + mA)^{-1} \tag{8}$$

由（6）式和（8）式可知，當且僅當 $\delta > (1 + mA)^{-1}$ 時，大學生村幹部人力資本才可能在生產中隨著干中學不斷增加。生產經驗遺忘率越低，經驗的保持效應越大，人力資本越能正向累積；生產經驗向人力資本轉化的系數 $m$ 越大則人力資本越能正向累積；人力資本-產出比例系數越小，則生產函數系數 $A$ 越大，人力資本越能正向累積。當生產經驗遺忘率過高，或生產經驗向人力資本轉化的系數 $m$ 過小，或者人力資本-產出比例系數過大以至於 $\delta < (1 + mA)^{-1}$ 時，都可能導致大學生村幹部人力資本的負向累積。

當 $\dfrac{\delta}{1 + mA} > 1$，即大學生村幹部人力資本處於不斷累積階段時，如果在 $t = Z$ 期時，基層組織採取暫時性的一次性獎勵措施使得當期的人力資本增加，則

$$H_Z = \delta H_{Z-1} + \delta m A H_{Z-2} + \Delta C_Z \tag{9}$$

其中 $\Delta C_Z$ 為一次性獎勵措施的人力資本累積激勵效應，在下一期，該暫時性措施的激勵效應為 $\Delta C_{Z+1} = \delta \Delta C_Z$，因為 $0 < \delta < 1$，即由於遺忘的存在，在 $t = Z + 1$ 期，該措施激勵效應有所減弱，在 $t = Z + 2$ 期，$\Delta C_{Z+2} = \delta \Delta C_{Z+1} + m A \delta \Delta C_Z$，此時該一次性措施的人力資本激勵效應可分解為兩種效應，一種為激勵的保持效應，由於遺忘，激勵的保持效應越來越弱，另一種為激勵的人力資本累積累積效應，此效應在人力資本不斷累積階段（即滿足條件 $\delta < (1 + mA)^{-1}$）會逐漸放大。在 $t = Z + N$ 期，當 $N$ 為偶數時

$$\Delta C_{Z+N} = \Delta C_Z [\delta^N + (N-2)mA\delta^{N-1} + \ldots + (mA\delta)^{N/2}] \qquad (10)$$

當 $N$ 為奇數時

$$\Delta C_{Z+N} = \Delta C_Z [\delta^N + (N-1)mA\delta^{N-1} + \ldots + \frac{1}{2}(N+1)(mA)^{(N-1)/2}\delta^{(N+1)/2}] \qquad (11)$$

不論 $N$ 為奇數還是偶數，$\Delta C_{Z+N}$ 均隨 $N$ 增加而遞增，由於總共進行了 $n$ 期生產，在 $t=Z$ 期才引入了一次性獎勵，且在滿足 $\delta < (1+mA)^{-1}$ 條件下，$N=n-Z$，即 $Z$ 越小，$N$ 越大。故暫時性的一次性獎勵措施越早，其總的效果越好。由於農業生產中 $A$ 一般大於 1，故獎勵所帶來的雙贏中農業產出增加的利益大於大學生村幹部的人力資本增加的利益。

假定大學生村幹部工作 $n$ 期，其總的勞動報酬為 $\sum_{t=1}^{n} W_t$，其總的邊際產品價值 (Value of Marginal Product) 為

$$\sum_{t=1}^{n} VMP_t = \sum_{t=1}^{n} MP_t \cdot P_t \qquad (12)$$

假定農產品市場為競爭性市場，在 $t$ 期的產品價格為 $P_t$，大學生村幹部邊際產出為 $MP_t$，長期決策的均衡為

$$\sum_{t=1}^{n} W_t = \sum_{t=1}^{n} MP_t \cdot P_t \qquad (13)$$

從農業基層生產組織的生產函數可知大學生村幹部邊際生產率依賴於其人力資本的高低，在上任初期由於其人力資源還沒有有效轉化為人力資本從而具有較低的邊際生產率，如果根據大學生村幹部短期的邊際產出支付其勞動報酬，必然經常波動，不易於度量。假定大學生村幹部的實際工資 $W_t/P_t$ 相對穩定為 $w$，則長期均衡決策為

$$\sum_{t=1}^{n} MP_t = nw \qquad (14)$$

當 $\frac{\delta}{1+mA} > 1$ 時，由於人力資本單調遞增，故存在常數 $k$，當 $t=k$ 期時，$MP_k = w$，其中 $1 < k < n$；在 $k$ 之前 $MP_k < w$，此時在即期的生產中存在效率工資，從而激勵人力資本的累積。如果此時基層管理者短視，減少工資，按照 $MP_t = w$ 付酬，使得大學生村幹部的工作積極性降低，生產函數系數 $A$ 會下降，從而不利於大學生村幹部人力資本的累積，同時對農業生產亦不利，兩方面均遭損失。

### 四、結論與展望

上任初期大學生村幹部人力資本累積的進程還沒有完成，因而其邊際生產率具有不確定性。此時按照邊際生產率支付大學生村幹部報酬不利於其人力資本的累積，而且也會因為波動性太大而不可行。基層政府應根據長期均衡決策支付大

學生村幹部較為穩定的剔除了價格波動因素的報酬。農業基層生產組織暫時性的生產鼓勵措施對於大學生村幹部人力資本累積既有短期的水準效應，也有長期的增長效應，而且暫時性的鼓勵措施在大學生村幹部上任初期實行較之後期實行效果更明顯。增強大學生村幹部人力資本通用性可以加大人力資本溢出效應，從而加快生產經驗的相互學習，促使大學生村幹部的生產經驗向人力資本轉化。

本文不足之處是模型分析中主要討論大學生村幹部干中學人力資本累積的報酬激勵問題，大學生村幹部的新知識和新經驗是物質資本生產的副產品，其知識存量依賴於農業資本存量。在中國當前農業資本存量相對不足的情形下，大學生村幹部人力資本累積如果單依靠干中學則其累積的人力資本存量和速度必然受限於物質資本存量，同時其人力資本轉化速度亦會受限於大學生村幹部所融入的農村團隊的人數規模和產出規模；而教育培訓則可充分利用教育在人力資本生產方面規模報酬遞增的生產特徵，加快大學生村幹部人力資本累積。因此本研究宜將大學生村幹部干中學與教育培訓納入一個統一分析的框架之中。

**參考文獻：**

[1] 林善煒. 大學生「村官」研究綜述 [J]. 沿海企業與科技, 2009 (2)：158-162.

[2] 王兆萍, 羅文映. 大學生村幹部政策建立的理論基礎探析 [J]. 廣西社會科學, 2012 (2)：138-141.

[3] 王輝, 陳琳. 大學生村幹部政策評析 [J]. 石家莊經濟學院學報, 2012 (3)：104-106.

[4] 朱永躍. 大學生村幹部勝任力模型構建研究 [J]. 安徽農業科學, 2012 (6)：168-173.

[5] 馬德峰. 大學生「村官」基層角色定位研究 [J]. 中國青年研究, 2013 (1)：70-74.

[6] Arrow K J. The economic implications of learning by doing [J]. The review of economic studies, 1962, 29 (3)：155-173.

[7] Romer P. Increasing returns and long-run growth [J]. The journal of political economy, 1986, 94 (5)：1002-1037.

[8] Lucas R. On the mechanics of economic development [J]. Journal of monetary economics, 1988, 22 (1)：3-42.

[9] Romer P. Endogenous technological change [J]. Journal of Political Economy, 1990, 98 (5)：71-102.

# 大學生村幹部人力資本累積與農業技術引進擴散[①]

張本飛

**摘要**：應用技術擴散理論，分析大學生村幹部人力資本變動與農業技術引進擴散。大學生村幹部上任初期，由於人力資本轉化面臨困境，其邊際生產率具有不確定性。在大學生村幹部人力資本正向累積的條件下，農業基層生產組織人力資本均值會先降後升，人力資本方差則會經歷一個「U」形曲線變動。農業引進技術的生產率和技術應用難度系數與農業基層生產組織人力資本均值及方差呈正相關。在大學生村幹部融入農業基層生產組織初期，農業人力資本方差和均值對農業引進技術的影響方向相反，其綜合效果存在不確定性；在大學生村幹部融入基層生產組織後期，人力資本方差和均值對引進技術的影響方向相同，其綜合效果是大學生村幹部使得引進技術的生產率和技術應用難度系數上升。

**關鍵詞**：農業；大學生村幹部；技術擴散

近年來，全國各地的大學生村幹部熱持續升溫，目前在崗的大學生村幹部已達到21萬人之多。大學生村幹部的書本知識較為完備，然而要實現把其所學書本知識轉化為生產經驗卻困難重重。上任初期大學生村幹部人力資本累積的進程還沒有完成，其邊際生產率具有不確定性，從而導致角色轉換面臨困境。走出該困境的唯一方式是加快人力資本累積。根據阿羅（Arrow，1962）「干中學」理論，干中學是人力資本累積之源。因而大學生村幹部必須根據實際工作的需要，積極融入當地的生產生活環境，不斷累積實際工作經驗和知識，實現生產經驗向人力資本的有效轉化，從而促進農業技術擴散和提高其他生產要素的邊際生產率。

## 一、大學生村幹部干中學與人力資本累積

干中學對大學生村幹部人力資本累積的推動作用依賴於兩種力量：競爭及傳幫帶。大學生村幹部作為一種勞動生產要素必然與其他的勞動生產要素存在激烈

---

① 基金項目：引進教師啟動項目（S1268）。

的競爭關係，同時，大學生村幹部之間亦存在競爭。競爭愈激烈，則大學生生存環境壓力愈大，追趕效應亦愈加顯著。此時，競爭迫使大學生村幹部加快自身實際工作經驗和知識的累積，同時學習他人的經驗和知識。除了競爭之外，傳幫帶是另一種加快大學生村幹部人力資本累積的推動力量。大學生村幹部融入農村團隊必然使得該團隊對作為成員的大學生村幹部進行幫扶，大學生村幹部可以利用團隊整體的資源，接受團隊的幫助和領導，學習團隊其他成員的經驗和知識，從而促進生產經驗向人力資本轉化。下面我們首先分析大學生村幹部的人力資本累積，然後結合大學生村幹部人力資本討論農業技術引進擴散。

**二、大學生村幹部人力資本累積模型**

大學生村幹部所在的農業基層生產組織的生產函數可以表示為

$$q = f(K, h_{L1}, h_{L2}, \ldots h_{Ln}, h_{u1}, h_{u2}, \ldots, h_{um}) \tag{1}$$

其中 $m$ 為某農業基層生產組織大學生村幹部數量（本文討論的是廣義的大學生村幹部，非僅指到村兩委中擔任村支書或村主任助的高校畢業生），$n$ 為非大學生村幹部勞動力數量（即農村普通勞動力），非大學生勞動力人力資本為 $h_{Li}(i = 1, 2, \ldots, n)$，大學生村幹部人力資本為 $h_{ui}(i = 1, 2, \ldots, m)$，$K$ 為物資資本投入量。由於當期產出是上一期物資資本和人力資本的函數，所以動態生產函數為

$$q_t = f(K_{t-1}, h_{L1, t-1}, h_{L2, t-1}, \ldots, h_{Ln, t-1}, h_{u1, t-1}, h_{u2, t-1}, \ldots, h_{um, t-1}) \tag{2}$$

在大學生村幹部上任之前的農村基層生產組織人力資本數學期望 $E(h_L)$ 和方差 $\mathrm{var}(h_L)$ 分別為

$$E(h_L) = \sum_{i=1}^{n} h_{Li}/n \tag{3}$$

$$\mathrm{var}(h_L) = \sum_{i=1}^{n} [h_{Li} - E(h_L)]^2/n \tag{4}$$

上任前大學生村幹部的人力資本數學期望 $E(h_u)$ 和方差 $\mathrm{var}(h_u)$ 分別為

$$E(h_u) = \sum_{i=1}^{m} h_{ui}/m \tag{5}$$

$$\mathrm{var}(h_u) = \sum_{i=1}^{m} [h_{ui} - E(h_u)]^2/m \tag{6}$$

大學生村幹部上任之後的農村基層生產組織人力資本數學期望 $E(h_{uL})$ 和方差 $\mathrm{var}(h_{uL})$ 分別為

$$E(h_{uL}) = (\sum_{i=1}^{n} h_{Li} + \sum_{i=1}^{m} h_{ui})/(n+m) \tag{7}$$

$$\mathrm{var}(h_{uL}) = \{\sum_{i=1}^{n} [h_{Li} - E(h_{uL})]^2 + \sum_{i=1}^{m} [h_{ui} - E(h_{uL})]^2\}/(n+m) \tag{8}$$

當且僅當 $E(h_u) > E(h_L)$ 時，大學生村幹部的上任才會導致農村基層生產組織人力資本均值增加。

根據對大學生村幹部干中學人力資本累積的分析可知生產經驗的累積與上一

期的產出相關，故單個大學生村幹部 $i$ 在 $t$ 期的生產經驗累積函數可以表示為

$$E_{ui,\,t} = \delta_{ui}(E_{ui,\,t-1} + q_{t-1}),\ 0 < \delta < 1 \tag{9}$$

其中 $E_{ui,\,t}$ 為 $t$ 期大學生村幹部 $i$ 的生產經驗，$q_{t-1}$ 為農村基層生產組織上期產出，參數 $\delta_{ui}$ 表示大學生村幹部 $i$ 的生產經驗保持效應，經驗保持效應與記憶遺忘相關，遺忘率越大，經驗保持效應越小；反之則反是。大學生村幹部 $i$ 的干中學人力資本累積方程為

$$h_{ui,\,t} = f(E_{ui,\,t}) \tag{10}$$

令生產經驗-人力資本轉化系數為 $\omega$，則單個大學生村幹部人力資本累積方程為

$$h_{ui,\,t} = \delta_{ui}h_{ui,\,t-1} + \omega\delta_{ui}q_{t-1} \tag{11}$$

所以大學生村幹部人力資本累積遞歸方程可以表示為

$$h_{ui,\,t} = \delta_{ui}h_{ui,\,t-1} + \omega\delta_{ui}H_{t-2}/a \tag{12}$$

其中 $a$ 為人力資本-產出比，$H_{t-2}$ 為上兩期的農業基層生產組織的人力資本存量，該存量可以表示為大學生村幹部人力資本存量與非大學生村幹部人力資本存量之和。因此 $H_{t-2}$ 即為

$$H_{t-2} = \sum_{i=1}^{n} h_{Li,\,t-2} + \sum_{i=1}^{m} h_{ui,\,t-2} \tag{13}$$

令 $H_0$ 表示大學生村幹部的期初人力資本（期初人力資本源於學校教育），由於期初大學生村幹部還沒有累積農業生產經驗，故

$$h_{ui,\,1} = \delta_{ui}h_{ui,\,0} \tag{14}$$

由於存在經驗的保持效應（與記憶遺忘相關），故在生產的第一階段，大學生村幹部人力資本有可能先下降。當生產經驗遺忘率過高，或生產經驗向人力資本轉化的系數過小，或者人力資本-產出比例系數過大，都可能導致大學生村幹部人力資本負向累積。生產經驗遺忘率越低，經驗的保持效應越大，人力資本越能正向累積；生產經驗向人力資本轉化的系數越大，人力資本越能正向累積；人力資本-產出比越小，人力資本越能正向累積。結合（7）式、（8）式、（12）式可知，大學生村幹部上任後農業生產可分為 4 個具有不同特徵的階段，在生產的第一階段，$E(h_u) < E(h_L)$ 時，農村基層生產組織人力資本均值下降，方差增加；在生產的第二階段，農村基層生產組織人力資本均值下降，方差減少；在生產的第三階段，$E(h_u) > E(h_L)$ 時，農村基層生產組織人力資本均值上升，方差減少；在生產的第四階段，農村基層生產組織人力資本均值上升，方差增加。

### 三、大學生村幹部人力資本累積與農業技術引進擴散

農業基層生產組織在引進農業技術時，應考慮人力資本均值和方差的變化。根據尼爾森（Nelson，1966）技術擴散模型[9]，農業技術擴散的快慢決定於實際應用的農業技術水準相對於前沿技術的差距以及農業生產組織的人均人力資本，即農業技術擴散速度可以表示為：

$$v_t = \frac{1}{L_t} H_t \left[ \frac{T_t - A_t}{A_t} \right] \qquad (15)$$

其中$A_t$為$t$期實際應用的農業技術水準，$T_t$表示$t$期前沿的農業技術水準，$L_t$表示農業基層生產組織勞動力總量。則根據干中學人力資本累積方程$h_{it} = h(E_{it})$，令勞動力生產經驗均值為$e_t$，則由泰勒級數展開式可得：

$$h(E_{it}) \approx h(e_t) + h'(e_t)(E_{it} - e_t) + h''(e_t)(E_{it} - e_t)^2 \qquad (16)$$

令勞動力生產經驗方差為$\sigma_t^2$，則有農業基層生產組織人力資本存量為：

$$H_t = \sum_{i=1}^{L_t} h_{it} \approx L_t [h(e_t) + h''(e_t)\sigma_t^2] \qquad (17)$$

將上式代入（15）式可得：

$$v_t \approx [h(e_t) + h''(e_t)\sigma_t^2]\left[ \frac{T_t - A_t}{A_t} \right] \qquad (18)$$

根據（18）式，農業技術擴散速度與農業基層生產組織人力資本均值呈正相關，當$h''(u_t) \leq 0$時，$\sigma_t^2$越小，技術進步越快；當$h''(u_t) \geq 0$時，$\sigma_t^2$越大，技術進步越快。根據技術引進模型（Burgelman, 2008），農業引進技術的生產率和技術應用難度系數與農業人力資本均值呈正相關。結合本文第二部分對大學生村幹部上任之後農村基層生產組織人力資本變化的分析，農業技術的引進擴散可以歸納為4個層次，詳見表1。

在農業基層生產組織生產的第一階段，人力資本均值下降導致引進技術生產率和技術應用難度系數下降，但由於人力資本方差變大導致引進技術生產率和技術應用難度系數上升，從而對農業引進技術的總的效果不確定，且對後期農業技術擴散產生不利的影響。在生產的第二階段，由於人力資本均值和方差下降，此時，農業適宜的引進技術生產率和技術應用難度系數均下降，但對後期技術擴散速度的影響不能確定。在生產的第三階段，人力資本均值上升導致引進技術生產率和技術應用難度系數增大，但由於人力資本方差縮小導致引進技術生產率和技術應用難度系數下降，從而對農業引進技術總的效果不確定，但後期農業技術擴散速度變快。在生產的第四階段，由於人力資本均值和方差增大，此時，農業適宜的引進技術生產率和技術應用難度系數均上升，但對後期技術擴散速度的影響不能確定。

表1　　　　　技術引進擴散與農村基層生產組織人力資本關係

| | 引進技術的生產率 | 技術應用難度系數 | 技術擴散 |
| --- | --- | --- | --- |
| 人力資本均值下降<br>方差增大 | 不確定 | 不確定 | 後期技術擴散變慢<br>前期技術擴散不確定 |
| 人力資本均值下降<br>方差縮小 | 下降 | 下降 | 前期技術擴散變慢<br>後期技術擴散不確定 |
| 人力資本均值上升<br>方差縮小 | 不確定 | 不確定 | 後期技術擴散變快<br>前期技術擴散不確定 |

表1(續)

|  | 引進技術的生產率 | 技術應用難度係數 | 技術擴散 |
|---|---|---|---|
| 人力資本均值上升方差增大 | 上升 | 上升 | 前期技術擴散變快後期技術擴散不確定 |

## 四、結論

大學生村幹部在上任初期由於人力資源向人力資本轉化面臨困境，其邊際生產率具有不確定性。當生產經驗遺忘率過高，或生產經驗向人力資本轉化系數過小，或者人力資本-產出比例係數過大時，均可能導致大學生村幹部人力資本負向累積。在大學生村幹部人力資本正向累積條件下，農業基層生產組織人力資本均值會先降後升，人力資本方差則會經歷一個「U」形曲線變動。農業引進技術的生產率和技術應用難度係數與農業人力資本均值及方差呈正相關。在大學生村幹部融入農業基層生產組織初期，農業人力資本方差和均值對農業引進技術的影響方向相反，其綜合效果存在不確定性；在大學生村幹部融入基層生產組織後期，人力資本方差和均值對農業引進技術的影響方向相同，其綜合效果是大學生村幹部使得農業引進技術的生產率和技術應用難度係數上升。但由於後期的技術擴散速度與農業人力資本均值呈正相關而與人力資本方差呈負相關，故大學生村幹部對後期技術擴散速度的影響不能確定。

**參考文獻：**

[1] 林善煒. 大學生「村官」研究綜述 [J]. 沿海企業與科技, 2009 (2): 158-162.

[2] 王兆萍, 羅文映. 大學生村幹部政策建立的理論基礎探析 [J]. 廣西社會科學, 2012 (2): 138-141.

[3] 王輝, 陳琳. 大學生村幹部政策評析 [J]. 石家莊經濟學院學報, 2012 (3): 104-106.

[4] 朱永躍. 大學生村幹部勝任力模型構建研究 [J]. 安徽農業科學, 2012 (6): 168-173.

[5] 馬德峰. 大學生「村官」基層角色定位研究 [J]. 中國青年研究, 2013 (1): 70-74.

[6] Nelson R, E Phelps. Investment in humans, technological diffusion, and economic growth [J]. The American Economic Review, 1966, 56 (1): 69-75.

[7] Arrow, K J. The economic implications of learning by doing [J]. The review of economic studies, 1962, 29 (3): 155-173.

# 農戶人力資本分佈與農業新技術的採用

張本飛

**摘要**：我們在應用西方技術擴散理論研究中國農業技術採用時須先解析如下問題：在信息的獲取、農戶生產規模以及信貸等約束條件大致相同的情況下，為何一些農戶能較早地採用某項農業新技術而另一些農戶卻採用較晚。本文從農戶人力資本差異的角度分析農業新技術的採用，同時闡釋農戶人力資本分佈決定農業技術創新與技術採用之間時滯的機制。

**關鍵詞**：人力資本；技術採用；技術擴散

關於農業技術採用（Technology Adoption）問題，西方文獻強調信息的獲取（Feder & Slade, 1984；Kitchen, 2008；Straub, 2009；Tarnoczi & Berkes, 2010）、農戶生產規模以及信貸約束對技術採用的影響（Just & Zilberman, 1983；Polson & Spencer, 1991；Sunding, 2001；Gine & Yang, 2009）。我們應用西方技術採用模型分析中國農業技術擴散的微觀機制時必然會遇到新的問題，即在信息的獲取、農戶生產規模以及信貸等約束條件大致相同的情況下，為何一些農戶能較早地採用某項農業新技術而另一些農戶卻採用較晚（盧銘凱，史本山，2011）。下文擬從農戶人力資本差異的角度分析農業創新技術的採用，同時解析農業技術創新與技術採用之間時滯產生的原因以及時滯長短的決定因素。

## 一、農業創新技術採用模型

根據熊彼特（1999）的定義，技術創新是新技術、新發明在生產中最初的商業化過程，即建立新技術產品的生產函數和供應函數。農業技術創新擴散則指的是一項農業新技術從創新源頭開始向周圍傳播從而被廣大農戶所接受、採納和使用的過程，該過程可以被看作農業技術創新的一個後續過程，也可以被看作相對創新而言的獨立的技術傳播、推廣和擴散過程。農業技術擴散的結果是一項農業新技術為更大範圍和更多人所使用。這種農業新技術有兩種具體形態，一種是農業新技術方法，如適時播種與灌溉；另一種是可以作為新生產要素投入的農業新技術產品，如新化肥與新農機工具。本文主要討論後一種形態的農業新技術的初期擴散與技術採用。我們可以從農業新技術產品供求兩方面展開討論，一方面從

新技術產品供應方而言，廠商追求利潤最大化；另一方面從新技術產品需求方而言，農戶追求家庭效用最大化（等價於農戶家庭生產目標函數最大化）（Matsuyama，2002）。

假定農戶的唯一差別為人力資本的異質性（Heterogeneity）。令普通農戶的人力資本 $h_c = 1$，在時期 $t$ 的工資率為 $W_c(t)$，農戶 $i$ 相對於普通農戶的人力資本為 $h_i$，$\ln h_i \sim N(\mu, \sigma^2)$，人力資本 $h_i$ 的工資率為 $W_i(t)$，則有：

$$W_i(t) = h_i \cdot W_c(t) \tag{1}$$

假定農戶的家庭效用函數形式為

$$U = \int_{t=0}^{\infty} e^{-\rho t} u[C(t), TN(t)] dt \tag{2}$$

其中 $\rho$ 為貼現率，農戶瞬時效用函數為

$$u[C(t), TN(t)] = \ln C(t) + \alpha TN(t), \alpha > 0 \tag{3}$$

其中 $\alpha$ 為彈性參數，農業新技術產品可替代性越小則 $\alpha$ 越大；$C(t)$ 為農戶在時期 $t$ 的消費（不包括新技術產品），$TN(t)$ 為農戶在時期 $t$ 對新技術產品的購買（即採用某項農業新技術），由於新技術產品購買的不可分性，故有

$$TN(t) = \begin{cases} 0, & t < \tau \\ \xi, & t \geq \tau \end{cases} \tag{4}$$

其中 $\xi > 0$，農戶在時期 $t = \tau$ 以現值價格 $P(\tau)$ 購買新技術產品，家庭須確定購買新技術產品的最佳時期 $\tau$，農戶決策問題可以表示為

$$\max U[\tau, h_i, P(\tau)] = \int_{t=0}^{\tau} e^{-\rho t} \ln C(t) dt + \int_{t=\tau}^{\infty} e^{-\rho t} [\ln C(t) + \alpha \xi] dt \tag{5}$$

$$\text{st} \int_{t=0}^{\infty} e^{-\rho t} C(t) dt + P(\tau) \leq \int_{t=0}^{\infty} h_i \cdot W_c(t) e^{-\rho t} dt + Wealth_i(0) \tag{6}$$

## 二、農戶人力資本與農業新技術產品的購買

農戶家庭預算約束條件（6）式的右方表示人力資本 $h_i$ 的永久收入，其中 $Wealth_i(0)$ 為人力資本 $h_i$ 的期初財富，暫不考慮初始財富的影響，記 $IP_c = \int_{t=0}^{\infty} W_c(t) e^{-\rho t} dt$，則（6）式可化簡為

$$\int_{t=0}^{\infty} e^{-\rho t} C(t) dt + P(\tau) \leq h_i \cdot IP_c \tag{7}$$

命題1：農業新技術產品價格的現值 $P(\tau)$ 隨時間逐漸下降。

證明：根據農戶效用最大化條件可令不等式（6）取等號，則（5）式、（6）式聯立可化簡為

$$\max U[\tau, h_i, P(\tau)] = \{\ln \rho + \ln[h_i \cdot IP_c - P(\tau)] + \alpha e^{-\rho \tau} \xi\}/\rho \tag{8}$$

由（8）式極值的一階條件得

$$\partial U[\tau, h_i, P(\tau)]/\partial \tau = -\dot{P}(\tau)/\rho[h_i \cdot IP_c - P(\tau)] - \alpha e^{-\rho \tau} \xi = 0 \tag{9}$$

所以有

$$\dot{P}(\tau) = -\alpha\rho e^{-\rho\tau}[h_i \cdot IP_c - P(\tau)]\xi \qquad (10)$$

由（3）式和（4）式中的參數條件知 $\alpha > 0, \xi > 0$，根據（7）式知 $h_i \cdot IP_c > P(\tau)$，所以 $\dot{P}(\tau) < 0$，命題1證畢。

命題2：在彈性參數 $\alpha$ 不變的情況下，人力資本越高的農戶購買農業新技術產品越早。

證明：令 $V[\tau, h_i, P(\tau)] = \partial U[\tau, h_i, P(\tau)]/\partial \tau$，由隱函數定理（Implicit Function Theorem）得

$$dh_i/d\tau = -\frac{\partial V[\tau, h_i, P(\tau)]}{\partial \tau}\left[\frac{\partial V[\tau, h_i, P(\tau)]}{\partial h_i}\right]^{-1} \qquad (11)$$

因為

$$V[\tau, h_i, P(\tau)] = U_1[\tau, h_i, P(\tau)] + \dot{P}(\tau)U_3[\tau, h_i, P(\tau)] \qquad (12)$$

所以我們可以求 $V[\tau, h_i, P(\tau)]$ 對 $\tau$ 的偏導數得

$$\partial V[\tau, h_i, P(\tau)]/\partial \tau = U_{11} + 2\dot{P}(\tau)U_{13} + \ddot{P}(\tau)U_3 + \dot{P}^2(\tau)U_{33} \qquad (13)$$

同理可得

$$\partial V[\tau, h_i, P(\tau)]/\partial h_i = U_{12} + \dot{P}(\tau)U_{23} \qquad (14)$$

由（8）式對人力資本 $h_i$ 求偏導數得

$$\partial U[\tau, h_i, P(\tau)]/\partial h_i = IP_c/\rho[h_i \cdot IP_c - P(\tau)] \qquad (15)$$

由（15）式對 $P(\tau)$ 求偏導數得

$$U_{23}[\tau, h_i, P(\tau)] = IP_c/\rho\,[h_i \cdot IP_c - P(\tau)]^2 \qquad (16)$$

由（5）式、（6）式中參數條件知 $IP_c > 0, \rho > 0$，且 $[h_i \cdot IP_c - P(\tau)]^2 > 0$，所以 $U_{23} > 0$。

由（9）式知 $U_{12} = 0$，且由命題1的證明知 $\dot{P}(\tau) < 0$，所以

$$U_{12} + \dot{P}(\tau)U_{23} < 0 \qquad (17)$$

由（8）式極大值的二階條件得：

$$U_{11} + 2\dot{P}(\tau)U_{13} + \ddot{P}(\tau)U_3 + \dot{P}^2(\tau)U_{33} < 0 \qquad (18)$$

聯立式（11）～（18）得 $dh_i/d\tau < 0$，命題2證畢。

### 三、農戶人力資本方差與農業新技術採用的時滯

農戶在農業新技術產品市場上面對的是具有賣方壟斷力量的廠商（張建華，2009）。賣方壟斷者將決定新技術產品的價格 $P(t)$ 和首次投放市場的時間 $Z$。廠商決策問題可以表示為

$$\max \pi(Z, h) = p(T, h_0)N[1 - F(h_0)] - N\int_Z^T \{1 - F[h(t)]\}\dot{P}(t)dt - TC(Z) \qquad (19)$$

其中 $P(t)$ 滿足（10）式，$T$ 為廠商退出市場的時間，$h_0$ 為採用農業新技術的人力資本臨界值，$p(T, h_0)$ 表示人力資本為 $h_0$ 的農戶在時期 $T$ 購買新技術產品的現值價格，$F(h)$ 為人力資本累積分佈函數，$h(t)$ 表示在時期 $t$ 以現值價格 $P(t)$ 購買新技術產品的農戶人力資本水準，$N$ 為農戶總數，$TC$ 為新技術產品的生產成本。根據學習效應則新技術產品的生產成本可以表示為

$$TC(Z) = \varpi e^{-\beta Z} \quad \varpi > 0, \beta > 0 \tag{20}$$

命題 3：在其他條件相同時，農戶人力資本方差 $\sigma$ 越大，則在農業新技術產品首次投放市場時購買該技術產品的農戶越少。

證明：農業新技術產品首次投放市場時購買該產品的農戶數為 $N\{1 - F[h(Z)]\}$，由隱函數定理和（19）式得

$$\partial F[h(Z)]/\partial \sigma = -\frac{\partial \pi(Z, h)}{\partial \sigma} \left\{ \frac{\partial \pi(Z, h)}{\partial F[h(Z)]} \right\}^{-1} \tag{21}$$

買者異質性（Heterogeneity）越顯著，則廠商實行價格歧視的空間越大，即有

$$\partial \pi(Z, h)/\partial \sigma > 0 \tag{22}$$

在其他條件不變時，不採用農業新技術的農戶占比越大則廠商利潤空間越小，即有

$$\partial \pi(Z, h)/\partial F[h(Z)] < 0 \tag{23}$$

聯立式（21）~（23）得 $\partial F[h(Z)]/\partial \sigma > 0$。即 $\partial N\{1 - F[h(Z)]\}/\partial \sigma < 0$，命題 3 證畢。

命題 4：在其他條件相同時，農戶人力資本方差 $\sigma$ 越大，則農業新技術產品價格下降速度越快。

證明：根據隱函數定理和（19）式得

$$\partial \dot{P}(Z)/\partial \sigma = -\frac{\partial \pi(Z, h)}{\partial \sigma} \left[ \frac{\partial \pi(Z, h)}{\partial \dot{P}(Z)} \right]^{-1} \tag{24}$$

在其他條件不變時，廠商實行價格歧視策略的條件越顯著其利潤空間越大，即有

$$\partial \pi(Z, h)/\partial \dot{P}(Z) > 0 \tag{25}$$

且由廠商實行價格歧視策略條件知 $\partial \pi(Z, h)/\partial \sigma > 0$，所以 $\partial \dot{P}(Z)/\partial \sigma < 0$，命題 4 證畢。

命題 5：農業新技術產品首次投放市場的最佳時間 $Z$ 隨農戶人力資本方差 $\sigma$ 先遞增，後遞減。

證明：廠商偏離首次投放市場的最佳時間 $Z$ 的邊際損失函數可以表示為

$$Lost(Z, \sigma) = -\pi_1(Z, h) = N\{1 - F[h(Z)]\}\dot{P}(Z) - \dot{TC}(Z) \tag{26}$$

由隱函數定理和（26）式得

$$\partial Z/\partial \sigma = -\frac{\partial \pi_1(Z, h)}{\partial \sigma} \left[ \frac{\partial \pi_1(Z, h)}{\partial Z} \right]^{-1} \tag{27}$$

因為 $\pi_1(Z, h) = \partial\pi(Z, h)/\partial Z$，所以 $\partial\pi_1(Z, h)/\partial Z = \partial^2\pi(Z, h)/\partial Z^2$，由極大值的二階條件知 $\partial^2\pi(Z, h)/\partial Z^2 < 0$，即 $\partial Z/\partial\sigma$ 的正負符號與 $\partial\pi_1(Z, h)/\partial\sigma$ 相同。由 (19) 式和 (26) 式可得

$$\partial\pi_1(Z, h)/\partial\sigma = \dot{P}(Z)N\partial\{1 - F[h(Z)]\}/\partial\sigma + N\{1 - F[h(Z)]\}\partial\dot{P}(Z)/\partial\sigma \tag{28}$$

由命題 1 和 3 的證明知 $\dot{P}(Z) < 0, \partial\{1 - F[h(Z)]\}/\partial\sigma < 0$，且 $N > 0$，所以

$$\dot{P}(Z)N\partial\{1 - F[h(Z)]\}/\partial\sigma > 0 \tag{29}$$

由命題 4 的證明知 $\partial\dot{P}(Z)/\partial\sigma < 0$，且採用農業新技術的農戶數 $N\{1 - F[h(Z)]\} > 0$，所以

$$N\{1 - F[h(Z)]\}\partial\dot{P}(Z)/\partial\sigma < 0 \tag{30}$$

聯立式 (27) ~ (30) 得 $\partial Z/\partial\sigma > 0$ 的充要條件為

$$\dot{P}(Z)\partial\{1 - F[h(Z)]\}/\partial\sigma > -\{1 - F[h(Z)]\}\partial\dot{P}(Z)/\partial\sigma \tag{31}$$

記滿足 $\partial\pi_1(Z, h)/\partial\sigma = 0$ 的 $\sigma$ 為 $\sigma^*$，損失函數 (26) 式極小值二階條件為 $\partial^2 Lost(Z, \sigma)/\partial\sigma^2 > 0$，即 $\partial^2\pi_1(Z, h)/\partial\sigma^2 < 0$，所以當 $\sigma < \sigma^*$ 時，$\partial Z/\partial\sigma > 0$；當 $\sigma > \sigma^*$ 時，$\partial Z/\partial\sigma < 0$。因此在區間 $(0, \sigma^*)$，新技術產品首發最佳時間 $Z$ 是農戶人力資本方差 $\sigma$ 的增函數，在區間 $(\sigma^*, +\infty)$ 首發最佳時間 $Z$ 是人力資本方差 $\sigma$ 的減函數。命題 5 證畢。

命題 5 意味著農業技術創新與技術採用之間的時滯由農戶人力資本分佈所決定。

### 四、農業新技術產品價格下降速度

命題 6：在其他條件不變時，採用農業新技術的人力資本臨界值 $h_0$ 越小，則農業新技術產品價格的現值下降越快。

證明：根據農戶效用函數 (2) 式知不採用農業新技術的農戶的家庭效用為

$$UN = \int_{t=0}^{\infty} e^{-\rho t} u[C(t), 0] dt \tag{32}$$

由 (3) 式知不採用新技術的農戶的瞬時效用為 $u[C(t), 0] = \ln C(t)$，因而不採用新技術的農戶效用為

$$UN = (\ln h_i + \ln IP_c + \ln\rho)/\rho \tag{33}$$

根據 (8) 式人力資本為臨界值 $h_0$ 的農戶在時期 $T$ 如果採用該新技術其效用為

$$U[\tau, h_0, P(T)] = \{\ln\rho + \ln[h_0 \cdot IP_c - P(T)] + \alpha e^{-\rho\tau}\xi\}/\rho \tag{34}$$

處於臨界值 $h_0$ 的農戶在時期 $T$ 採用或不採用新技術無差異，所以有

$$U[\tau, h_0, P(T)] = UN = (\ln h_0 + \ln IP_c + \ln\rho)/\rho \tag{35}$$

聯立式 (33) ~ (35) 得

$$\ln[h_0 \cdot IP_c - P(T)] + \alpha e^{-\rho T}\xi - \ln h_0 - \ln IP_c = 0 \quad (36)$$

所以解得

$$P(T) = h_0 IP_c [1 - \exp(-\alpha e^{-\rho T}\xi)] \quad (37)$$

由（10）式得 $P(t)$ 的通解為

$$P(t) = CONS \cdot \exp(-\alpha e^{-\rho t}\xi) - \alpha \rho \xi \int_0^t h(Z) IP_c e^{-\rho Z} \exp(\alpha e^{-\rho Z}\xi) dZ \exp(-\alpha e^{-\rho t}\xi) \quad (38)$$

其中 $CONS$ 為常數，將特解（37）式代入（38）式中得

$$CONS = \exp(\alpha e^{-\rho T}\xi)\{h_0 IP_c [1 - \exp(-\alpha e^{-\rho T}\xi)] + \int_0^T h(Z) IP_c e^{-\rho Z} \exp(\alpha e^{-\rho Z}\xi) dZ \exp(-\alpha e^{-\rho T}\xi)\} \quad (39)$$

將（39）式代入（38）式中再對 $t$ 求偏導數得

$$\dot{P}(t) = -\alpha \rho e^{-\rho t}\xi\{h_0 IP_c [1 - \exp(-\alpha e^{-\rho T}\xi)]\exp(\alpha e^{-\rho T}\xi - \alpha e^{-\rho t}\xi) + h(t)IP_c - \int_0^T h(Z) IP_c e^{-\rho Z} \exp(\alpha e^{-\rho Z}\xi) dZ \exp(-\alpha e^{-\rho T}\xi)\} \quad (40)$$

由（40）式對 $h_0$ 求偏導數得

$$\partial \dot{P}(t)/\partial h_0 = \alpha \rho e^{-\rho t}\xi IP_c [1 - \exp(-\alpha e^{-\rho T}\xi)]\exp(\alpha e^{-\rho T}\xi - \alpha e^{-\rho t}\xi) \quad (41)$$

由式（2）~（4）中的參數條件知 $\alpha > 0$, $\xi > 0$, 即 $\alpha e^{-\rho T}\xi > 0$, 所以

$$1 - \exp(-\alpha e^{-\rho T}\xi) > 0 \quad (42)$$

由 $\exp(\alpha e^{-\rho T}\xi - \alpha e^{-\rho t}\xi) > 0$, 結合條件（42）式, 得 $\partial \dot{P}(t)/\partial h_0 > 0$, 其中 $\dot{P}(t) < 0$。命題6證畢。

命題7：在其他條件不變時，廠商退出市場的時間 $T$ 越早則農業新技術產品價格的現值下降越快。

證明：由（40）式對 $T$ 求偏導數得

$$\partial \dot{P}(t)/\partial T = (\alpha \rho \xi)^2 IP_c [h_0 + h(T)]\exp(\alpha e^{-\rho T}\xi - \rho T - \alpha e^{-\rho t}\xi - \rho t) \quad (43)$$

由（6）式中參數條件知 $IP_c > 0$, 由式（2）~（4）中的參數條件知 $\alpha \rho \xi \neq 0$, 且

$$\exp(\alpha e^{-\rho T}\xi - \rho T - \alpha e^{-\rho t}\xi - \rho t) > 0 \quad (44)$$

由為農戶人力資本 $h_0 + h(T) > 0$, 聯立（43）式、（44）式, 得 $\partial \dot{P}(t)/\partial T > 0$, 其中 $\dot{P}(t) < 0$。命題7證畢。

## 五、結語

根據上文的分析，我們可將農業新技術的採用歸納為如下：

農業新技術產品價格的現值隨時間逐漸下降；在其他條件不變時，當採用農

業新技術的人力資本臨界值越小（或當農戶人力資本方差越大，或當廠商退出市場的時間越早）時，新技術產品價格的現值下降越快。

農業技術創新與技術採用之間的時滯由農戶人力資本分佈決定，新技術產品首次投放市場的最佳時間隨農戶人力資本方差先遞增後遞減。

在其他條件相同時，農戶人力資本方差越大，則在農業新技術產品首次投放市場時採用該技術的農戶越少。

**參考文獻：**

[1] Feder G, Slade R. The acquisition of information and the adoption of new technology [J]. American Journal of Agricultural Economics, 1984, 24 (5): 312-320.

[2] Kitchen N R. Emerging technologies for real-time and integrated agriculture decisions [J]. computers and electronics in agriculture, 2008, 61 (1): 1-3.

[3] Straub E T. Understanding technology adoption: Theory and future directions for informal learning [J]. Review of Educational Research, 2009, 79 (2): 625-638.

[4] Tarnoczi T J, Berkes F. Sources of information for farmers′ adaptation practices in Canada prairie agro-ecosystem [J]. Climatic change, 2010, 98 (1): 299-305.

[5] Just R E, Zilberman D. Stochastic structure, farm size and technology adoption in developing agriculture [J]. Oxford Economic Papers, 1983, 35 (2): 307-328.

[6] Polson R A, Spencer D S C. The technology adoption process in subsistence agriculture: the case of cassava in southwestern Nigeria [J]. Agricultural Systems, 1991, 36 (1): 65-78.

[7] Sunding D, Zilberman D. The agricultural innovation process: research and technology adoption in a changing agricultural sector [J]. Handbook of agricultural economics, 2001, 1: 207-261.

[8] Gine X, Yang D. Insurance, credit, and technology adoption: Field experimental evidencefrom Malawi [J]. Journal of Development Economics, 2009, 89 (1): 1-11.

[9] 盧銘凱, 史本山. 新技術運用的最優時機決策模型 [J]. 統計與決策, 2011 (5): 54-56.

[10] 熊彼特. 經濟發展理論 [M]. 北京: 中國社會出版社, 1999.

[11] Matsuyama K. The Rise of Mass Consumption Societies [J]. Journal of Political Economy, 2002, 110: 1035-1070.

[12] Mincer J, Schooling E. Earnings [M]. New York: Columbia University Press, 1974.

[13] Bils M, Klenow P J. Does schooling cause growth [J]. American Economic Review, 2000, 12 (3): 1160-1183.

[14] 張建華. 發展經濟學 [M]. 北京: 北京大學出版社, 2009.

# 人力資本、生育率與農業工業化進程的實證分析

張本飛　陳熹

**摘要：** 根據人力資本理論，當農業人力資本邊際報酬上升時，人口生產的替代效應會同時上升以至於超過其收入效應，從而農村會演化形成低生育率的有利環境，進而推動傳統農業向現代農業轉變。通過世界銀行公布的1999—2009年53個發展中國家的統計數據實證分析人力資本累積、生育率轉變對農業工業化進程的影響。

**關鍵詞：** 農業；人力資本；生育率

發展經濟學之父張培剛（2002）在其宏文《農業與工業化》中討論了農業工業化的兩層含義：第一，農業生產要素向非農業部門流動；第二，傳統農業向現代農業變遷。Schultz（1961）指出現代農業的特徵是農業人力資本累積的不斷增加即農業成功走出傳統農業發展陷阱，進入人力資本累積與技術進步良性循環的新軌道。根據Becker（1993）的人力資本理論[3]，當農業人力資本邊際報酬上升時，人口生產的替代效應會同時上升以至於超過其收入效應，從而農村會自發演化形成低生育率的有利環境，進而推動傳統農業向現代農業轉變。本文根據世界銀行公布的1999—2009年53個發展中國家的統計數據實證分析人力資本累積、生育率轉變對農業工業化進程的影響。

## 一、文獻綜述

Malthus（1914）最早建立了一個生育率與經濟增長的統一框架，根據該模型，各國的人均收入收斂於同一長期均衡值，當收入高於該均衡水準時，生育率上升、死亡率下降；反之則生育率下降、死亡率上升。由於Malthus模型無法解釋西方長達一個半世紀的持續增長，新古典增長理論放棄了將生育率作為增長的重要解釋變量，轉而詳細論述物資資本投資率與增長速度的關聯[5]。當人均收入高於均衡水準時，物資資本存量增長較慢，從而人均收入有所回落，反之，當收入低於均衡水準時，物資資本增長較快，從而拉動收入進一步增長。Malthus模型和新古典

增長理論都忽略了人力資本累積的作用。新增長理論超越新古典增長理論，強調人力資本與內生技術進步對經濟增長的重要性。Arrow（1962）論證了「干中學」引致人力資本累積從而推動技術進步。Uzawa（1965）分析了教育部門專業化生產知識和人力資本對於技術進步的重要性。Romer（1986）和 Lucas（1988）論述了人力資本溢出效應（Human Capital Spillovers）推動經濟增長。人力資本與經濟增長的實證分析始於 Schultz（1960），他使用 1910 年至 1950 年的美國的數據論證了教育投資增長速度快於物資資本增長速度。Schultz（1961）還指出加快農業人力資本累積是發展中國家走出傳統農業發展陷阱的必要條件。

Becker（1993）從家庭對孩子質量投資的視角建立了人力資本累積機制的微觀基礎，通過世代交疊人力資本累積函數推導出宏觀的新增長模型。本文主要應用 Becker 人力資本理論框架對發展中國家的農業工業化進程進行實證分析。

## 二、理論框架

Becker（1993）在孩子質量與數量（Children Quality and Quantity）選擇模型中，將人力資本投資定義為家庭對孩子質量的投資，該定義對於人力資本（HC）累積的微觀機理有較強的解釋力。

假定家庭同質，每個家庭由兩代人構成。每個生產者生存兩期，第一期作為孩子花費時間 $T$ 進行 HC 累積，第二期作為父母，工作和撫養孩子的總時間也為 $T$。父母的效用 $U_t$ 取決於當期的消費 $c_t$ 和第二期子女的效用 $U_{t+1}$，即父母效用函數為

$$U_t = u(c_t) + ALT(n_t) n_t U_{t+1}, \quad ALT'(\cdot) > 0, \quad u'(\cdot) > 0, \quad u''(\cdot) < 0 \qquad (1)$$

其中 $u(\cdot)$ 為商品消費的效用函數，商品消費滿足邊際效用遞減法則，$ALT(\cdot)$ 表示家庭對於孩子的利他程度函數，對於單個孩子而言，家庭的利他程度隨孩子數量 $n_t$ 的增加遞減。假設世代交疊人力資本累積函數為

$$h_{t+1} = a(bh_0 + h_t)^\beta H_t^e \qquad (2)$$

每個孩子期初生產能力為 $h_0$，孩子的人力資本取決於父母人力資本 $h_t$、父母教育孩子所投入的時間 $H_t^e$ 以及孩子的生產能力稟賦值 $h_0$，係數 $a$ 度量的是人力資本投資效率，在孩子的人力資本累積過程中其初始稟賦值 $h_0$ 每增加一個單位，則可替代 $b$ 個單位的 $h_t$，$\beta$ 表示人力資本累積函數的規模報酬。此處簡化處理，令 $\beta = 1$，即人力資本累積無規模報酬遞減效應。綜合考慮父母養育孩子、勞動以及進行人力資本投資的時間，我們可以得到時間預算方程（Time Budget Equation）為

$$T = TF_t + n_t(\nu + H_t^e) \qquad (3)$$

其中 $TF_t$ 為每個父母生產消費品的工作時間，$n_t$ 為平均每個父母擁有的孩子數量，$\nu$ 為父母養育孩子的人均時間。假設消費品部門有 C-D 生產函數：

$$c_t + \zeta n_t = \theta TF_t (dh_0 + h_t)^\lambda \qquad (4)$$

其中 $\zeta$ 為孩子的人均消費，$\theta$ 度量的是生產效率，在消費品生產中生產能力稟

賦值 $h_0$ 每增加一個單位，則可替代 $d$ 個單位的 $h_t$。假定消費品生產與家庭人力資本生產中禀賦值 $h_0$ 對父母人力資本 $h_t$ 邊際替代率相同，即 $d = b$。$\lambda$ 表示消費品部門的規模報酬，此處亦簡化處理，令 $\lambda = 1$，即人力資本作為生產要素投入消費品生產無規模報酬遞減效應。父母在時間預算約束條件下最大化動態效用，效用函數即可簡化為

$$u(c) = c^{\delta}/\delta, \ ALT(n) = \alpha n^{-\xi}, \ 0 \leq \xi < 1, \ 0 < \delta < 1 \quad (5)$$

其中 $\alpha$ 為 $n = 1$ 時父母的純利他程度（Degree of Pure Altruism），$\xi$ 表示相對於孩子數量變化的利他彈性（Elasticity of Altruism）。孩子數量增加時的邊際效用函數可以表示為

$$MU_t = \alpha(1-\xi)n_t^{-\xi}U_{t+1} \quad (6)$$

根據上式，純利他程度 $\alpha$ 下降、利他彈性 $\xi$ 上升以及孩子數量 $n_t$ 增加均會導致邊際效用 $MU_t$ 遞減。孩子數量增加時的邊際成本函數可以表示為

$$MC_t = u'(c_t)[\zeta + (bh_0 + h_t)(\nu + H_t^e)] \quad (7)$$

根據上式，孩子的人均消費 $\zeta$、生產能力禀賦值 $h_0$、撫養和教育孩子的時間 $(\nu + H_t^e)$ 以及父母自身的人力資本 $h_t$ 的上升均會導致邊際成本 $MC_t$ 增加，而從消費品消費中獲得的邊際效用 $u'(c_t)$ 減少則會導致邊際成本 $MC_t$ 下降。家庭決策目標為效用最大化，令 $MU_t = MC_t$，即

$$\alpha(1-\xi)n_t^{-\xi}U_{t+1} = u'(c_t)[\zeta + (bh_0 + h_t)(\nu + H_t^e)] \quad (8)$$

根據（8）式，處於人力資本低水準發展階段時，撫養和教育孩子的時間 $(\nu + H_t^e)$ 以及孩子的人均消費 $\zeta$ 都比較少，而孩子數量較多。當人力資本累積超過低水準發展均衡時，經濟的增長和消費的增長均決定於人力資本的增長速度，為簡化處理，令 $d = b = 1$，此時穩態增長率可以表示為（Tamura, 1994）：

$$g^* = \Delta c_t/c_t = \Delta h_t/h_t = \frac{a\nu\delta}{1-\delta-\xi} - 1 \quad (9)$$

根據（9）式，家庭撫養孩子的時間成本 $\nu$、利他彈性 $\xi$ 以及人力資本投資效率 $a$ 加大均會導致孩子質量上升、數量下降，同時穩態增長率 $g^*$ 和消費增長率 $\Delta c_t/c_t$ 上升。即工業化進程是與生育率下降和人力資本增長相伴隨的。

## 三、實證分析

根據上文的理論框架，我們將人力資本和總和生育率作為發展中國家農業工業化進程的基本解釋變量。根據三次產業變動規律，我們可以使用農業生產部門產值的占比間接衡量發展中國家的農業工業化發展狀況，其占比越大則農業工業化水準越低。我們建立計量模型如下：

$$GPER = \beta_0 + \beta_1 FERT + \beta_2 LEXP + \beta_3 PRIM + \varepsilon_{it} \quad (10)$$

其中 $GPER$ 為農業產值在 GDP 中的占比（Agriculture, value added % of GDP），$FERT$ 為總和生育率（Fertility rate, total births per woman），$LEXP$ 為預期壽命（Life expectancy at birth, total years), *PRIM* 為初等教育完成率 (Primary completion rate, total % of relevant age group), $\beta_0$ 為截距項、$\beta_i(i=1,2,3)$ 為方程中的估計係數。假定 $\varepsilon_{it}$ 為白噪音。

我們根據 1999—2009 年 53 個發展中國家的數據進行迴歸分析 (數據來源於世界銀行數據庫),其變量統計特徵和實證結果如表 1。

表 1　　　　　　　　　　　　變量統計特徵

| | GPER | FERT | LEXP | PRIM |
|---|---|---|---|---|
| 均值 | 19.952,10 | 3.398,457 | 62.450,26 | 75.146,58 |
| 中位數 | 18.419,71 | 3.172,699 | 63.499,44 | 81.763,31 |
| 最大值 | 35.587,59 | 4.911,232 | 68.831,83 | 92.078,37 |
| 最小值 | 9.484,541 | 2.372,155 | 54.332,89 | 49.080,62 |
| 標準差 | 8.582,825 | 0.867,659 | 4.830,18 | 14.606,31 |
| J-B 檢驗 | 2.826,808 | 3.338,109 | 3.113,935 | 3.773,748 |
| J-B 檢驗 P 值 | 0.243,314 | 0.188,425 | 0.210,774 | 0.151,545 |
| 總數 | 658.419,3 | 112.149,1 | 2,060.859 | 2,479.837 |
| 誤差平方和 | 2,357.276 | 24.090,64 | 746.580,5 | 6,827.018 |

表 2　　　　　　　　　　　　模型估計結果

| | 被解釋變量 = GPER ||
|---|---|---|
| | 模型 1 | 模型 2 |
| 模型選擇 | 變截距模型 | 變截距模型 |
| 效應 | 固定效應 | 固定效應 |
| FERT | 13.424*** | 13.409*** |
| | (2.670) | (0.542) |
| LEXP | 0.002 | |
| | (0.442) | |
| PRIM | -0.220*** | -0.221*** |
| | (0.035) | (0.033) |
| 校正 $R^2$ | 0.998,0 | 0.998,1 |

註：*、**、*** 分別表示在 10%、5%、1%的顯著水準上顯著；括號內為標準誤。

初等教育完成率與農業產值占比之間存在著預期的負相關,而總和生育率與農業產值占比之間存在著預期的正相關。如表 2 所示,模型 1 中的解釋變量 *FERT* 和 *PRIM* 均在 1%的顯著水準上顯著,且係數估計值分別為 13.42 和 -0.22,即在其他條件不變的情況下,若總和生育率降低 1 個單位,則農業產值占比下降 13.42 個

百分點，若初等教育完成率增加 1 個百分點，則農業產值占比下降 0.22 個百分點。雖然解釋變量 LEXP 不顯著，但是不影響模型 1 的總體結果。模型 2 是在模型 1 的基礎上去掉不顯著的解釋變量所做的迴歸分析，模型 2 中解釋變量 FERT 的 t 值由原來的 5.02 提高到 24.74，解釋變量 PRIM 的 t 值絕對值也由原來的 6.29 提高到 6.69，模型 2 的經校正判定系數（Adjusted Coefficient of Determination）在模型 1 基礎上有所提高，因而其解釋力較強。

## 四、結語

加快農業人力資本累積是發展中國家走出傳統農業發展陷阱的必要條件。根據貝克爾的理論，人力資本累積的微觀機制源於家庭對孩子質量與數量的選擇，孩子質量的提升且孩子數量的下降是改造傳統農業的必要條件。發展中國家農業工業化進程也即是生育率下降和人力資本增長的進程。因此發展中國家要成功走出傳統農業發展陷阱就必須保持較低的生育率，同時刺激人力資本投資。

**參考文獻：**

[1] 張培剛. 農業與工業化 [M]. 武漢：華中科技大學出版社，2002.

[2] Schultz T W. Investment in Human Capital [J]. American Economic Review, 1961, 51 (3)：1-17.

[3] Becker G. Human capital：a theoretical and empirical analysis, with special reference to education [M]. Chicago：University of Chicago Press, 1993.

[4] Malthus T R. An essay on population [M]. London：JM Dent, 1914.

[5] 張建華. 發展經濟學 [M]. 北京：北京大學出版社，2009.

[6] Savvides A. Human capital and economic growth [M]. Stanford：Stanford University Press, 2009.

[7] Lee R. Fertility, human capital, and economic growth over the demographic transition [J]. European Journal of Population, 2010, 26 (2)：159-182.

[8] Marelli E. Economic growth and structural features of transition [M]. London：Palgrave Macmillan, 2010.

[9] Arrow K J. The economic implications of learning by doing [J]. The review of economic studies, 1962, 29 (3)：155-173.

[10] Uzawa H. Optimum technical change in an aggregative model of economic growth [J]. International Economic Review, 1965, 6 (1)：18-31.

[11] Romer P. Increasing returns and long-run growth [J]. The journal of political economy, 1986, 94 (5)：1002-1037.

[12] Lucas R. On the mechanics of economic development [J]. Journal of monetary economics, 1988. 22 (1)：3-42.

[13] Schultz, T W. Capital formation by education [J]. The journal of political economy, 1960, 68 (6)：571-583.

[14] Akresh R. Child ability and household human capital investment decisions in Burkina Faso [J]. Economic Development and Cultural Change, 2012, 61 (1): 157-186.

[15] Bond S. Capital accumulation and growth: a new look at the empirical evidence [J]. Journal of Applied Econometrics, 2010, 25 (7): 1073-1099.

[16] Tamura R. Fertility, human capital and the wealth of families [J]. Economic Theory, 1994, 4 (4): 593-603.

# 人力資本「均化」對農業技術進步影響的分析[①]

張本飛

**摘要**：使用1999—2009年30個省（直轄市、自治區）的面板數據度量農業技術進步，同時運用人力資本基尼系數度量中國人力資本「均化」程度，通過理論與實證分析得出：中國人力資本處於邊際累積率遞減階段，此時，人力資本「均化」程度越低，則農業技術進步越慢。因而要保障中國農業戰略性結構順利轉型，須大力改善教育不平等狀況以提高農業技術進步速度。

**關鍵詞**：人力資本；技術進步；基尼系數

自1985年以來，中國農業技術進步對農業增長的貢獻率逐步提高。「七五」「八五」「九五」「十五」期間，TFP貢獻率年平均值分別是15.54%、21.85%、34.79%、44.11%（趙芝俊，2006；朱希剛，2004；王啓現，2006）。這種穩步提高正是與中國農業戰略性結構調整的要求相一致。農業戰略性結構的順利轉型必然要求農業技術不斷進步，而非依靠農業要素投入的不斷增加。國內文獻大多運用西方新增長理論分析人力資本存量對農業技術進步的促進作用（蘇靜，2011；杜江，2010；李谷成，2009；李勛來，2005），但是中國各地區的人力資本存量差別極大（劉海英，2004；楊俊，李雪松，2007），這種不均對農業技術進步是否有顯著的影響？這直接關係到中國農業戰略性結構能否順利轉型。

一、理論框架的建立

根據Nelson、Phelps（1966）的建模思想，技術進步速度由兩部分決定，其一是人均人力資本，其二是實際應用的技術與技術前沿之間的相對差距，技術進步率可表示為：

$$g(t) = \frac{\dot{A}(t)}{A(t)} = \frac{1}{L_t} H(t) \left[ \frac{T(t) - A(t)}{A(t)} \right] \tag{1}$$

---

[①] 基金項目：樂山師範學院科研項目（S1005）。

其中 $T(t)$ 表示前沿技術水準，$A(t)$ 表示實際應用的技術水準，$H(t)$ 表示人力資本存量，$L_t$ 表示勞動力總量。令 $S_{it}$ 表示第 $i$ 個勞動者在第 $t$ 期受教育年限，則根據教育年限法（Mincer，1974），個體人力資本可以表示為 $h_{it}=h(S_{it})$，令勞動力人均受教育年限為 $u_t$，則根據二階泰勒級數展開式有：

$$h(S_{it}) \cong h(u_t) + h'(u_t)(S_{it}-u_t) + h''(u_t)(S_{it}-u_t)^2 \quad (2)$$

令勞動力受教育年限的方差為 $\sigma_t^2$，則有：

$$H(t) = \sum_{i=1}^{L_t} h_{it} \cong L_t[h(u_t) + h''(u_t)\sigma_t^2] \quad (3)$$

$$g(t) = \frac{\dot{A}(t)}{A(t)} \cong [h(u_t) + h''(u_t)\sigma_t^2]\left[\frac{T(t)-A(t)}{A(t)}\right] \quad (4)$$

當人力資本邊際累積率 $h''(u_t)=0$ 時，人力資本「均化」程度對技術進步沒有影響；當 $h''(u_t) \leq 0$ 時，人力資本「均化」程度越高，即 $\sigma_t^2$ 越小，技術進步越快；當 $h''(u_t) \geq 0$ 時，人力資本「均化」程度越低，即 $\sigma_t^2$ 越大，技術進步越快。

二、計量模型的設定

根據上文的討論，為了檢驗人力資本「均化」對中國農業技術進步的影響，我們建立如下計量模型：

$$TFPCH_{it} = \beta_{1it} + \beta_{2it}E_{it} + \beta_{3it}G_{it} + \mu_{it} \quad (5)$$

其中，$TFPCH_{it}$ 代表各省份歷年農業全要素生產率的增長，$E_{it}$ 和 $G_{it}$ 分別表示農業人力資本存量和人力資本「均化」指標。

在運用面板數據進行計量分析時，我們需要先通過 Hausman（1978）檢驗影響形式（$H_0$：隨機效應）：

$$h = [b-\beta]'[Var(b)-Var(\beta)]^{-1}(b-\beta) \sim \chi^2(k) \quad (6)$$

其中 $k$ 表示迴歸元個數，$b$ 為固定效應模型的估計系數向量，$\beta$ 為隨機效應模型的估計系數向量，$Var(b)$ 和 $Var(\beta)$ 分別表示系數向量 $b$ 和 $\beta$ 的方差—協方差矩陣。

由於本文使用各省份歷年的面板數據進行分析，因而需要進一步確定模型設定形式。我們通過無約束和受約束迴歸殘差平方和構造統計量 $F$ 以檢驗如下兩類假設。

$H_1$：截距和斜率在不同截面、時序樣本點都相同。

$H_2$：斜率在不同截面、時序樣本點相同，但截距不同。

$$F = \frac{(R_r^2 - R_u^2)/(n_r - n_u)}{R_u^2/n_u} \sim F(n_r-n_u, n_u) \quad (7)$$

其中 $R_u^2$ 和 $n_u$ 分別為無約束迴歸殘差平方和及其自由度，$R_r^2$ 和 $n_r$ 分別為受約束迴歸殘差平方和及其自由度。

## 三、指標的獲取

### 1. TFP 增長指標

我們選用 DEA-malmquist 生產率指數模型（Fare et al., 1994）和 DEAP2.1 來度量各省份農業全要素生產率的增長（其中重慶並入四川計算）[13]。投入指標有農業機械總動力、農業勞動力人口、農業用電量、化肥施用量、耕地面積和有效灌溉面積，產出指標為農業實際總產出（名義農業總產出以 1998 年為基期，按農業物價指數進行平減求得實際產出）。以上 7 項指標原始數據來自於 1999—2009 年的《中國統計年鑒》。

### 2. 人力資本存量指標

對於農業人力資本存量的度量大致有三種方法：經費投入法、產出法和平均教育年限法。根據教育年限法，人力資本存量可以表示為（劉純陽，2005）[5]：

$$E = \sum_{i=1}^{5} e_i \lambda_i \quad (8)$$

其中 $i$ 表示教育級別，$e_i$ 為受不同級別教育的勞動力累計受教育年數，$\lambda_i$ 表示接受第 $i$ 級別教育的勞動力在農業總勞動力中的比例（農業勞動力中各級文化程度人口比例數據來自於 1999—2009 年的《中國農村統計年鑒》）。

### 3. 人力資本「均化」指標

我們選擇人力資本基尼系數度量人力資本「均化」程度，其公式為（Yang et al., 2009）：

$$G = \frac{1}{E} \sum_{i=2}^{n} \sum_{j=1}^{i-1} |e_i - e_j| \lambda_i \lambda_j \quad (9)$$

其中 $E$、$e_i$ 和 $\lambda_i$ 的定義與（8）式中相同，由（9）式知 $G$ 越大則人力資本「均化」程度越低。

代表性年份的 TFP 增長率、平均受教育年限和人力資本基尼系數如表 1 所示。

表 1　代表性年份的 TFP 增長率、平均受教育年限和人力資本基尼系數

|  | 1999 年 ||| 2003 年 ||| 2008 年 |||
| --- | --- | --- | --- | --- | --- | --- | --- | --- | --- |
|  | TFPCH | E | G | TFPCH | E | G | TFPCH | E | G |
| 北京 | 0.979 | 9.010 | 0.124 | 1.046 | 9.297 | 0.124 | 1.114 | 9.815 | 0.135 |
| 天津 | 0.933 | 8.194 | 0.145 | 1.075 | 8.134 | 0.146 | 1.125 | 8.487 | 0.136 |
| 河北 | 0.964 | 7.783 | 0.155 | 1.042 | 8.106 | 0.132 | 1.094 | 8.513 | 0.130 |
| 山西 | 0.922 | 7.541 | 0.162 | 1.095 | 7.959 | 0.137 | 1.068 | 8.262 | 0.129 |
| 內蒙古 | 0.958 | 7.171 | 0.201 | 1.053 | 7.558 | 0.176 | 1.055 | 7.714 | 0.180 |
| 遼寧 | 0.944 | 7.856 | 0.130 | 0.974 | 8.027 | 0.126 | 1.065 | 8.393 | 0.122 |
| 吉林 | 0.990 | 7.598 | 0.145 | 1.103 | 7.641 | 0.151 | 1.057 | 7.865 | 0.140 |

表1(續)

| | 1999年 | | | 2003年 | | | 2008年 | | |
|---|---|---|---|---|---|---|---|---|---|
| | TFPCH | E | G | TFPCH | E | G | TFPCH | E | G |
| 黑龍江 | 0.888 | 7.507 | 0.151 | 1.121 | 7.788 | 0.133 | 1.107 | 7.988 | 0.123 |
| 上海 | 0.860 | 8.141 | 0.171 | 1.118 | 8.506 | 0.172 | 1.129 | 9.381 | 0.165 |
| 江蘇 | 0.927 | 7.585 | 0.175 | 0.944 | 7.768 | 0.173 | 1.111 | 8.140 | 0.174 |
| 浙江 | 0.868 | 7.073 | 0.197 | 0.987 | 7.478 | 0.186 | 1.054 | 7.961 | 0.184 |
| 安徽 | 0.810 | 7.087 | 0.197 | 1.039 | 7.138 | 0.201 | 1.104 | 7.481 | 0.200 |
| 福建 | 0.877 | 7.192 | 0.191 | 0.991 | 7.622 | 0.174 | 1.058 | 7.792 | 0.191 |
| 江西 | 0.889 | 7.107 | 0.174 | 0.991 | 7.383 | 0.171 | 1.143 | 7.645 | 0.176 |
| 山東 | 0.941 | 7.719 | 0.180 | 1.089 | 7.949 | 0.167 | 1.129 | 8.427 | 0.154 |
| 河南 | 0.863 | 7.544 | 0.176 | 1.015 | 7.772 | 0.159 | 1.143 | 8.136 | 0.151 |
| 湖北 | 0.902 | 7.521 | 0.173 | 1.067 | 7.618 | 0.167 | 1.183 | 7.902 | 0.158 |
| 湖南 | 0.835 | 7.478 | 0.163 | 1.044 | 7.798 | 0.156 | 1.165 | 8.018 | 0.157 |
| 廣東 | 0.824 | 7.171 | 0.201 | 0.982 | 7.834 | 0.157 | 1.099 | 8.223 | 0.159 |
| 廣西 | 0.702 | 7.305 | 0.177 | 1.059 | 7.563 | 0.160 | 1.074 | 8.218 | 0.134 |
| 海南 | 0.826 | 7.476 | 0.187 | 0.852 | 7.751 | 0.175 | 1.055 | 8.163 | 0.157 |
| 四川 | 0.873 | 6.783 | 0.194 | 1.042 | 6.966 | 0.184 | 1.084 | 7.415 | 0.177 |
| 貴州 | 0.864 | 5.863 | 0.283 | 0.993 | 6.102 | 0.258 | 1.093 | 6.705 | 0.225 |
| 雲南 | 1.025 | 5.847 | 0.267 | 0.978 | 6.093 | 0.248 | 1.050 | 6.622 | 0.226 |
| 西藏 | 1.125 | 2.840 | 0.414 | 0.930 | 3.333 | 0.382 | 1.023 | 3.431 | 0.382 |
| 陝西 | 0.875 | 7.372 | 0.206 | 0.920 | 7.515 | 0.187 | 1.164 | 7.971 | 0.163 |
| 甘肅 | 0.945 | 6.043 | 0.310 | 1.031 | 6.642 | 0.274 | 1.090 | 7.093 | 0.247 |
| 青海 | 0.919 | 5.125 | 0.346 | 1.147 | 5.343 | 0.345 | 1.154 | 5.839 | 0.305 |
| 寧夏 | 0.906 | 6.421 | 0.273 | 1.071 | 6.708 | 0.249 | 1.148 | 6.496 | 0.268 |
| 新疆 | 0.891 | 6.593 | 0.211 | 1.201 | 6.961 | 0.188 | 1.001 | 7.436 | 0.164 |

## 四、模型的估計結果

根據方程式（5）我們分別對模型1、2、3進行估計，其迴歸結果如表2所示。模型1、2、3的Hausman檢驗結果表明統計量$h$在1%的水準上顯著，所以我們選擇固定效應迴歸。由表2可知，模型1、2、3的統計量$F_2$在1%的水準上顯著，但是三個模型的統計量$F_1$都不顯著，因此模型1、2、3均採用變截距模型。在模型3的迴歸中$G$的係數在5%的水準上顯著；而對於模型1，$G$的係數的顯著水

準為1%。我們初步判斷解釋變量 $G$ 與 $E$ 相關，通過 Excel 計算出此兩變量的相關係數為 -0.900,5。因而我們無法通過模型3精確區分解釋變量 $G$ 與 $E$ 對農業技術進步的影響，但是通過模型1和2我們可以判斷中國人力資本累積處於 $h''(u_t) \leq 0$ 的階段，此時，人力資本「均化」程度越低，則農業技術進步越慢。

表2　　　　　　　　　　　　　模型估計結果

|  | 被解釋變量=TFPCH |  |  |
|---|---|---|---|
|  | 模型1 | 模型2 | 模型3 |
| F1 | 1.181 | 1.219 | 1.316 |
| F2 | 2.344*** | 2.543*** | 2.461*** |
| Decision | 變截距模型 | 變截距模型 | 變截距模型 |
| Hausman Chi2 | 45.401*** | 21.512*** | 51.523*** |
| Effects | 固定效應 | 固定效應 | 固定效應 |
| C | 1.531*** | -0.071 | 0.368* |
|  | (0.061) | (0.104) | (0.214) |
| E |  | 0.145*** | 0.113*** |
|  |  | (0.014) | (0.019) |
| G | -2.758*** |  | -1.044** |
|  | (0.324) |  | (0.442) |
| AdjustR2 | 0.427 | 0.598 | 0.507 |
| Obs | 300 | 300 | 300 |

註：*、**、*** 分別表示在10%、5%、1%的顯著水準上顯著；括號內為標準誤。

## 五、結語

社會的人力資本不均會通過影響人力資本累積而影響技術進步，其作用機理是：人力資本不均會導致收入分配不均（Glomm & Ravikumar, 1992; Saint-Paul, Verdier, 1993; Galor & Tsiddon, 1997），收入分配不均會導致受流動性約束的人群的人力資本投資不足（Galor & Zeira, 1993），從而減緩技術進步。因而要保障中國農業戰略性結構順利轉型，我們必須大力改善教育不平等狀況以提高農業技術的進步速度。

## 參考文獻：

[1] 趙芝俊. 近20年中國農業技術進步貢獻率的變動趨勢 [J]. 中國農村經濟, 2006 (3): 4-12.

[2] 朱希剛. 技術創新與農業結構調整 [M]. 北京: 中國農業科學技術出版社, 2004.

[3] 王啓現.「十五」全國農業科技進步貢獻率測算與 2020 年預測 [J]. 農業現代化研究, 2006 (6): 416-419.

[4] 蘇靜. 河南農業經濟增長中人力資本貢獻的實證分析 [J]. 農業經濟, 2011 (1): 91-93.

[5] 杜江. 農業經濟增長因素分析：物質資本、人力資本，還是對外貿易 [J]. 南開經濟研究, 2010 (3): 73-89.

[6] 李谷成. 人力資本與中國區域農業全要素生產率增長——基於 DEA 視角的實證分析 [J]. 財經研究, 2009 (8): 115-128.

[7] 李勛來. 農村人力資本陷阱：對中國農村的驗證與分析 [J]. 中國農村觀察, 2005 (5): 17-22.

[8] 劉海英. 人力資本「均化」與中國經濟增長質量關係研究 [J]. 管理世界, 2004 (11): 15-21.

[9] 楊俊，李雪松. 教育不平等、人力資本累積與經濟增長：基於中國的實證研究 [J]. 數量經濟技術經濟研究, 2007, 24 (2): 37-45.

[10] Nelson R, Phelps E. Investment in humans, technological diffusion, and economic growth [J]. The American Economic Review, 1966, 56 (1): 69-75.

[11] Mincer J, Polachek S. Family investments in human capital: earnings of women [J]. The Journal of Political Economy, 1974, 82 (2): 76-108.

[12] Hausman J A. Specification tests in econometrics [J]. Econometrica: Journal of the Econometric Society, 1978, 46 (6): 1251-1271.

[13] Yang J, Huang X. Educational inequality and income inequality: An empirical study on China [J]. Frontiers of Education in China, 2009, 4 (3): 413-434.

[14] Glomm G, Ravikumar B. Public versus private investment in human capital: endogenous growth and income inequality [J]. Journal of Political Economy, 1992, 100 (4): 818-834.

[15] Saint-Paul G, Verdier T. Education, democracy and growth [J]. Journal of Development Economics, 1993, 42 (2): 399-407.

[16] Galor O, Tsiddon D. Technological progress, mobility, and economic growth [J]. The American Economic Review, 1997, 87 (3): 363-382.

[17] Galor O, Zeira J. Income distribution and macroeconomics [J]. The Review of Economic Studies, 1993, 60 (1): 35-52.

國家圖書館出版品預行編目（CIP）資料

探索、融合、創新：經濟問題多視角研究 / 羅富民, 劉穎 主編. -- 第一版.
-- 臺北市：崧博出版：財經錢線文化發行, 2019.05
　　面；　公分
POD版

ISBN 978-957-735-852-3(平裝)

1.經濟發展 2.中國

552.2　　　　　　　　　　　　　　　　　108006481

書　　名：探索、融合、創新：經濟問題多視角研究
作　　者：羅富民、劉穎 主編
發 行 人：黃振庭
出 版 者：崧博出版事業有限公司
發 行 者：財經錢線文化事業有限公司
E - m a i l：sonbookservice@gmail.com
粉 絲 頁：　　　　　　網　址：
地　　址：台北市中正區重慶南路一段六十一號八樓 815 室
8F.-815, No.61, Sec. 1, Chongqing S. Rd., Zhongzheng
Dist., Taipei City 100, Taiwan (R.O.C.)
電　　話：(02)2370-3310　傳　真：(02) 2370-3210

總 經 銷：紅螞蟻圖書有限公司
地　　址：台北市內湖區舊宗路二段 121 巷 19 號
電　　話：02-2795-3656　傳真：02-2795-4100　　網址：

印　　刷：京峯彩色印刷有限公司（京峰數位）

　　本書版權為西南財經大學出版社所有授權崧博出版事業股份有限公司獨家發行電子
　書及繁體書繁體字版。若有其他相關權利及授權需求請與本公司聯繫。

定　　價：600元
發行日期：2019 年 05 月第一版
◎ 本書以 POD 印製發行